本研究成果得到

山东师范大学优秀青年骨干教师国际合作培养计划经费资助

民国时期
济南的商人与商人组织研究

Merchants and Merchant Organizations in Jinan
during the Period of the Republic of China

马德坤 著

人民出版社

目　录

导　言

一、近代中国商人与商人组织研究

（一）近代商人研究

20 世纪 80 年代以后学界对商人的研究逐渐兴起,涌现了唐力行、马敏、虞和平、朱英等一批学者,出版了一批从整体上对近代商人研究的著作。唐力行的《商人与中国近世社会》①以中国近代社会结构为背景,从传统商帮兴起的原因、商人的组织机构与运行、商人参与的经济社会等各种活动、商人自身形成的文化、商人在中国近代社会发展的地位等方面进行翔实的论述与探讨。马敏的《官商之间:社会剧变中的近代绅商》②首先探讨了古代"士"阶层、传统绅士阶层、近代绅商阶层的形成的原因,以及在社会中的地位和作用,然后从绅商的构成、绅商的功能、绅商的属性、绅商的政治参与以及官、商之间的关系进行翔实的论述,并从理论上梳理了从传统社会向近代社会过渡过程中绅商的特征与中介角色。朱英的《近代中国商人与社会》③从商人的思想文化、商人参与的社会活动、商人的组织三个方面抓手,全面论述从晚清到近代商人发展变化的概貌,详细地探讨了近代商人这个群体在参与社会活动中所发挥的作用及扮演的角色、思想观念的变化。通过与传统商人的比较,深刻指出近代商人与传统商人的差异性以及近代商人成为社会生活中一支不可或缺的重要力量。虞和平的《近代中国的商人》④论述古代商人的产生过程及地位,阐发近代商人的变迁与商人组织形态、对外关系、社会参与等。言夏的《国商:影响近代中国的十位商人》⑤以洋务运动至中华民国间的张謇、盛宣怀、唐廷

---

① 唐力行:《商人与中国近世社会》,商务印书馆 2003 年版。
② 马敏:《官商之间:社会剧变中的近代绅商》,华中师范大学出版社 2003 年版。
③ 朱英:《近代中国商人与社会》,湖北教育出版社 2002 年版。
④ 虞和平:《近代中国的商人》,广东人民出版社 1996 年版。
⑤ 言夏:《国商:影响近代中国的十位商人》,当代中国出版社 2008 年版。

枢、周学熙、范旭东、刘鸿生、卢作孚、荣毅仁、穆藕初、陈光甫十位商人为例,论述他们参与的政治、经济活动以及对社会发展的影响力。

随着对近代商人研究的深入,学界陆续出版一些重要著作,这些著作涉及到近代的政治、经济以及文化等诸多领域。

第一类以商人与政治的关系为研究内容。就商人与政治关系而言,近年来主要集中在"商人的政治参与意识、商人与政府之间关系、商人在政治运动中的表现"等三个方面①。随着商人资本与经济实力的增强,以及中国社会面临的社会危机,近代商人积极投身到政治活动中,发挥了积极的作用。冯筱才的《在商言商:政治变局中的江浙商人》②论述晚清以来江浙商人在区域社会变迁中的嬗变,并分别以辛亥革命、地区社会变乱、"五四"与"五卅"事件为例阐述商人的政治参与活动,评析江浙商人在政治参与活动中的政治地位。

第二类以商人的经济活动为研究内容。这方面的研究成果多从经济及社会变迁的角度进行探讨。陶水木的《浙江商帮与上海经济近代化研究》③探讨浙江商帮与上海经济近代化之间的关系,揭示其近代化进程中的地位和影响。

第三类以商人思想与商人文化为研究内容。余英时的《儒家伦理与商人精神》④其中第三卷主要研究商人精神,以 16 世纪至 18 世纪为时代断限,把研究的重点放在商人和传统宗教伦理的关系上。马敏的《商人精神的嬗变——近代中国商人观念研究》⑤以宏观研究为视角考察了近代商人观念变迁的历史起点、反思晚清重商主义思潮、剖析近代中国商人的二重心理结构,论述绅商名辨与谐应的社会观念变迁、近代中国商人的法律意识与政治意识,同时又以张謇、经元善、穆藕初为微观研究的个案考察。阎广芬的《经商与办学——近代商人教育活动研究》⑥探讨了近代商人从事的教育活动,从五个方面即近代商人的崛起、捐助教育的动因、教育理念、办学活动、办学特色,分析了近代商人对中国教育近代化的推动作用。

同时出版了一些关于地域商人个案的专著研究。陶水木的《浙商与中国

---

① 张启社:《民国时期的汉口商人与商人资本(1912—1936)》,华中师范大学博士学位论文,2009 年。
② 冯筱才:《在商言商:政治变局中的江浙商人》,上海社会科学院出版社 2004 年版。
③ 陶水木:《浙江商帮与上海经济近代化研究》,上海三联书店 2000 年版。
④ 余英时:《儒家伦理与商人精神》,广西师范大学出版社 2004 年版。
⑤ 马敏:《商人精神的嬗变—近代中国商人观念研究》,华中师范大学出版社 2001 年版。
⑥ 阎广芬:《经商与办学—近代商人教育活动研究》,河北教育出版社 2001 年版。

近代工业化》①探讨从 1912 年至 1937 年间浙江商人在中国近代工业文明发展中的地位、作用和影响,从地域角度看选择以上海、浙江地区的商人与近代中国工业发展的关系为考察中心。尹铁的《浙商与近代浙江社会变迁》②以经济——社会史为研究视角,采用多学科的研究方法,论述了浙江商人在政治、经济、教育、文化等方面与社会经济的关系,探究商人在近代浙江社会经济转型过程中地位和作用,揭示论证了商人是推动浙江早期现代化的重要力量。乐承耀的《近代宁波商人与社会经济》③探讨宁波商人兴起的历史背景,从地理角度论述宁波商人在上海、北京、天津、广州、厦门、武汉、重庆、香港等地从事的经商活动,最后通过分析宁波商人与文化、宁波商人与慈善公益、宁波商人与社会运作等之间的关系来阐述宁波商人的地位、作用和影响。邱捷的《晚清民国初年广东的士绅和商人》④阐述作者在不同时期围绕广东绅商的发展及其官绅关系、绅民关系等问题,对中国早期现代化的推进具有重要影响。曾小萍的《自贡商人·近代早期中国的企业家》⑤以四川自贡市为考察中心,论述 19 世纪至 20 世纪初期自贡商人经营盐业的发展历程,揭示近代盐业在中国乃至世纪产业经济史上的地位。庞玉洁的《开埠通商与近代天津商人》⑥详细论述近代天津商人群体的形成和发展,商人与城市近代化的互动关系。周智生的《商人与近代中国西南边疆社会——以滇西北为中心》⑦以活跃在近代滇西北商人这个特殊群体为研究对象,探讨其经商活动、与社会变迁之间的关系以及对社会体系产生的历史影响。罗群的《近代云南商人与商人资本》⑧系统考察了云南商人群体的出现的原因、发展历程,同时阐述商人资本积累的过程及流向,并对近代云南商人的历史作用给予客观、公正的评价。张海鹏与王廷元合编的《徽商研究》⑨在介绍徽商形成与发展过程及资本的积累基础上,详细论述了徽商在长江流域的经营活动、徽商经营的主要行业、徽商的商

①　陶水木:《浙商与中国近代工业化》,中国社会科学出版社 2009 年版。
②　尹铁:《浙商与浙江近代社会变迁》,中国社会科学出版社 2010 年版。
③　乐承耀:《近代宁波商人与社会经济》,人民出版社 2007 年版。
④　邱捷:《晚清民国初年的广东士绅和商人》,广西师范大学出版社 2012 年版。
⑤　曾小萍:《自贡商人·近代早期中国的企业家》,江苏人民出版社 2014 年版。
⑥　庞玉洁:《开埠通商与近代天津商人》,天津古籍出版社 2004 年版。
⑦　周智生:《商人与近代中国西南边疆社会——以滇西北为中心》,云南大学出版社 2011 年版。
⑧　罗群:《近代云南商人与商人资本》,云南大学出版社 2004 年版。
⑨　张海鹏、王廷元:《徽商研究》,人民出版社 2010 年版。

业道德和文化价值以及徽商的个案研究。冯剑辉的《近代徽商研究》①探讨近代徽商形成的原因、茶叶及传统行业的经营，分析徽商与近代社会变迁的关系及徽商经营网络的形成。张正明的《晋商兴衰史》②论述晋商的兴起的原因、成功的因素、著名的商号与商人、家族商人及其晋商的历史地位和作用。

近两年随着当代商会的兴起与发展，各地政府越来越重视发挥商人参政、议政的作用，学界也更加重视从学术史上考察研究近代商人的发展轨迹与精神遗产，力求从中获得经验、价值，得以借鉴和启迪。围绕着近代的徽商、晋商、闽商、粤商、苏商、浙商等研究形成一批新的研究著作。

有关徽商的研究著作，如张实龙的《甬商、徽商、晋商文化比较研究》③从横向比较的视角论述甬商、徽商、晋商在商业价值观、经营策略、非盈利性投资与社会影响方面的差异和区别，从地理环境、民俗环境、政治环境、学术环境等方面分析产生差异的原因。陈加林的《百年徽商与社会变迁：以苏州汪氏家族为例》④以汪氏家族为考察研究对象，翔实梳理汪氏家族自明清以来的支系发展概况，分析国家与家族、家族与社会控制、家族与地区社会变迁之间的关系。王传峰的《徽商经济伦理思想研究》⑤以伦理思想为研究视角探讨徽商经济伦理思想的形成，论述徽商的尚义贵和、勤俭诚信、厚利平等的伦理思想以及徽商伦理思想在社会经济发展中的地位和影响。清渠的《徽商的儒道》⑥从徽商与儒道结合的角度考察来探讨徽商的变通思想、经营活动及经营理念，评价商业经营与儒家思想结合对当前经营管理的启迪。梁德阔的《儒家伦理与徽商精神》⑦与《"韦伯式问题"的徽商经验研究》⑧，王世华的《徽商家风》⑨以徽商的孝亲、教子、友爱、勤俭、修身、创业、睦邻、交友、诚信、助人、义行、守法等为考察内容，论述徽商人的品格和传统。

有关晋商的研究著作，薛勇民的《走向晋商文化的深处：晋商伦理的当代

---

① 冯剑辉：《近代徽商研究》，合肥工业大学出版社 2009 年版。
② 张正明：《晋商兴衰史》，山西经济出版社 2010 年版。
③ 张实龙：《甬商、徽商、晋商文化比较研究》，浙江大学出版社 2015 年版。
④ 陈加林：《百年徽商与社会变迁：以苏州汪氏家族为例》，上海人民出版社 2014 年版。
⑤ 王传峰：《徽商经济伦理思想研究》，江西人民出版社 2013 年版。
⑥ 清渠：《徽商的儒道》，北京工业大学 2014 年版。
⑦ 梁德阔：《儒家伦理与徽商精神》，复旦大学出版社 2014 年版。
⑧ 梁德阔：《"韦伯式问题"的徽商经验研究》，安徽师范大学出版社 2014 年版。
⑨ 王世华：《徽商家风》，安徽师范大学出版社 2014 年版。

阐释》①采取多学科的研究方法论述晋商伦理思想产生条件与属性、晋商伦理思想的内容以及乔家、常家商人伦理思想的个案研究。燕红忠的《晋商与现代经济——探寻经济良序运行的制度条件与历史文化基础》②论述晋商的日常运行机制和制度安排，晋商的信用制度的制定、实施及其影响和地位，晋商的外部环境关系。

关于闽商、苏商、粤商的著作有：何志毅的《闽商史研究》③通过分析特殊的地理环境而形成的不同于北方游牧文化的海滨文化，阐述了福建商人具有敢于拼搏冒险、重视同宗同亲、善于学习等的品格。徐晓望的《闽商研究》④以多种视角论述闽商的发展阶段、本质属性及特点。还有陆和健的《区域文化视阈下的近代苏州》⑤、吕建琐的《浙商钱庄与晋商票号的信用制度比较研究》⑥、邓可斌的《粤商经营之道：多元化与专业化的抉择》⑦等。

在论文方面，发表了专题研究这些地区商人的研究成果。李琳琪的《论徽商研究中的几个问题》⑧梳理自20世纪80年代以来徽商兴起的背景、经营的行业和地域、经营的方式和特色、近代徽商的转型、徽商精神等。姚丽霞的《官商经济的政治心理研究——以晋商与徽商为例》⑨以新的研究视角论述晋徽商政治心理形成的背景和过程，分析这种心理因素带来的利益及导致晋徽商衰败的警示。王日根的《近代闽商地缘组织的发展演变》⑩探讨近代闽商组织的发展，即会馆公所的继续存在与发展、商会的成立与运行、海外商帮的兴起等过程，分析这些地缘组织对晋徽地区的经济兴盛、社会安定、公益事业的贡献和影响。

就目前有关近代商人研究，从地域看主要集中在沿海沿江开放地区。比

---

①　薛勇民：《走向晋商文化的深处：晋商伦理的当代阐释》，人民出版社2013年版。

②　燕红忠：《晋商与现代经济—探寻经济良序运行的制度条件与历史文化基础》，经济科学出版社2014年版。

③　何志毅：《闽商史研究》，中国工商出版社2013年版。

④　徐晓望：《闽商研究》，中国文史出版社2014年版。

⑤　陆和健：《区域文化视阈下的近代苏州》，社会科学文献出版社2013年版。

⑥　吕建琐：《浙商钱庄与晋商票号的信用制度比较研究》，中国社会科学出版社2013年版。

⑦　邓可斌：《粤商经营之道：多元化与专业化的抉择》，经济科学出版社2009年版。

⑧　李琳琪：《论徽商研究中的几个问题》，载《安徽史学》2014年第2期。

⑨　姚丽霞：《官商经济的政治心理研究——以晋商与徽商为例》，载《温州大学学报（社会科学版）》2015年第1期。

⑩　王日根：《近代闽商地缘组织的发展演变》，载《福州大学学报（哲学社会科学版）》2014年第2期。

如上海、天津、江浙等大城市，对于内陆城市、特别是中小城市的商人研究关注还远远不够。从时间段来看，关于清末民初研究较为充分，但涉及民国后期或整个民国时期的商人明显不足。从研究方法上看，尽管对沿海沿江区域商人考察系统，但个案研究还比较欠缺，一些内陆城市尚未引起足够重视。

（二）近代商人组织研究

对近代商人组织的研究，也是学术界讨论和研究比较多的焦点问题，特别是以商会为代表的商人组织。20世纪80年代形成了以马敏、朱英、虞和平、宋美云、徐鼎新等为代表的学者，出版了一批以商会为代表的学术专著，为研究商人组织奠定了基础①。特别是2015年出版的《中国近代商会通史》②，借鉴和运用政治学、社会学等学科的理论与方法，以商会与近现代中国社会变迁中的重大问题为中心，探讨商会制度的演进、商会与政府关系、商会的政治参与、商会与市场经济的孕育兴起演变、商会与国家形态间的复杂关系等问题进行了深入研究，是中国商会研究领域里程碑式的标志性学术成果，具有开拓性意义。

从地域来看，对商人组织特别是商会的研究，集中在以苏州、上海、武汉、天津、北京为中心的研究，出版一批档案汇编。由华中师范大学历史系的学者于20世纪80年代开始整理苏州档案资料，90年代陆续出版商会的部分档案，直到2012年《苏州商会档案丛编》完整出版，这套商会丛编共有6辑12册，反映了苏州当时社会经济的各个方面，也是商人组织参与城市社会建设的见证③。上海

---

① 具体可参考：马敏、朱英：《传统和近代的二重变奏：晚清苏州商会个案研究》，巴蜀书社1993年版；朱英：《辛亥革命时期新式商人社团研究》，中国人民大学出版社1991年版；朱英：《转型时期的社会与国家——以近代中国商会为主体的历史透视》，华中师范大学出版社1997年版；虞和平《商会与中国早期现代化》，上海人民出版社1993年版；宋美云：《近代天津商会》，天津社会科学院出版社2002年版；徐鼎新、钱小明：《上海总商会史》，上海社会科学院出版社1991年版。

② 《中国近代商会通史》，社会科学文献出版社2015年版，共分四卷：马敏、付海晏：《晚清时期（1902—1911）》（第一卷）；虞和平、朱英：《民国初期（1912—1927）》（第二卷）；朱英、郑成林、魏文享：《南京国民政府时期（1928—1937）》（第三卷）；郑成林、魏文享、李勇军：《抗战至新中国建立初期（1938—1953）》（第四卷）。

③ 马敏、肖芃主编：《苏州商会档案丛编》第一辑（1905—1911），华中师范大学出版社1991年版；马敏、祖苏主编：《苏州商会档案丛编》第二辑（1912—1919），华中师范大学出版社2004年版；马敏、肖芃主编：《苏州商会档案丛编》第三辑（1919—1927），华中师范大学出版社2009年版；马敏、肖芃主编：《苏州商会档案丛编》第四辑（1928—1937），华中师范大学出版社2009年版；马敏、肖芃主编：《苏州商会档案丛编》第五辑（1938—1945），华中师范大学出版社2011年版；马敏、肖芃主编：《苏州商会档案丛编》第六辑（1945—1949），华中师范大学出版社2011年版；章开沅、刘望龄、叶万忠、马敏、肖芃主编：《苏州商会档案丛编》（第一至第六辑）2012年第2版。

出版了《上海总商会组织史料汇编(上下册)》①,介绍上海总商会的组织成立、组织演变、组织机构、组织运行以及有关记录等,完整地提供了上海商会的档案资料。从 20 世纪 80 年代末期,天津市档案馆、天津市社会科学院历史研究所、天津市工商业联合会联合整理陆续出版了《天津商会档案汇编》②,详细记录了天津商会从产生、发展、壮大到灭亡的过程,包括商会的组织机构、组织运行、参与的各种政治、经济、公益活动等。

随着时间的推移,各地愈来愈重视档案的整理与开发研究,逐渐由沿海沿江大城市辐射到中小城市。近几年出版的《保定商会档案》③、《保定商会档案辑编》④、《民国安顺县商会档案史料汇编》⑤、《天津商会档案:钱业卷》⑥、《近代中国商会史料汇编》⑦就是典型的地方档案代表。这些城市商会档案资料的出版,真实再现了商人组织自身的发展演变,也从另一个侧面反映了城市社会经济的变迁。当然在各地的档案馆都藏有大量的商会档案,这些档案为我们研究近代城市社会经济提供了宝贵的原始资料。但由于材料多、耗费精力大,许多档案还沉睡在档案馆,没有被整理出来发挥出应有的价值。

随着研究的深入,探讨研究商会组织的著作和论文呈现繁荣之势。研究商会综述的文章就有不少,分门别类的总结商会研究的成果。冯筱才、应雅莉、王永进、刘芳等有这方面的研究论文梳理商会的研究现状⑧。特别是马

---

①　上海市工商联合会、复旦大学历史系合编:《上海总商会组织史料汇编(上下册)》,上海古籍出版社 2004 年版。

②　胡光明、蓝长云主编:《天津商会档案汇编(1903—1911)》,天津人民出版社 1989 年版;胡光明、蓝长云主编:《天津商会档案汇编(1912—1928)》,天津人民出版社 1992 年版;胡光明、蓝长云主编:《天津商会档案汇编(1928—1937)》,天津人民出版社 1996 年版;胡光明、蓝长云主编:《天津商会档案汇编(1937—1945)》,天津人民出版社 1997 年版;胡光明、蓝长云主编:《天津商会档案汇编(1945—1950)》,天津人民出版社 1997 年版。

③　姜锡东、许平洲、梁松涛主编:《保定商会档案》,河北大学出版社 2012 年版。

④　姜锡东、张冰水、梁松涛主编:《保定商会档案辑编》,北京燕山出版社 2013 年版。

⑤　贵州省安顺市档案馆、西南民族大学民族研究院编:《民国安顺县商会档案史料汇编》,民族出版社 2011 年版。

⑥　天津市档案馆编:《天津商会档案:钱业卷》,天津古籍出版社 2010 年版。

⑦　编委会:《近代中国商会史料汇编》,全国图书馆缩微文献复制中心 2013 年版。

⑧　具体参见:冯筱才:《中国商会史研究之回顾与反思》,载《历史研究》2001 年第 5 期;冯筱才:《最近商会史研究之刍见》,载《华中师范大学学报(人文社会科学版)》2006 年第 5 期;应雅莉:《近十年来国内商会史研究的突破和反思》,载《中国社会经济史》2004 年第 3 期;王永进:《商会研究范式的回顾与反思》,载《兰州学刊》2006 年第 11 期;刘芳:《近二十年来中国商会研究综述》,载《历史教学问题》2006 年第 4 期。

敏、付海晏的《20 年来的中国商会史研究(1990—2009)》①从 20 世纪 90 年代
所关注的问题、进入 21 世纪后的新进展、拓展研究视野的几点展望、理论与方
法的几点思考四个方面对 2009 年以前的研究成果系统梳理了中国商会研究
的现状、存在的问题以及将来研究需要注意的方法和思路,是近几年商会史综
述研究的最新力作。笔者在此基础上对 2010 年以后商会的研究成果进行梳
理。2010 年后有关研究成果如下:

一是出版一批新的研究商会的学术著作。张学军的《直隶商会与乡村社
会经济》②论述商会在直隶市镇的组织发展演变,阐述商会与工业、农业、公
益、精英的关系,揭示商会在乡村社会经济进程中的作用和地位。陈海忠的
《近代商会与地方金融——以汕头为中心的研究》③考察汕头商会组织的发展
演变以及商人、商会与地方政府的关系,从侧面反映地方社会经济的变迁。杨
海滨的《明清中国的商人组织与市场整合研究》④通过考察 1736 至 1911 年间
明清时期中国的商人组织与市场贸易的关系,分析商人组织与市场之间的复
杂关系。陈亚平的《寻求规则与秩序:18—19 世纪重庆商人组织的研究》⑤考
察 18—19 世纪重庆城市近代化进程中的商人组织以及商人组织在城市社会
变迁中扮演的角色、发挥的作用和影响力。张芳霖的《市场环境与制度变迁:
以清末至民国南昌商人与商会组织为视角》⑥以南昌市为考察中心,以市场环
境和制度变迁为研究视角,论述了南昌商会的组织结构发展演变、组织运行机
制、商会参与的各项活动及在市场中的地位和作用。杨荣斌的《民国时期上
海回族商人群体研究》⑦探讨民国上海回族商人组织的发展、组织机构、商人
文化思想及参与的活动,揭示回族商人的特征和影响。

二是发表一些学术论文,这些论文根据研究内容的不同,又可分为以下几
个方面。

第一是对商会组织演变、运营方式、业规机制等问题的综合或个案研究。

---

① 马敏、付海晏:《近 20 年来中国的商会史研究(1990—2009)》,载《近代史研究》2010 年
第 2 期。
② 张学军:《直隶商会与乡村社会经济》,人民出版社 2010 年版。
③ 陈海忠:《近代商会与地方金融——以汕头为中心的研究》,广东人民出版社 2011 年版。
④ 杨海滨:《明清中国的商人组织与市场整合研究》,经济科学出版社 2014 年版。
⑤ 陈亚平:《寻求规则与秩序:18—19 世纪重庆商人组织的研究》,科学出版社 2014 年版。
⑥ 张芳霖:《市场环境与制度变迁:以清末至民国南昌商人与商会组织为视角》,人民出版
社 2014 年版。
⑦ 杨荣斌:《民国时期上海回族商人群体研究》,社会科学文献出版社 2014 年版。

朱英的《1934年天津商会改选纠纷与地方政府应对之策》①探讨因与同业公会之间的矛盾导致天津商会改选推迟产生的纠纷，揭示政府、商会与同业公会之间的复杂关系。孙强的《奉天商会的组织机构和职能》②论述奉天商会自身内部的组织机构及运作机制。

第二是论证商会活动的多样性（政治、经济、社会）。随着研究的深入，国内学者对商会活动的关注由政治功能逐渐转向了经济、社会等多个方面，进而比较全面的了解商会在中国近代社会发展中的地位和作用。郑成林的《抗战前夕的政治参与》③分析被国民政府整顿改组商会的政治参与热情及政治参与活动。许冠亭的《五卅运动期间上海总商会的外交政策》④论述在五卅运动期间上海总商会采取的对外交涉政策及对废除不平等条约产生的积极影响。张佳佳的《近代商会与天津慈善救济事业》⑤探讨在近代灾荒频发时期天津商会实施了参与慈善救济灾民的多项措施，在慈善功能方面发挥了积极的影响。陈永忠的《民国时期商会的抗税斗争——以厦门商会为中心（1927—1937）》⑥论述了民国时期厦门商会抗税斗争的形式、过程、内容及取得的效果。张学军的《清末民初直隶商会的乡村赈灾活动述略（1903—1928）》⑦论述直隶商会通过赈济衣粮、组织平粜、生产自救、维护治安等活动，评价商会发挥的独特社会慈善功能。

第三是探讨商会的多边关系网络（政府、商会、工会）。郑成林的《抗战时期国民党对商会管理与控制》⑧论述抗战爆发以后国民党通过强制入会、派遣书记、组训人员等途径对商会的组织和活动进行监管，构建起组织和业务的双

①　朱英：《1934年天津商会改选纠纷与地方政府应对之策》，载《武汉大学学报（人文科学版）》2015年第1期。
②　孙强：《奉天商会的组织机构和职能》，载《兰台世界》2015年第1期。
③　郑成林：《抗战前夕的政治参与》，载《河南大学学报（社会科学版）》2012年第1期。
④　许冠亭：《五卅运动期间上海总商会的外交政策》，载《史林》2012年第12期。
⑤　张佳佳：《近代商会与天津慈善救济事业》，载《湖北经济学院学报（人文社会科学版）》2012年第6期。
⑥　陈永忠：《民国时期商会的抗税斗争——以厦门商会为中心（1927—1937）》，载《社会科学家》2013年第3期。
⑦　张学军：《清末民初直隶商会的乡村赈灾活动述略（1903—1928）》，载《河北大学学报（哲学社会科学版）》2014年第6期。
⑧　郑成林：《抗战时期国民党对商会管理与控制》，载《华中师范大学学报》2011年第11期。

重管理体制。葛宝森的《保定商会、同业公会与国民政府关系探析(1928—1937)》①探讨国民政府成立后对商会与同业公会的改组过程、商会与同业公会及政府之间的关系。朱英的《沦陷时期伪政府对保定商会体系再造及其控制》②论述华北沦陷后日伪政府通过对保定商会进行组织结构改组以达到控制中国经济的目的,反映了华北沦陷时期商会组织的真实状况。张芳霖的《政府、商会、同业公会关系研究——以1906—1937年江西南昌为例》③以1906年至1937年为时间界点考察了江西南昌市政府、商会和同业公会之间的错综复杂关系。樊为国的《近代上海同业公会与总商会、市商会之关系》④论述上海市商人组织同业公会、总商会、市商会因不同的组织运作、功能及相互之间的关系。宫宝芝的《扶持与管制并行:晚清中国商会发展策略》⑤探讨20世纪初期在西方国家商会发展的影响下晚清政府对中国商会采取的扶持与管制的策略及二者形成的互动关系。曾桂林的《义与利之间:苏州商会与慈善公益事业(1905—1930)》⑥论述苏州商会在救济本地贫民、募捐善款、完善公益设施等方面的慈善活动。

近五年来不少的硕士生、博士生选择商会作为研究的选题,特别是以区域商会为研究对象。通过中国知网搜索可知,有近100余篇硕士、博士论文以地域为探讨空间。比如郝娇娇的《1945—1949年保定商会研究》⑦、高巧的《广州市商会在经济领域的举措研究(1930—1937)》⑧、赵婧的《杭州市商会研究(1945—1949)》⑨、李小东的《高阳商会与近代高阳织布业研究(1906—

① 葛宝森:《保定商会、同业公会与国民政府关系探析(1928—1937)》,载《河北工程大学学报》2012年第12期。
② 朱英:《沦陷时期伪政府对保定商会体系再造及其控制》,载《江苏社会科学》2013年第2期。
③ 张芳霖:《政府、商会、同业公会关系研究——以1906—1937年江西南昌为例》,载《江西社会科学》2013年第1期。
④ 樊为国:《近代上海同业公会与总商会、市商会之关系》,载《上海经济研究》2014年第3期。
⑤ 宫宝芝:《扶持与管制并行:晚清中国商会发展策略》,载《贵州社会科学》2014年第9期。
⑥ 曾桂林:《义与利之间:苏州商会与慈善公益事业(1905—1930)》,载《南京社会科学》2014年第6期。
⑦ 郝娇娇:《1945—1949保定商会研究》,河北师范大学硕士学位论文,2014年。
⑧ 高巧:《广州市商会在经济领域的举措研究》(1930—1937),南开大学博士学位论文,2013年。
⑨ 赵婧:《杭州市商会研究(1945—1949)》,杭州师范大学硕士学位论文,2013年。

1937)》①、金婷的《北洋政府时期的青岛商会研究(1922—1929)》②、李兴龙的
《民国前期哈尔滨商会初探(1912—1931)》③、聂良亭的《历史巨变下苏州商
会的抉择(1945—1954)》④、邓晶的《近代汉口商会研究(1916—1931)》⑤、左
海军的《沦陷时期保定商会研究》⑥、黎秀芳的《南京国民政府时期上海商会
与国货运动研究(1928—1937)》⑦、陈相胜的《晚清商会制度论略》⑧、迟慧的
《民国前期天津商会与北京政府税收政策的抗争》⑨、彭亚琴的《协作与抗
争——地方税捐事务中的绍兴县商会与政府(1945—1949)》⑩、刘娇的《日据
时期大连地区的商会研究》⑪等等。这些区域性商会研究从内容上涉及到商
会的组织结构及运作、商会的职能、商会的外部关系、商会的评价等。从地域
来说,既有像上海、天津、汉口这样沿海沿江大都市的研究,又有像贵阳、保定
等这样中小城市的研究,而且中小城市研究数量居多,研究视野逐渐由沿海转
向内陆、由大中城市转向小城市。

　　以商会的基层组织——同业公会为代表的商人组织是学界研究的又一大
领域和阵地。自从20世纪90年代同业公会逐渐逐渐成为学界商人组织的研
究热点,至目前已经出版了不少同业公会的档案资料,李文海主编的《民国时
期社会调查丛编——社会组织卷》⑫以民国时期云南市28个行业为调查对
象,分别记录了28个同业公会的组织架构、经费来源、宗旨与任务、营业状况

　　① 李小东:《高阳商会与近代高阳织布业研究(1906—1937)》,华中师范大学硕士学位论文,2013年。
　　② 金婷:《北洋政府时期的青岛商会研究(1922—1929)》,中国海洋大学硕士学位论文,2013年。
　　③ 李兴龙:《民国前期哈尔滨商会初探(1912—1931)》,哈尔滨师范大学硕士学位论文,2013年。
　　④ 聂良亭:《历史巨变下苏州商会的抉择(1945—1954)》,华中师范大学硕士学位论文,2011年。
　　⑤ 邓晶:《近代汉口商会研究(1916—1931)》,华中师范大学硕士学位论文,2012年。
　　⑥ 左海军:《沦陷时期保定商会研究》,河北大学硕士学位论文,2011年。
　　⑦ 黎秀芳:《南京国民政府时期上海商会与国货运动研究(1928—1937)》,华中师范大学硕士学位论文,2011年。
　　⑧ 陈相胜:《晚清商会制度论略》,河南大学硕士学位论文,2011年。
　　⑨ 迟慧:《民国前期天津商会与北京政府税收政策的抗争》,天津师范大学硕士学位论文,2011年。
　　⑩ 彭亚琴:《协作与抗争——地方税捐事务中的绍兴县商会与政府(1945—1949)》,浙江大学硕士学位论文,2013年。
　　⑪ 刘娇:《日据时期大连地区的商会研究》,辽宁师范大学硕士学位论文,2011年。
　　⑫ 李文海主编:《民国时期社会调查丛编——社会组织卷》,福建教育出版社2005年版。

及其职员等方面的资料,是了解地方同业公会的不可缺少的重要文献资料。庄维民的《近代鲁商史料集》①主要以阐述近代山东商业和商人的经商为主,部分内容陈述了济南的商人组织机构、会员代表等,这些都为了解济南商业和商人的状况提供了重要的文献。汪耀华选编的《上海书业同业公会与史料》②以1906年至1953年为时间界限,详细记录了书业同业公会的发展历程,梳理了行业业规、行业章程,同时结合史料作者阐发了对同业公会的主要论点。唐润明主编的《重庆大轰炸档案文献——财产损失(同业公会部分)详细整理了抗战时期因遭轰炸而损失的包括重庆市银行商业同业会及所属各行、重庆市五金电料商业同业公会、重庆市纱商业同业公会等的财产损失情况,是一套资料翔实,研究商人组织具有重要价值的文献资料。

学术著作主要有朱英、马敏等的《中国近代同业公会与当代行业协会》③、魏文享的《中间组织——近代工商同业公会研究(1918—1949)》④、朱英的《近代中国商会、行会及商团新论》⑤等多部著作,有的是从整体上综合研究同业公会的发展,有的以行业同业公会为考察对象,有的以区域为研究对象,系统探讨了同业公会的组织发展、组织机构、运营机制、主要职能、对外关系等内容⑥。

相关学术综述研究状况有魏文享的《近代工商同业公会研究之现状与展望》⑦、笔者的《民国时期济南同业公会研究的回顾与反思》⑧等论述了2012年之前学界有关研究概况。为此笔者就2013年以后有关研究做进一步梳理归纳如下。

学术专著有樊为国的《民国上海同业公会与企业外部环境研究》⑨以上海为考察区域,以市场、同业公会、企业环境三者关系为逻辑起点,不仅探讨了同业公会自身的组织机构、运作机制、社会功能,而且详细论述了同业公会的内

① 庄维民编:《近代鲁商史料集》,山东人民出版社2010年版。
② 汪耀华选编:《民国书业经营规章》,上海书店出版社2006年版。
③ 朱英、马敏、彭南生、郑成林、魏文享等:《中国近代同业公会与当代行业协会》,中国人民大学出版社2004年版。
④ 魏文享:《中间组织——近代工商同业公会研究(1918—1949)》,华中师范大学出版社2007年版。
⑤ 朱英:《近代中国商会、行会及商团新论》,中国人民大学出版社2008年版。
⑥ 具体参见笔者的《民国济南同业公会研究的回顾与反思》,载《东岳论丛》2011年第8期。
⑦ 魏文享:《近代工商同业公会研究之现状与展望》,载《近代史研究》2003年第3期。
⑧ 马德坤:《民国时期济南同业公会研究的回顾与反思》,载《东岳论丛》2011年第8期。
⑨ 樊为国:《民国上海同业公会与企业外部环境研究》,上海人民出版社2014年版。

部治理、政治治理、社会治理,从多维视角分析政府与民间、宏观与微观、经济与社会中同业公会与企业群体的关系。笔者的《民国时期济南同业公会研究》①则以自开商埠城市济南为中心,论述作为内陆城市同业公会的组织发展历程、组织机构及运作、主要职能、外部关系,分析了济南同业公会具有的独特特点和属性。

学术论文有张天政的《20 世纪 40 年代前期重庆银行公会对政府金融法规的因应》②论述银行同业公会通过集体力量不断与国民政府金融法规的存款、信用、放款、抵押、运作等内容进行质疑、修订以及对现实经济社会的影响。王春英的《服从与合作:抗战时期日占统治经济下的同业公会》③探讨沦陷区同业公会自身的发展及与伪政府的服从与合作的特殊关系。魏文享的《回归行业与市场:近代工商同业公会研究的新进展》④梳理了自 2000 年以来学界关于同业公会研究的新动向、新观点、新方法、新特性,并提出研究史料及问题拓展的方法。杜希英的《民国时期天津货栈业同业公会探析》⑤以货栈业为考察中心探讨同业公会的组织发展历程、内部组织机构及其历史功能。林幸司的《中日战争与重庆银行业》⑥论述重庆经济的发展及银行业同业公会的成立及对抗日战争的贡献。张天政的《西京银行公会与抗战时期国民政府的金融监管》⑦探讨银行公会成立的概况、应对国民政府金融法规中放款监督、审核等功效。胡兵的《杭州银行公会组织运营研究(1945—1949)》⑧论述在解放战争时期同业公会的组织制度、经费管理制度及其社会职能。严跃平的《棉业统制与上海棉纺织业同业公会价格协调:以纺管会时期为中心的考察》⑨以

①　马德坤:《民国时期济南同业公会研究》,人民出版社 2014 年版。
②　张天政:《20 世纪 40 年代前期重庆银行公会对政府金融法规的因应》,载《中国经济史》2013 年第 1 期。
③　王春英:《服从与合作:抗战时期日占统治经济下的同业公会》,载《近代史研究》2013 年第 6 期。
④　魏文享:《回归行业与市场:近代工商同业公会研究的新进展》,载《中国经济史研究》2013 年第 4 期。
⑤　杜希英:《民国时期天津货栈业同业公会探析》,载《邯郸学院学报》2013 年第 6 期。
⑥　林幸司:《中日战争与重庆银行业》,载《抗日战争研究》2013 年第 4 期。
⑦　张天政:《西京银行公会与抗争时期国民政府的金融监管》,载《中国社会经济史研究》2013 年第 2 期。
⑧　胡兵:《杭州银行公会组织运营研究(1945—1949)》,载《中北大学学报(社会科学版)》2014 年 3 月。
⑨　严跃平:《棉业统制与上海棉纺织业同业公会价格协调:以纺管会时期为中心的考察》,载《兰州学刊》2014 年第 7 期。

抗战胜利后为考察阶段论述棉纺织业同业公会在协助政府协调价格方面的功能及影响。樊为国的《略论民国上海各业营业规约》①以上海同业公会营业规约为考察对象探讨了营业主体、营业范围、营业程序、营业时间、营业度量衡等及交易业规。

仍有部分博士、硕士生把同业公会作为论文选题加以研究,黄孟婷的《抗战时期的北京银行同业公会研究》②详细论述了抗战特殊时期银行同业公会的组织架构、运行机制,分析同业公会参与伪政府的金融货币统制,评价及其社会经济活动。范朝霞的《民国上海同业公会社会事业考察(1912—1937)——以棉纺业、银行业、棉布商业为例》③在介绍三大同业公会的基础上详细考察它们的教育事业、公益事业、政治性捐款等活动,分析棉纺织业、银行业、棉布商业公会的社会机制、教育作用、社会公益。张丹瑞的《民国时期河南同业公会研究》④以河南同业公会为区域考察对象,探讨同业公会的起源与发展阶段、组织架构、运作机制,分析同业公会的行业管理与社会公益职能以及与政府、商会之间的复杂关系。雷蕾的《民国时期陕西同业公会研究(1927—1949)——以咸阳为中心的考察》⑤以咸阳为例考察了同业公会的组织发展及运作、经济管理职能、外部关系等。徐为结的《汉口银行公会的经济活动与社会活动互动性研究(1920—1938)》⑥采用社会学、经济学等多学科的研究方法,分析汉口银行公会的成立、发展、变迁以及组织机构、组织运作,揭示汉口银行公会的经济活动、社会活动以及经济社会活动之间的互动关系。

二、近代山东商人与商人组织研究

(一)近代山东商人研究

在学界深入开展全国商人研究的热潮中,山东商人及商人组织渐入学者视野,成为学术研究热点,20世纪80年代以来出版了集中从整体上研究山东

---

① 樊为国:《略论民国上海各业营业规约》,载《史学集刊》2015年第1期。

② 黄孟婷:《抗战时期的北京银行同业公会研究》,宁夏大学硕士学位论文,2014年。

③ 范朝霞:《民国上海同业公会社会事业考察(1912—1937)——以棉纺业、银行业、棉布商业为例》,上海社会科学院硕士学位论文,2014年。

④ 张丹瑞:《民国时期河南同业公会研究》,河南师范大学硕士学位论文,2014年。

⑤ 雷蕾:《民国时期陕西同业公会研究(1927—1949)——以咸阳为中心的考察》,四川师范大学硕士学位论文,2014年。

⑥ 徐为结:《汉口银行公会的经济活动与社会活动互动性研究(1920—1938)》,江西师范大学硕士学位论文,2015年。

商人的代表著作。李平生的《山东老字号》①考察了 19 世纪 80 年代到 20 世纪 20 年代间山东商人的整体状况,论述了山东商人的兴起及发展、山东商人的生存现状、山东商人与其他商帮的异同及山东商人的经营活动及评价。潘文伟的《中国商帮》②则探讨了山东商人兴起的条件、经济活动、经营方式、经营特点,同时从儒家文化背景出发论述近代山东商业繁荣发展的城镇和典型的企业。李华的《山东商帮》③分析了清末民初山东商人兴起的原因、经营方式、经营特征、经营理念,并考察了一些重要行业的商人。孙祚民的《山东通史》④也专门介绍山东商人,以宏观与微观视角深入探讨山东商人发展历程、经营活动、经营区域。安作璋、王志民主编的《山东文化通史》⑤系统论述近代山东商人的经营活动、经营区域及其评价。唐凯麟、罗能生的《契合与升华——传统儒商精神和现代中国市场理性的建构》⑥也从一定篇幅探讨了近代山东商人的经营活动。邓卫生、刘志满主编的《东亚企业文化》⑦对近代山东商业的发展进行了轮廓式地概述。杨涌泉的《中国十大商帮探秘》⑧专门篇幅探讨山东商帮形成的文化背景,翔实论述山东商帮兴起的原因、活动范围、主要区域、经营特点等。毛世屏、郭愕权编著的《齐鲁商雄:山东帮——中国商帮传奇》⑨论述从春秋到近代山东商人产生的条件、主要特点,并选取典型代表商人进行分析。罗仑、景甦的《清代山东经营地主经济研究》⑩探讨了山东工商业发展状况等。徐畅的《鲁商撷英》⑪详述山东孟洛川、苗氏兄弟、张启垣、丛良弼、滕虎忱、尹致中、周志俊、张廷阁、刘锡三、宋棐卿等 10 位为典型代表商人的经验活动、经营方略、经营理念、社会活动及其评价。庄维民等的

①　李平生:《山东老字号》,山东文艺出版社 2004 年版。
②　潘文伟:《中国商帮》,改革出版社 1996 年版。
③　李华:《山东商帮》,万象出版社 1984 年版。
④　孙祚民:《山东通史》,山东人民出版社 1992 年版。
⑤　安作璋、王志民:《山东文化通史》,中华书局 2004 年版。
⑥　唐凯麟、罗能生:《契合与升华——传统儒商精神和现代中国市场理性的建构》,湖南人民出版社 1998 年版。
⑦　邓卫生、刘志满:《东亚企业文化》,天津社会科学院出版社 1995 年版。
⑧　杨涌泉编著:《中国十大商帮探秘》,企业管理出版社 2005 年版。
⑨　毛世屏、郭愕权编著:《中国商帮传奇》第二辑《齐鲁商雄:山东帮——中国商帮传奇》,广东经济出版社 2002 年版。
⑩　罗仑、景甦:《清代山东经营地主经济研究》,齐鲁书社 1985 年版。
⑪　徐畅:《鲁商撷英》,山东人民出版社 2010 年版。

《近代鲁商史料集》①论述山东沿海与内地商人的经营行业、经营活动,探讨了山东商人在国内其他省市的经商活动及其在国外市场的开拓活动等。李鑫生的《鲁商文化与中国商帮文化》②从地域文化视角分析了鲁商具有的"厚道耿直、淳朴坦率,义气当先、气节至上,重诺守信、言行必果,中庸含蓄、大智若愚,重视伦理、以德为本,勇猛刚烈、智勇率直,吃苦务实、勤劳节俭,好汉意识、争强好胜,五常之道、知行合一"的文化性格,并从经营活动、经营文化、经营范围等方面与中国其他晋商、徽商、粤商、苏商、浙商、闽商进行比较研究。姜生的《鲁商文化史》③则有一章《近代鲁商文化的嬗变》论述近代鲁商经营文化的近代转型及鲁商在重大活动中所表现的爱国主义精神。涂可国等的《鲁商文化概论》④则着重论述了鲁商文化的产生发展、鲁商文化的基本特征、鲁商文化的基本结构、鲁商文化的基本布局及鲁商文化的地位和作用。

　　近几年随着对近代山东商人与组织研究的深入和拓宽,学界的研究涉及到商人兴起的原因、商人的参与活动、商人的文化、商人的评价等诸多领域,首先是近代山东省的山东商人研究成果,可概况为以下几个方面:

　　一有关商人兴起的背景及原因研究。李善峰的《鲁文化与现代化进程》⑤详细阐述山东商人从事经贸活动的原因及其经营方式的现代化进程。

　　二是有关商人的经营活动研究。宋志东的《近代山东商人的经营活动及其经营文化》⑥首先介绍了山东商业发展脉络、商人的经贸活动,详细论述了商人的经营理念、经营文化。庄维民的《近代山东商品流通结构的变迁及其意义》⑦探讨山东商人从事商贸活动的区域及其特点。庄维民、张静的《谁掌握着贸易主导权:清末山东对日贸易中的日商与旅日华商》⑧一文,对清末时期山东的商贸活动进行了鞭辟入里的分析,并提出了山东商贸经济未来的发展趋势。这些论文都是从某一方面阐述了清末民初山东商人的商贸活动情况,并没有特别针对山东沿海商业文化进行研究。李瑚的《关于清初商人和

　　① 庄维民、张全新、刘宝莅:《近代鲁商史料集》,山东人民出版社 2010 年版。
　　② 李鑫生:《鲁商文化与中国商帮文化》,山东人民出版社 2010 年版。
　　③ 姜生等:《鲁商文化史》,山东人民出版社 2010 年版。
　　④ 涂可国等:《鲁商文化概论》,山东人民出版社 2010 年版。
　　⑤ 李善峰:《山东文化与现代化进程》,载《东岳论丛》1987 年第 3 期。
　　⑥ 宋志东:《近代山东商人的经营活动及其经营文化》,山东大学博士学位论文,2008 年。
　　⑦ 庄维民:《近代山东商品流通结构的变迁及其意义》,载《东岳论丛》2000 年第 3 期。
　　⑧ 庄维民、张静:《谁掌握着贸易主导权:清末山东对日贸易中的日商与旅日华商》,载《东岳论丛》2005 年第 6 期。

商业资本的几个问题——读〈聊斋志异〉札记》①以小说《聊斋志异》为考察对象论述清初山东商人的商业活动,商业经营方式和内部关系等。傅衣凌的《明代经济史上的山东与河南》②探讨明代山东商业性城镇的商业活动及其世风的逐利化倾向。杨珍的《历史上的山东回族经济》③则论述山东回族商人经营的主要行业和经营方式。陈冬生的《明清山东运河地区经济作物种植发展述论——以棉花、烟草、果木的经营为例》④分析山东西部运河区域的经贸发展情况和商品化程度。

　　三是有关商人的精神或文化研究。胡广洲的《明清山东商贾精神研究》⑤论述了山东商人具有的"吃苦耐劳、诚信交易、货真价实、礼遇顾客、随机应变、为人处世、注重宣传、精诚团结、借势官府"等精神面貌九个方面,详细阐述了明清时期山东商人在商业活动中表现出来的精神风貌。同时分析山东商业文化对整个社会风气的影响。庄维民的《近代山东商人资本地域分布结构的变动及影响》⑥一书,对近代山东商业文化进行了翔实的研究,并总结了近代山东商人成功的生意秘诀。王世勇、薛川的《山东文化与山东商人经营风格的形成》⑦详细论述近代山东商人的经营文化,总结山东商人在经营实践中形成的"诚信经商、务实经商、团结互助"的经营理念并给予大力提倡。李伟的《近代山东农商观、义利观的因循与变化》⑧客观评价山东商人开展商贸活动过程中形成的商业观和义利观。欧人、王世勇的《儒家文化与山东商人的经商特性》⑨则详细探讨了山东商人"以义为先、以义致利,以诚经商、以信得人,吃苦耐劳、务实肯干,团结互助、相亲相帮"的经营文化及其这种经营文化对山东商人经营活动的负面影响。孟宪杰、翟伯成《孟氏"祥"字号的经营管

---

　　① 李琨:《关于清初商人和商业资本的几个问题——读〈聊斋志异〉札记》,载《中华文史论丛》1983 年第一辑。

　　② 傅衣凌:《明代经济史上的山东与河南》,载《社会科学战线》1984 年第 3 期。

　　③ 杨珍:《历史上的山东回族经济》,载《回族研究》1998 年第 3 期。

　　④ 陈东生:《明清山东运河地区经济作物种植发展述论——以棉花、烟卷、果木的经营为例》,载《东岳论丛》1998 年第 1 期。

　　⑤ 胡广洲:《明清山东商贾精神研究》,山东大学博士学位论文,2007 年。

　　⑥ 庄维民:《近代山东商人资本地域分布结构的变动及影响》,载《齐鲁学刊》2000 年第 4 期。

　　⑦ 王世勇、薛川:《山东文化与山东商人经营风格的形成》,载《河南商业高等专科学校学报》1999 年第 3 期。

　　⑧ 李伟:《近代山东农商观、义利观的因循与变化》,载《管子学刊》2005 年第 1 期。

　　⑨ 欧人、王世勇:《儒家文化与山东商人的经商特性》,载《商业经济研究》2000 年第 1 期。

理思想及其史证分析》①详细探讨章丘旧军孟氏商业的管理思想,分析这种管理思想凸显的传统儒商文化及其现代股份经营的经营理念。赵轶峰的《晚明北方下层民众价值观与商业社会的发展》②分析山东下层民众的商业观念及当时世风的变化问题。

四是有关商人与地方社会研究。曲春梅的《近代胶东商人与地方社会》③以胶东商人为研究对象,论述胶东商人兴起的背景和条件,从商人与地方经济、地方公共事务、地方文化、地方生活等方面来论述商人与社会经济的关系及对社会经济生活的影响。

其次是近代时期山东省外的山东商人研究。程美秀的《清代山东商人在东北经商述略》④论述了山东商人在东北的经营活动、经营特点及其关系、商人资金的来源等。程美秀的硕士论文《清代山东移民与东北的开发》⑤尽管是研究清代山东移民的背景、移民概括及其移民对东北影响为主的硕士论文,但笔者用了较大篇幅来探讨山东商人在东北从事商业经营的活动。熊双风的《近代山东黄县商人在东北地区的经商活动》⑥概述近代山东黄县商人在东北的经营区域、经营活动、经营行业及其主要代表商人,客观评价黄县商人对东北商业的贡献及其与黄县商业繁荣的关系。张海峰的《清代山东商人北方贸易活动的历史地理研究》⑦以山东商人活动的地理位置为考察线索详细论述了山东商人在京津商贸区、东北商贸区、吉林商贸区、鲁豫商贸区的经贸活动、经贸行业,同时涉及这些地区山东商人的同乡组织会馆。

近代山东商人在 19 世纪 80 年代到 20 世纪 20 年代的经商活动和经营文化也引起海外学者的关注和重视。不少的海外学者对山东商人展开了探讨和研究。美国学者郝延平在《中国近代商业革命》⑧论述近代山东商人的经营活

---

① 孟宪杰、翟伯成:《孟氏"祥"字号的经营管理思想及其史证分析》,载《山东社会科学》2004 年第 10 期。

② 赵轶峰:《晚明北方下层民众价值观与商业社会的发展》,载《东北师范大学学报》(哲社版)2003 年第 1 期。

③ 曲春梅:《近代胶东商人与地方社会研究》,山东大学博士学位论文,2009 年。

④ 程美秀:《清代山东商人在东北经商述略》,载《北方论丛》1995 年第 6 期。

⑤ 程墨秀:《清代山东移民与东北的开发》,山东大学硕士学位论文,1990 年。

⑥ 熊双风:《近代山东黄县商人在东北地区的经商活动》,东北师范大学硕士学位论文,2010 年。

⑦ 张海峰:《清代山东商人北方贸易活动的历史地理研究》,中国海洋大学硕士学位论文,2010 年。

⑧ (美)郝延平著,陈潮、陈任译:《中国近代商业革命》,上海人民出版社 1991 年版。

动和经营理念,分析总结了在山东儒家传统文化的影响下山东商人形成了讲诚信、重礼仪、勤奋苦干、脚踏实地的精神品质。白吉尔的《中国资产阶级的黄金时代(1911—1937)》①则从山东商人在全国商人中处于典范性的地位,形成了"诚信待人、注重信誉、广结朋友、乐善好施"的经营理念,阐述这些经营理念深受儒家思想的影响,并概括商人文化与儒家文化之间的关系。黄宗智在《华北的小农经济与社会变迁》②详细论述山东商人经商成功的原因,并总结成功背后的商人理念和商业文化。施坚雅在《中华帝国晚期的城市》③则以独特的研究视角分析山东商人的"豪爽、讲诚信、讲义气"背后的精神危机。彭慕兰的《腹地的构建:华北内地的国家、社会和经济》④论述山东商人的发展历程,指出山东商人形成了独特的商业文化。

此外,山东省各地政协文史委员会所编写的《文史资料》中,也有一些探讨当地老字号商铺的经营原则、经营方式等的文章。山东省政协文史资料委员会编的《苗氏民族资本的兴起》、山东政协文史资料委员会编的《山东文史资料集萃:工商经济卷》、中国人民政治协商会议山东省委员会文史资料研究会编的《山东孟家与瑞蚨祥》、山东省政协文史资料研究委员会编的《山东工商经济史料集萃(第一、二、三辑)》等,此处不再一一列举。

(二)近代山东商人组织

除上述对于山东商人的研究,还有一些著作和论文也阐述了近代山东商人组织的相关研究情况。庄维民的《近代山东鲁商史料集》⑤则专门一章《商人组织》来探讨山东的商人组织——商帮、商会、同业公会的基本情况,但相对于论述山东商业和商人经营来说则显得的单薄,仅仅是指出一些基本史料而没有详细论述商人组织的机构及运营。庄维民的《近代山东的商人组织》⑥详细考察了近代山东商人组织——商帮、会馆、商会的历史流变、组织架构、社会职能等问题,并指出"行帮、会馆、商会之间并不存在必然的依次嬗递关系,而经常是新旧交错、兼容并存关系"。石会辉的《民国时期山东商业历史考察

① (法)白吉尔著,张富强、许世芬译:《中国资产阶级的黄金时代(1911—1937)》,上海人民出版社1994年版。
② (美)黄宗智著:《华北的小农经济与社会变迁》,中华书局2000年版。
③ (美)施坚雅主编,叶光庭等译:《中华帝国晚期的城市》,中华书局2000年版。
④ (美)彭慕兰著,马俊亚译:《腹地的构建:华北内地的国家、社会和经济(1853—1937)》,社会科学文献出版社2005年版。
⑤ 庄维民:《近代山东鲁商史料集》,齐鲁书社2010年版。
⑥ 庄维民:《近代山东的商人组织》,载《东岳论丛》1986年第2期。

（1912—1937）——以青岛、济南、烟台等城市为例》以民国时期的青岛、济南、烟台为例讨论了山东商业的发展状况，其中简单地涉及到对商业组织的考察。文中统计了1912—1919年的商会数量，这组递增的统计数字可以清晰地展示山东商会较快的发展速度，在此基础上，同业公会也逐渐增多起来。曲春梅的博士论文《近代胶东商人与地方社会研究》①对山东商人组织也有简单涉及。金婷的《北洋政府时期的青岛商会研究（1922—1929）》②探讨山东青岛商会兴起缘由、组织机构及管理制度、社会职能、与其他社会组织的关系。李英铨、盛雷的《抗战胜利前后李先良与青岛市商会关系的演变》③探讨抗战后商会依据政府计划纳入以市长李先良为首的地方政府体系的过程及李先良与商会之间的关系变化。盛雷、李英铨的《抗战胜利前后青岛市商会人事组织结构的嬗变》④论述在政府干预下商会改组及改组后商会人事组织机构的嬗变及内部矛盾的激化。李烈、蔡勤禹的《试论近代青岛商会及其慈善活动》⑤探讨近代青岛商会经历了"德占时期、日本第一次侵占时期、北洋政府统治时期、南京国民政府第一次统治时期、抗日战争时期以及南京国民政府再次统治时期等六个历史阶段的演变，采用过董事制、委员制、理事制三种体制管理模式"及其参与社会慈善救济活动。盛雷的《二衙门的最后时光：1945—1949年的青岛商会研究》⑥详细论述了解放战争时期青岛商会的改组情况、组织机构、运行机制，分析了青岛商会政治、经济、社会方面的主要活动。刘本森的《近代殖民租借地商业组织的典型个案——以威海卫的商埠商会（1916—1930）为例》⑦探讨威海卫商埠商会的主要功能：整顿商务、协调利益、参与公益、服务地方及参加政治活动等。

---

① 曲春梅：《近代胶东商人与地方社会研究》，山东大学博士学位论文，2009年。
② 金婷：《北洋政府时期的青岛商会研究（1922—1929）》，中国海洋大学硕士学位论文，2013年。
③ 李英铨、盛雷：《抗战胜利前后李先良与青岛市商会关系的演变》，载《东方论坛》2008年第3期。
④ 盛雷、李英铨：《抗战胜利前后青岛市商会人事组织结构的嬗变》，载《中共青岛市委党校学报》2009年第3期。
⑤ 李烈、蔡勤禹：《试论近代青岛商会及其慈善活动》，载《中共青岛市委党校学报》2009年第12期。
⑥ 盛雷：《二衙门的最后时光：1945—1949年的青岛商会研究》，华中师范大学硕士学位论文，2009年。
⑦ 刘本森：《近代殖民租借地商业组织的典型个案——以威海卫的商埠商会（1916—1930）为例》，载《江汉学术》2014年第3期。

总之,目前学术界关于近代山东商人及其经营活动的研究已经取得丰硕的成果。这些成果对近代山东商人发展兴起的背景、主要经营区域、经营活动、经营文化、经营理念等进行了较为深入的研究,勾勒出了近代山东商人发展的清晰脉络和面貌。特别是对于近代山东商人的文化和精神作了较为深入的探讨,出版了系列的专著。但是就近代商人的组织——商会或同业公会的研究还比较零散,没有出现专门的系统的深入的研究成果,许多地方仍然值得我们学界作更为深入、全面的分析和研究。

三、近代济南商人与商人组织研究

在近代中国历史上,济南是一个重要的交通要道。在西方列强枪炮威胁下,晚清政府被迫打开国门,中国的许多重要港口城市被迫开放,成为近代中国的"约开商埠"。在西方资本主义经济刺激下,济南依托其重要的地理位置及其良好的商业基础,于1904年主动开埠,成为近代中国重要的"自开商埠"城市。很快济南的商业经济快速发展起来,成为济南地区的商贸中心,也是华北经济贸易网络的重要枢纽。学界出于对城市史和区域史的关注,近年来对济南的研究越来越显得丰富起来。

早在民国时期就有关于济南史的介绍。叶春樨的《济南指南》①、周传铭的《济南快览》②和罗腾宵的《济南大观》③分别对济南的政治、经济、社会、文化等给予概况介绍,并详细记录了济南的地理概况、工商金融业、工商团体、慈善团体、政府机构、旅游等。这三本书属于详细记述济南概况的工具书。齐鲁人文社会系编著的《济南社会一瞥》④则于1924年对济南的地理、人口、经济、文化、教育、社会生活等进行实地调查,属于社会调查文献。济南市公署编印的《济南市工商业调查》⑤则统计了民国时期济南工商业的经营及商户情况。从旅游视角来记录济南的著作则有《济南观光指南》⑥、《济南名胜古迹辑略》⑦、《济南市山水古迹辑略》⑧介绍了济南的山、水、泉、湖等名胜古迹。以

---

① 叶春樨:《济南指南》,大东日报社1914年版。
② 周传铭:《济南快览》,济南世界书局1927年版,2011年再版。
③ 罗腾宵:《济南大观》,济南出版社1934年版,2011年再版。
④ 齐鲁人文社会系:《济南社会一瞥》,载《民国档案》1993年第2与3期。
⑤ 济南市公署编印:《济南市工商业调查》,1939年。
⑥ 伪济南市公署秘书处编辑:《济南观光指南》,1940年。
⑦ 伪山东省文化教育委员会、伪济南市公署秘书处编辑:《济南名胜古迹辑略》,1941年。
⑧ 伪济南市公署秘书处编辑:《济南市山水古迹辑略》,1942年。

上著述尽管介绍了济南的政治、历史、经济、文化、地理等知识,但不算严格意义上的学术著作,应该属于资料的整理汇编,学术气息不浓。

新中国成立以后,随着学术的研究及其济南作为"自开商埠"在中国近代化进程中地位的重视,越来越多的学者开始关注和研究济南。一批力作开始出现,如研究资料集、学术专题研究等,内容涉及到地方史、城市近代化、经济社会、文化生活等。

一是地方史角度研究。从总体上对济南史论述的专著有安作璋主编的《山东通史:近代卷》、安作璋与王志民主编的《济南通史》等。安作璋主编的《山东通史:近代卷》①论述了济南开埠前后的政治、经济、社会等方面的问题。安作璋王志民主编的《济南通史》,共分8卷,计6册,共562万字,全书上起远古、下讫当代。《济南通史》8卷分别为:先秦秦汉卷、魏晋南北朝隋唐五代卷、宋金元卷、明清卷、近代卷、现代卷、当代卷,另外还有文物考古与山水园林名胜卷,共8卷。该书于2008年由齐鲁书社出版发行。全书每卷分为前言、综述、典志、列传、大事年表五个部分,内容上涉及政治、经济、军事、文化教育、科技、文学艺术、宗教、民族、社会风俗、外事侨务、文献、考古等各方面,全面立体论述了济南发展的历史过程,是一部综合的研究济南的著作。徐北文的《济南简史》②和《济南史话》③、济南史志编纂委员会编的《济南市志资料·第1辑》,也是研究济南的通史类著作。

二是从城市进化角度研究。国外较早研究济南的著作为鲍德威的《中国的城市变迁:1890—1949年山东济南的政治与发展》④,以城市近代化视角从19世纪晚期到1948年分五个时间段详细论述了济南的政治、经济、社会、文化及政权的更替。台湾学者张玉法《中国现代化的区域研究——山东省(1860—1916)》⑤是一部较早对济南进行学术研究的著作,论述了济南开埠的历史文化背景、原因、商业、金融业的发展状况,以及外国人的居住、活动状况。王守中、郭大松的《近代山东城市变迁史》⑥探讨了山东城市化的背景及其进

---

① 安作璋主编:《山东通史:近代卷》,人民出版社2011年版。
② 徐北文:《济南简史》,齐鲁书社1986年版。
③ 徐北文:《济南史话》,济南出版社2010年版。
④ 鲍德威著,张汉等译:《中国的城市变迁:1890—1949年山东济南的政治与发展》,北京大学出版社2010年版。
⑤ 张玉法:《中国现代化的区域研究——山东省(1860—1916)》,台北中央研究院近代史研究所1982年版。
⑥ 王守中、郭大松:《近代山东城市变迁史》,山东教育出版社2001年版。

程中商业、金融业的发展变革,是研究城市史及济南城市近代化的重要资料。党明德、林吉玲的《济南百年城市发展史:开埠以来的济南》①是一部系统阐述了不同时期济南的城市功能与结构、商业经济发展、城市生活环境与居民的社会生活,勾勒出自开埠以来济南城市近代化的发展轨迹。聂家华的《对外开放与城市社会变迁——以济南为例的研究(1904—1937)》②探讨了济南早期城市现代化的启动、演进及其在城市各系统中多层次展开的状态和特点,论述了济南早期城市现代化变迁的作用与意义。相关的学术论文有郭大松的《中国早期现代化之路反思——清末新政与济南自开商埠纵横谈》③、王音、蒋海升的《济南开埠:区域现代化的典范之作》④、王西波的《济南近代城市规划研究》⑤将济南作为中国近代城市近代化进程中的一个个案加以考察,论述了近代济南城市规划和发展的历程。王瑞琪的《近代济南开埠与城市转型——以商埠区为中心》⑥在探讨济南开埠的背景过程的基础上详细论述开埠后城市的发展变化及其文化娱乐的发展。梁民慷、黄志强的《自开商埠城市建设与市民观念变迁新探——以济南、潍县、周村三地为中心》⑦论述了自开商埠以后济南在城市公共设施、规划与管理等方面呈现出新的特征及其新发展。从自开商埠角度反映济南城市近代化的研究成果还有刘明的《浅析济南开埠对历史街区的影响》等多篇学术论文⑧,这里不再逐一详述。

　　三是从经济社会史角度。徐华东的《济南开埠与地方经济》⑨从经济史视

---

①　党明德、林吉玲:《济南百年城市发展史:开埠以来的济南》,齐鲁书社 2004 年版。

②　聂家华:《对外开放与城市社会变迁——以济南为例的研究(1904—1937)》,齐鲁书社 2007 年版。

③　郭大松:《中国早期现代化之路反思——清末新政与济南自开商埠纵横谈》,载《山东师范大学学报(人文社会科学版)》2006 年第 2 期。

④　王音、蒋海升:《济南开埠:区域现代化的典范之作》,载《山东档案》2004 年第 5 期。

⑤　王西波:《济南近代城市规划研究》,武汉理工大学硕士学位论文,2003 年。

⑥　王瑞琪:《近代济南开埠与城市转型——以商埠区为中心》,南昌大学硕士学位论文,2014 年。

⑦　梁民慷、黄志强在:《自开商埠城市建设与市民观念变迁新探——以济南、潍县、周村三地为中心》,载《江西师范大学学报(哲学社会科学版)》2011 年第 2 期。

⑧　具体参见:刘明:《浅析济南开埠对历史街区的影响》,载《辽宁工业大学学报》(社会科学版)2010 年第 6 期;李浩:《济南开埠与城市民俗的变迁》,载《理论学刊》2006 年第 9 期;李岫:《论清末济南、周村、潍县三地开埠》,载《文史哲》1995 年第 2 期;董建霞:《近代山东开埠与区位分析》,载《济南大学学报》2007 年第 6 期;王蔚为:《清末济南商埠区商事法制研究》,山东师范大学硕士学位论文,2010 年;张华松:《济南开埠三章程平议》,载《济南职业学院学报》2005 年第 5 期。

⑨　徐华东:《济南开埠与地方经济》,黄河出版社 2004 年版。

角论述济南开埠历史进程以及对地方经济所产生的影响。庄维民《近代山东市场经济的变迁)》①,也从经济史方而对济南城市史进行探讨。这些论著的特点是,以社会经济史研究为主,同时论述济南自行开埠的背景、原因、特点、意义,以及开埠对济南社会发展所产生的影响等。韩国金亨洌的《近代济南经济社会研究——以济南商业发展为中心(1895—1937)》②以开埠前后作为比较论述开埠后济南近代城市发展的概况,以清末开埠初期、北洋政府时期、国民政府时期为划分阶段概述城市商业经济发展的历程,从西方列强的入侵、济南交通体系的改善、近代教育的普及角度探讨城市商业经济发展的动因,最后人口流动、近代工业的发展及其阶层的分化来分析近代济南社会的变迁。

新中国成立以后,关于民国时期济南的社会经济史料搜集整理工作成绩斐然,济南市志编纂委员会编印的《济南市志资料(第1—5辑)》、中国人民政治协商会议山东省济南市委员会文史资料委员会编的《济南文史资料选辑(第1—10辑)》、中国银行济南分行行史办公室编著的《济南中国银行史》、中国民主建国会济南市委员会、济南市工商联合会编印的《济南工商史料(第1—3辑)》、济南金融志编纂委员会编:《济南金融志(1840—1985)》、山东省政协文史资料委员会、济南市政协文史资料委员会编:《济南老字号》③、山东省政协文史资料委员会、济南市政协文史资料委员会、章丘政协文史资料委员会编:《遐迩闻名的祥字号》④、济南市工商联合会、济南总商会编印:《济南工商文史资料(第1—2辑)》、济南市政协文史资料委员会编:《20世纪济南文史资料文库(经济卷、社会卷)》⑤等都属于研究济南社会经济范畴的资料。

四是从文化生活史角度。张传实、李伯齐的《济南诗文选》⑥、李伯齐的

① 庄维民:《近代山东市场经济的变迁》,中华书局2000年版。

② 金亨洌:《近代济南经济社会研究——以济南济南商业发展为中心(1895—1937)》,南京大学博士学位论文,2006年。

③ 山东省政协文史资料委员会、济南市政协文史资料委员会编:《济南老字号》,济南出版社1990年版。

④ 山东省政协文史资料委员会、济南市政协文史资料委员会、章丘政协文史资料委员会编:《遐迩闻名的祥字号》,济南出版社1991年版。

⑤ 济南市政协文史资料委员会编:《20世纪济南文史资料文库(经济卷、社会卷)》,黄河出版社2004年版。

⑥ 张传实、李伯齐:《济南诗文选》,齐鲁书社1982年版。

《济南历代诗歌选》与《济南历代游记选》①、徐北文的《济南竹枝词》②、张继平的《泉城忆旧》③等对有关济南的诗歌、游记进行了研究、汇编。山曼的《济南城市民俗》④、原春溪的《济南的丧葬习俗》⑤、姜波的《济南旧城卖副食的小贩》（《民俗研究》1995 年第 2 期）、乔润生的《漫话济南的药王庙会》（《民俗研究》2000 年第 4 期）、田禾的《城里的农民——济南大明湖湖民的生活习俗》（《民俗研究》2000 年版）等对济南老城的风俗习惯、婚嫁丧葬习俗、庙会以及下层百姓生活等进行了研究。谷学峰的《近代济南市民文化研究（1904—1937）》⑥运用市民文化理论，论述了济南市民文化形成的历史因素、市民文化的特点及其传统文化的影响。李振芳的《近代济南休闲娱乐场所与市民生活》⑦探讨近代济南不同阶层和民众的休闲娱乐生活，反映民众娱乐场所的变迁及揭示近代社会由传统向现代过渡的特征。朱云峰的《清末民初济南公共领域的近代转型（1904—1919）》⑧探讨近代济南公共领域的结构分析，阐述济南在向现代化转型时期公共领域所发挥的作用。

　　虽然，上述提到的学术研究成果并没有详细系统地论述民国时期济南商人或商人组织的有关概况，但上述学术成果对济南的历史发展全貌的考察以及对济南政治、社会、经济、文化的相关研究，为我们继续深入探讨民国济南商人及商人组织提供了条件和研究视角。

　　从目前公开发表的学术论文和博硕论文来看，涉及济南商人及商人组织问题主要有以下研究成果。崔恒展、党明德的《济南商会的历史演进及其启示》⑨论述济南商会组织发展的历史进程、地位及影响、济南开埠与商会的关系，同时简单涉及到同业公会的基本情况。赵秀芳的《济南开埠与民间商会的发展》⑩探讨了济南商会在经济、政治、社会领域的主要功能，指出商人组织功能的发挥与政府社会治理具有互补的关系。赵宝爱、杨昊的《济南商会的

　①　李伯齐：《济南历代诗歌选》和《济南历代游记选》，山东友谊出版社 1985 年版。
　②　徐北文：《济南竹枝词》，天马图书有限公司 1999 年版。
　③　张继平：《泉城忆旧》，济南出版社 1998 年版。
　④　山曼：《济南城市民俗》，济南出版社 2001 年版。
　⑤　济南市市志编纂委员会编：《济南市志资料》，1961 年。
　⑥　谷学峰：《近代济南市民文化研究（1904—1937）》，山东大学硕士学位论文，2005 年。
　⑦　李振芳：《近代济南休闲娱乐场所与市民生活》，山东大学硕士学位论文，2011 年。
　⑧　朱云峰：《清末民初济南公共领域的近代转型（1904—1919）》，山东大学硕士学位论文，2006 年。
　⑨　崔恒展、党明德：《济南商会的历史演进及其启示》，载《济南大学学报》2005 年第 6 期。
　⑩　赵秀芳：《济南开埠与民间商会的发展》，载《济南职业学院学报》2010 年第 11 期。

慈善公益活动述论(1905—1937)》①论述济南商会慈善领域的主要功能、影响,探讨商会参与慈善的领域与范围、商会参与慈善活动的特点。在研究生论文选题方面,王音的《近代济南商会初探(1902—1927)》②以商人组织济南商会为研究对象,考察了 1902 至 1927 年间商会的组织创建发展,探讨了商会在政治、经济等领域的功能与影响,这是见到的最早直接以商人组织为研究的学术论文。桂晓亮的《济南商埠研究(1911—1928)——以商埠商会为例》③以商埠为考察区域探讨济南商埠商会的发展历程,重点分析了与经济、社会、政府的互动关系,用动态视角为研究商人组织做了有益尝试。石会辉的《民国时期山东商业历史考察(1912—1937)——以青岛、济南、烟台等城市为例》④在考察民国时期的青岛、济南、烟台三地商业经济发展过程中,简单分析了商人组织。并对 1912—1919 年的商人组织数量进行分析,反映出这一时期商人组织的变化。有关济南另一商人组——同业公会研究见笔者的拙著《民国时期济南同业公会研究》⑤及民国时期济南同业公会研究的相关学术论文⑥。

在对济南经济各业领域的研究方面,有研究生对手工业、金融业,以及茶叶、桐油贸易进行了研究。孟玲洲的《传统与变迁:工业化背景下的近代济南城市手工业(1901—1937)》⑦论文重点阐述近代济南城市手工业变迁的背景、变迁的过程,分析了制约近代济南城市手工业发展的因素以及手工业与济南

---

① 赵宝爱、杨昊:《济南商会的慈善公益活动述论(1905—1937)》,载《济南职业学院学报》2006 年第 4 期。

② 王音:《近代济南商会初探》,山东大学硕士学位论文,2003 年。

③ 桂晓亮:《济南商埠研究(1911—1928)——以商埠商会为例》,山东师范大学硕士学位论文,2007 年。

④ 石会辉:《民国时期山东商业历史考察(1912—1937)——以青岛、济南、烟台等城市为例》,南昌大学硕士学位论文,2008 年。

⑤ 马德坤:《民国时期济南同业公会研究》,人民出版社 2014 年版。

⑥ 具体参见笔者撰写的:《民国济南同业公会研究的回顾与反思》,载《东岳论丛》2011 年第 8 期;《民国济南同业公会档案述论》,载《兰台世界》2012 年第 8 期;《民国时期的济南同业公会》,载《河北大学学报》2013 年第 2 期;《民国济南工商业组织的经济职能及评价》,载《云南民族大学学院》2013 年第 3 期;《民国时期政府对同业公会的监督与控制》,载《贵州社会科学》2013 年第 10 期;《Philanthropic Activities of Jinan Trade Association in Republic of China》,载《学术界》2014 年第 1 期;《论民国同业公会的组织制度与运作机制——以济南为考察中心》,载《兰州学刊》2014 年第 3 期;《近代工商业组织"自治"性刍议——以同业公会为例》,载《学术界》2015 年第 8 期;《民国时期工商业组织纠纷及其解决——以同业公会为考察中心》,载《兰州学刊》2016 年第 7 期。

⑦ 孟玲洲:《传统与变迁:工业化背景下的近代济南城市手工业(1901—1937)》,华中师范大学硕士学位论文,2011 年。

城市社会经济发展的关系,文中虽也涉及到手工业行业组织的演变,却非常简单粗略。陈立谨的《晚清以来济南金融业研究——晚清至 1937 年》[①]论述晚清以来的银钱号、票号、典当、近代银行等金融业的发展概况,分析金融业发展的特点及其与经济、政治的关系。

总体而言,对济南商人与商人组织的研究还显得比较薄弱,高质量的学术成果鲜有出现,尽管不少的著作和文章中涉及济南商人与商人组织,至今还未见到系统研究民国时期济南商人与商人组织的成果,这与济南作为近代历史上以"自开商埠"为典型代表的城市地位显然不相称,也不利于城市史与区域史研究的深入和拓展。

四、研究思路和方法

（一）研究思路

本文以济南为主要考察区域。济南是 20 世纪初期清政府"清末新政"的重要实践地,是近代中国"自开商埠"城市的典型代表。济南开通商埠后,济南工商业迅速发展,囊括了传统行业和近代行业。考察民国时期济南的商人活动及其商人组织,是分析中国近代内陆城市的最佳选择,既具代表性,又有典型性。

本文主要解决两个问题:其一,通过对民国时期济南商人及行业分布,以钱业同业公会为个案研究对象,考察钱业的发展基本概况,剖析钱业同业公会的组织发展历程、组织架构与运作,商人参与的政治、经济、社会公益活动等,还原民国时期济南商业发展的情况,揭示济南商人与城市社会经济近代化变迁的关系;其二,考察济南商会和同业公会组织的组织机构及运作,阐释商人组织与政府及其商人组织之间的关系。着眼于商人及商人组织内部诸如领导层、商人之间互动关系的考察,探讨商人矛盾纠纷的类型及其解决途径和机制,从实践层面透析近代商人组织矛盾纠纷的特点。

（二）研究方法

根据研究的需要,行文主要采取以下几种研究方法,力求做到依据史料事实,客观公正还原历史面貌,自然得出历史结论。

第一采用宏观研究与微观研究相结合的研究方法,选取商会和同业公会

---

① 陈立谨:《晚清以来济南金融业研究——晚清至 1937 年》,山东大学硕士学位论文,2007年。

等商人组织为研究对象,从总体上探讨民国时期济南商人行业的组成、商人组织发展历程、商人的主要活动、商人纠纷及其解决机制。个案研究选取钱业同业公会,分析钱业公会的组织发展、运作模式、参与的主要活动以及与政府的关系,具有个案研究的性质。

第二运用历史学的研究方法,重实证研究。为客观公正地研究民国时期济南商人的活动及商人组织的运作情况,主要用历史科学的方法,把研究视角放在民国时期这一特定的历史环境中。同时借鉴社会学、经济学、政治学等相关学科的理论知识,多学科的对话和交叉研究相结合。

第三比较研究始终贯穿全文,包括分析不同商人之间、不同商人组织之间政策的比较,显示民国时期济南商人及商人组织的整体状况。运用比较研究法,分析民国时期与当代城市商人组织组织治理政策的异同及其启示。

第四运用文献学的研究方法。课题研究查阅山东省档案馆和济南市档案馆大量翔实可靠的原始文献资料,并对原始文献进行分析解读,研究的基本观点都有可靠的史料支撑,同时参考有关地方省市志和文史资料。

五、研究内容

除导言外,共有 5 章,从以下几个方面展开论述。

第一章"民国时期济南的商人构成及行业分布",界定济南商人的概念,论述济南商人的构成,并分析民国时期济南工商业发展的状况,重点考察 10 个行业发展及其经营商号。

第二章"民国时期济南商人组织的发展变化",随着济南市城市的近代化与政府新的法律规定,传统的商人组织公所会馆逐渐退出舞台。济南出现了一种特殊的商人组织现象——"一城两会",即老城济南市总商会和商埠商会。在山东省政府的直接领导下,两会改组形成新的济南市商会组织。同业公会是商会的会员单位,济南开埠早期的建立 20 多个同业公会,到 1931 年发展到 75 个,到解放战争时期达到 99 个。由于济南处于政权更替频繁、社会动荡的政治环境中,商人组织经历了北京政府时期、南京政府时期、沦陷时期、解放战争时期等不同阶段,这种政治生态下商人的组织结构和运营既有与其他城市商人组织的共性,又有自身的独特性。

第三章"民国时期济南商人组织的监管规则",北京政府特别是南京国民政府成立以后,加强了对商人组织的监管和控制,先后出台了《商人通例》、《商会法》、《工商同业公会法》等法律制度。从组织架构、运行机制等方面对清末和民国时期的商人组织动态监管进行考察。其次详细考察了济南市地方政府对同业公会组织程序、运行机制、日常业务、矛盾纠纷等的监管。

第四章"民国商人组织个案研究——钱业同业公会",以钱业同业公会为商人组织研究个案,首先考察钱业公会组织发展的历程。其次从公会章程、会员构成、组织形式、议事制度和经费状况等五个方面分析了钱业公会的组织架构和运行机制;并论述除了从事制定行业规则、调解同业纠纷等经济活动外,济南商人在历次反抗外来侵略的斗争中,为了维护国家权益与自身利益,奔走呼号,积极参与各种形式的抗争,体现了商人的民族精神与爱国情怀。并积极参与各种社会公益活动,树立商人新形象。最后从立法监控和行政监控两方面论述了商人组织与政府的关系。

第五章"民国时期济南商人组织纠纷及解决途径",商人组织——商会和同业公会形成了良好的运作机制,由于各种客观因素的限制,出现了诸如乱收会费、选举作弊等行业内或不同行业间的矛盾纠纷。以同业公会为考察对象,分析行业的纠纷类型,形成了借助同业公会、地方政府、司法等多种力量参与解决纠纷的机制,呈现出以行业"业规"为核心与国家法律法规相互结合以及以"公会"为辅、地方政府裁决为主导的解决纠纷的显著特点。

六、创新点

研究内容的创新。以档案资料为研究基础,首次系统的探讨民国时期济南商人行业的构成及行号分布情况,系统阐述商人的组织管理规则及与国民政府的关系。

选题的创新。选取济南行业钱业为个案,从它的行业发展史、组织架构及运作模式、主要经济职能、参与的政治、社会、慈善活动以及与政府的关系等诸多层面,对济南商人进行全方位的探讨,揭示济南商人的精神。

研究视角的拓宽。本文在前人研究近代济南商人组织的分散基础上,系统论证了济南商人的发展历程,在充分肯定商会和同业公会良好运行机制的同时,特别对商人交往的各种纠纷进行梳理,并论证了解决纠纷的途径,归纳总结了纠纷的类型和特点。从而拓宽了商人及商人组织研究的内容和视野,使我们更好更全面的认识民国商人组织的本质。

七、主要资料来源

本文在撰写过程中所依靠的文献资料主要有如下几个类别:

第一、档案

档案是笔者撰写此研究的主要资料,为此先后到山东省档案馆、济南市档案馆等,广泛搜集了大量的有关商业和商人组织的档案,通过这些档案,可以看出民国时期济南商人的经营思想、商业组织、商业理念等。这些档案文献主要有山东省档案馆的《山东地区企业分布调查表》等;济南档案馆的济南市商会档案,共计 1074 卷,涉及商人的组织机构、商号成员、纠纷调解等资料,也是研究民国时期济南商会的重要史料;济南市商会各行业同业公会档案,共计 1450 卷,档案形成时间为 1928 年至 1948 年。主要内容为济南商会各同业公会的组织运作、经费开支、社会救济、往来函件等等方面,是研究民国济南同业公会的主要依据的材料。同时查阅了天津商会档案、上海商会档案、全国商会档案资料等。

第二、地方志

反映民国时期济南商人与商人组织的地方志,大致可以分为两类:一类是山东省志,一类是济南地方志。山东省志有《民国山东通志》、《山东省志·金融志》、《山东省志·民政志》、《山东省志·粮食志》、《山东省志·商业志》、《中国实业志·山东省》等。济南市志有《济南纺织志(1840—1985)》、《济南金融志(1840—1985)》、《济南市税务志(1840—1985)》、《济南市志资料》(1—6)、《济南市志》等。

第三、政府公文、调查报告

收集的这类材料主要有:《济南市政概要》、《济南手工业概况》、《济南市场大观》等、山东省政府实业厅编《山东工商报告》、工商部工商访问局编《商会法工商同业工会法诠释》、《民商事习惯调查录》、《山东省工业品调查表》、铁路管理局车务处编《胶济铁路经济调查报告汇编》等等。

第四、文史资料、资料汇编等

笔者主要收集了如下文史资料:山东省政协文史资料委员会编的《苗氏民族资本的兴起》、山东政协文史资料委员会编的《山东文史资料集萃:工商经济卷》、中国人民政治协商会议山东省委员会文史资料研究会编的《济南文史资料选辑》、《山东孟家与瑞蚨祥》、山东省政协文史资料研究委员会编的《山东工商经济史料集萃(第一、二、三辑)》、政协山东省济南市委员会文史资料研究委员会的《济南文史资料选辑》(第 1—11 辑)、中国民主建国会济南市委员会和济南工商联合会编的《济南工商史料》(第 1—4 辑)、济南商会的《济南工商文史资料》(第 1—2 辑)、济南市政协文史资料委员会编的《20 世纪济南文史资料文库》、山东省政协文史资料委员会编的《山东工商经济史料集萃》(第1—3辑)、济南市政协文史资料委员会编的《济南文史集萃(上下册)》、济南市房产管理局编志办公室的《济南市房地产志资料(第1辑)》、济南市政协文史委员会编的《风雨同舟六十年(工商联卷)》等。资料汇编主要有彭泽益的《中国工商行会史料(上下册)》、实业部国际贸易局编的《中国实业志(山东省)》、庄维民编著的《近代鲁商史料集》等。

第五、全国及山东地方报刊

本文在撰写过程中搜集了大量清末民初有关山东工商业、商人的全国性的报刊和山东地方报刊以及其他地方报刊。主要有《东方杂志》、《民国日报》、《工商半月刊》、《济南市政月刊》等等。

第一章 民国时期济南的商人构成及行业分布

自开埠以来,济南工商业迅速发展,全国各地商人相继涌入。商人的划分既可按区域划分,又可按从事的行业划分。尽管地域、行业不同,但在某同一时期他们在济南从事自己的商业活动,这些行业和群体就是本章研究的对象。

第一节 民国时期济南商人及构成

一、民国时期济南商人的内涵

关于"商人"的内涵,不同时期人们的理解各不相同。在中国传统社会中,"商人"一般都是指做买卖的人。关于"商人"的理解,学界仁者见仁、智者见智。关于"商人"的解释,不同的学者有不同的看法。目前部分学者对清末民初商人称为"绅商",持此观点的代表人物有马敏、朱英、徐鼎新等。[1] 台湾学者李达嘉认为近代商人应该是从广义上来认识,"包括买办、金融业、工商业者等在商界活动的人士。兼有绅商身份者,也纳入讨论的范围,他们同样是当时商会所认可的成员,对商人的活动往往更居于领导地位"[2]。美国学者郝延平则认为"商人"的内涵比晚清的绅商更广泛,"它的范围包括从事各种形式商业、金融业或工业活动的人。买办是那种典型的人物,他们比做买卖的人从事更广泛的经济活动,然后买办也被称作商"[3]。陶水木在《浙江商帮与上

---

① 具体可参见马敏:《官商之间:社会剧变中的近代绅商》,天津人民出版社 1995 年版;徐鼎新:《清末民初上海绅商阶层面面观》,载《档案与历史》1988 年第 3 期;朱英:《中国早期资产阶级概论》,河南大学出版社 1992 年版。

② 林辉锋:《旅沪广帮研究(1872—1912)》,中山大学硕士学位论文,2002 年。

③ (美)郝延平:《十九世纪的中国买办——东西间的桥梁》,上海社会科学院出版社 1988 年版,第 7 页。

海经济近代化研究(1840—1936)》一书中,则按照《商人通则》的解释,将"商"定义为"近代文献所说的广义商人,实际上包括各个经济部门的投资者和经营者"①。

清政府于 1904 年颁布的《商律》中《商人通例》规定:"凡经营商务贸易买卖贩运货物者均为商人。"②1914 年北京政府颁布的《商人通则》界定了商人的概念。《商人通则》第一条规定:"本条例所称商人,谓为商业之主体之人。凡左列各种营业,谓之商业。一、买卖业;二、赁贷业;三、制造业或加工业;四、供给电器、煤气或自来水业;五、出版业;六、印刷业;七、银行业、兑换金钱业或贷金业;八、担承信托业;九、作业或劳务之承揽业;十、设场屋以集客之业;十一、堆栈业;十二、保险业;十三、运送业;十四、承揽运送业;十五、牙行业;十六、居间业;十七、代理业。"③凡从事上述工商业活动、资本在 50 元以上的人都称商人。综上所述,本文所采用的就是广义的商人概念。

为更好地反映民国时期济南商业和商人组织的发展变化,本文题目虽名为民国时期,但所述时间并不完全局限于 1912 年至 1949 年,适当上延或下伸。

二、济南商人的构成

济南商人主要是指商贸活动区域集中于济南地面上的商人,既包括济南本土商人,也包括中国外地商人,在济南经商的外籍商人也在范围之内。同时为更好地阐发研究问题,济南商人还包括在省外从事经营活动的济南籍商人,因为这些商人某种程度上也代表了济南人的形象,既对当地经济社会发展起到促进作用,同时更是扩大了济南商人的声誉与影响,于是纳入研究济南商人的范畴。

了解济南商人籍贯构成,必须首先了解济南行政区的划分。由于近代济南社会动荡,政权更替频繁,行政区划分多变,错综复杂。从民国初年一直到新中国成立,先后经历北京政府时期、南京国民政府时期、日伪统治时期、人民政权时期等。民国之初,仍然沿用旧制,1913 年初北京政府废除州、府建制,

---

① 陶水木:《浙江商帮与上海经济近代化研究(1840—1936)》,上海三联书店 2000 年版,第 9 页。

② 韦好:《民国时期商事登记法律制度研究》,中国工商出版社 2006 年版,第 155 页。

③ 中国第二历史档案馆编:《中华民国史档案资料汇编》第 3 辑,江苏古籍出版社 1991 年版,第 780 页。

实行道、县制。鉴于档案记录采取道县制,因此这里济南的地理范畴即为民国初年的济南道:下辖 27 个县,即为历城县、章丘县、邹平县、淄川县、长山县、桓台县(原名新城县,1914 年 6 月改为此名)、齐河县、齐东县、济阳县、长清县、博兴县、高苑县、博山县、泰安县、莱芜县、新泰县、肥城县、惠民县、阳信县、无棣县、滨县、利津县、乐陵县、沾化县、蒲台县、商河县、青城县。①

从地域划分,济南的商人可分为本地商人、山陕商人、浙闽商人、天津商人、北京商人、上海商人、河北商人等。这种划分主要以他们来自不同的区域为依据,地域的不同经营的行业也不相同。

以行业为依据,光绪末年济南就形成"西关五大行",分别是药行、杂货行、绸布行、鞋帽行、钱行。除传统"西关五大行"外,济南还有粮业、糕点业、酱菜业、货业、铁货业、漆业、花行、文具业、旅栈业、照相业、山果业、洋广货业、京珠宝业等十几种行业,既有传统行业,又有新兴现代行业。

(一)山陕商人

近代晋商以票号闻名,在全国的金融业中有着领袖地位。晋商经济实力雄厚,他们经常与陕西商人一起组成地域商帮,被称为山陕商帮,其标志就是在各地建立以地域命名的山陕会馆,早在 1774 年济南就建立了山陕会馆。

在济南银钱业中,山西商人一直占有一席之地,晋商在济南开设晋逢祥银号、谦泰银号、锦丰庆银号、聚泰银号、晋鲁银号、裕厚昌银号、大德通银号等。在济南钱业同业公会中,也一直有山西商人活动的身影。锦丰庆银号经理段秀峯、大德通经理戴正卿从钱业公会成立一直担当委员、执行委员等领导职务,1944 年钱业公会第二次改选,董事会成员共有 12 名,晋商就有 3 人,同时晋商胡伯泉被票选为继任会长。

除此外济南茶行以山西商人为代表,历史悠久,规模大、业务发达,如同春茂、晋丰、协兴隆等,山西商人经营的谦裕、永吉、正立三大当铺行业。济南国药业历史悠久,多为陕豫商人经营,其中陕西商人的国药业有全盛栈、永盛栈。同时陕西商人在油漆业经营中占据优势,如恒兴、洪盛等五六家商号。

---

① 参见 http://baike.so.com/doc/5857195—6070038.html。根据 1914 年 6 月制定的山东行政区域划分,除了济南道外,还有济宁道和东临道。其中济宁道辖 25 县,即济宁县、磁阳县(兖州县)、曲阜县、宁阳县、邹县、滕县、泗水县、汶上县、峄县、金乡县、嘉祥县、鱼台县、兰山县(后改为临沂县)、郯城县、费县、蒙阴县、莒县、沂水县、菏泽县、单县、曹县、成武县、定陶县、巨野县、郓城县。东临道则辖 29 县,即聊城县、堂邑县、博平县、茌平县、清平县、莘县、冠县、馆陶县、高唐县、恩县、临清县、武城县、夏津县、丘县、德县、德平县、平原县、禹城县、陵县、临邑县、东平县、平阴县、东阿县、阳谷县、寿张县、濮县、朝城县、观城县、范县。

（二）浙闽商人

明中叶以后,浙闽商人在济建设会馆数量是紧随山陕商人之后。浙江商人主要是浙东的宁波绍兴人、龙湖商人、金华商人和浙西的杭州商人、湖州商人,温州、台州、嘉兴商人也不乏其人[①],主要从事丝绸业、烛业、茶叶等。福建人主要经营棉布业、木柴业、茶叶等。

（三）本地商人

这里本地商人指济南周边及山东籍贯的商人。济南开埠,济南的商业贸易得以迅速发展。本地商人形成诸多商帮,潍县帮、胶东帮、泰安帮、桓台帮、章丘帮、寿光帮、即墨帮、沙河帮等,他们在济南设立行号,经营粮食、花生、棉花、草辫、皮货、土洋布、洋广杂货等商品贸易,并控制了这些行业的购销业务。

而在各商业行帮中,居于首位的当属章丘帮。"济南商号,为该县人经营者十属七、八。数十年来,章丘帮隐然有左右济南经济之能力"、"如旧军孟氏所设置绸缎茶庄,不仅济南一隅首屈一指,既京津一带,亦独树一帜",代表商人有孟洛川、石绍先、张子衡、辛铸九、李伯成等,垄断了济南的丝绸、布匹、皮货、茶叶、杂货等行业。[②]

另一较大实力桓台帮——苗氏集团,代表商人苗杏村、苗星垣、苗海南,1899 年起进入济南,跻身粮栈业,济南开埠后,又及时将营业点从洛口转到商埠,粮食贸易业务迅速扩大。随着商业资本渐厚,苗氏集团开始将资本投向工业领域。第一次世界大战期间,洋面粉输入锐减,而机制面粉的市场需求有增无减。苗氏集团抓住这一机会,迅速进入利润可观、与原主营业务关联度大的机制面粉业。1921 年创建成丰面粉厂,经过十年的悉心经营,到 1932 年,成丰已是山东省设备最新、规模最大、产量最高的机器面粉厂。此外,苗氏集团还创办了成通纱厂、成大纱厂、文德铁工厂以及西安成丰面粉厂、南京普丰面粉厂等众多工业企业。[③]

（四）其他地域商人

除山陕、浙闽、本地商人外,还有许多地方的商人在济南活动经商。河北、

---

① 刘金颖:《山东地区会馆研究（1660—1950）》,山东大学硕士学位论文,2015 年,第 22 页。

② 仇晓红:《自开商埠背景下的济南城市工业化进程研究（1904—1937）》,山东大学硕士学位论文,2008 年,第 21 页。

③ 仇晓红:《自开商埠背景下的济南城市工业化进程研究（1904—1937）》,山东大学硕士学位论文,2008 年,第 21 页。

河南、安徽、上海、天津、北京、江西等全国的商人活跃于济南的大小市场。在西药业界除济南商人外,还有以五洲药房、上海新亚药厂济南办事处、上海信谊药厂济南办事处为代表的上海帮商人。以大同、永康、永年、国民、协华、全界、大同志、世界、大华商号为代表的天津帮商人,河北商人经营的聚义银号、奎聚银号、元丰银号、德生银号等,安徽商人经营的茶叶行,河南商人经营的国药业等。

（五）外国商人

开埠后,外国人在济南获得了合法从事通商贸易的场所,外国洋行开始陆续从沿海通商口岸到济南设立分支机构。仅1905年之后的三四年间,在济南设立总行、分行或代理的欧美洋行已有19家。其中,德国10家,法国和英国各3家,俄国2家,美国1家。具体是:德国的胶济铁路公司、哈利、瑞记、美最时、礼和、捷成、禅臣、礼丰、义利、万顺等洋行;英国的仁德、和记、亚细亚煤油洋行;法国的立兴、振义、华昌洋行;俄国的永昌、开治洋行;美国的美孚石油公司。①

除欧美洋行外,日本在济南开设的洋行也为数不少,据调查,1915年前,济南的日本洋行主要有三井、大东、白鸟、久保田、赤井洋行支店、泰东公司、赤松公司、东亚烟草株式会社、吉田洋行。除了较大的洋行外,日本人还在济南开设了一些药店、旅馆和饮食店。② 民国初期外国具体商行如下表1—1:

表1—1:外国商人开设的银行、洋行一览表(1912—1919年)

国别	名称	业别	开设年份	地址	经营范围
德国	泰隆	洋货	1912	经七纬七路	经销发网、自行车
德国	又利洋行	洋货	1912		经销五金、百货
德国	义利洋行	洋货	1912	经二纬一路	五金、百货、自行车
日本	平田洋行	炭业	1912	经一路	贩运煤焦
日本	文明公司	药房业	1912	经二路	药材
美国	美孚石油公司	石油	1912	铁道北	批发煤油
德国	华净书局	书业	1912.1		印销外文版宗教杂志

① 聂家华:《开埠与济南早期城市现代化(1904—1937)》,浙江大学博士学位论文,2004年,第78—79页。
② 聂家华:《开埠与济南早期城市现代化(1904—1937)》,浙江大学博士学位论文,2004年,第79页。

续表

国别	名称	业别	开设年份	地址	经营范围
英国	亚细亚石油公司	石油	1913.1		石油
日本	瀛华	棉花业	1913.7	经七路	收购棉花、油料
日本	高田店	保险业	1913.5	经七路	
美国	恒丰洋行	木料	1914		批发美国松
美国	卜内门洋行	洋货	1914		经销碱料、化肥
日本	茂源大药房	洋货	1914.4	纬一路	药材
日本	土桥洋行	土产业	1914.6	纬六路	收购土产、杂骨
日本	新利洋行	棉花业	1914.3	经四路	收购棉花、油类
日本	森本百货店	洋广业	1914.3	万紫巷	化妆品、鞋帽、布匹
美国	慎昌洋行	机电	1915	经四纬五路	机电医疗器械、冰箱
日本	《济南日报》	新闻业	1916		报纸
日本	安源药房	药房业	1916	经二路	药材
日本	中和公司	转运业	1916	经一路	日中联运
德国	石太岩饭店	饭店	1916	经一路	饭店、旅馆
日本	东和公司	炭业	1916.9	经一路	贩运煤焦
美国	万国储蓄会	金融	1916.2	经二路	
日本	东亚公司	洋广业	1916.7	经二路	化妆品、鞋帽、布匹
美国	德士古洋行	煤油	1917.1	铁道北	
日本	山东新报社	新闻业	1917.7	纬二路	
美国	恒丰洋行	机器	1917.7	经四路	制造机器
英国	祥太洋行	木料	1917		经销木材
日本	顺天堂	药房业	1917.1	经二路	药材
日本	三义洋行	杂货业	1918.9	小纬六路	杂货、食品
日本	铁岭满洲制粉会社济南分厂	面粉业	1918		
德国	大利洋行	发网	1918.3	经七路	收购发网
英国	安利保险公司	保险	1918		
英国	华隆洋行保险公司	保险	1918		
日本	木尾原洋服店	关服业	1918.9	纬四路	成衣、卖衣
日本	青岛火柴公司济南分厂	火柴	1918		
日本	日中盐业株式会社	盐业	1919.10		加工、贩卖食盐

续表

国别	名称	业别	开设年份	地址	经营范围
日本	东亚二厂	蛋业	1919		
日本	新华蛋厂	蛋业	1919		
日本	大兴公司	蛋业	1919		
日本	中华蛋厂	蛋业	1919		
日本	安泰骨粉厂	蛋业	1919		
英国	英美烟公司	烟卷	1919.4	经七路	经销烟卷
英国	英商保险公司	保险	1919		
英国	邓禄普	橡胶	1919		经营橡胶
日本	瑞生堂	药房业	1919.8	小纬二路	药材
日本	华北公司	药房业	1919.7	经二路	药材
日本	瑞昌洋行	土产业	1919.9	纬六路	收购土产、杂骨
日本	靖喜洋行	棉花业	1919.1	经二路	
德国	亨利洋行	五金	1919.4	经六路	五金、机器
德国	瑞来洋行	颜料	1919.4	经六路	颜料、机器
中美	《大民主报》	新闻业	1919.11		

资料来源:安作璋:《山东通史》近代卷,下册,山东人民出版社1995年版,第583—586页;金亨洌:《近代济南经济社会研究——以近代济南商业发展为中心(1895—1937)》,南京大学博士论文,2006年,第71页。

随着欧美日等国的洋行进驻济南,济南商埠的外国侨居人口及其经营的商业服务业亦呈迅速增长之势。据1918年6月的调查,济南欧美籍侨民共120户。其中有进出口贸易商18户,杂货商16户,餐饮旅馆业5户。1914年日本取代了德国在山东的势力范围后,济南的日本人从1913年的19人骤然增至2770人。在执业人口中,经商业户占了很大的比例。其中,贸易商536户、代理商12户、医药商23户、纺织品商6户、豆腐商6户、肉类商3户、酱油商3户、果品商11户、古董商8户、典当商8户、钟表商2户、运送业25户、煤炭商5户、照相业5户、杂货商32户、旅馆业6户、木材商1户、洋服业6户、印刷业3户、饮食业14户、玻璃业1户。[①]

1930年代,济南外商人数、商行数以及经营规模仍以日本居首位。1931年,济南有日侨1900人,其中,从行业分布看,进出口贸易商57人,商品零售

---

① 聂家华:《开埠与济南早期城市现代化(1904—1937)》,浙江大学博士学位论文,2004年,第79页。

业 130 人,银行、会社 67 人。日商资产总额共计 700 万元,其中现金存款 100 万元,房地产等不动产 500 万元,商品存货等流动资产 100 万元。到 1935 年 11 月,济南共有外商 554 户,2 166 人,其中,日本商人占绝大多数,有 472 户,1 839 人。①

第二节　民国时期济南主要行业分布

一、民国时期济南工商业的发展

1904 年胶济铁路的开通和 1905 年济南的自开商埠,使得济南在城市的面貌和结构方面具有近代城市的特点,并且也使城市经济脱离封建经济的框架而染上资本主义经济色彩。济南开埠前,其旧式商业有绸布、药材、鞋帽、首饰、典当、估衣、京货、南货、纸张、山果、银钱、汇兑等行业,多由山西、陕西、河南、本地章丘的商人把持。胶济铁路开通和济南开埠后,其商业结构发生了很大变化。②

从清末到 1914 年,济南"西关五大行"、盐业及当铺业均持续发展。其中国药门市店达 78 家。杂货行增加到 80 余家,经营范围"上至绸缎,下至葱蒜"无所不包。绸布业有 74 家,除传统土布、绸缎外,还大量进口洋布。百货、京货、碎货行近百家,城内的裕源和、广立顺、治香楼、西关昌万聚、商埠通惠公司、润昌、华昌、华丰等都是规模较大的字号。皮货行、估衣行各增加到 20 余户。茶叶行已从杂货行中独立出来,成为专门行业。西药、五金、颜料等行业的商号都经营进口商品,如西药店五洲、中法、中西、齐鲁、老德记等号,多经营日德药品。③

济南的中国商号中经营输出入贸易的有周锐记、天诚、复诚、立诚、北意诚、协诚春、天祥永、公聚和、益祥、隆聚兴、源聚号、大昌号、长兴和、恒聚泰等,其中以经营药材、皮货、估衣、古董的店铺居多。根据日本人 1915 年 3 月的调查,中国商人在济南开设的各种店铺中中药铺 72 家,西药铺 7 家,皮货店 26

---

① 《济南市政月刊》第 9 卷第 11 期,1935 年 11 月。聂家华:《开埠与济南早期城市现代化(1904—1937)》,浙江大学博士学位论文,2004 年,第 79 页。

② 金亨洌:《近代济南经济社会研究——以近代济南商业发展为中心(1895—1937)》,南京大学博士学位论文,2006 年,第 64 页。

③ 济南市社会科学研究所:《济南简史》,齐鲁书社 1986 年版,第 487—488 页。金亨洌:《近代济南经济社会研究——以近代济南商业发展为中心(1895—1937)》,南京大学博士学位论文,2006 年,第 72 页。

家,估衣铺 22 家,古董商店 22 家,生皮店 10 家,书籍商店 10 家,蜡烛铺 9 家,棉花店 7 家,铁器店 6 家,纸商 9 家,漆店 6 家,烟草商 2 家,瓷器店 2 家,锡器店 1 家。① 当然,这个统计显然并不全面,比如传统行业绸布、茶叶、粮食等就没有包含。

1918 年,济南登记在册的商家总数已达 2 000 余家,其主要行业的分布和数量是:洋行 25 家、书坊 13 家、中药铺 78 家、西药房 11 家、皮货店 28 家、估衣店 24 家、碎货铺 16 家、南纸铺 9 家、棉花行 9 家、杂货铺 587 家、香货铺 9 家、绸缎庄 127 家、布店 6 家、笔铺 9 家、当铺 9 家、茶叶铺 10 家、洋货铺 162 家、京货铺 22 家、铁器铺 17 家、钟表铺 28 家、山果行 13 家、古玩铺 23 家、酒店 49 家、丝线铺 27 家、漆行 6 家、炭行 83 家、钱庄 98 家、银行 10 家、银楼 8 家、堆栈业 35 家、粮栈 50 余家。各种公司及其他营业 392 家。②

开埠初期,外国开始涌入刺激国内投资者热情,本着实业救国的热情投资建厂,抵制洋货,济南工业开始蒸蒸日上。近代企业陆续建立,基本情况如下表 1—2:

表 1—2　开埠后建立企业一览表(1905—1910 年)

企业名称	创办人	创立年代	资本	经营形式及概况
济南电灯公司	刘福航等	1905	40 000 两	商办,起初仅能供院前、院后及西门一带照明用电。
志诚砖瓦公司	徐锵鸣	1905	不详	商办,用机器生产砖瓦。
大公石印馆	沈景臣	1905	100 两	商办,印刷《简报》,又名《简报馆》。
林木培植会	不详	1905	30 000 两	不详。
协成铁工厂	不详	1906	不详	商办。
济南济农公司	不详	1906	不详	商办。
大经丝厂	不详	1906	200 000 两	商办。
洓源造纸厂	丁道津	1906	不详	后改为成丰造纸厂,1917 年改为行华造纸厂。
小清河轮船公司	唐荣浩	1906	100 000 两	商办。

① (日)天成生:《济南》前编《济南事情》,1915 年,第 18—19 页,转引金亨洌:《近代济南经济社会研究——以近代济南商业发展为中心(1895—1937)》,南京大学博士学位论文,2006 年,第 73 页。
② 聂家华:《开埠与济南早期城市现代化(1904—1937)》,浙江大学博士学位论文,2004 年,第 87 页。

续表

企业名称	创办人	创立年代	资本	经营形式及概况
中安烟草公司	唐世鸿等	1907	200 000 两	商办。
济合机器公司	周庆勉等	1907	不详	商办。
永阜草编公司	不详	1907	不详	商办。
通惠公司	不详	1907	不详	商办。
琴记雪茄公司	不详	1908	不详	商办。
东兴货栈公司	不详	1908	300 000 两	商办。
济南电话公司	不详	1908	不详	初为官办企业,后改组为股份公司。
山东理化器械所	丁立璜	1908	13 500 两	官督商办,制造学生理化实验所需的器具、药料。
兴顺福机器油坊	张采丞	1909	15 000 两	商办,使用德国榨油机器,最多每天可榨大豆 15 吨,后来发展成为兼制面粉的面粉厂。
普济草绳公司	黄绍斌	1910	50 000 两	商办。
金启泰铁工厂	黄全材	1910	20 000 两	商办,安装车床 4 部,制造水车等器械。
津浦铁路机车厂	不详	1911	不详	属津浦铁路官办企业,有各种机器设备 82 台。

资料来源:济南市市志编撰委员会:《济南市志资料(第 3 辑)》,1982 年,第 1—2 页;济南市社会科学研究所编:《济南简史》,齐鲁书社 1986 年版,第 386—387 页;济南市史志编撰委员会:《济南市志(第一册)》,中华书局 1997 年版,第 29—38 页;仇晓红:《自开商埠背景下的济南城市工业化进行研究(1904—1937)》,山东大学硕士学位论文,2008 年,第 23 页;张玲:《济南开埠与清末济南社会变迁》,安徽大学硕士学位论文,2007 年,第 21—22 页。

　　进入 20 世纪 30 年代以后,由于济南市社会秩序较为安定,振兴商业思潮风起云涌,一定程度上促进了济南工商业的发展与繁荣。据 1933 年的调查,济南市商业方面有 47 个行业 1 228 个店号,资本 5 209 760 元,年营业额 9 135 余万元。工业方面的几个大纱厂如成通、仁丰,织染业如东元盛、中兴诚、厚德等都是在 20 世纪 30 年代前期设立的,成通、仁丰的资本达 103.8 万元;机器制造、织染、面粉、火柴、颜料、制碱、机制卷烟、榨油、印刷、砖瓦等行业的户数都有明显增加,生产技术有明显进步。① 据 1934 年出版的《中国实业志·山东省》对济南的商贸状况进行了概述,现摘录如下:据最近调查,该省出品集

――――――――――
　　① 济南市总商会、济南市工商业联合会编:《济南工商文史资料(第 2 辑)》,1996 年,第 183 页。

中于济南者,农产中以棉花、小麦、高粱、大豆、花生为主,牲畜中以牛、驴、鸡、皮、蛋等为主,工业品则有发网、帽维、土布、缎绸、苇席、棉纱、面粉、料器、阿胶等,矿物中有煤、盐等,外省出品集中于济南者,为米漆、桐油、茶叶、药材、兽皮、纸烟、烛皂、陶瓷、搪瓷、电料、机器、书籍、文具、针织品等,以上各种出品,棉花、花生、牛皮、鸡蛋、发网、帽维、料器等,为山东出口货之大宗,集中济南,除一部分向上海输出外,余皆运集青岛,土布、缎绸、苇席、棉纱、面粉、阿胶、煤、盐及省外货物,集于济南后,由商号分销本省内外,外洋运来货物在济南推销者,布匹、木材、煤油、糖干、咸鱼、纸张、铜铁货件、棉纱、钟表、车辆、颜料、火柴、材料等为大宗,销售范围以山东西部、河南北部、河北南部、山西中部为主。①

1936 年出版的《中国经济年鉴》续编有一份《济南市商业调查表》,即真实反映了各行业的状况。具体见表 1—3。

表 1—3 济南市行业状况一览表

行业	家数	国籍	资本额(万元)			经营范围	全年交易额(元)	从业人数	最大商号
			最高	最低	普通				
棉花	64	中 52 日 12	3	0.1	0.5	棉花	24 882 000	453	中棉历记
土产粮业	130	中 95 日 34 德 1	5	0.2	0.5	花生、兽骨牛皮、杂粮米面	23 366 755	1 852	恒聚成
广货	412	中 399 日 13	4	0.05	0.2	化妆品、装饰品、布匹、呢绒、羊绒	27 571 800	5 641	福东
医院	41	中 33 日 5 德 2 美 1	50	0.8	10	内、外、妇科	4 500 000	1 425	济南医院
当铺	22	中 1 日 20 英 1	36.05	10	20	专当物品	6 400 000	360	裕鲁当
棉纱	55	中	1.5	0.5	1.5	棉纱疋头	15 360 400	377	阜康号
杂货	298	中 280 日 13	2	0.1	0.5	海味杂货	1 385 130	3 216	裕祥恒
酱油	67	中	1	0.1	0.5	咸菜油酒	1 511 200	1 500	北后记

---

① 实业部国际贸易局编:《中国实业志·山东省》,1934 年刊,第 38 页。

行业	家数	国籍	资本额（万元）			经营范围	全年交易额（元）	从业人数	最大商号
			最高	最低	普通				
煤炭	132	中128 日4	2	0.1	0.5	煤焦	3 610 000	2 088	镇兴公司
绸布	139	中138 日1	20	0.3	1	绸缎布匹	7 084 600	1 908	隆祥
卷烟	70	中64 德1英1日1	2	0.2	0.5	卷烟、煤油火柴、洋蜡	7 163 600	1 495	德源永
煤油	4	中美英俄各1	5	3	4	煤油	4 604 600	103	美孚
茶叶	39	中	4	0.5	1	茶叶、水烟	2 988 400	560	泉祥鸿记
油业	48	中47 日1	1.5	0.05	0.2	豆油、生油、棉籽油、麻子油	2 064 950	369	福盛
估衣	35	中20 日15	0.5	0.05	0.1	新旧衣被	1 378 520	274	吉太
山果	46	中45 日1	0.5	0.06	0.1	山果、花生	1104300	362	周玉清
药材	264	中244 日20	5	0.05	0.5	中西药材人参	2 865 960	2 203	神州药房
蛋业	16	中7韩4日4英1	2	0.2	0.5	鸡蛋	2 700 000	507	茂昌
屠宰	54	中	0.06	0.02	0.05	牛、猪、羊类	1 529 800	290	庆记
五金	93	中86 日5 德2	0.6	0.1	0.5	电机、电料	392 550	506	同丰
饭馆	226	中220 日5 德1	1	0.03	0.1	中西饭菜	1 773 600	2 793	百花村
电料	49	中44 日4德1	2.5	0.1	0.5	电机、电料	392 550	506	同丰
纸业	104	中102 日2	0.5	0.05	0.1	宣纸色纸	1 778 500	970	美文斋
书店文具	68	中66 日1英1	3	0.03	0.5	书籍文具	1 937 300	582	商务印刷馆

行业	家数	国籍	资本额(万元)			经营范围	全年交易额(元)	从业人数	最大商号
			最高	最低	普通				
瓷器	40	中36 日4	1.3	0.1	0.2	粗细瓷器	583 200	208	立祥
铜器	63	中	0.2	0.03	0.1	铜器器皿	63 100	198	广聚
古玩	41	中28 日13	1.5	0.15	0.2	古玩宝石	300 000	274	鸿宝斋
钟表眼镜	56	中55 日1	1.2	0.2	0.5	钟表眼镜戏匣	784 280	323	亨得利
旅栈	95	中90 日4 德1	0.5	0.03	0.15	安寓客商	374 000	1 400	中西旅社
鱼行	25	中24 日1	0.3	0.05	0.1	鱼虾	22 760	78	德成
照相	22	中21 日1	0.2	0.04	0.1	拍照及销售材料	184 500	112	兰亭
牛业	16	中	0.1	0.02	0.5	贩卖牛只	480 000	120	顺兴栈
脚行	32	中	0.2	0.05	0.1	代客运输长短途货物	25 000	200	公盛栈
胶皮	23	中2 日17 德4	5	1	1.2	输带胶鞋	1 600 000	95	陈嘉庚
新闻	14	中10 日4	0.3	0.05	0.1	各项报纸	134 000	184	国民日报
蔬菜	80	中	0.1	0.02	0.05	各种蔬菜	503 100	300	义记
油漆	16	中	0.5	0.05	0.2	生漆桐油	604 000	123	鸿升
颜料	26	中22 德3 英1	5.002	0.08	0.15	颜料针线	233 300	204	义利洋行
鸡鸭	6	中	0.05	0.015	0.02	贩卖鸡鸭	142 500	25	
料器	44	中	0.08	0.03	0.05	玻璃、琉璃	271 600	170	
养蜂	19	中18 日1	0.3	0.15	0.2	蜂蜜	180 000	252	
腌腊	63	中	0.05	0.02	0.03	熏肉酱肉	228 700	329	
铺垫棚杠	43	中	2	0.1	0.5	蟠杠、灯轿棚厂铺垫	391 360	190	大兴
粉坊	11	中	0.1	0.03	0.05	鲜粉皮、面筋、锅炸	31 500	46	

续表

行业	家数	国籍	资本额（万元）			经营范围	全年交易额（元）	从业人数	最大商号
			最高	最低	普通				
建筑	35	中33日2	4	0.2	0.5	设计绘图包工	492 070	120	
鞍鞯	3	中	0.15	0.08	0.12	牲畜车辆用皮件	167 000	27	
鲜花	56	中	0.8	0.05	0.1	各种花木			
牛羊乳	17	中	0.3	0.02	0.1	牛乳羊乳	54 300	60	五大牧场
洋灰	1	中	0.5			代销唐山洋灰	60 000	5	启新
汽车机器	3	英1美1日1	20	1	10	机器、汽车肥田粉	620 000	57	卜内门
储蓄保险	7	中2日3英1比1	100	5	10	储金、保险	1 900 000	95	万国
出赁汽车马车	12	中10日1英1	10	0.25	4	出赁车轿	109 600	130	
戏曲	12	中10日1英1	1.2	0.1	0.3	电影戏曲	525 010	185	

资料来源:济南市总商会、济南市工商业联合会编:《济南工商文史资料(第2辑)》,1996年,第184—187页。

以上共有53个行业3 554个商号,其中中国商号3 298家,日本商号220家,英国商号8家,美商6家,德商16家,韩商4家,俄与比商各1家,全年营业额167 069 765元,从业人数36 381人。

抗战胜利后,根据国民政府接管济南后对1946年各行业的调查情况,见表1—4、表1—5。

表1—4　济南市商业行业调查一览表

业别	户数	资本额（万元）	业别	户数	资本额（万元）
粮业	207	109 981.6	鞋帽	330	29 570
颜料业	103	60 100	茶叶	84	28 800
钱业	39	59 000	磨坊	361	27 355

业别	户数	资本额（万元）	业别	户数	资本额（万元）
酱菜酒业	179	45 000	炭业	218	27 010
绸布呢绒	120	37 570	机制卷烟	37	25 885
广货	318	37 208	机器铁工	92	24 630
油业	179	32 795	国药	177	21 934
海味杂货	168	32 330	卷烟	125	20 580
砖瓦	14	30 065	食物	93	17 700
呢绒洋服	79	17 281	纱布	12	4 650
自行车	46	16 520	鞋帽业	16	4 580
钟表眼镜	97	16 225	枣行	37	4 300
南纸文具	115	16 058.5	针织	71	4 223
新药	117	15 893	毛皮	98	4 160
五金	17	15 510	估衣	52	3 570
肥皂工业	42	14 250	寿材	36	3 284
铁货	31	12 810	磁器	13	3 120
生铁	39	12 650	白灰	55	3 030
金银首饰	47	11 830	运输	27	3 010
染业	48	11 642	棉业	38	2 950
织布	122	11 505	铁道转运	35	2 906
旅栈	214	10 876	黑白铁	133	2 611
军服	61	10 800	牛乳	23	2 440
印刷	59	10 185	麻袋	36	2 384
澡塘	19	8 660	木料	17	2 250
电料	68	8 520	铜锡	24	2 080
色纸	39	8 030	猪肉	219	2 074
饭馆	146	6 793	理发	186	1 978.5
陶器	41	6 415	牛业	33	1 819
书业	63	6 065	电影业	7	1 800
玻璃	44	5 288	洗染	59	1 770
山果	111	5 005	土制烟	95	1 178
照相	38	4 810	丝绢	5	1 150
藤竹绳经	110	4 763	席箔	50	1 115
洋纸	22	4 650	牛肉	27	1 109

业别	户数	资本额（万元）	业别	户数	资本额（万元）
腌腊	36	961	鱼业	39	415
漆业	12	896	刻字	66	276.8
古玩	39	754	鸡鸭	46	275
日用碎货	94	716	羊肉	21	177
制碱	5	660	天然冰	8	40
泺口肉	21	420			

资料来源:济南市总商会、济南市工商业联合会编:《济南工商文史资料(第2辑)》,1996年,第257—259页。

表1—5　济南市工业行业调查一览表

公司名称	资本额(万元)	公司名称	资本额(万元)
仁丰纱厂	40 000	恒泰火柴厂	3 000
成通纱厂	30 000	振业火柴厂	3 000
成大纱厂	20 000	山东第二造纸厂	2 000
山东第一造纸厂	8 000	丰华针厂	2 000
华庆面粉厂	8 000	山东志成企业公司	2 000
成丰面粉厂	5 500	益华火柴厂	1 000
成记面粉厂	5 500	鲁西火柴厂	1 000
丰年面粉厂	5 000	洪泰火柴厂	1 000
东亚面粉厂	5 000	中华针厂	1 000
惠丰面粉厂	5 000	山东民生企业公司	1 000
宝丰面粉厂	5 000	益中造纸公司	500
裕兴化工厂	3 000	惠鲁当店	500

资料来源:济南市总商会、济南市工商业联合会编:《济南工商文史资料(第2辑)》,1996年,第259页。

二、主要行业及商号概况

民国时期济南市动荡不安,政权几经更迭,先后经历了北京政府、国民政府前期、沦陷时期、国民政府统治后期等几个阶段。由于社会环境和政治环境因素的影响,工商业的发展也呈现出不同的发展轨迹。

进入民国,随着商业市场的扩大和活跃,济南市场的商品十分丰富。各行业发展迅速,经营商户增多,新行业不断涌现。据1914年材料记载了当时商品种类:绸布、毡铺、胶皮、蜡烛、杂货、点心、丝线、钟表、山果、笔墨、鞋帽、铁器、碎货、饭馆、照相、南纸、中药、金店、花行、皮货、铜锡器、漆行、磁器、酱菜、古玩、西药、图书、澡塘、铁器、洋广货等,①充分反映了济南市场的繁荣。下面就一些主要的行业及商人经营状况进行说明。

(一)粮业

民国以后,随着济南工商业的进步和人口增多,粮栈业迅速发展起来。1919年专业粮栈已达50余家,1932年增加到83家。1933年,在"麦棉借款"的冲击下,粮食销路大减,粮行"皆有存货愈多而受损愈大之慨,因而歇业者数见不鲜"②。

济南沦陷,不少粮栈歇业。1938年仅有13家。日伪统治期间,粮食紧缺,物价上涨,有利可图,许多商人开始从事粮业生意。1942年粮栈达285家,见表1—6。

表1—6　粮栈商号一览表

商号名册	经理姓名	店员人数	店址	资本数目
恒聚成	苗兰亭	四十五	纬一路八十五号	十万元
兴顺福	张韶采	二十二	纬三路十八号	八万元
成丰栈	苗星垣	二十二	成丰街二十五号	一万元
复聚长	王寇东	三十六	纬二路十四号	六万元
聚泰油房	王锡有	二十五	天桥东街二十二号	一万元
聚成东	崔子清	二十	街同石一号	四万元
德聚栈	王近光	十九	街同石四十九号	二万元
德兴昌	宋希儒	十五	经二路纬十路二号	四万元
华庆公司	国佐庭	三十	管扎营西街六九〇号	四十万元
惠丰公司	张荫三	三十八	经五路纬三路三五一号	四十九万元
惠丰栈	王建周	十四	天桥东街五号	一万元
同聚货栈	李省吾	十八	天桥街三号	四万元
信成公司	武鑫山	四十三	铁道南街十六号	一万三千元
聚和栈	于俊卿	二十五	纬三路四二号	四万五千元
同兴货栈	吴序青	十六	经三路纬一路五六九号	一万元
聚泰昶	李华齐	二十五	经三路纬四路五六九号	五万元

①　中国民主建国会济南市委员会、济南市工商业联合会编印:《济南工商史料(第1辑)》,1987年,第41页。
②　《济南市几种商业之鸟瞰》,《农工商周刊》第1卷第8期,1933年10月。

商号名册	经理姓名	店员人数	店址	资本数目
义成永	马玉亭	二十六	经五路纬二路三七六号	二万元
同昶栈	董星三	二十一	经一路四四八号	二万元
协兴东	陈仁山	十九	纬五路六号	五万五千元
德泰隆	宗宣三	二十	纬四路二号	三万元
信成栈	林信齐	六	经一路纬五路九十五号	二万元
泰兴栈	马占鳌	十八	纬十二路四号	三万五千元
齐东	路敬齐	二十六	经二路纬七路二四九号	五万元
同黎成	党富卿	十九	经一路四六〇号	三万元
恒聚成北记	许翰卿	三十八	乐康街一号	三万元
东义货栈	王玉岩	二十	经二路纬七路二三七号	五千元
和兴栈	吴石侨	十六	经一路纬八路一八七号	一万元
恒顺成	王子宽	十四	钱道南街三十二号	六千元
协泰成	唐志达	二十二	经一路四五〇号	八千元
协泰福	耿晓山	十六	天桥街七号	一万元
济丰华记	鞠效潜	二十	经一路六十四号	二万四千元
义德栈	张礼堂	十七	经一路六十四号	三千元
义大号	袁岳生	十六	经一路八十九号	一万元
德立公	陈立生	十五	经二路二二二号	二千元
义成货栈	刘玉亭	十六	经一路一三一号	三千元
复聚祥	赵鼎臣	十七	天桥南街三号	二万元
泰东号	于孝臣	六	天桥南街七号	二千五百元
济源成	张翰长	八	经一路五〇一号	一万二千元
裕盛栈	王星五	七	经一路四十二号	五千元
庆丰栈	朱镜波	九	经一路四十八号	六千元
永丰祥	陈云臣	七	经一路七十九号	二万元
济诚栈	张化南	六	经一路四三九号	二千元
裕德长	贾德忱	九	纬五路十号	四千元
裕盛源	荆德卿	十五	纬五路八十二号	三千元
永聚栈	刘寿彭	七	纬五路七九号	三万元
志成福	孙秀川	十五	五里沟四十二号	一万元
永信成	袁福臣	十二	经二路纬六路三二号	五千元
裕丰成	安介臣	十七	经二路二一八号	五万元
永吉成	汪挺之	十四	纬五路公祥街十一号	一万二千元

商号名册	经理姓名	店员人数	店址	资本数目
泰丰栈	孙砚丰	十六	经三路纬五路九十八号	三万元
万顺昌	姜兴周	十一	经一路一五八号	二千元
恒泰和	张健庵	九	经一路一七三号	一万五千元
春和顺	刘寿元	六	经一路三八三号	四万元
永康栈	仵镇东	四	经一路三六一号	五千元
恒信栈	席赞臣	十七	经一路二〇五号	三千元
德泰长	王书东	十一	经一路纬九路三四八号	五千元
谦益栈	张星南	二十	经一路西首二二六号	二千元
新茂栈	陈子刚	十八	纬十一路一五三号	五千元
新万盛	周慎之	十三	纬十一路一四七号	五千元
华兴公司	贾礼堂	二十五	经五路纬二路三七六号	三十万元
宏兴栈	曲璞齐	八	纬九路一〇四号	一万元
景庆龙	王汉三	九	纬十一路十六号	二千元
德记棉栈	赵树仁	十三	西市场北口二号	一万元
公记栈	任滋荣	十九	纬十一路四十六号	一万元
正泰公	张伯平	十一	纬十一路二九六号	二千元
同义厚	石和轩	十五	小纬十一路七号	二千元
福源栈	刘福亭	十一	小纬十一路二六一号	一千元
广兴盛	李缄三	十	小纬十一路二七〇号	二千五百元
新华栈	赵雲章	十一	小纬十一路二七七号	五千元
恒聚泰	张希原	十	纬十二路一五一号	一万元
恩记	周廷恩	十	纬十二路一二二号	二千元
义生栈	李雪楼	十	纬十二路一六三号	三千元
德记油店	荆仲业	十二	纬十二路七号	一万五千元
永茂栈	曹珍茹	二十四	纬十二路三十四号	五千元
庆昌栈	杨华亭	六	纬十二路一一二号	二千元
义源号	井善夫	十一	中大槐树一八三号	五千元
厚生栈	段周严	四	中大槐树一四四号	五百元
利兴恒	吕景山	二十三	纬十二路西四四八号	二千元
信昌	齐连斌	十一	纬十二路西五八三号	五千元
聚兴昌	王继文	十	经二路西首五八二号	五千元
同丰成	袁宁章	十五	纬十二路西四五五号	一万五千元
广林泰	石子方	六	中大槐树四十四号	三千元

续表

商号名册	经理姓名	店员人数	店址	资本数目
天德栈	郝燮平	十三	经二路西首四五八号	三千元
三义成	孙敏齐	八	经二路西首四六〇号	二千元
荣德栈	郭冠五	六	纬十二路西四六四号	五千元
华腾东	王培银	十	纬十二路西五七八号	六千元
益聚厚	于厚齐	六	经二路西首四七二号	五千元
义兴恒	王宜卿	七	经二路西首五七七号	五千元
德庆栈	马殿德	八	南大槐树四一六号	二千元
裕丰昶	险庆训	十三	经二路西首四八六号	二千元
长盛栈	徐问山	六	经二路西首五六八号	一千元
三合兴	王凤文	九	纬十二路西首五五九号	六千元
协泰祥	苏立荣	七	纬十二路西首五〇五号	二千元
荣盛昌	刘连富	十	中大槐树八十五号	一千元
泰兴公	魏秀峯	八	中大槐树三四号	二千元
华东号	潘长武	六	经三路西首五四四号	二千元
振泰昌	仇振公	三十五	经三路西首五四二号	二千元
同兴和	李和英	七	经三路西首一一三号	一千元
益华栈	任翰卿	十一	南大槐树九十六号	三千元
德盛永	李双峯	十五	南大槐树九十五号	四千元
万丰祥	秦鸿恩	十二	南大槐树一二〇号	五千元
同义栈	孙省三	十	东圩门外七十二号	一千元
同利栈	张玉轩	十四	经二路二三四号	二万元
永源顺	邱润芝	九	经二路二三六号	一万八千元
三合成	张级三	三十五	经二路七九四号	一万三千元
正泰	石宾南	十二	经二路七八九号	一万元
同成栈	倪善齐	十五	经二路纬七路二四八号	二千元
东德厚	孟振西	四十二	经二路纬七路二四八号	二万元
瑞兴成	董子祥	十	经三六一七八号	一万元
兴茂栈	任德润	二十五	经二路纬八路七四一号	一万元
同德长	冯功堂	十五	经二路纬八路七四一号	一万元
鸿盛永	沈节三	二十三	经二路纬八路二九九号	一万七千元
裕庆和	宋召南	六	经二路纬九路三〇一号	五千元
鸿生祥	杨西图	二十	经二路纬九路一九七号	一万元
公记栈	高德忱	十三	纬九路三号	一万元

商号名册	经理姓名	店员人数	店址	资本数目
庆丰栈	刘寿亭	十五	经二路纬十路三五四号	一万元
福丰泰	郑斗垣	七	经二路纬十路三五八号	一千元
庆成栈	陈士鼎	十	经二路六六一号	八千元
福临栈	杨麟轩	八	纬十路九号	五千元
裕大	杨伯祥	十四	经二路纬十路二十一号	三千元
双盛永	蔡星甫	十七	经三路纬十路八十四号	三千元
义丰东	高树民	十七	经二路纬十一路一七号	二千元
新新栈	孟汝南	二十	纬十一路八十八号	五千元
义和东	朱名芹	二十五	纬十一路八十六号	五千元
鸿庆昌	刘翰臣	九	经二路纬十一路六二号	二千元
源茂公	梁汇东	二十	纬十二路四二一号	三千元
阜丰号	吕瑞祥	十二	纬十二路一三一号	一万元
同聚恒	华玉斋	十三	纬十二路一三○号	四千元
恒茂公	朱名山	十八	纬十二路一二五号	五千元
信诚栈	冯子珍	十八	小纬十路三八号	三千元
振兴泰	杨颜卿	三	经五路西首二○八号	三千元
恒昶德	綦廷臣	十一	经三路五七二号	一万元
永泰栈	盖俊明	十五	经二路纬一路三三一号	八千元
恒德栈	张新三	四	经二路西首五三二号	一千五百元
德盛昌	石寿山	八	南大槐树九十四号	五百元
恒昌号	杨敬之	十五	经二路纬十路三七三号	四千元
天丰栈	王俊周	十六	经四路纬三路三九三号	五千元
德丰栈	张耀东	十五	经七路小纬六路三九三	五千元
德聚公	郝朝麟	十三	南大槐树三三一号	三千元
义聚东	刘庆堂	二	南大槐树三三号	五千元
隆福泰	苏召衫	十	南大槐树四二七号	五千元
天兴永	关捷三	十五	南大槐树三七五号	四千元
同裕昶	朱之义	十三	南大槐树一七号	三千元
义昌栈	王少鸿	十三	北坦三五七号	一千元
公祥栈	李德荣	十二	北坦三五七号	五千元
大通栈	刘振清	二十一	北坦三五八号	一万元
协泰栈	刘介忱	十八	北坦三六三号	三千元
福兴合	秦质白	六	经七路三六九号	三千元

商号名册	经理姓名	店员人数	店址	资本数目
泰昌	吕耀东	七	北坦三八一号	三千五百元
公记	丁建楚	十五	北坦三七五号	二千元
复盛永	黄振河	十四	北坦三七五号	三千元
永茂栈	王传环	十	北坦三九二号	二千元
振成	张克辉	五	北坦一八五号	一千五百元
东和祥	王宜卿	十	南大槐树十八号	二万元
黎明栈	田沛公	十五	北坦一四〇号	一千五百元
利兴恒	吕景山	二十二	北坦一一九号	五千元
鲁兴栈	崔炳宇	八	北坦一一七号	二千元
义顺栈	王守仁	九	北坦一一六号	一万元
恒聚东	刘赐鸿	十三	北坦二六九号	三千元
福德栈	杨宾卿	十四	北坦一一四号	三千元
新义栈	吴瑞亭	十四	北坦一一二号	四千元
利昇	季润田	二十三	北坦一一一号	一万元
义丰站	宋金亭	十五	北坦一〇七号	一千八百元
丰祥和	昌聚五	八	北坦二八五号	四千六百元
元昌栈	王锡和	二十九	北坦二八四号	五千元
公信栈	李信齐	十二	北坦二八三号	六千元
益兴昌	潘和轩	十	北坦二七九号	四千元
同庆栈	边清岚	九	北坦二九七号	八千元
庆和栈	刘岚峯	九	北坦二号	三百元
福丰栈	杨和庭	二十	北坦五号	二千五百元
义聚长	王子和	十二	北坦四十号	三千元
洪源兴	崔月村	九	北坦四十号	二千元
同聚栈	郑省三	十二	北坦八十三号	二千元
公和栈	马迪玉	八	北坦四十八号	二千元
长兴栈	刘海臣	十一	北坦二十三号	四千元
同德兴	王兆瑞	五	北坦十四号	三千五百元
庆华栈	周锡三	七	北坦五十五号	三千元
东盛昌	左翰臣	十一	北坦四四号	五千元
源兴栈	刘秀峯	八	北坦三十三号	四百元
庆盛公	魏化三	十	英贤街二十四号	二千五百元
庆丰栈	刘寿堂	十四	东圩门外四十三号	二千元

商号名册	经理姓名	店员人数	店址	资本数目
裕丰酒店	王效伦	七	东圩门外四十一号	四千元
仁大	王瑞生	十二	大柳行头街六十五号	一千八百元
永顺栈	刘景超	七	大柳行头街六十三号	五百元
谦益厚	刘厚齐	八	大柳行头街六十二号	二千元
鸿泰	亓德臣	九	大柳行头街六十一号	一千五百元
益顺栈	田志霄	十	大柳行头街五十九号	二千元
万和成	杨玉兰	三	大柳行头街五十七号	五百元
长盛和	王先芳	五	大柳行头街六十八号	一千元
福盛永	范常桢	五	舜井街十四号	五百元
元昌	王京镐	十	正觉寺街五十六号	四千元
双盛号	李运泉	八	趵突泉前街三十二号	五百元
福泰昌	张俊齐	七	杆石桥七十八号	五千五百元
元盛祥	傅翰卿	八	经七路一八五号	二千元
永昌	蔡有元	十一	经七路十一号	二千元
同和增	史肇祥	七	经七路六六九号	六千元
民生	刘菊民	九	南上山街二十三号	二千元
鸿庆源	徐百川	二十	南上山街十三号	五千元
玉记	宗玉符	五	纬一路南首一九二号	二千元
大通	周晋臣	十三	经二路纬一路普安里一	一千元
鸿源成	杨宾卿	八	馆驿街一六六号	三千元
同丰泰	刘素臣	六	馆驿街一二四号	一万元
天义成	张丕承	七	馆驿街二〇八号	二千元
裕东	张培峯	十	馆驿街三三号	五千元
德盛油店	辛忠芝	十	馆驿街三八一号	二千元
益和油店	张馨山	十六	馆驿街二八二号	八千元
双升栈	迟明新	十三	四马路纬九路二五九号	五千元
同盛义	赵松鹤	十八	经四路纬七路三十八号	一万元
裕泰公	田芳亭	十九	经五路二八八号	二万元
同泰栈	景次原	十五	经六路纬三路八十三号	五千元
鸿盛源	翟荫农	八	五马路八六号	二千元
大得同	苗攸村	十四	经五路三八六号	四万元
三义成	王占五	九	经四路安定里四一〇号	三千元
裕兴德	高德九	十二	经三路小纬二路九十二	三千元

商号名册	经理姓名	店员人数	店址	资本数目
长发栈	魏玉轩	六	经四路一三六号	二千元
公济栈	刘天国	十三	官扎营街五号	一万元
福聚成	国瑞符	三	官扎营街三号	五百元
吉盛昶	李耀庭	九	丹凤街四十五号	三千元
福源昌	刘福昌	七	丹凤街八十六号	二千元
义聚成	孙竹坨	十三	丹凤街四十二号	一万元
景昌栈	耿捷三	十二	丹凤街三十六号	一万元
瑞丰泰	于汇泉	五	丹凤街九十号	五千元
公和永	周兴唐	五	丹凤街三十五号	二千元
益丰厚	蒋书声	十二	丹凤街三十二号	五千元
慎昌栈	孙会齐	十一	丹凤街三十五号	五千元
利昇号	林鹤亭	十五	丹凤街三十五号	八千元
天益公	刘禹山	十	丹凤街二十九号	三千五百元
正大栈	郭子谦	十五	丹凤街二十三号	一万元
裕丰长	张伯鲁	十四	丹凤街三十八号	八千元
力丰栈	苏瑞馥	十一	丹凤街五十二号	一千元
三义祥	高玉琨	十五	丹凤街十七号	三千元
中兴栈	石秋生	十一	丹凤街五十三号	二千元
蚨兴栈	张芸西	十	丹凤街六十号	二千元
义丰泰	孙笑山	十一	丹凤街十三号	三千元
德聚公	齐思章	十	丹凤街一二〇号	二千元
义合隆	启茂堂	十	丹凤街十号	一万元
义成栈	时霭亭	十三	丹凤街二十五号	二千元
瑞泰号	王子明	七	丹凤街二十号	五千元
济华栈	徐文典	五	丹凤街二十一号	一千八百元
德祥栈	荆子谦	十二	丹凤街二号	一万元
同兴泰	赵景玉	七	官扎营西街四五九号	三千元
恒丰厚	魏效唐	六	丹凤街五号	三千元
义兴公	张瑞周	九	丹凤街一〇九号	五千元
三荣公司	曹树三	十七	丹凤街一〇三号	一万元
同兴油坊	尚兰亭	十二	乐康街二十八号	一万元
昇记	杨昆玉	十六	乐康街二十七号	一万元
东聚兴	张谐平	十六	乐康街一〇八号	三千元

商号名册	经理姓名	店员人数	店址	资本数目
广源成	耿仙洲	七	乐康街一〇七号	五千元
德丰昌	刘善堂	六	乐康街一〇六号	五千元
广德栈	万佩泉	四	乐康街一〇五号	一千元
聚诚栈	曹子玉	七	丹凤街	五千元
铭记	赵心齐	九	丹凤街六号	五千元
北康	张文英	五	丹凤街一〇二号	五千元
恒兴东	张连轩	七	丹凤街七号	五千元
广聚东	宗义和	五	丹凤街八号	五千元
文兴栈	张静轩	八	丹凤街九号	三千元
义聚厚	王思智	六	丹凤街一一五号	三千元
复成栈	张蕴山	八	丹凤街六号	三千元
仁发栈	吴馨亭	五	丹凤街一一六号	三千元
民丰	赵和来	五	官扎营西街五十三号	五百元
振发东	孙瑞千	五	丹凤街一一八号	二千元
裕兴祥	韩诗舫	十二	丹凤街一三一号	一万五千元
公兴栈	孟传卿	十	丹凤街一三二号	五千元
利亨栈	罗际堂	八	天桥东街九十七号	二千元
德聚诚	孟广信	七	天桥东街二十七号	四千元
德庆永	荆鸣九	十六	天桥东街二十六号	五千元
德聚成	芮旭东	十四	天桥东街四十二号	一千元
同聚泰	张静山	四	天桥东街四十四号	三千元
鲁兴泰	于修汶	二十七	天桥东街四十六号	四万元
鸿记栈	张方亭	十五	天桥东街二十三号	五千元
大兴栈	王建周	十八	天桥东街十二号	一万元
阜聚栈	陈恕之	九	天桥东街三号	四千元
永昇栈	王心举	三	天桥东街一〇四号	一千元
永聚合	张勋亭	十三	天桥东街五十一号	一千五百元
聚兴诚	孟宾臣	六	天桥东街六十九号	三千元
聚丰栈	陶静轩	十三	乐康街七十号	五千元
恒泰栈	杨宜亭	七	钱道南街二十五号	一千元
泰鹤永	王鹤龄	三	钱道南街二十五号	一千元
同义公	李芷亭	十二	钱道南街一七号	二千元
荣和公司	孙名贤	五	钱道南街二十七号	五千元

商号名册	经理姓名	店员人数	店址	资本数目
义聚隆	白宾辰	十五	钱道南街十号	五千元
福东栈	宋纯碫	八	钱道南街一二六号	三千元
中兴公司	赵彩臣	六	天桥街三十四号	一万元
聚诚泰记	张义佐	九	官扎营西街六八一号	六千元
庆吉昌	张雨亭	七	官扎营西街五六〇号	五千元

资料来源："济南市粮业同业公会会员名册",1942 年 2 月,济南市档案馆藏历临 76—1—61。

尽管从数量看众多,但多属小户经营,艰难维持生计。抗战胜利后,国民政府接管济南,从新进行工商业资本登记,粮业商户有 214 家。但国民政府随之而来名目繁多的捐募、摊派、借贷等使粮业商户应接不暇,苦不堪言,相继破产歇业,到 1947 年 7 月粮业尚有 31 户①。

（二）面粉业

济南成立的第一家面粉厂是创始于 1915 年的丰年面粉厂。初期集资 4 万元,每日生产面粉仅有 200 包。经过半年后市场的发展,业务转好并连续招股,生产规模扩大,日产量达到 7 000 包。随之惠丰、茂新、民安、正利厚、恒兴等其他面粉厂相继成立,到 1925 年共有 10 家面粉厂投入生产,面粉业也达到辉煌时期,面粉年产量达 1 000 万包,销往北京、天津、烟台、青岛以及河南、苏北等地。

1925 年正利厚倒闭,1929 年恒兴破产,1931 年同丰破产。1932 年恒聚粮栈总理苗星村购买民安,成立成记面粉厂,到 1933 年形成较为稳定的七家商号规模,见表 1—7。

表 1—7　1933 年面粉业商号一览表

商号名称	业别	独资或公司组织	实缴资本额	负责人	所在地
成丰面粉公司	面粉	有限公司	76 440 000	苗星垣	成丰街 23 号
成记面粉公司	面粉	有限公司	500 000 000	苗攸航	铜元局后街 2 号
宝丰面粉公司	面粉	有限公司	30 000 000	李公藩	宝华街 7 号
华庆面粉公司	面粉	有限公司	40 000 000	杨竹庵	宝华街 413 号

---

① "济南市粮业同业公会呈报入会及未入会粮商清单",1947 年 7 月,济南市档案馆藏历临 76—1—59。

续表

商号名称	业别	独资或公司组织	实缴资本额	负责人	所在地
丰年面粉公司	面粉	有限公司	30 000 000	张怀民	铜元局前街 9 号
惠丰面粉公司	面粉	有限公司	50 000 000	满仿古	经五路 136 号
兴济企业公司济南面粉厂	面粉	有限公司	10 000 000	徐培英	经一路纬九路 377 号

资料来源:"济南市面粉业商号一览表",1933 年 7 月 19 日,济南市档案馆藏历临 76—1—58。

1937 年济南沦陷后,日本对各面粉厂实行"军管"政策,各面粉公司直接处于日军控制之下,茂新面粉厂被抢停业,成丰、丰年、成记、宝丰等被迫改为中日合办企业,深受日本侵略者的掠夺和剥削。

1945 年抗战胜利,国民政府接管济南,各面粉厂遂独立经营,直到 1948 年 9 月济南解放。

(三)西药业

1913 年张聿修在济南成立首家西药房——齐鲁药房,同年上海西药界在城内开设上海五洲大药房济南支店,此后商号日益增多,成为人民日常生活中不可或缺的行业。从 1915 年天津、广东和本地商人陆续开设中英药房、老德济、普太和、明春堂、会贤堂等 10 余家,到 1920 年西药业户达 20 家。

韩复榘主政山东后,济南政治环境相对稳定,西药业进入大发展时期,一些大药房相继成立。如 1929 年韩立民开设的惠东药房,张松岩开设的神州药房。1930 年吴韶九开设的东亚药房,此后亚东药房、华德药房、友光药房等中小药房成立,到 1931 年,已有 7 家。[1] 1934 年共有 75 户。同时日商经营的安源大药房、诸冈大药房、吉祥公司大药房、日华公司、东亚公司、山东公司、粟兴药房等相继开业[2]。据济南市政府在 1937 年 4 月对全市医药行业的调查,共有西药店 66 家,资本额 11.306 万元。[3]

1937 年济南沦陷后,西药业户数量上有所增加,1941 年达到 105 户,原因是日商经营药房扩充两倍以上,如 1943 年西药业户达 105 家,见表 1—8。日伪统治后期,多数业户倒闭,数量降至 42 家。日军投降后,西药业有所发展,1947 年上升到 122 户。

---

① 《工商报告》(四),山东省政府实业厅 1931 年编印。

② 中国民主建国会济南市委员会、济南市工商联合会编印:《济南工商史料(第 2 辑)》,1988 年,第 243 页。

③ 《济南市医药业调查统计报告》,《市政月刊》第 11 卷第 4 期,1937 年 4 月。

表1—8　济南市西药业商号一览表

商店牌号	营业主或经理人	年龄	籍贯	资本金额(元)	独资或合资	店员人数	设立年份
九洲大药房	袁松健	34	合肥	8 000	独资	9	1936
五洲大药房	钱品芳	67	宁波	20 000	合资	19	1913
东亚大药房	吴韶九	42	章丘	30 000	合资	24	1930.1
育生大药房	杨育生	60	寿张	15 100	合资	8	1916.8
神州药房俊记	张文焕	21	合肥	10 000	独资	8	1931.8
福利薪药行	王敬周	35	天津	20 000	合资	5	1929
华阳新药行	潘汉卿	26	章丘	15 000	合资	10	1940.3
中英大药房	李士奎	55	天津	10 000	独资	3	1918
明春堂药店	作辉	52	广东	5 000	独资	4	1921
齐鲁大药房	张修	73	益都	2 700	合资	5	1913
东方大药房	王诗庵	51	益都	3 900	合资	3	1934.10
东来大药房	王丹樵	45	天津	100	独资	2	1935
广济大药房	杨捷三	43	益都	2 000	独资	5	1935.8
鸿聱大药房	鲍元鸿	35	广东	800	独资	4	1940
大同大药房	林大华	36	天津	4 000	独资	9	1936.10
同康大药房	王克义	27	济南	15 000	合资	6	1941.8
福禄寿药房	焦桂林	46	庄平	10 000	独资	4	1934.3
卫生大药房	管晓峰	49	潍县	4 000	独资	8	1936
济民大药房	张文森	57	章丘	500	独资	2	1941.6
万利西药房	万耀东	51	章丘	2 000	独资	13	1937.6
华德大药房	谭杼真	37	潍县	1 000	独资	7	1936
天信大药房	张育樑	45	章丘	10 000	独资	5	1936
大同志支店	马祖谦	49	沧县	2 000	独资	6	1936.5
华欧大药房	杨丽生	31	冀县	2 000	独资	5	1918
广东商店	关丽堂	36	广东	500	独资	2	1937
康子安药店	康子安	56	武邑	1 800	独资	3	1929.1
世界大药房	孙延绪	29	海阳	1 000	独资	3	1938.8
亚洲大药房	刘子良	36	献县	2 000	独资	5	1931.4
信谊办事处	方荣甫	30	宁波	4 000	独资	5	1939.1
华英大药房	马子新	49	献县	3 000	独资	4	1933.8
艮一堂药店	李艮一	39	奎乡	1 000	独资	6	1936.7

商店牌号	营业主或经理人	年龄	籍贯	资本金额（元）	独资或合资	店员人数	设立年份
普济大药房	胡道庵	44	蒲台	1 000	独资	3	1936.10
神州药房筠记	张松岩	44	合肥	25 000	独资	11	1929.10
家庭大药房	李善忱	36	章丘	3 000	独资	3	1937.3
永发西药行	黄月庆	31	清河	800	独资	3	1941.5
中英大药房	李士奎	54	天津	10 000	独资	6	1936.8
永兴西药行	刘天章	31	北京	500	独资	3	1941.6
新华北药行	刘清澜	41	滦县	800	独资	5	1937.1
北平大药房	张悦生	44	恒台	1 000	独资	3	1932.10
大同志商店	马祖谦	49	沧县	2 000	独资	5	1921.10
积仁堂药店	铉昌赢	30	泰安	400	独资	2	1941.3
康子安药房	康子安	55	武邑	2 500	独资	2	1929.10
张龙学药房	万耀东	51	章丘	10 000	独资	13	1934.9
杏林大药房	杨香亭	57	齐河	1 200	独资	4	1935.2
杭州大药房	刘润清	31	章丘	500	独资	2	1915
中德西药房	钱延笙	35	宁波	5 000	独资	3	1941
中华大药房	张熙春	39	潍县	2 000	独资	4	1934
济仁大药房	鲁汉卿	49	北京	2 000	独资	5	1936.9
亚东大药房	丁寿卿	51	潍县	20 000	独资	17	1934.2
春林大药房	杨香亭	47	齐河	1 200	独资	3	1931.8
惠生大药房	管健侯	35	潍县	1000	独资	3	1939.3
新中鲁药房	杜鹤轩	46	东平	200	独资	2	1937
新德大药房	于龙德	32	历城	200	独资	3	1938.3
安怀堂药房	张荫清	41	庄平	200	独资	2	1938.4
华民大药店	朱中兴	38	冀县	500	独资	2	1931.10
新亚办事处	董义	45	宁波	10 000	合资	7	1941.7
共合大药店	金仲乔	49	北京	5 000	独资	5	1941.7
东海大药店	段玉海	50	吴桥	1 000	独资	4	1936
福聚商行	崔监塘	50	静海	31 500	合资	11	1929.1
全界药房	孙百谷	49	招远	400	独资	4	1938
广顺和东记	李连捷	49	齐东	22 000	独资	27	1924.1
义利大药房	潘子安	30	章丘	15 000	合资	5	1943.2

商店牌号	营业主或经理人	年龄	籍贯	资本金额(元)	独资或合资	店员人数	设立年份
同康制药厂	左次修	57	桐城	10 000	合资	2	1941.3
同聚成东记	张子良	48	邹平	45 000	独资	5	1931.8
亚陆大药店	杨泽民	31	长清	2 000	独资	6	1942.2
德聚号	李仲阳	39	齐东	5 000	合资	6	1929.5
协华药品店	刘世卿	30	济南	500	独资	2	1942.6
九鹤大药店	赵禹久	39	巴县	15 000	独资	6	1928.1
德利西药行	潘子安	30	章丘	3 000	独资	4	1942.9
柯尔登办事处	钱延笙	35	宁波	3 000	独资	2	1942.1
中原西药行	周之栋	43	历城	3 000	独资	1	1942.3
好来屋商店	马祖谦	48	沧县	1 500	独资	2	1929.3
重生大药房	李步青	43	禹城	500	独资	4	1928.10
中美大药房	李振国	25	河北	1 500	合资	2	1942.5
青山大药房	王青山	31	泰安	2 000	独资	2	1942.8
安东大药房	任安然	44	冀县	800	独资	2	1941.7
鲁光大药房	马蓝坡	47	禹城	300	独资	2	1929.10
进德大药房	公治	36	汶上	2 800	合资	4	1941.7
谦光大药房	孔令申	38	安邱	6 000	独资	6	1942.9
利华大药房	蔡毓润	25	高庄	2 000	独资	3	1943.1
韩齐逢药房	刘玉武	53	冀县	100	独资	1	1942.4
亚鲁大药房	傅世英	39	博平	300	独资	2	1941.6
四春堂药房	许春华	28	清河	500	独资	2	1938
新生大药房	申栋良	37	庄平	650	独资	1	1941.1
永康兄弟商店	吴永康	25	沧县	2 000	独资	4	1942.1
亚光大药房	李殿文	44	济南	50	独资	3	1928.8
仁和大药房	郭延亮	40	历城	200	独资	2	1928.2
电汽大药房	刘玉岭	60	献县	100	独资	2	1927.4
仲豪大药房	乔仲豪	37	德平	100	独资	2	1941.4
义和大药房	高立	45	德平	200	独资	3	1942.6
会贤堂药房	刘化宣	43	献县	2 000	独资	8	1927.9
林济大药房	张士林	45	德平	400	独资	4	1941.4
友光大药房	卓延泽	40	北京	1000	独资	4	1932.9

续表

商店牌号	营业主或经理人	年龄	籍贯	资本金额(元)	独资或合资	店员人数	设立年份
张万年药房	张万年	40	天津	3000	独资	17	1936.1
华美大药房	赵茂村	37	商河	1 000	独资	2	1929.5
老德济药房	乔信	39	济南	2 000	独资	3	1931.1
协丰新药行	郑慰曾	31	无锡	4 000	合资	3	1942.5
明春堂膏药店	于冠九	36	泰安	100	独资	2	1931.1
永信西药行	郝文治	26	章丘	1 500	独资	3	1942.1
协和药房	齐桂	31	济宁	3 000	合资	5	1942.5
振动药房	明振武	40	长清	1 000	独资	3	1942.3
普太和鲁记	刘竹村	51	章丘	3 000	合资	6	1941.5
义济药房	闫丰五	30	东阿	400	独资	3	1929.10
荣业大药房	潘子玉	34	莱阳	15 000	合资	5	1943.1
国华大药房	孔国华	33	肥城	1 000	合资	5	1942.11

资料来源:"山东省济南市西药业商号名册",济南市档案馆藏历临76—1—10。

(四)杂货业

杂货是一个内涵广泛的行业,包含有土副特产、海味、食糖、纸张、烟茶、迷信品、南酒、煤油、灯具、条编、农具等。早在光绪后期杂货行已是西关五大行之一。据1908年济南劝业道的文件记载,商会所属行业达到24个,也包括杂货业。济南市海味杂货业同业公会于1931年12月成立,两年后12月换届改选,此时从业者人数为588人。1931年3月碎货业同业公会成立,1934年3月换届,行业人数191人。

而据《中国经济年鉴续编·济南市商业调查表》记载,1936年从事杂货行业户293家,其中包括华商280家,日商13家。资金数量最多者2万元,最少者1 000元。年营业额为1 385 130元,最大的商户为裕祥恒①。济南沦陷后,1943年日伪当局改选同业公会,海味杂货业同业公会会员246户。具体商号见表1—9。

---

① 济南市总商会、济南市工商联合会编:《济南工商文史资料(第2辑)》,1996年,第33页。

表1—9 济南市海味杂货业商号一览表

商店牌号	营业主或经理人	年龄	籍贯	资本金额（元）	独资或合资	店员人数	设立年份
西增盛	马杰三	46	历城	50 000	独资	18	1923.2
恒丰和	曾荩臣	35	历城	20 000	合资	16	1928.2
裕兴号	崔福堂	66	济阳	4 000	独资	15	1925.2
增盛公	马茂堂	48	历城	18 000	独资	16	1924.3
彤裕昌	孟子久	38	章丘	20 000	合资	24	1933.4
万祥和	亓鸿德	36	历城	4 000	合资	13	1939.8
厚昌号	高子贞李寿甫	3831	章丘章丘	10 000	独资	22	1938.8
美裕生	韩德甫	72	章丘	31 600	独资	17	1940.3
福生祥	杨子序	43	历城	30 000	合资	12	1936.3
协昌号	王耀亭	37	济阳	50 000	合资	13	1943.8
德聚和	杨翰宸	46	历城	10 000	独资	11	1937.3
福聚祥	翟海南	47	章丘	2 000	合资	5	1937.3
华兴恒	杨子麟	48	淄川	15 000	合资	13	1938.10
聚和成	薛久甫	35	历城	10 000	独资	12	1937.3
福盛永	孙福堂	41	历城	15 000	合资	13	1934.3
公聚成	颜玉章	31	历城	4 000	独资	10	1938.3
鸿生祥	李琴轩	64	历城	7 000	独资	15	1938.3
天兴成	郭冠臣	39	济阳	15 000	合资	12	1936.4
广生栈	李荫堂	54	历城	5 000	独资	12	1926.5
益生祥	王樾生	40	济阳	2 000	独资	8	1933.10
裕昌新记	韩式珍	47	禹城	10 000	独资	9	1912.1
万蚨成	史维东	51	章丘	45 000	合资	18	1923.2
永兴合	赵会三	48	历城	34 000	合资	18	1923.11
忠盛恒	翟子厚	48	历城	3 000	独资	12	1933.3
同兴福	李慎五	35	齐河	25 000	合资	22	1940.7
福昌厚	王仙舫	59	历城	5 000	合资	13	1940.2
仁泰号	赵承武	40	章丘	30 000	合资	16	1937.5
同义合公记	李玑臣	47	宁津	60 000	独资	17	1938.5
泰兴公	冯贯三	59	长山	25 000	合资	10	1939.4
源盛公	史文泉	38	章丘	30 000	合资	16	1935.3
庆盛公	王子琳	57	齐东	30 000	合资	16	1930.1
瑞合泰	高仁轩	33	历城	24 000	独资	11	1939.5

续表

商店牌号	营业主或经理人	年龄	籍贯	资本金额（元）	独资或合资	店员人数	设立年份
庆盛公慎记	魏化三	50	桓台	29 000	独资	11	1940.3
老福记	张秀亭	61	河北	6 000	合资	13	1924.6
老茂生	梁积菴	67	河北	9 000	独资	22	1925.4
同德昌	周薇忱	49	淄川	35 000	合资	18	1931.8
广源号	井文达	43	历城	1 0000	合资	20	1927.4
福昌栈	牛学东	35	历城	15 000	独资	14	1929.10
天兴成	李贵三	49	历城	30 000	合资	16	1936.4
永德合	陈锡珊	35	历城	50 000	合资	26	1921.1
鸿福成西记	姚鸿斌	48	河南	10 000	合资	12	1928.3
鸿福成东记	王玉堂	40	历城	10 000	合资	11	1927.1
和祥成	尚瀛洲	62	济阳	20 000	合资	18	1937.2
乾德祥	李琴轩	65	历城	30 000	合资	12	1896.1
福源昶	王海南	60	济阳	30 000	合资	14	1909.1
乾德和	张聘之 李丰安	40 45	历城 历城	30 000	独资	22	1894.1
裕庆永	高清泉	52	历城	50 000	独资	21	1912.1
正兴成仁记	刘宝仁	37	历城	2 500	合资	8	1938.1
裕兴成	赵学富	52	历城	1 500	独资	9	1930.1
同元公	李殿臣	59	荣成	6 000	独资	11	1925.2
成山海味店	王梓玉	42	荣成	1 200	合资	8	1932.8
鸿祥义	李鸿仪	62	章丘	1 000	合资	5	1932.6
景顺祥	李景润	67	章丘	1 500	独资	9	1913.1
鸿德如	石宝南	50	章丘	2 500	合资	5	1935.2
振兴泰	张先霆	46	齐河	600	独资	4	1932.10
德矩东	房化之	51	益都	25 000	合资	6	1940.1
茂昌号	侯西平	34	历城	18 000	独资	10	1939.1
同信成	袁福臣	60	章丘	30 000	合资	15	1927.2
裕丰成瑞记	安介臣	74	章丘	120 000	独资	16	1932.11
三合成恒记	张级三 马文垣	47 50	章丘 章丘	110 000	独资	22	1936.9
广裕宏记	李文泉	49	章丘	4 000	独资	8	1936.9
鸿盛永	沈节三	56	章丘	14 000	独资	20	1939.3
惠生祥	李鼎臣	58	历城	20 000	独资	16	1940.7

商店牌号	营业主或经理人	年龄	籍贯	资本金额(元)	独资或合资	店员人数	设立年份
庆成号	马润生	40	历城	25 000	独资	19	1938.10
德和祥	李寿卿 李鲁泉	61 40	济阳 济阳	25 000	独资	15	1928.2
公记号	杜冠三	49	章丘	30 000	合资	19	1928.5
恒昌号	杨汝恒	40	章丘	50 000	独资	15	1938.7
万祥成聚	孙笙?	43	历城	15 000	合资	14	1938.3
文生祥	黄文生	52	蒙阴	4 000	独资	5	1928.7
元康号	李毅堂	42	历城	15 000	合资	12	1942.1
鸿泰昌	韩绍文	40	历城	20 000	合资	14	1939.6
源茂公	梁汇东	57	历城	35 000	独资	20	1942.6
福庆东	张京甫	52	历城	20 000	独资	10	1938.11
聚兴长	安英华	39	历城	3 600	独资	7	1942.6
恒泰昌	张寿轩	39	历城	5 000	合资	7	1942.6
东生和	傅春和	40	长清	20 000	独资	10	1938.11
蕴记号	张仲宜	43	章丘	5 000	独资	7	1939.3
恒义成	郑寿山	42	章丘	3 500	独资	10	1934.6
合德利	刘福堂	51	章丘	20 000	合资	8	1935.4
同义和	雉深林	31	宁津	1 000	合资	10	1935.4
和兴号	王振声	33	宁津	10 000	合资	9	1940.3
同丰成	袁宪章	63	德县	15 000	合资	18	1929.3
广庆隆	卢栋臣	54	章丘	6 000	合资	9	1937.3
西泰成	赵丹廷	30	历城	10 000	独资	8	1940.3
义源号	井善夫	46	历城	20 000	合资	11	1939.7
东聚成	王洁璞	34	章丘	15 000	合资	11	1939.2
同兴成	刘敬修	38	肥城	5 000	合资	10	1939.2
和祥号	焦德甫	64	章丘	50 000	独资	30	1912.1
公祥号	李鼎臣 徐少岩	58 59	肥城 肥城	2 000	独资	13	1904.2
恒祥义城记	孟儒臣	43	章丘	5 000	独资	13	1934.9
三合纸行	龙共布青	67	历城	50 000	合资	25	1935.7
福裕祥辅记	李赞建	38	章丘	2 000	独资	6	1938.3
福盛兴裕记	胡熙栋	34	章丘	3 500	合资	9	1940.5
协祥号	王杏甫	51	历城	38 000	合资	17	1937.1

续表

商店牌号	营业主或经理人	年龄	籍贯	资本金额（元）	独资或合资	店员人数	设立年份
德胜号	左辅庆	43	历城	2 200	独资	6	1862.2
隆聚号承记	曹笑山	41	章丘	10 000	独资	19	1933.2
庆祥号	李济升	34	历城	2 000	合资	5	1938.7
德顺号	张友三	52	历城	5 000	独资	9	1923.7
东泰号	高在官	43	历城	1 500	独资	13	1912.8
鸿盛号	张寿卿	51	历城	18 000	独资	10	1938.5
福盛德	解余三	35	章丘	32 000	独资	18	1931.3
永祥号	马韶清	47	历城	4 000	独资	7	1938.2
义记号	革世珍	59	章丘	2 000	独资	5	1939.8
公兴和	李伯宏	34	历城	15 000	合资	6	1940.11
公和祥	李守仁	42	章丘	12 000	独资	8	1941.7
敏记	成若敏	31	历城	7 000	独资	9	1940.9
福增泰	王建堂	54	章丘	2 000	合资	23	1941.7
德祥义	李蓬洲	32	章丘	10 000	独资	5	1940.1
老万方	桑勉齐	52	掖县	4 000	合资	10	1940.11
林祥号	麟沁巷	36	淄川	5 000	独资	12	1941.5
义和号	吴忱农	45	无棣	2 000	合资	16	1939.9
天义成元记	田蕴山	35	章丘	3 800	独资	11	1940.10
义泰号	王瓒臣	38	黄县	50 000	合资	12	1941.3
兴盛东	柏欧亭	37	济阳	20 000	合资	12	1942.3
万顺昌	姜兴周	39	黄县	6 000	合资	13	1939.4
汇记号	沙汇东	53	章丘	6 000	独资	8	1932.9
春记号	李玑臣	39	章丘	10 000	独资	13	1942.6
德发成	王玉堂	52	沧县	2 500	独资	6	1939.1
德发成	王锡铭	52	沧县	1 500	独资	3	1939.5
德聚祥	柏宗纶	37	济阳	14 000	合资	13	1942.5
鸿庆成	周德玉	44	历城	10 000	合资	8	1939.1
天义成西记	张丞承	44	章丘	4 000	独资	7	1942.7
同茂公	刘崇炳	32	章丘	4 000	合资	6	1942.7
福聚成	成象如	64	桓台	20 000	合资	14	1942.7
恒昌永	贾承周	39	淄川	4 000	独资	9	1942.5
恒源公记	李武超	33	历城	2 000	合资	6	1941.3
东天合	宋子佩	76	历城	1 000	独资	5	1912.1

商店牌号	营业主或经理人	年龄	籍贯	资本金额(元)	独资或合资	店员人数	设立年份
庆聚成	袁顺芝	46	章丘	200	独资	3	1939.11
裕盛昶	訾学武	36	章丘	4 000	独资	6	1942.5
永生东鸿记	陈成仁	37	宁津	3 600	合资	5	1943.5
德祥昌	齐殿俊	37	济阳	10 000	合资	12	1942.5
同泰兴	李连淮	39	济阳	2 000	合资	4	1942.7
齐鲁裕记	郑绍兴	47	历城	6 000	合资	5	1942.6
万聚昶	吴和臣	53	历城	10 000	合资	10	1942.4
福盛昌	董继忠	59	肥城	3 000	合资	4	1942.4
华盛号	牛永臣	54	章丘	1 000	独资	6	1931.7
蚨庆号	陈廼德	44	历城	1 000	独资	6	1936.1
东福成	耿福德	34	历城	500	独资	5	1941.8
蚨祥号	宋铭轩	45	历城	500	独资	6	1939.8
益长祥	王柳村	34	齐河	10 000	独资	6	1939.8
合记号	刘世绪	44	历城	10 000	独资	6	1942.8
西源盛	张聚亭	40	章丘	30 000	独资	9	1936
德茂荣	杨国庆	39	河南	3 000	独资	4	1938.8
德记号	刘景山	46	滨州	10 000	合资	5	1936
增桥商行	焦星槁	36	黄县	100 000	独资	38	1936
华兴贸易公司	贾礼堂	43	掖县	100 000	合资	26	1942.7
宝泉居	刘传宝	39	历城	500	独资	2	1939
瑞生东	阎承重	43	肥城	500	合资	3	1939.1
瑞源东	王宪孟	30	肥城	500	合资	2	1941.4
安惠栈	邹士文	31	大连	50 000	独资	10	1936.2
恒康号	赵星海	54	历城	4 000	独资	14	1942.1
鸿记粮栈	张方亭	49	桓台	50 000	合资	15	1930.5
永厚昌	郝鼎九	38	齐河	1 500	合资	7	1940.3
天义成	陈云章	57	济阳	1 500	独资	5	1940.2
元昌清记	王京镐	39	益都	25 000	独资	5	1942.3
福兴东裕记	孟敷宽	35	章丘	3 000	合资	7	1941.5
玉庆号	张其玉	41	肥城	1 000	独资	12	1941.2
德盛公	宿德厚	53	历城	2 000	合资	13	1923.5
集大成	马骥良	51	历城	1 500	独资	6	1929
新记号	王新三	69	长清	800	独资	1	1927

商店牌号	营业主或经理人	年龄	籍贯	资本金额（元）	独资或合资	店员人数	设立年份
义聚永	田锡三	52	历城	700	独资	8	1941.4
德海支店	刘嗣海	39	宾阳	2 000	独资	4	1941
聚生祥	李树杰	26	历城	1 500	独资	10	1936
协泰昶	董异林	43	齐河	4 000	合资	7	1942.4
同义昶	李广忠	43	历城	3 000	合资	8	1940.9
双茂盛	邢适荣	31	历城	2 500	合资	10	1937.3
鲁昶塘坊	马振刚	39	河北	3 000	独资	6	1940.7
恒兴酱园	李有年	41	历城	5 000	合资	3	1939
西顺祥	赵秩西	56	历城	300	独资	2	1932
泰和祥	李元春	60	历城	800	独资	15	1914.4
公聚盛	张秀山	35	章丘	1 050	独资	3	1936.7
丰记号	贾鈷齐	62	陕西	20 000	合资	11	1942.1
福祥恒	文缓卿	38	长清	3 000	合资	12	1936.8
正丰商行	范仲卿	49	无锡	6 000	合资	5	1942.8
崇德消费合作社	罗善海	44	栖霞	4 400	合资	9	1936.7
义利源	侯延英	41	东平	1 000	独资	2	1940.10
蚨聚泰	王兴峰	47	肥城	2 000	合资	5	1942.1
德聚福	王寿轩	50	历城	10 000	独资	5	1942.8
三合永	魏东镇	41	章丘	1 000	合资	14	1938.1
福聚隆	王其仁	32	历城	14 000	合资	10	
德兴永合记	黄子源	30	齐河	500	独资	2	1942.4
福盛公	张俊峰	34	章丘	5 000	独资	10	1942.3
永生糖果庄	郭廷灏	37	掖县	10 000	合资	10	1940.12
集成祥昌记	曹纪五	49	章丘	300	独资	5	1933.6
同庆祥	贾静轩	40	章丘	9 000	合资	12	1941.4
敦庆永	康健之	30	章丘	1 000	独资	6	1939.9
裕东泰	傅雨亭	56	历城	1 000	独资	10	1941.6
协昌隆	孙玉堂	32	齐河	1 000	合资	6	1940.3
恒兴集货庄	李锡传	34	章丘	2 000	独资	5	1939.12
万昌号	朱德三	54	齐阳	2 000	独资	6	1940.6
復聚昌	魏存恭	41	济阳	3 200	独资	4	1942.4
义顺和	雒和林	27	宁津	1 200	合资	6	1939.1
恒信成	刘玉香	42	德平	4 000	合资	5	1940.5

商店牌号	营业主或经理人	年龄	籍贯	资本金额(元)	独资或合资	店员人数	设立年份
鸿昌号	张庆致	39	历城	2 000	独资	3	1938
协丰裕	何京潜	37	东平	2 000	独资	8	1940.10
裕德长	贾德忱	51	邹平	4 000	独资	10	1934.4
德源东	陈东林	32	历城	1 000	合资	9	1942.2
三和公	马云树	30	章丘	500	合资	4	1941.5
三义和	李怀珍	43	济阳	1 000	独资	6	1940.2
聚兴号	刘俊卿	46	济阳	500	合资	3	1939
恒盛公泉记	苏传尧	36	济阳	1 000	独资	6	1941
宝泉号	胡宝泉	33	天津	1 000	独资	14	1940.6
东泰成	方子忠	43	济阳	2 500	独资	7	1930.8
长盛祥	吉仙舟	40	章丘	500	独资	8	1939.4
裕兴成	张玉亭	58	章丘	500	独资	4	1938.7
永兴和	吴永善	64	长清	500	独资	3	1938.3
斌和利	王景斌	60	济阳	600	独资	4	1941.10
裕庆号	王隆恩	62	历城	100	独资	3	1931.4
福和栈	尉广刚	33	泰安	6 000	合资	5	1941.8
德兴号	李庆树	53	济阳	1 000	独资	5	1938.3
荣盛号	王荫堂	32	历城	2 000	独资	8	1921
萃兴号	于克敬	36	高苑	600	合资	2	1940.2
恒源号	李梦九	63	章丘	200	独资	4	1914
天中立	杨长和	39	历城	800	独资	4	1936.12
庆兴号	陈九坂	62	济阳	900	独资	4	1939.1
聚丰号	刘海桥	50	章丘	200	合资	3	1941.5
同义公	苏波臣	51	宁津	1 500	合资	4	1941.7
鸿源东	刘鸿来	32	长清	100	独资	2	1939.5
集兴成	董寿亭	42	章丘	500	独资	6	1939.5
玉记号	江兆荣	64	历城	200	独资	2	1940.3
泉顺成	乐庆泉	31	掖县	500	独资	—	1942.7
益源祥	王余三	25	历城	300	独资	6	1942.3
德顺号公记	张永信	54	历城	1 000	独资	3	1942.7
玉兴号	胡玉江	43	济宁	3 000	合资	5	1940.5
义聚长	封庆荣	32	历城	5 000	独资	8	1941.11
崇兴号	及义儒	27	河北省	500	独资	3	1939.9

续表

商店牌号	营业主或经理人	年龄	籍贯	资本金额（元）	独资或合资	店员人数	设立年份
恒丰东魁记	伊府臣	43	郓城	10 000	合资	6	1932.4
同德恒修记	杨子明	50	历城	1500	合资	5	1936.2
福盛兴	胡熙栋	34	章丘	300	独资	5	1938.7
同顺祥	宿润堂	43	历城	300	独资	4	1923.2
三凤祥	孙福泉	56	历城	400	独资	3	1931.8
德盛恒	鹿敬宝	35	莱芜	300	独资	3	1941.6
鸿兴号	陈祝三	48	济阳	1 000	独资	5	1930.5
泉顺成	乐庆泉	31	德县	2 000	独资	3	1942.7
仁昌号	王哲远	42	泰安	15 000	独资	15	1938.10
和盛公	赵伯言	43	章丘	60 000	合资	13	1942.10
泰丰号	丁志鹏	40	泰安	30 000	独资	5	1942.10
明德号	邱经齐	35	掖县	10 000	合资	8	1942.8
大明号	盛景山	51	掖县	100 000	合资	12	1942.1
文记	解文焕	64	历城	150	独资	2	1940.1
复兴和	宋好训	43	商河	5 000	独资	6	1942.12
振泰恒	张贯三	60	邹平	500	独资	8	1942.12
增盛和	李修五	60	章丘	200	独资	3	1927.1
顺兴成	徐岐山	33	章丘	50 000	合资	10	1942.3
隆昌商行	孙伯隆	42	潍县	2 000	独资	14	1941.1
元亨昌	赵梅村	60	历城	30 000	独资	8	1942.9

资料来源："山东省济南市海味杂货业商号名册"，济南市档案馆藏历临76—1—12。

1946年12月国民政府进行工商业登记和资本调整，济南市海味杂货业共有168户，资本额为32 330万元，日用碎货业94户，资本额716万元①。1947年济南市政府再次调整资本，海味杂货业增加到110家，资本23 580万元，日用碎货业户数没有改变，资本额则增加到510.3万元。济南解放后，1949年济南市政府实行新的行业划分政。1950年10月海味杂货业有会员98户，日用杂货业有会员376户。同年12月海味杂货业和日用杂货业合并，组成济南市杂货业，共有会员850户。

---

① 济南市总商会、济南市工商联合会编：《济南工商文史资料（第2辑）》，1996年，第262页。

（五）茶叶业

济南茶叶业有着悠久的历史。茂源茶庄开设于同治年间,开始专门经营茶叶。1876 年孟家开设春和祥茶庄,至宣统年间济南专业茶商增至 13 家。济南开埠后,茶叶店号增多,茶叶行脱离杂货业成为独立的行业,裕成栈、敬成栈、太来栈、恒聚栈、复兴栈成为著名的五大行,都是以代南方客人卖茶叶为主①。

1912 年津浦铁路开通,交通更为便利。浙江、福建、安徽的茶叶开始源源不断运入,茶叶业经营良好,商号达到 10 余家。济南沦陷后,济南茶叶业出现畸形状态,一方面日本侵略者对茶叶垄断,成立茶叶组合机构,另一方面零售茶店开张,多为三五人的小户。1943 年茶商达到 63 家,见表 1—10。

表 1—10 济南市茶叶商号一览表

商店牌号	营业主或经理人	年龄	籍贯	资本金额(元)	独资或合资	店员人数	设立年份
泉祥茶庄	焦东洲	37	章丘	400 000	独资	65	1906
鸿祥茶庄	孟广洞	48	章丘	160 000	独资	63	1930
植灵茶庄	汪钰川 李丹亭	61 42	安徽 章丘	130 000	合资	80	1929.4
泉祥西号	术锡三 刘寿山	54 44	章丘	100 000	独资	33	1921.8
泉祥鸿记	刘文臣 革静萱	54 38	章丘	100 000	独资	27	1905
泉祥鸿记第一支店	韩丹宸	40	章丘	100 000	独资	36	1942.2
鸿祥西号	刘万龄 焦汇东	58 48	章丘	110 000	独资	44	1930
广益恒合记	魏席宾	50	章丘	30 000	合资	33	1942.3
裕大茶庄	张子铭	39	长清	40 000	合资	34	1939.3
晋丰成记	史企臣	57	山西	40 000	合资	29	1941.5
协兴隆号	卓鸿馨	58	河南	20 000	合资	18	1943.3
六山茶庄	施凝祥	55	河南	20 000	合资	27	1939.3
福祥茶庄	李象文	38	禹城	30 000	独资	28	1939.8
安东茶庄	曹君萍	31	安徽	120 000	合资	32	1941.5

---

① 中国民主建国会济南市委员会、济南市工商联合会编印:《济南工商史料(第 2 辑)》,1988 年,第 200 页。

商店牌号	营业主或经理人	年龄	籍贯	资本金额（元）	独资或合资	店员人数	设立年份
瑞华茶庄	孙郁文	47	章丘	60 000	合资	15	1941.3
庆泰恒记	吕维周	35	章丘	20 000	合资	26	1937.6
春祥茶庄	吴兰齐	46	淄川	50 000	独资	28	1938.3
公和祥号	高建侯	57	章丘	10 000	合资	29	1939.3
馥春茶庄	李荫棠	37	章丘	20 000	合资	12	1936.9
永兴合记	刘毓奇	34	平原	25 000	独资	23	1938.9
吼振吾号	穆善岑	31	章丘	20 000	合资	15	1939.3
大盛镇记	王干臣	55	章丘	15 000	独资	7	1941.8
聚盛茶庄	崔子衡	52	济阳	16 000	独资	20	1943.5
裕华茶庄	王玉文	27	历城	12 000	合资	20	1941.5
义合茶庄	张梯云	57	章丘	80 000	合资	25	1942.6
公茂茶庄	韩际唐	47	章丘	5 000	合资	17	1942.4
义兴茶庄	孙璞齐	48	博山	50 000	合资	78	1942.9
广兴义全记	刘灿廷	43	河北	10 000	合资	16	1930.9
瑞华鸿记	宁郁文	31	长山	30 000	合资	21	1941.10
瑞华西号	孙郁文	47	章丘	10 000	合资	15	1942.9
隆兴茶庄	郭秀山	38	章丘	20 000	合资	9	1940.3
益兴茶庄	鹿凤山	54	邹平	10 000	独资	15	1937.9
增祥茶庄	姜敬之	40	章丘	10 000	独资	9	1939.3
同茂仁号	雷哲轩	34	河北	8 000	合资	7	1938.9
永盛茶庄	李松岩	39	章丘	7 000	合资	9	1939.11
聚源茶庄	李凤轩	42	章丘	20 000	合资	10	1939.6
永昌茶庄	魏向富	37	齐河	5 000	独资	8	1942.7
华隆茶庄	赵宏标	36	河北	10 000	独资	6	1942.3
和丰茶庄	李丽生	39	河北	5 000	独资	7	1942.6
义泰锦记	李纪高	27	阳谷	10 000	独资	20	1938.3
森茂茶庄	韩恕堂	34	章丘	5 000	独资	7	1935.8
元昌茶庄	郑少甫	34	章丘	20 000	合资	12	1936.5
安惠栈	邹士文	31	大连	500	独资	12	1941.2
东方茶庄	韩子元	40	章丘	10 000	合资	6	1941.4
荣兴茶庄	郝向春	31	章丘	2 000	独资	1	1939.4
天泰祥号	魏向学	36	齐河	3 000	独资	5	1924.3

商店牌号	营业主或经理人	年龄	籍贯	资本金额（元）	独资或合资	店员人数	设立年份
义隆祥东记	高智轩	35	章丘	10 000	合资	2	1932.3
荣祥益记	郝修荣	31	章丘	3 000	独资	8	1941.2
济丰茶庄	寇遵周	40	河北	10 000	独资	7	1942.4
一大志记栈	周志泉	46	浙江	10 000	独资	14	1937.4
抚生茶庄	林本问	34	新泰	7 000	合资	13	1941.8
中记茶庄	王秀亭	56	章丘	8 000	独资	9	1942.6
德昌兴记	祁宜齐	63	河北	2 000	独资	2	1942.1
裕顺成记	张蓝田	56	长山	2 000	独资	5	1934.8
和记茶庄	刘瑞甫	50	章丘	10 000	合资	5	1942.8
同裕兴号	陈冠儒	53	历城	3 000	独资	6	1925.1
恒大茶庄	张含文	41	河北	3 000	独资	4	1941.7
乾祥茶庄	任应南	44	河北	1 000	独资	3	1937.6
德泰茶庄	郭干臣	38	章丘	3 000	合资	4	1942.3
振泰茶庄	郝旭东	26	宁津	4 500	合资	3	1942.7
增桥商行	焦墨桥	36	黄县	100 000	独资	3	1936.9
永丰茶庄	张伯芬	58	章丘	100 000	合资	8	1943.3
恒祥茶庄	韩汝明	37	章丘	10 000	独资	2	1943.2

资料来源："山东省济南市茶业商号名册"，济南市档案馆藏历临76—1—12。

（六）绸布业

清末民初济南的绸布业开始兴起，最早的商号是1851年开设的隆祥老号。济南开埠后，绸布业开始迅速发展。1916年周村被军阀吴大洲占领，大量绸布业户开始转移到济南设号。据不完全统计，至1930年前后，济南西关的绸布批发庄共发展到33户之多，计有元兴、元亨永等洋布庄15户，恒丰久、同心诚等潍县布庄6户，裕同祥、裕庆长等色布庄10户，荣庆泰、德兴长绸布庄2户①。

1933年美棉涌入济南市场，导致大量业户业不抵债而倒闭。济南沦陷后，日军成立纤维组合。绸布业出现畸形发展，增加了不少的小业户，到1943年数量达到44家，见表1—11。

① 中国民主建国会济南市委员会、济南市工商联合会编印：《济南工商史料（第2辑）》，1988年，第145页。

表 1—11　济南市绸布业商号一览表

商店牌号	营业主或经理人	年龄	籍贯	资本金额(元)	独资或合资	店员人数	设立年份
义和号	刘公爵	53	临邑	1 500	独资	7	1938
仁泰号	柏庆桢	39	济宁	1 500	独资	2	1938
三合成义记	丁建伦	42	章丘	3 500	合资	4	1942
德聚恒合记	李秋圃	55	章丘	20 000	合资	6	1939
瑞蚨祥	张玉符 单福五	67 38	章丘	450 000	独资	114	1862
瑞蚨祥昌记	张墨农	69	章丘	250 000	独资	41	1934
百货售品所	华璧庭	39	天津	100 000	合资	71	1935
隆祥东记	张梅轩	69	桓台	110 000	独资	19	1929
鸿祥号	王有德	32	历城	2 000	独资	3	1941
茂源成	张林泉	38	邹平	1 000	独资	2	1940
元祥号	郭子魁	40	邹平	35 000	独资	7	1940
鸿生号	王有德	32	历城	3 000	独资	4	1940
福茂盛承记	孙乐亭	34	长山	40 000	独资	8	1940
福祥和	赵玉升	42	济阳	50 000	合资	5	1942
恒祥和	刘庆章	44	长山	20 000	独资	9	1938
义聚诚	程传珠	33	章丘	8 000	合资	5	1939
恒信永	刘方忱	42	长山	2 000	合资	3	1942
鸿泰永	王子衡	44	长山	6 000	合资	6	1942
复庆泰	乔益轩	46	长山	10 000	合资	6	1939
公兴成	王子良	61	博平	10 000	合资	6	1939
义源公	曹其祥	43	章丘	10 000	独资	4	1941
庆祥成	赵祝三	38	历城	60 000	独资	10	1940
恒兴东	高乐亭	41	章丘	10 000	合资	7	1942
恒利公	岳景熹	46	博平	14 000	独资	8	1939
聚泰和	刘学文	37	历城	20 000	独资	7	1933
东来兴	苗寿亭	58	长山	6 800	合资	6	1940
德盛和	李盛齐	35	长山	20 000	合资	5	1941
德庆益	焦凤翥	31	长山	24 000	合资	8	1942
和成东	韩仲权	34	章丘	3 000	独资	8	1932
义通号	侯桂龄	39	博平	12 000	独资	6	1942
恒聚昌	马运昌	43	章丘	10 000	合资	2	1942

续表

商店牌号	营业主或经理人	年龄	籍贯	资本金额（元）	独资或合资	店员人数	设立年份
恒义和泰记	王锡三	54	章丘	40 000	独资	9	1929
庆丰号	张玉璠	61	章丘	20 000	合资	12	1928
长盛永	杨雨村	47	博平	20 000	独资	3	1926
成记	张奎楼	38	邹平	3 000	合资	2	1942
庆成号	刘家柏	48	章丘	10 000	合资	5	1942
茂记号	李以诰	38	章丘	5 000	合资	3	1942
泰丰号	徐瑞符	45	济阳	15 000	合资	5	1942
裕盛和	朱子祥	56	济阳	25 000	合资	9	1940
庆聚成	于保誉	32	章丘	10 000	独资	4	1941
德盛祥	李盛林	45	博平	10 000	独资	4	1940
振记号	张世林	39	历城	5 000	独资	2	1942
运大号	李九德	26	宁津	25 000	合资	4	1942
德盛号	仇可禄	57	历城	25 000	合资	4	1942

资料来源："山东省济南市绸布业商号名册"，济南市档案馆藏历临76—1—12。

抗战胜利后，济南绸布业的零售商号有所发展，1948年数量为61户，较大的商店有隆祥、瑞蚨祥、庆祥绸缎店，中等商店有经文、双盛泰、鸿祥永、福茂恒、祥云寿、天增祥、三义和等16户，小商店有永丰、鸿顺、同庆、天生祥、瑞丰、志大、纶章等38户。[①]

（七）颜料业

济南早期未有专门经营的颜料业，是由碎货业兼营的。1931年3月16日成立济南市碎货业同业公会，专营颜料的业户开始增多，出现了专门经营颜料业的商号，有恒聚泰、德康、德生润、现昌、瑞康、天增祥、德庆福、同庆昌、德庆公、公裕东、益祥合等11户，1934年又增加了经营颜料的商号中兴利、恒蔚生、公生东、谦祥永、福升长、鸿兴公等10余家[②]。1929年至1937年间外商颜料行和公司也达到10余家，分别是德国的德孚洋行、谦信洋行、瑞来洋行，美国的恒信洋行、南星洋行，瑞士的汽巴洋行，英国的卜内门公司，日本的酒井纪

---

① 中国民主建国会济南市委员会、济南市工商联合会编印：《济南工商史料（第2辑）》，1988年，第147页。

② 中国民主建国会济南市委员会、济南市工商联合会编印：《济南工商史料（第2辑）》，1988年，第131页。

一、铃木商店、吉泽洋行。

　　日伪统治时期,颜料业出现畸形膨胀、虚假繁荣的现象。颜料业户激增到83家,见表1—12。其原因是日军占领大半个中国,颜料进口寥寥无几,价格不断上涨,经营颜料有利可图,于是到1945年日本投降前猛增到109户①。尽管户数增加了,但多为小户、资金少。

表1—12　济南市颜料业商号一览表

商店牌号	营业主或经理人	年龄	籍贯	资本金额(元)	独资或合资	店员人数	设立年份
东元盛	张伯萱	45	桓台	12 000	独资	46	1933.8
鸿生东	孙捷臣	58	桓台	5 000	合资	15	1919.1
泰祥顺	刁义三	56	章丘	2 300	合资	20	1931.1
中兴诚	李墨卿	45	长山	8 000	合资	44	1930.3
复豫	仇宸廷	50	长山	9 000	独资	11	1925.2
济源永	季万清	55	历城	500	合资	7	1939.10
利民	王霞亭	50	昌邑	350 000	合资	34	1933.5
宏华永	孙伯奇	43	长山	2 000	独资	9	1931.3
义聚	王乐三	51	章丘	2 500	合资	15	1937.6
元丰	汤明卿	43	桓台	4 000	合资	12	1938.1
兴记	宁继舜	44	章丘	1 600	独资	11	1935.2
协和恒	朱希贡	48	长山	3 000	合资	9	1930.6
阜丰	李静轩	42	桓台	1 800	合资	20	1941.1
中兴	王世珍	39	长山	1 800	独资	30	1933.2
益源湧	于子良	45	桓台	1 800	独资	26	1936.10
泰记恒	郑履廷	49	长山	8 000	合资	20	1931.1
增记	李建中	49	历城	2 000	独资	9	1932.3
鸿记	于汝明	60	章丘	2 000	独资	19	1931.1
同义成	赵岫山	44	济阳	1 000	独资	15	1932.4
祥盛	任殿训	61	长山	3 000	合资	8	1935.4
忠记	宋贯一	39	章丘	5 000	独资	15	1941.2
德聚湧	杨绣春	43	山西	1 200	独资	9	1938.8
湧泉	谷佐美	49	莱芜	1 000	合资	6	1933.6

---

　　① "第一次改选代表会员名册",1945年3月28日,济南市档案馆藏历临76—1—93。

续表

商店牌号	营业主或经理人	年龄	籍贯	资本金额(元)	独资或合资	店员人数	设立年份
同记	石尽廷	59	邹平	1 500	独资	11	1938. 11
万聚恒	姚兴伦	56	历城	2 400	独资	6	1926. 5
源盛合	皇甫兴周	40	章丘	1 800	独资	14	1931. 8
合记	郝书田	50	河北	500	独资	15	1930. 1
天合成	宫怀璞	59	河北	500	独资	4	1933. 1
同庆昌	郝继财	35	章丘	1 500	独资	18	1938. 8
云记	王芝礼	19	长山	500	独资	9	1935. 6
三合兴	张东新	27	齐河	500	独资	5	1936. 3
维新	郑庆云	32	桓台	6 000	合资	20	1934. 7
蚨庆公	周乐贵	34	历城	1 000	独资	6	1935. 1
德盛祥	张耀亭	40	长山	500	独资	5	1932. 1
协茂	柴茂堂	38	章丘	4 000	独资	13	1940. 3
祯祥成	东干臣	40	章丘	2 500	独资	12	1933. 1
振义	刘炳振	50	河北	1 000	独资	6	1932. 1
恒和永	张新齐	46	桓台	3 000	独资	14	1940. 10
德义恒	张子英	41	山西	1 000	独资	4	1941. 10
鸿源涌	任子元	41	莱芜	1 500	独资	6	1940. 2
同合成	杨统章	44	河北	500	独资	4	1938. 1
复兴义	李兴三	41	章丘	3 000	合资	7	1941. 10
新鲁	高余三	35	章丘	1 700	合资	12	1939. 8
同盛祥	冉宪常	52	历城	1 500	合资	8	1939. 4
三合昌	刘馥山	48	济阳	2 000	合资	10	1939. 9
裕陞东	赵玉海	50	章丘	500	独资	9	1940. 1
义成祥	张鸿林	39	河北	1 500	独资	10	1940. 9
义永合	王长起	32	济阳	1 000	合资	10	1940. 8
志成	刘节氏	34	章丘	1 000	合资	10	1940. 12
瑞兴和	冯继善	53	长山	3 000	独资	15	1940. 12
东兴成	于逊齐	39	桓台	3 000	独资	6	1941. 2
宏生	沈秀文	43	章丘	2 000	独资	12	1941. 3
天成	孙仲瑶	48	桓台	3 000	合资	18	1941. 5
庆蚨祥	王祝三	41	桓台	1 500	合资	9	1941. 6
利顺	郝宜亭	40	桓台	3 000	合资	12	1941. 6

商店牌号	营业主或经理人	年龄	籍贯	资本金额（元）	独资或合资	店员人数	设立年份
仁德	侯国章	34	河北	500	合资	5	1941.10
东兴	杨秀芳	33	肥城	4 000	独资	20	1941.10
福祥	李会齐	65	寿光	3 000	独资	14	1941.12
德兴	韩俊青	38	长山	4 000	独资	5	1937.3
永聚	王心齐	53	长山	3 500	独资	15	1942.3
东鲁	潘寿山	32	章丘	3 000	合资	15	1942.1
大成祥记	王传书	33	章丘	2 000	合资	15	1942.1
利源	王鲁齐	48	寿光	3 000	合资	10	1942.4
同义	张西山	51	长山	1 500	合资	8	1942.5
泰昶	毛心齐	50	邹平	5 000	合资	8	1942.5
人和兴	王晋川	30	桓台	8 000	合资	10	1942.5
同聚兴	万昭琴	43	章丘	3 000	合资	12	1942.6
裕丰	罗冠三	49	桓台	20 000	独资	34	1942.4
同文祥	耿文都	44	桓台	6 000	合资	22	1942.4
震华	刘献符	42	章丘	4 000	合资	15	1942.7
久兴	孙振寰	53	河北	7 000	独资	20	1942.6
旭华	刘子明	33	桓台	25 000	合资	24	1942
兴源	沈慧卿	44	长山	2 000	合资	25	1942.1
同义	董玉琦	50	河北	3 000	合资	16	1941.6
宏聚合	邱连三	33	河北	3 000	独资	20	1942.2
玉记	宋梅五	42	章丘	500	独资	8	1934
大昌	马俊武	32	章丘	500	独资	7	1942.4
乾德	段振乾	39	长山	1 500	独资	8	1941.8
三合	夏树英	29	邹平	2 000	独资	10	1939.3
东记	陈荫南	37	历城	1 000	合资	12	1942.3
恒源	刘干卿	61	齐东	300	独资	6	1934
醴源	牛凤山	49	章丘	10 000	合资	14	1942.11
同兴	孙致九	41	桓台	50 000	合资	25	1942.9

资料来源："山东省济南市颜料业商号名册"，济南市档案馆藏历临76—1—12。

（八）印刷业

济南的印刷业同样有着悠久的历史，早在宋代刘家功夫针铺白兔儿为记载的印刷广告铜板文物资料,反映了济南印刷业的进步。清代有师善堂、恩锡堂、邵氏宝兴堂、会文斋等12家印书馆。

进入民国时期,济南印刷业务逐渐增多,1916年沈景臣设立正义印字馆和新华印字馆。1924年济南印刷业发展壮大,到1931年印刷业户发展到19家①。1934年达到33家,印刷工人582人②,具体见表1—13。

表1—13　济南市印刷业商号一览表

商店牌号	营业主经理姓名	店员人数	代表姓名	年龄	籍贯	店址
大成	经理汝仲文	十八名	汝仲文 汝云亭	五十一岁 四十九岁	历城 历城	旧军门巷
商业	经理刘崇如	十二名	刘崇如 徐兰芳	四十岁 三十岁	历城 章丘	都司门口
同志	经理侯方廉	十四名	侯方廉 张明圣	四十六岁 四十一岁	章丘 章丘	芙蓉街
善成	经理申少梅	十五名	申少梅 申子元	六十四岁 三十五岁	历城 历城	后宰门
大兴	经理冯伯平	十五名	冯伯平 冯干卿	五十三岁 五十岁	历城 历城	布政司大街
元丰	经理刘子元	十六名	刘子元 张尚南	三十六岁 二十七岁	历城 历城	估衣市街
黄麟祥	经理徐林轩	二十一名	徐林轩 萧耀卿 张秀山	五十一岁 三十七岁 二十八岁	河北东光 堂邑 堂邑	西门里
大中	经理李馨山	十八名	李馨山 李化南	三十七岁 三十七岁	邹平 邹平	西门大街
经纶	经理王经五	二十五名	王经五 王世尧 崔少甫	四十一岁 二十五岁 三十二岁	河北冀县 河北冀县 历城	纬五路
汇东	经理王虞农	十七名	王虞农 王涛奎	四十岁 二十五岁	历城 章丘	江家池
郁兴	经理李灿章	二十一名	李灿章 刘伯臣 郭振洙	五十一岁 三十六岁 二十六岁	河北武强 历城 历城	估衣市街
北洋	经理宋善泉	五十五名	宋善泉 李绍光 褚子祥	四十岁 三十八岁 四十四岁	奉天营口 北平 北平	普利门外

① "济南市印刷业商号表",1931年4月8日,济南市档案馆藏历临76—1—111。
② "济南市印刷业商号表",1934年5月1日,济南市档案馆藏历临76—1—111。

商店牌号	营业主经理姓名	店员人数	代表姓名	年龄	籍贯	店址
益兴	经理黎辅南	三十六名	黎辅南 马鹏九 牛尚卿	四十三岁 二十六岁 三十二岁	广东高要 河北青县 章丘	纬二路
华丰	经理李子鄂	二十一名	李子鄂 李慎芝 陈蕴山	二十八岁 二十八岁 三十岁	河北冀县 历城 河北冀县	布政司大街
荣兴	经理康殿臣	十六名	康殿臣 李平甫	三十岁 三十八岁	历城 东光	高都司巷
兴业	经理周孟臣	十六名	周孟臣 李鸿中	三十六岁 二十六岁	历城 历城	高都司巷
华星	经理李少占	十四名	李少占 张凤亭	三十岁 二十七岁	历城 历城	西河沿
竞成	经理王善堂	七名	王善堂	三十九岁	齐东	西门大街
祥成	经理曹凤岭	十名	曹凤岭	四十五岁	长清	布政司小街
芸记	经理马志轩	九名	马志轩	四十三岁	历城	榜棚街
立山	经理孙茂仙	十四名	孙茂仙 李兴甲	二十九岁 二十五岁	泰安 泰安	商埠公和街
文萃堂	经理卢炳臣	七名	卢炳臣	四十二岁	长清	西门大街
华昌	经理张家兴	九名	张家兴	二十五岁	长清	榜棚街
思达	经理冯思达	七名	冯思达	二十五岁	历城	榜棚街
志达	经理焦绍泉	七名	焦绍泉	二十五岁	长清	芙蓉街
鸿丰	经理刘锡三	九名	刘锡三	三十岁	历城	院西大街
大生	经理朱冠三	九名	朱冠三	三十二岁	历城	普利街
博文	经理刘叔章	九名	刘叔章	四十八岁	天津	普利门外
大中华	经理韩瑞庭	五名	韩瑞庭	三十一岁	聊城	布政司街
山成	经理曹凤山	三名	曹凤山	五十岁	长清	布政司小街
文华	经理张兴桥	三名	张兴桥	三十四岁	历城	布政司小街
华英	经理郑崇章	三名	郑崇章	二十六岁	历城	布政司小街
慈济	经理余星南	二十一名	余星南 王伯琴 王逊三	四十七岁 三十五岁 三十二岁	江苏镇江 河北献县 高苑	纬一路

资料来源:"济南市印刷业户表",1934年5月1日,济南市档案馆藏历临76—1—111。

(九)国药业

清末济南有 5 家药栈、8 家药局和分布东南西各关的 60 多家门市店,药栈是当时济南商业中的"西关五大行"之一。① 进入民国,门市药店户数增多,1914年达到90余户,经营药片品种约有六七百种。1920年陕西商人张镜清开设利生栈,河南商人设立通济栈等,药栈户数增加近一倍。1932年后门市药店发生新的变化,老药店日渐衰败,中小型药店增多,各类药店达143户,京津药商的门市药店相继设立②。

1937年济南沦陷后,药栈业务和药局业务逐渐衰败,而门市药店户数却猛增,1943年数量达到187家,见表1—14。

表1—14 济南市国药业商号一览表

商店牌号	营业主或经理人	年龄	籍贯	资本金额(元)	独资或合资	店员人数	设立年份
德成公	李伯良	46	历城	90 000	合资	27	1919.2
永兴栈	郜申五	61	陕西华阴	50 000	合资	26	1865
德聚泰	李伯成	61	章丘	10 000	合资	30	1927.3
广德栈	刘秀生	44	章丘	30 000	独资	14	1875.1
德兴隆	王德明	45	章丘	40 000	独资	23	1908.1
赞育堂	魏笃齐	57	章丘	16 000	合资	17	1876
宏济堂	周醒民	45	北京	310 000	独资	138	1907.2
济生堂	郭子仁	41	河北蓟县	12 000	合资	24	1934
天德生	陈兴桥	51	章丘	14 000	合资	33	1916.2
永春原	张尚华	40	山西文水	60 000	独资	6	1937.4
德顺栈	刘润生	59	章丘	10 000	独资	13	1941.4
裕诚堂	岳馨齐	52	历城	9 000	合资	13	1912.3
德庆西	王鲁泉	56	章丘	15 100	合资	19	1928.3
源兴长	郑子藩	46	章丘	12 000	合资	11	1940.7
万年堂	张浩如	43	北京	20 000	独资	30	1933.8
济生堂	程和齐	40	历城	12 000	合资	13	1921.3
恒聚泰	刘松亭	41	章丘	2 000	合资	8	1930.4
庆生东	韩学周	45	章丘	20 000	合资	11	1928.9
福成药店	高峻臣	56	章丘	20 000	合资	15	1937.2

---

① 中国民主建国会济南市委员会、济南市工商联合会编印:《济南工商史料(第2辑)》,1988年,第224页。

② 中国民主建国会济南市委员会、济南市工商联合会编印:《济南工商史料(第2辑)》,1988年,第229页。

商店牌号	营业主或经理人	年龄	籍贯	资本金额（元）	独资或合资	店员人数	设立年份
同德堂	张子均	61	章丘	20 000	合资	23	1936.3
万和堂	侯星桥	48	河北武清	30 000	独资	33	1934.6
万生堂	刘椿庭	39	河北吴桥	10 000	合资	36	1938.9
居仁堂	张子良	40	河北三河	10 000	独资	30	1933.12
敬修堂	林东吉	58	平阴	5 000	独资	14	1934.4
万年堂东号	张浩如	43	北京	2 000	独资	22	1938.7
赞育堂西记	胡冠一	70	历城	11 000	合资	13	1919
宏善堂	范英階	36	平原	800	独资	4	1942.2
诚济堂	刘勋烈	28	章丘	700	独资	2	1925.5
德生堂	贾玉璇	50	历城	3 000	合资	6	1936.1
东永宁	李宜亭	45	章丘	200	独资	4	1931.3
宝生堂	牛占尧	54	章丘	800	独资	5	1926.3
益善堂鸿记	王干臣	56	历城	800	独资	6	1941.5
恒兴堂	马延泽	38	历城	500	合资	4	1936.9
恒济堂	柏永长	60	章丘	2 000	独资	11	1884.3
恒仁药庄	王福堂	39	章丘	20 000	独资	4	1942.8
宏仁堂	霍连元	42	历城	800	独资	4	1914.4
保和堂	刘仲屏	43	历城	500	合资	6	1790
隆德堂	李云峰	61	章丘	1 000	独资	12	1889.3
千芝堂	李靖成	34	历城	12 000	独资	7	1666.2
聚德堂	崔云亭	51	博兴	500	独资	6	1938.5
韫德堂	晏宪周	51	本市	500	独资	3	1916.2
懋德堂	程宝林	36	历城	1 700	独资	5	1914.3
庆元堂	张椿	30	历城	2 000	独资	6	1912.3
裕德堂	张洪九	54	本市	3 000	独资	4	1932.2
至善堂	王茂修	32	历城	400	独资	4	1894.2
东连生	田梅村	42	章丘	1 000	合资	6	1937.5
永泉堂	王惠点	50	历城	150	独资	2	1907.9
聚德堂	卢益荣	64	历城	700	独资	7	1936.3
一元堂	刘长吉	60	章丘	1 100	合资	8	1862
化育堂	郭海峰	50	济阳	2 000	合资	5	1939.1
德和堂	赵汇东	42	章丘	1 200	合资	6	1937.1

续表

商店牌号	营业主或经理人	年龄	籍贯	资本金额(元)	独资或合资	店员人数	设立年份
东育生	牛玉山	65	章丘	4 000	合资	7	1942.1
仁寿堂	李少青	56	河南	6 000	合资	5	1861
德成裕	石荫堂	61	章丘	4 000	合资	8	1922
至德堂	王文信	31	齐河	1 000	合资	5	1907.1
广全聚	韩继贤	38	山西太原	20 000	行商	5	1935
广生远	白立功	49	山西太原		行商	4	1935
颐寿堂	宗天杰	43	河南沁阳	7 000	合资	12	1875.1
济诚堂	傅杰三	54	历城	2 000	独资	12	1821
成春堂	韩观峰	54	章丘	500	合资	5	1928.3
大年堂	王盛三	48	济阳	500	独资	3	1931.3
广育堂	尹东阳	52	历城	800	独资	9	1850
广德堂	刘善泽	47	历城	500	合资	7	1932.10
久春堂	沈少峰	47	河北大兴	400	独资	3	1936.5
吉元堂	潘盛元	72	历城	300	独资	4	1930.1
九鹤阿胶庄	赵禹九	39	四川巴县	15 000	独资	6	1937.1
怀恩堂	刘星五	60	长清	400	独资	4	1929.2
保元堂	张西岩	56	济南	300	独资	1	1912.1
赵树堂	赵禄昌	34	历城	2 000	独资	3	1913.9
长盛永	侯瑞亭	48	河北安国	1 000	独资	6	1927
同义堂	宋清辉	57	东阿	2 000	独资	3	1924
德成堂	李祥卿	50	章丘	2 000	独资	9	1926
天庆元	刘长德	55	章丘	1 500	独资	7	1941.1
恒济堂	路监堂	38	河北唐县	1 000	独资	3	1936.2
庆仁堂	王宝山	50	临清	500	独资	4	1935.10
万寿堂	王鸿礼	33	长清	800	合资	4	1922.5
天德裕	李镜轩	40	章丘	10 000	独资	6	1889.1
恒生堂	刘明齐	58	章丘	1 000	独资	5	1918.3
恒生堂	刘振卿	67	章丘	5 000	合资	13	1935.8
天庆仁	刘永仁	54	河北安国	700	独资	3	1939.6
西育生	马连璧	37	河北安国	500	独资	6	1938.3
广太和	王蕴庭	52	河北通县	2 000	独资	4	1932.9
济诚堂西记	侯殿臣	54	历城	1 500	合资	9	1912.2

商店牌号	营业主或经理人	年龄	籍贯	资本金额(元)	独资或合资	店员人数	设立年份
天德堂	高晋廷	43	章丘	10 000	独资	13	1922.3
广济堂	司效张	40	长山	1 000	独资	7	1934
福德堂	王子珍	42	历城	500	独资	3	1941.1
仁寿堂西记	张琴卢	61	河北渑池	1 000	独资	8	1911
天兴泰	王星一	55	章丘	8 000	合资	12	1931.6
颐和药店	杨芳亭	64	长清	3 000	独资	10	1932.6
宏德堂明记	赵连明	30	曲阜	500	独资	3	1934
吉生堂	张瑞卿	51	长清	300	独资	1	1934.3
久生堂	于承厚	30	章丘	500	独资	2	1934
纯吉堂	王瑞甫	44	章丘	500	独资	3	1931.4
东育生文记	颜连舟	53	章丘	5 000	独资	7	1927.4
恒春堂	李汉卿	52	章丘	2 000	独资	9	1927
松寿堂	王俊臣	41	济阳	500	合资	6	1916
明德堂	金伯歧	55	长清	1 500	合资	7	1914
延年堂	杜祥齐	39	章丘	600	合资	2	1926.4
崇庆堂	尹翳轩	55	历城	2 000	独资	7	1920.10
洪济堂	张洪明	25	肥城	200	独资	1	1937.7
长春堂	汝冠一	71	东阿	200	独资	2	1918.3
大仁堂	沈怀璞	40	北京	700	独资	4	1929.5
纯德堂	隗寿海	53	章丘	500	独资	2	1929.5
半积堂	张倬甫	61	桓台	600	独资	6	1926.2
西济泉	孙一枝	61	河北定县	600	独资	7	1936.6
瑞生堂	张英堂	60	历城	500	独资	2	1923.2
广兴昌	高冠杰	27	河北安县	300	独资	5	1931.1
积德药房	张伯琴	33	历城	400	独资	3	1937.1
仁德生	王乐轩	60	历城	300	独资	1	1933
天和厚	仵乐氏	34	河北通县	3 000	独资	5	1931
广生堂	于银海	55	章丘	200	独资	3	1922
长生堂	李兆林	53	河北安国	1 500	独资	10	1933
济生堂	张子宽	57	齐河	100	独资	2	1933
崇寿堂	陈立本	41	东平	100	独资	3	1921
永安堂	韩子祯	37	河北三河	10 000	独资	14	1927

商店牌号	营业主或经理人	年龄	籍贯	资本金额(元)	独资或合资	店员人数	设立年份
惠友成	王文轩	54	肥城	10 000	合资	9	1930
鸿源成	李鸿津	37	章丘	2 000	独资	7	1940.12
义盛西	曹西园	59	章丘	8 000	合资	8	1941.1
同慎和	陈永江	33	章丘	8 000	合资	11	1942.1
恒德堂	李厚齐	34	长清	1 200	合资	6	1939
东记	曹建业	25	博山	3 000	合资	2	1942.8
广源药社	林实屏	56	济宁	850	独资	9	1940.9
普太和	刘竹村	51	章丘	3 000	合资	7	1940.5
同生堂	张元鸿	60	章丘	200	独资	5	1930.2
信诚堂	韩绍鲁	74	章丘	1 000	独资	3	1930.5
明记切药局	于启邦	33	章丘	2 000	独资	4	1933
裕生公	黄建功	45	章丘	200	合资	6	1941.3
福生堂	周福临	46	长清	400	独资	4	1942.2
鸿泰	卢宪章	35	历城	5 000	合资	8	1941.6
天和益成记	方际唐	46	历城	1 500	独资	4	1942.1
博济堂	韦树杰	33	历城	1 000	合资	4	1938.3
镇生福	丁镇山	49	河北安国	300	合资	7	1942.1
公聚兴	王守恕	37	章丘	2 000	独资	7	1939.1
福顺祥	王先礼	28	章丘	2 000	独资	6	1939.2
广济仁	李济世	39	河北安国	2 000	独资	8	1936.3
恒顺东	牛占恒	34	章丘	1 000	独资	3	1942.5
同顺荣	周长发	37	河北安国	500	独资	10	1940.2
永聚和	丁致如	33	长清	500	独资	7	1940.10
保寿堂	刘汉卿	57	长清	250	独资	1	1942.9
万国药房	王玉洁	30	河北安平	1 000	合资	6	1939.4
延年堂	赵延年	35	历城	500	独资	3	1936.1
保元堂	邵秀庭	39	商河	350	独资	3	1937.9
恒德堂	王朝震	50	朝城	500	独资	2	1928.6
延益堂	刘汉卿	64	泰安	200	独资	4	1938.1
天生德	孙子衡	52	长清	100	独资	3	1939.4
复元堂	程庆章	55	东阿	600	独资	3	1936.3
万济堂	常子明	37	历城	500	独资	4	1939.9

续表

商店牌号	营业主或经理人	年龄	籍贯	资本金额(元)	独资或合资	店员人数	设立年份
富春堂	王子仲	49	禹城	200	独资	3	1939.2
万春堂	赵汝贤	51	寿光	50	独资	2	1941.1
明星堂	胡星如	37	山西太古	5 000	合资	8	1942.8
成德堂	杨汉才	42	长清	2 000	合资	9	1939.2
德和堂	姚敬亭	56	冠县	1 000	独资	3	1941.1
益春堂	张相杰	51	肥城	1 700	独资	1	1930.8
爱生堂	于孔翥	56	桓台	500	独资	5	1938.8
广聚福	吴庆年	62	济阳	120	独资	2	1938.12
宏德堂	刘文泉	52	历城	300	独资	4	1942.3
济生堂	王恩祥	37	历城	200	独资	2	1937.5
万春堂	张鸿轩	26	章丘	500	独资	4	1941.1
延德堂	张印轩	44	章丘	500	独资	2	1935
惠源号	周光源	26	章丘	500	合资	3	1942.12
仁和堂	艾肇陛	30	济南	100	独资	1	1939.1
宝善堂	白迪生	49	北京	50	独资	1	1942
育德堂	王季安	45	历城	200	独资	5	1912.1
德庆恒	张东书	26	章丘	600	合资	3	1942
广生堂	董锡尧	42	历城	400	独资	2	1938.3
裕泰荣	张荣五	41	济阳	1 000	独资	6	1942.1
卫生堂	雷王氏	50	泰安	50	独资	3	1838.2
延年堂	周树德	32	历城	200	独资	1	1942.7
白云龙	白承奇	38	河北定县	700	独资	1	1940.11
春和堂	牛茂萱	48	历城	200	独资	3	1940.1
恒仁堂	戴龙芳	49	历城	300	独资	1	1942.5
东兴堂	秦明堂	38	东平	200	独资	1	1941.12
德星隆	王星符	52	本市	300	独资	4	1940.8
公记卫生堂	张俊海	23	章丘	300	独资	4	1938.7
德善堂	谷聘三	51	定陶	500	独资	1	1938.5
仁德堂	赵子厚	51	历城	200	独资	1	1938.5
仁德堂	胡静菴	56	章丘	400	独资	3	1939.4
延寿堂	王益堂	69	历城	300	独资	1	1941.2
福兴药庄	杜殿元	45	河北	400	独资	12	1941.5

商店牌号	营业主或经理人	年龄	籍贯	资本金额(元)	独资或合资	店员人数	设立年份
德盛和	刘方庚	30	章丘	5 500	独资	6	1938.2
老同济堂	马星五	50	章丘	5 000	独资	9	1925
益寿堂	王英符	58	章丘	30	独资	4	1929
茂林堂	李歧山	52	安国	1 000	独资	10	1921.10
崇庆堂	高泽湘	57	章丘	1 000	独资	6	1916.8
德庆长	柏承道	39	章丘	600	合资	5	1942.7
崇仁堂	刘玉泉	65	历城	120	独资	3	1921.7
民生堂	李进之	35	章丘	200	独资	4	1921.8

资料来源："山东省济南市国药业商号名册"，济南市档案馆藏历临76—1—12。

日本占领济南的八年中，济南国药业一蹶不振。到抗战胜利时，药栈业仅有永兴栈一家，药局仅有三家。但门市药店仍有增无减，大小药店已有200家。

（十）油业

油业是济南工商业较早的行业之一，在20世纪20年代就成立了自己的行业组织油业公会。1931年2月根据国民政府的要求成立新的油业公会，商号32家，1934年5月进行改选时有商号38家，从业人员262人[①]。油业公会于1936年12月24日进行第二次改选，商号36家，从业人员247人，具体情况见表1—15。

表1—15　济南市油业商号一览表

商店牌号	营业主或经理人姓名	使用人数	资本金额（元）	年龄	籍贯	教育程度
德兴昌	宋茂纬	十五人	五千元	四十八	恒台县	旧学七年
德丰号	杨春亭	十人	一千元	三十九	济阳县	旧学五年
花滕东	王培银	六人	一千元	四十七	泰安县	旧学三年
德兴隆	康九龄	十人	一千元	五十一	茌平县	旧学三年
双盛永	杨墨林	九人	一千元	三十六	历城	旧学五年
福源号	王虎臣	九人	一千元	五十三	历城	旧学六年

---

① "油业同业公会会员名册"，1934年9月，济南市档案馆藏历临76—1—76。

商店牌号	营业主或经理人姓名	使用人数	资本金额（元）	年龄	籍贯	教育程度
聚兴昌	王纪文	八人	五百元	三十九	肥城	旧学三年
瑞记号	李梅亭	四人	一千元	三十八	齐河	旧学三年
德兴栈	仇兆麟	五人	五百元	三十八	河北南乐	初级小学毕业
知源号	周子宾	六人	五百元	四十四	滕县	旧学四年
信昌号	乔迪成	六人	五百元	四十二	泰安县	旧学六年
福源和	王昭明	六人	五百元	五十九	济阳县	旧学五年
双升栈	迟明新	八人	二千元	四十	历城县	旧学四年
丰盛油坊	贾恩普	十人	三千元	四十	历城县	旧学五年
益和号	尹玉阶	八人	二千元	三十	黄县	旧学六年
德盛号	辛忠芝	九人	二千元	四十	黄县	旧学三年
大成号	韩可宗	六人	五百元	三十	历城县	旧学五年
永祥号	周锡亭	六人	一千元	四十八	滕县	旧学四年
德盛永	李双峰	六人	五百元	五十八	长清县	旧学三年
万和栈	孟振馨	八人	一千元	三十	肥城县	旧学二年
元通栈	尹玉亭	六人	五百元	二十八	历城县	旧学五年
福聚长	师汉三	六人	三百元	四十	历城县	旧学四年
同福成	刘锡珍	八人	一千元	四十四	历城县	旧学五年
天顺号	张俊卿	九人	一千五百元	四十一	广饶县	旧学五年
隆兴号	王子亭	六人	四百元	四十	历城县	旧学四年
聚泰东	孙子元	五人	五百元	三十八	历城县	旧学四年
福顺永	刘廷鄂	六人	五百元	三十二	寿光县	旧学五年
覆盛永	张明亨	六人	六百元	四十	历城县	旧学三年
永盛和	迟德训	六人	一千元	四十三	平原	旧学四年
立兴号	黄泰祯	三人	二百元	五十	历城县	旧学三年
樊兴永	郑子瑜	八人	一千元	五十六	蓬莱县	旧学五年
永记号	孙鸿鸣	五人	二百元	四十六	历城县	旧学二年
协信丰	胡法齐	三人	五百元	五十六	济阳县	旧学三年
达东豫	贾龙湘	八人	一千元	三十五	历城县	旧学五年
福聚永	韩俊亭	四人	二百元年	三十九	历城县	旧学三年
复盛永	郭俊山	四人	五百元	四十	历城县	旧学三年

资料来源："济南市油业同业公会商号名册"，1937年1月6日，济南市档案馆历临藏76—1—76。

　　济南沦陷后,油业和其他行业一样受到日本统治者的压榨欺凌。1943年经营商号29家,从业人员201人。抗战胜利后,济南油业有所发展,1946年2月油业公会改选时有商号179家。户数虽多,但资本金额较少,设备简陋,多属于手工作业。

第二章　民国时期济南商人
组织的发展变化

以行业发展和商人组织为考察对象,具体考察民国时期的商人组织。从组织机构和运作模式来说,主要有三种组织形态:会馆、商会和同业公会。

第一节　会　馆

早在明朝会馆开始兴起,从明清到民国时期,作为一种行业组织,会馆经历了兴起、发展、兴盛与衰落等历史演进轨迹。学界有关会馆的研究涌现了一批著名学者,出版一批探讨会馆机构沿革、经济功能、性质的优秀成果①。同时陆续出版一些重要碑刻、档案资料,这些文献的出版为会馆的深入研究奠定良好基础②。当然学界对诸如会馆、公所的性质与异同仍未达成一致且分歧较大③,这恰恰促进了会馆研究的繁荣。因此就全国会馆的研究,笔者不再逐一赘述,鉴于本研究的需要及山东会馆研究的薄弱,本节仅仅梳理济南会馆的发展基本状况。

一、济南会馆概况

凡是工商业发达与商人聚集的地方,就会建有会馆。包括济南在内的山

---

① 郑鸿笙:《中国工商业公会及会馆、公所制度概论》,《国闻周报》1925年第2卷第2期;何炳棣:《中国会馆史论》,台湾学生书局1966年版;王日根:《清末时代会馆的演进》,载《历史研究》1994年第4期;吴慧:《会馆、公所、行会:清代商人组织演变述要》,载《中国经济史研究》1999年第3期;彭南生著:《行会制度的近代命运》,人民出版社2003年版;全汉昇:《中国行会制度史》,百花文艺出版社2007年版。

② 李华:《明清以来北京工商会馆碑刻选编》,文物出版社1980年版;苏州历史博物馆、江苏师范学院历史系、南京大学明清史研究室合编:《明清苏州工商业碑刻集》,江苏人民出版社1981年版;彭泽益主编:《中国工商行会史料集(上下册)》,中华书局1995年版;北京市档案馆:《北京会馆档案史料》,北京出版社1997年版;周均美主编:《中国会馆志》,方志出版社2002年版。

③ 具体参见:周均美主编:《中国会馆志》,方志出版社2002年版,第4—8页;彭泽益主编:《中国工商行会史料集(下册)》,中华书局1995年版,第182页。

东商人早在明清时期就在各地建立命名为山东的会馆。具体见表2—1。

表2—1　明清山东商人会馆一览表

会馆名称	所在地	创建时间	出资人	奉祀主神	出处
山东会馆	南京讲堂大街				《金陵杂志·会馆志》
山东会馆	安徽芜湖	明代			民国《芜湖县志》卷5《城厢》
山东会馆	江西铅山县河口镇	明代			万历《铅山志》
山东会馆（又齐鲁会馆、济南会馆、寿张会馆、汶水会馆、武定会馆、青州会馆）	北京校场头条胡同路西铁香炉	清代			《中国经济全书》第四编《会馆公所》第452页
山东会馆	武昌北斗桥北	清代			同治《上江两县志》卷5《城厢》
齐鲁公所	武汉汉口戏子街	清代	山东商人		民国《夏口县志》卷5《建置志》
济宁会馆	天津北门外西崇福庵	清代	济宁商人		《津门杂记·会馆》
山东会馆（山东至道堂）	上海昌班路	顺治年间购买义地光绪三十二年建馆	山东商人	孔子	《山东至道堂征信录》民国《上海县续志》卷3《建置志》
济宁会馆（大王庙）	江苏吴江盛泽镇	康熙十六年	济宁商人	金龙四大王	《吴江盛泽镇济宁会馆置田建庙记》
东齐会馆	江苏吴江山塘	康熙廿年	青、登、莱三地商人	关帝　天妃	《重修东齐会馆碑记》
山东会馆	河南祥符县（今开封）			孔子	《民国咸宁长安两县续志》卷七《祠祀考》
山东会馆（天后宫）	辽宁海城县大南门内迤西	乾隆初年	黄县商人	天后	民国《海城县志》卷3《地理》
山东会馆（天后宫）	辽宁金县	乾隆五年	山东船户	天后	《天后史迹的初步调查》，《海交史研究》1987年第1期
山东会馆（天后宫）	辽宁盖平县城	嘉庆年间	山东商人	天后	民国《盖平县志》卷3《建置志》

资料来源:胡广洲:《明清山东商贾精神研究》,山东大学博士学位论文,2007年,第95页;宋志东:《近代山东商人的经营活动及其经营文化》,山东大学博士学位论文,2011年,第70—71页。

作为首府的济南,历来都是山东的政治、文化中心,官宦云集。特别是1904 年济南开埠以后,工商业、运输业等行业迅速发展,经济功能凸显,大量外来商人云集。这些外来商人为保护自身利益,以联谊乡谊为主要目的,纷纷建立同乡会馆。济南较早建立的会馆有山陕会馆、集云会馆和福德会馆。它们分别是晋陕商人 1774 年创建的山陕会馆,济南估衣业 1813 年捐资创建的蜜脂殿会馆,后改成集云会馆,济南银钱业 1817 年以义合堂名义创建的福德会馆。

据统计,至光绪后期,济南的会馆有 19 处,多集中在旧城,其中规模较大的会馆是山陕会馆、江南会馆、江西会馆、浙闽会馆、湖广会馆、奉直会馆等。

表 2—2　清末年间的济南会馆一览表

序号	会馆名称	建立时间	地理位置	规模
1	山陕会馆	乾隆三十九年（1774 年）	历下区省府前街 97 号	占地 3.27 亩,房屋 83 间,建筑面积 1152.28 平方米
2	集云会馆	嘉庆十八年（1813 年）	共青团路 57 号	建筑面积 479.7 平方米
3	福德会馆	嘉庆二十二年（1817 年）	高都司巷 19 号	房屋 32 间,占地 1.72 亩
4	江西会馆	道光二十二年（1842 年）	明湖路 166 号	不详
5	浙江会馆	光绪二十三年（1843 年）	泉城路 179 号	占地 1.48 亩。建筑面积 602 平方米
6	浙闽会馆	同治十二年（1873 年）	历下区宽厚所街 34 号	房屋 84 间,建筑面积 1053.5 平方米
7	安徽会馆	同治十二年（1873 年）	皖新街 29 号	房屋 54 间,建筑面积 783.2 平方米
8	皖江公所	光绪三十年（1904 年）	大明湖南岸,辛稼轩纪念祠东	占地 1.9 亩
9	辽宁会馆	年代不详	后宰门街 46 号	房屋 281 间
10	河南会馆	年代不详	榜棚街 21 号	房屋 126 间
11	江苏会馆	年代不详	趵突泉路路南	房屋 100 间
12	江南会馆	年代不详	黑虎泉西路 11 号	建筑面积 400 平方米
13	湖广会馆	年代不详	省府东街 22 号	不详

序号	会馆名称	建立时间	地理位置	规模
14	广东会馆	年代不详	经一路庆云里 3 号	房屋 32 间,占地 1.76 亩(1173 平方米)
15	宁波会馆	年代不详	经二路小纬八路东	房屋 9 间,占地 1.13 亩(753 平方米)建筑面积 352.4 平方米
16	登州会馆	年代不详	魏家庄 100 号及 102 号	房屋 102 间
17	桓台会馆	年代不详	仁里街 5~7 号	房屋 53 间
18	中州会馆	年代不详	馆驿街 201 号	房屋 112 间
19	奉直会馆(又称八旗会馆	年代不详	南围子门里	不详

资料来源:中国人民政治协商会议山东省济南市委员会文史资料委员会编:《济南文史资料选辑(第10辑)》,1992年,第253—255页。严薇青、严民:《济南琐话》,济南出版社1997年版,第181—182页。叶春墀:《济南指南》,中国文联出版社2004年重印,第49—50页。周传铭:《济南快览》,齐鲁书社2011年重印,第114—115页。济南市房产管理局编志办公室:《济南市房地产志资料(第3辑)》,1985年,第181—185页。

明清时期济南的会馆主要有两类,一是同乡会馆;一是工商业行帮会馆。如湖北和湖南两省官商建立的湖广会馆,浙江和福建两省官商联合建立的浙闽会馆,山西和陕西联合建立的山陕会馆等属于以上划分的范畴①。

开埠前济南会馆的主要功能是联系乡谊。这种联络乡谊的功能从会馆的楹联中就能显现出来。如山东湖南会馆的楹联是"大厦终须要梁栋,故乡无此好湖山","拔磊落奇才,是海岱松,是荆州柏;住湖山佳处,可太白酒,可伯牙琴"。济南浙闽会馆的楹联是"同是南人,四座高风倾北海;来游东国,两乡旧雨话西湖"。江南会馆的楹联是"东土征歌,问表海雄风,今乐何如古乐;南宫奏曲,听遍云高响,雅音原是乡音","骏马高车来历下,湖光山色似江南"。济南八旗会馆的楹联"国家长白发祥,亿万年姬易姜磺,丰镐衣冠辉帝里;海岱维青作镇,百齐邑齐风鲁颂,圣贤桑梓说宗邦"。②

除了联络乡谊外,济南会馆同时还具有商业功能,如浙闽会馆是浙江、福建两省在济商人在济南南关修建的交易所。当时在济南经商的浙江人和福建人,经营的规模不大,而经营的行业相似,都是经营茶叶、红白糖、药材、干果等

① 具体情况参见笔者拙著:《民国时期济南同业公会研究》,人民出版社2014年版,第28—29页。

② 马德坤:《民国时期济南同业公会研究》,人民出版社2014年版,第29页。

生意,于是两省商人共建一会馆,以联系业务、交流信息。此外还有少数同行业商人修建的会馆,即估衣行商人修建的集云会馆、钱业同仁建的福德会馆。这种同业性质的会馆功能在于规范行业内部发展,限制竞争。①

会馆这种联乡谊、协调商业利益功能的记载,在济南各会馆的碑文中也有所记载。如"八旗奉直乡祠碑记(光绪二十四年)碑文"、"整顿集云会馆碑记(光绪三十四年)碑文"、"稽古钱法之制锱铢合宜原为上关(道光二十九年)碑文"。②

总之,济南各会馆的功能主要体现以下几个方面:其一,崇祀神明。会馆首先是同乡祭祀和聚会之所,多数会馆均供奉有神像,每年定时大祀,乡人分别到各自的会馆祭奠。其二,敦睦乡谊。由地缘关系而组建会馆,变成了他们桑梓萦怀,"联乡情于异地"的纽带。"每年分春秋二季或按四季联欢一次"、"亦有每月开会一次者"。其三,施医给要,周恤贫孤,兴办义举。会馆为来济南的本乡官绅和商人提供住宿,对那些年迈无依的乡人,会馆会酌给膳金,如遇有疾患又无力医治者,会馆出面救济。其四,协调商业利益。一是调解同行商人的矛盾,"律销衅隙",协调商人间的利益冲突;二是团结商众,抵制官吏的横征暴敛。③

到民国时期,会馆并没有完全消失,在行业中依然发挥着调解作用。据《济南快览》记载,1927年济南仍有会馆10家。

二、济南会馆的演变

学者普遍认为会馆与同业公会有着千丝万缕的关系,但就民国时期会馆的演变路径,学者有着不同的看法。宋美云考察天津商会时认为同业公会由会馆转换而来④;徐鼎新研究上海的会馆认为转化分为两条路径⑤;万江红认

① 孟玲洲:《传统与变迁:工业化背景下的近代济南城市手工业(1901—1937)》,华中师范大学硕士学位论文,2011年,第41页。

② 碑文详细文字见笔者拙著:《民国时期济南同业公会研究》,人民出版社2014年版,第30—32页。

③ 聂家华:《对外开放与城市社会变迁——以济南为例的研究(1904—1937)》,齐鲁书社2007年版,第74页。罗腾霄:《济南大观》,济南大观出版社1934年版,第21页。

④ 参见:宋美云:《中国近代经济社会的中介组织——天津商会(1912—1927)》,载《天津社会科学》1999年第1期。

⑤ 徐鼎新:《旧上海的工商会馆、公所、同业公会的历史考察》,载《上海研究论丛》第5辑,第79—91页。

为会馆的转化有三种形式：第一种是会馆向同乡会的转化；第二种是会馆向同业公会和商会的转化；第三种是保持了原有的名称①。彭南生则提出四条路径的观点②。

根据民国时期济南会馆档案资料，其演变轨迹有两条路径，一是转化为同业公会。如济南钱业同业公会就是经过几次革新才完成的。济南最早的银钱业行会组织是嘉庆二十二年(1817)创建的福德会馆，由济南钱业人士刘丙寅集资兴建，馆址在高都司巷(今济南刺绣厂分厂址)。据道光元年(1821)福德会馆"公立石碑"记载，在福德会馆上市的济南钱业已有163家。光绪三十年(1904)济南开埠后，商业中心由西关转移至商埠，银号渐次迁至商埠区。1913年，商埠的银钱号成立钱业公所，1918年在经四路小纬五路建立正式会所，更名钱业公会。从此，钱关分为两处：商埠关偏重汇兑，城内关则以兑换、存放款为主。1930年7月依照《工商同业公会法》规定，福德会馆与钱业公会合并成立济南市钱业同业公会，并制定了完备的章程。③ 济南棉业同业公会于1930年11月成立，它是由1924年成立的棉业公所改组而成，会址在经四路纬六路，发起人新鲁花行张冠之，阜成信花行王玉岩等。④ 会馆、公所之所以被同业公会所取代，既是工商业发展的历史必然，也是会馆、公所的落后性决定的。正如学者彭南生所言："会馆、公所等工商业同业组织纷繁林立的复杂局面既是社会经济发展到一定阶段的产物，也是社会经济尚未达到更高水平的反应。一方面，会馆的存在反映了远距离贸易、即行商在社会经济生活中的活跃程度，只有当身处异地的同籍商人达到一定数量时，会馆的成立和存在才有可能。另一方面，这种以地缘为纽带的同业组织又是封建社会狭隘观念的产物。这种狭隘的地域观念说到底是一种宗法观念，是经济不发展的宗法社会的丰要表征。"⑤二是保持原有名称继续存在。截至1927年，济南新旧同业组织并存的局面继续存在。济南的会馆仍旧有10所：湖广会馆、奉直会馆、闽浙会馆、江苏会馆、山西会馆、河南会馆、江西会馆、福德会馆、浙绍会馆、安徽会馆。⑥

①　万江红、涂上飙：《民国会馆的演变及其衰亡原因探析》，载《江汉论坛》2001年第4期。
②　彭南生：《行会制度的近代命运》，人民出版社2003年版，第78—87页。
③　马德坤：《民国时期济南同业公会研究》，人民出版社2014年版，第33—34页。
④　马德坤：《民国时期济南同业公会研究》，人民出版社2014年版，第34页。
⑤　彭南生：《行会制度的近代命运》，人民出版社2003年版，第26页；宋志东：《近代山东商人的经营活动及其经营文化》，山东大学博士学位论文，2008年，第71页。
⑥　周传铭：《济南快览》，济南世界书局1927年版，齐鲁书社2011年重印，第114—115页。

第二节　济南商会的兴起与发展

晚清以降,清政府面临内忧外患,被迫实行"新政",开展一系列改革。经济上颁布振兴工商业谕令,制定工商团体法规。清政府仿照西方国家商会组织于 1904 年 1 月 11 日颁布实施《商部奏定商会简明章程》。章程载明:"商会者,所以通商情、保商利,有联络而无倾轧,有信义而无诈虞",[①]显然商会创办之宗旨为联络商业活动,保护商人的利益,促进商业的发展。

一、山东商会概况

1904 年 5 月,上海商务总会成立,标志着商会这一新式团体组织的确立。随后各省市大中小城市都积极响应逐步建立商会。据统计,1904 年全国设有 3 个商务总会,19 个分会,会董与会员总共 7 千余人。但仅两年后,全国范围内已正式成立的商务总会增至 28 个,分会多达 140 多个,会董、会员总共 62 000 余人。到 1911 年,商务总会 53 所,拥有会董、会员 41 114 人,商务分会 787 所,有会董、会员 173 658 人,总、分会合计,共 214 772 人。[②] 可见商会组织发展之迅速,其力量之强大。

到民国时期,北京政府为促进工商组织的发展,1915 年 12 月 14 日颁布实施《商会法》规定:"各地最高行政长官所在地,及工商业总汇之各大商埠,得设立总商会。各地方行政长官所在地,或所属地工商业繁荣者,得设立商会。同一行政政区域,有必须设置两商会者,或跨两区域有必须特别设置商会者,经农商部认可后,亦得设立商会。"[③]于是上海、广州、天津、汉口等通商口岸港口纷纷成立总商会。其中上海于 1912 年把上海商务总会和上海商务公所合并为上海总商会。1916 年,汉口商务总会和工业公会合并改称为汉口总商会。天津于 1918 年改天津商务总会为天津总商会。

山东最早的商会性质组织是青岛商务总局,成立于 1902 年,内设董事十

---

① 彭泽益主编:《中国工商行会史料集(下册)》,《济末民初有关商会工商同业公会法规选录·商部奏定商会简明章程》,中华书局 1995 年版,第 970 页。

② 朱英:《清末商会与辛亥革命》,载《华中师范大学学报(人文社会科学版)》1988 年第 5 期。

③ 彭泽益主编:《中国工商行会史料集(下册)》,中华书局 1995 年版,第 977 页。

二人。① 清政府 1904 年颁布《奏定商会简明章程二十六条》后,山东各地陆续成立商会,至 1911 年成立三十余处(见表 2—3)。

表 2—3　1911 年前山东各地商会一览表(按成立时间顺序)

商会名称	成立时间	佐证资料	商会名称	成立时间	佐证资料
潍县商会	1902	民国《潍县志》	临清县商会	1908	民国《临清县志》
羊角沟商会	1903	民国《寿光县志》	长清县商会	1909	民国《长清县志》
费县商会	1905	《东方杂志》第二卷	长福镇商会	1909	民国《齐东县志》
滋阳商会	1905	《东方杂志》第二卷	邹县商会	1909	《山东各县乡土调查录》
临朐商会	1906	民国《临朐县志》	临沂商会	1909	民国《临沂县志》
泰安县商会	1906	《东方杂志》第三卷	郯城县商会	1910	《山东各县乡土调查录》
博山县商会	1906	民国《博山县志》	冠县商会	1910	民国《冠县志》
德县商会	1906	民国《德县志》	莱阳商会	1910	民国《莱阳县志》
恩县商会	1906	民国《恩县志》	寿光县商会	1910	民国《寿光县志》
石岛商务分会	1906	《东方杂志》第三卷	利津县商会	1910	民国《利津县志》
烟台商会	1906	《山东各县乡土调查录》	沙河镇商会	1910	民国《四续掖县志》
牟平商会	1906	民国《牟平县志》	单县商会	1910	民国《单县志》
长山商会	1907	《山东各县乡土调查录》	龙口商会	1911	民国《龙口志》
郓城县商会	1908	《郓城县乡土志》	莒县商会	1911	民国《重修莒志》
滕县商会	1909	民国《续滕县志》	高唐县商会	1911	《山东各县乡土调查录》

资料来源:庄维民:《近代山东的商人组织》,载《东岳论丛》1986 年第 2 期,第 26 页。

1914 年北京政府颁布《商会法》及《商会法施行细则》后,根据有关规定

---

① 庄维民:《近代山东商人组织》,载《东岳论丛》1986 年第 2 期。

山东各地商会纷纷改组,同时未成立商会组织的地方也相继组建。1911年后商会成立情况见表2—4。

表2—4　1911年后山东各地商会一览表(按成立时间顺序)

商会名称	成立时间	佐证资料	商会名称	成立时间	佐证资料
章丘县商会	1912	《山东各县乡土调查录》	济宁县商会	1915	《山东各县乡土调查录》
淄川县商会	1912	《山东各县乡土调查录》	金乡县商会	1915	《山东各县乡土调查录》
恒台县商会	1912	《山东各县乡土调查录》	鱼台县商会	1915	《山东各县乡土调查录》
青城县商会	1912	民国《青城县志》	博平县商会	1915	《山东各县乡土调查录》
清平县商会	1912	民国《清平县志》	武城县商会	1915	《山东各县乡土调查录》
黄县商会	1912	《山东各县乡土调查录》	临邑县商会	1915	民国《续修临邑县志》
平度县商会	1912	民国《平度县续志》	商河县商会	1915	民国《重修商河县志》
胶县商会	1912	民国《重修胶志》	阳谷县商会	1915	民国《阳光县志》
高密县商会	1912	民国《高密县志》	璞县商会	1915	《山东各县乡土调查录》
广饶县商会	1912	民国《续修广饶县志》	招远县商会	1915	《山东各县乡土调查录》
沾化县商会	1912	民国《沾化县志》	文登县商会	1915	《山东各县乡土调查录》
昌乐县商会	1912	民国《昌乐县志》	荣成县商会	1915	《山东各县乡土调查录》
无棣县商会	1912	《山东各县乡土调查录》	昌邑县商会	1915	《山东各县乡土调查录》
菏泽县商会	1912	《山东各县乡土调查录》	益都县商会	1915	《山东各县乡土调查录》
馆陶县商会	1912	《山东各县乡土调查录》	临淄县商会	1915	《山东各县乡土调查录》
禹城县商会	1912	民国《禹城县志》	诸城县商会	1915	《山东各县乡土调查录》
夏津县商会	1912	民国《夏津县志续编》	济阳县商会	1916	民国《济阳县志》

商会名称	成立时间	佐证资料	商会名称	成立时间	佐证资料
平原县商会	1912	民国《续修平原县志》	博兴县商会	1916	《山东各县乡土调查录》
蓬莱县商会	1912	《山东各县乡土调查录》	乐陵县商会	1916	《山东各县乡土调查录》
栖霞县商会	1912	《山东各县乡土调查录》	峄县商会	1916	《山东各县乡土调查录》
即墨县商会	1912	《山东各县乡土调查录》	曹县商会	1916	《山东各县乡土调查录》
安丘县商会	1912	《山东各县乡土调查录》	巨野县商会	1915	《山东各县乡土调查录》
宁阳县商会	1912	《山东各县乡土调查录》	曲阜县商会	1916	民国《续修曲阜县志》
邹平县商会	1912	《山东各县乡土调查录》	沂水县商会	1917	《山东各县乡土调查录》
齐东县商会	1912	民国《齐东县志》	寿张县商会	1917	《山东各县乡土调查录》
莱芜县商会	1912	民国《莱芜县志》	陵县商会	1918	民国《陵县续志》
堂邑县商会	1912	《山东各县乡土调查录》	茌平县商会	1918	民国《茌平县志》
汶上县商会	1912	《山东各县乡土调查录》	东阿县商会	1919	民国《东阿县志》

资料来源：庄维民：《近代山东的商人组织》，载《东岳论丛》1986 年第 2 期，第 27 页。

二、济南商会

济南作为中国第一个"自开商埠"的省会城市，其商人组织研究成果还相对薄弱，目前以商会为专题研究的成果仅有王音的《近代商会初探》，桂晓亮的《济南商埠研究（1911—1928）——以商埠商会为例》等几篇硕士论文，及王醒的《济南市政建设与城市现代化研究》等相关研究中涉及到商会的研究成果。[1] 商人组织在自开商埠及城市近代化中地位尚未引起学者足够重视。

（一）成立与发展概况

有关商会的分期，宋美云提出商会分为：出生期、发展期、转折期、畸形期、衰亡期。[2] 济南商会的发展脉络，因划分标准的不同而有所差异。民国时期济南

---

① 具体有关济南商人研究概况见本书综述部分《济南商人与商人组织研究》。

② 宋美云：《近代天津商会》，天津社会科学院出版社 2002 年版，第 110 页。

政权更替频繁,如按政权的性质划分,可分为清末时期、北京政府时期、南京国民政府时期、沦陷时期、战后恢复时期;如果名称变化划分,可分为济南商务总所、济南总商会(商埠)、济南市商会。本研究以济南政权性质进行分期论述。

1.清末时期

1901 清政府推行新政,鼓励发展工商业。为劝导民间发展工商业,设立一些管理和示范的官办管理机构。1903 年为发展济南工商业、维护自身利益而开办"济南商会公所"。济南商会公所以上海商会公所章程为参照,以国药、杂货、鞋帽、钱业、绸布等 24 个行业为组建基础。山东劝业道萧应椿奏称:"济南省城自奏设商务总局后,饬令商人公举总董、分董,仿上海商业公议办法,设立商会公所,朔望会集,讲求利病,汇册上闻。"①

光绪二十八年八月组建商会公所缘由,在籍湖北候补知县谭奎翰在奏折中曰:"今兹富国首在兴商,商之振兴要资讨论。查欧美以商立国,通都大邑均设有商务学堂,商务总会,研求商理,考察商情,故能商智日开,商战日烈,富强之道实始于斯。我东省素少富商,学堂尚可暂从缓议,而他族日逼,商会宜及时举办,以期自保利权。……兹拟依照上海商业会议办法,另设公所,俾各行业随时可以聚会,讲求利病,汇册上闻。"②

1904 年 1 月,清政府颁布实施《商部奏定商会简明章程》二十六条,章程的颁布为建立商会组织提供法律依据。章程规定:"凡各省各埠,如前经各行众商,公立有商业公所及商务公会等名目者,应即遵照现定部章,一律改为商会,以归画一。"并提出"凡属商务繁富之区,不论系会垣、系城埠,宜设立商务总会。而于商务稍次之地,设立分会,仍就省分隶于商务总会。"③1905 年济南商务总会成立。而商埠商会则于 1911 年 3 月成立,会址在经二路纬五路东路北。1908 年清政府农工商部批准成立济南商务总会。济南商务总会所属的行业有汇兑业、当业、钱业、估衣业、杂货业、鞋帽业、绸布业、茶叶业、药业、首饰业、酒业、土药业、洋广业、南纸业、京货业、书业、点心业、铁器业、染坊业、丝业、山果业、烛业、棉花业、炭业 24 个行业。④

---

① 中国第一历史档案馆:《山东劝业道为选报本省地方商会德事呈农工商部清册》,光绪三十四年。转引王音:《近代济南商会初探》,山东大学硕士学位论文,2003 年,第 10—11 页。

② 中国第一历史档案馆:《山东劝业道为选报本省地方商会德事呈农工商部清册》,光绪三十四年。转引王音:《近代济南商会初探》,山东大学硕士学位论文,2003 年,第 11 页。

③ 彭泽益:《中国工商行会史料集(下册)》,中华书局 1995 年版,第 972 页。

④ 济南总商会、济南市工商业联合会会编印:《济南工商文史资料(第 2 辑)》,1996 年,第146 页。

2.北京政府时期

进入民国,北京政府颁布许多振兴工商业和鼓励商人经商的法规,如1914年1月颁布《公司条例》,3月颁布《商人通则》,9月颁布《商会法》。1915年《商会法》明确规定商会的主要任务是:

一是筹议工商业改良事项。

二是关于工商业法规之制定、修改、废止及与工商业有利害关系事项,得陈述其意见于中央行政长官或地方行政长官。

三是关于工商业事项答复中央行政长官或地方行政长官之调查或咨询。

四是调查工商业之状况及统计。

五是受工商业者之委托,调查工商业事项或证明其商品之产地及价格。

六是因赛会得征集工商物品。

七是因关系人之请求,调处工商业者之争议。

八是关于市面恐慌等事有维持及请求地方行政长官维持之责任。

九是得设立商品陈列所、工商学校或其他关于工商之公共事业,但须经农商部核准。①

根据北京政府法令,济南总商会于1912年8月举行改选大会,选举产生新的商会组成人员。这次选举中,厚记银号经理石丕绪以108票当选为总理,而泰来栈号的经理姬钟岳以56票当选为协理。济南总商会1916年举行换届大会,自此至1926年共举行4次换届,有关沿革见表2—5。

表2—5　1912年至1926年城内商会沿革一览表

时间	名称	会董	领导人	
			总理/会长	协理/副会长
1912年	济南总商会		石丕绪	姬钟岳
1916年	济南总商会	33	石丕绪	穆德荣
1919年	济南总商会		张肇铨	
1924年	济南总商会	44	张肇铨	陈元佶
1926年	济南总商会	37	张肇铨	孟庆槟

资料来源:《济南市总商会章程》济南市档案馆藏历临77—12—0001和历临77—13—0002;济南总商会、济南市工商业联合会会编印:《济南工商文史资料(第2辑)》,1996年,整理列表。

---

①　彭泽益主编:《中国工商行会史料集(下册)》,中华书局1995年版,第979页。

1916 年的济南总商会换届选举,会上通过《山东济南总商会章程》,健全了组织机构,选举产生新的组织人员。有关职员见表 2—6。

表 2—6　1916 年济南总商会职员一览表

职务	姓名	年龄	籍贯	开设商号	担任职务
会长	石丕绪	55	章丘	后记银号	经理
副会长	穆德荣	49	恒台	同聚合	经理
特别会董	张克亮	48	寿光	兴顺福	经理
特别会董	王允智	62	堂邑	阜成信	经理
特别会董	王贵礼	45	平度	聚兴昌	经理
特别会董	杜荫潭	49	福山	泰生东	经理
特别会董	刘兰阁	34	章丘	山东银行	经理
会董	胡大政	53	山西平遥	悦来公司	经理
会董	李择俊	36	莱阳	广汇长	经理
会董	杨龙田	63	平度	泰源祥	经理
会董	罗建文	40	章丘	西信义	经理
会董	陈忠源	58	平原	魁元栈	经理
会董	王象兑	52	博兴	玉昌号	经理
会董	孙士杰	47	恒台	义兴栈	经理
会董	盖鸿恩	48	历城	蚨兴号	经理
会董	吴勋	36	历城	润昌号	经理
会董	李文强	60	章丘	恒丰泰	经理
会董	李元善	45	莱阳	元生泰	经理
会董	李九龄	38	历城	通顺栈	经理
会董	程贵祥	58	齐河	西万盛栈	经理
会董	乐汝成	34	浙江镇海	泰康号	经理
会董	张作勤	32	天津	福立五金店	经理
会董	苗世远	42	恒台	恒聚成	经理
会董	罗本鸿	38	恒台	永聚兴	经理
会董	王书琴	45	大名	东升栈	经理
会董	高象晋	55	章丘	长丰布工厂	经理
会董	徐环绩	48	恒台	义聚恒	经理
会董	牟汉文	32	恒台	恒泰昌	经理
会董	张济康	50	无锡	薄利公司	经理

续表

职务	姓名	年龄	籍贯	开设商号	担任职务
会董	李全生	46	沁阳	仁寿	经理
会董	苏廷骅	36	即墨	大东栈	经理
会董	韩嘉宾	37	博兴	义成永	经理
会董	芦艺林	36	宁津	大昌号	经理
会董	李文卿	35	海阳	连升栈	经理
会董	刘风岭	49	历城	中华西栈	经理

资料来源:济南总商会、济南市工商业联合会会编印:《济南工商文史资料(第2辑)》,1996年,第149—150页。

除城内济南总商会外,济南商埠于1911年成立商埠商会。商埠商会实行会董制,每届会董任期2年。从1911年至1928年,商埠根据章程规定基本顺利完成换届选举,共举行九届选举工作。有关商会组成情况见表2—7。

表2—7　济南市商埠商会会长简介一览表

届次	换届时间	职务	姓名	籍贯	开设字号及任职
第一届	1911.3	会长	胡仁普		悦来转运公司经理
		副会长			
第二届	1912	会长	朱璧斋	潍县人	福德栈经理
		副会长	王协三	堂邑人	福信成花行经理
第三届	1914	会长	王协三	堂邑人	福信成花行经理
		副会长	穆伯仁	恒台人	惠丰面粉公司经理
第四届	1916	会长	穆伯仁	恒台人	惠丰面粉公司经理
		副会长			
第五届	1918.5	会长	宫毅	湖北苑平人	曾任山东省会警察厅长、济南警备局总办兼警备司令
		副会长	穆伯仁	恒台人	惠丰面粉公司经理
第六届	1920.5	会长	刘兰阁	章丘人	山东银行经理
		副会长	孔郛五	堂邑人	阜成信花行经理
第七届	1922.5	会长	刘兰阁	章丘人	山东银行经理
		副会长	于耀西	海阳人	东莱银行经理

续表

届次	换届时间	职务	姓名	籍贯	开设字号及任职
第八届	1924.5	会长	于耀西	章丘人	东莱银行经理
		副会长	刘兰阁	章丘人	山东银行经理
第九届	1926.5	会长	于耀西	章丘人	东莱银行经理
		副会长	刘兰阁	章丘人	山东银行经理

资料来源:《济南商埠商会档案全宗》,历临 77—79,参见王音《近代济南商会初探(1902—1927)》,山东大学硕士学位论文,2003 年,第 16 页;济南市工商联合会、济南总商会编印:《济南工商文史资料(第 2 辑)》,1996 年,第 151—154 页。

3.南京国民政府时期

1927 年 4 月 18 日南京国民政府成立,从形式上结束国家四分五裂的现状,完成全国统一。1929 年 4 月 12 日,国民党军队开始进驻济南城区,日本侵略军撤离。1929 年 7 月济南市建制正式设立。

国民政府为管控全国社会组织,重新修订工商业相关法律。1929 年先后颁布实施《商会法》和《工商同业公会法》,推动全国各地工商业组织的成立与发展。于是 1929 年 7 月济南总商会改称为济南市商会,但此时的济南市商会仍不包含商埠商会会员。1930 年 2 月 4 日济南市商会进行改选,辛铸九当选为主席。本届商会职员状况见表 2—8。

表 2—8　1930 年济南市商会职员一览表

职别	姓名	年龄	籍贯	行号	住址
主席	辛铸九	49	章丘	经文缎店	估衣街
常务委员	张玉甫	53	章丘	瑞蚨祥布店	院西
常务委员	张研岑	50	齐东	广德药栈	剪子巷
常务委员	刘子乘	47	历城	泰和木厂	北小门里
常务委员	韩振笙	52	章丘	隆祥缎店	西门里
执行委员	刘麟符	40	章丘	彤裕昌杂货店	普利街
执行委员	李会亭	53	冀县	德聚京货庄	鞭指巷
执行委员	朱受卿	45	历城	聚盛栈山果行	城顶
执行委员	张香圃	47	历城	治香楼西记洋广行	普利街
执行委员	张仁山	42	章丘	瑞增祥钱行	西门大街
执行委员	孟希文	67	章丘	义兴公布行	卷门巷
执行委员	高峰中	48	章丘	泉祥茶庄	估衣街

续表

职别	姓名	年龄	籍贯	行号	住址
执行委员	温次卿	40	章丘	庆祥昌缎店	西门大街
执行委员	刘星阶	44	长山	元兴布庄	福康街
执行委员	张子元	50	章丘	德和成炭店	东车站
监察委员	王茂堂	54	章丘	三和成杂货店	西门里大街
监察委员	王相九	42	章丘	恒义信洋广行	西门大街
监察委员	李伯成	47	章丘	德聚泰药行	剪子巷
监察委员	王墨臣	42	历城	广顺估衣店	西门月城
监察委员	崔子鸿	36	章丘	大同帽庄	院西大街
监察委员	高介叔	32	章丘	惠宝银楼	芙蓉街
监察委员	孙德昌	44	章丘	东生昌丝线店	院西大街
候补执行委员	张灿辰	38	章丘	庆祥缎店	院西大街
候补执行委员	刘辅卿	46	历城	聚成斋油店	痒门前
候补执行委员	高际五	47	章丘	德和药栈	估衣街
候补执行委员	韩理泉	48	章丘	隆祥缎店	西门里
候补执行委员	孙郁文	34	章丘	春和祥致记茶庄	框市街
候补执行委员	周炳如	58	历城	振业火柴公司	麟祥门里
候补执行委员	王灿章	46	长山	裕茂公布店	皇家园
候补执行委员	武星三	47	济阳	谦丰泰布庄	框市街
候补执行委员	王梅亭	29	历城	广源杂货店	估衣街
候补执行委员	潘伯勋	44	陕西	恒泰漆店	西门里大街

资料来源:济南市工商联合会、济南总商会编印:《济南工商文史资料(第2辑)》,1996年,第189—190页。

　　国民党行使济南市管辖权后,宣布商埠商会非法,缉拿商埠商会会长于耀西,商埠商会机关被查封。尽管从1929年3月至6月间,商埠商会几次筹备改选,由于人心涣散,会务停顿,都没有结果。至7月开始,商埠商会成立由11人组成的筹备处,商讨商会成立事宜,但出现多次反复,因面临与城内商会合并而停止。直到1931年9月中央党部裁决下达,只准许成立一个商会,可依据《商会法》在商埠设立商会事务所。11月济南市各同业公会在济南市政府和县党部的监督下举行会议,成立济南市改组商会筹备委员会,决定1932年3月22日举行济南市商会第一届选举大会。第一届济南市商会成立大会通过《山东省济南市商会章程》,共8章45条。根据章程规定,每届商会职员任期 4 年,届 2 年时改选半数。选举产生第一届组织结构,选举杨昆泉、何鼎元等 15 人为执行委员,和仲平、张冠三等 7 人为监察委员,李驶云、朱受卿等 12 人为候补执行委员,郑章斐、曹广元等 6 人为候补监察委员。

1932 年济南市商会成立后,济南市商会会员包括公会会员和商店会员两种,公会会员和商店会员具体情况分别见表 2—9 和表 2—10。

表 2—9　1932 年商会公会会员一览表

序号	公会名称	成立时间	改选时间	全业人数	主席姓名
1	绸布业同业公会	1931.2	1934.1	1 852	辛铸九
2	粮业同业公会	1929.5	1934.3	1 305	苗杏村
3	国药业同业公会	1931.3	1934.5	1 165	张岩岑
4	酱菜酒业同业公会	1932.2	1934.8	1 127	吕仲华
5	炭业同业公会	1931.2	1934.3	888	荆奉之
6	染业同业公会	1931.2	1934.4	866	毕喻亭
7	钱业同业公会	1930.7	1934.3	798	李敬斋
8	广货业同业公会	1931.2	1934.2	698	冯振生
9	食物业同业公会	1931.2	1934.5	597	汪镜秋
10	海味杂货业同业公会	1930.12	1933.12	588	封郁卿
11	茶叶业同业公会	1931.1	1933.12	588	张梯云
12	铜锡业同业公会	1932.12	1934.6	567	吴敬臣
13	鞋帽业同业公会	1931.2	1934.5	565	李鸿远
14	印刷业同业公会	1931.3	1934.5	521	汝仲文
15	牛业同业公会	1931.1	1934.1	520	和仲平
16	饭馆业同业公会	1931.8	1934.3	518	卢秀斋
17	南纸业同业公会	1931.3	1934.9	488	段苡华
18	金银首饰业同业公会	1931.3	1934.4	410	张孟岩
19	油漆业同业公会	1931.10	1934.5	370	亓润生
20	棉业同业公会	1930.2	1934.4	366	张冠三
21	木业同业公会	1931.2	1934.9	360	杜振声
22	澡塘业同业公会	1931.1	1934.3	353	魏春亭
23	旅栈业同业公会	1931.2	1934.2	351	薛岫峰
24	卷烟业同业公会	1931.1	1934.3	339	傅雨亭
25	面粉业同业公会	1931.1	1934.5	339	国佐亭
26	转运业同业公会	1931.2	1934.1	334	白春年

续表

序号	公会名称	成立时间	改选时间	全业人数	主席姓名
27	运输业同业公会	1930.12	1934.2	331	邵干臣
28	军服业同业公会	1931.4	1934.9	324	张益三
29	磁器业同业公会	1931.4	1934.7	317	张九宝
30	西药业同业公会	1932.3	1934.5	316	吴韶九
31	电料业同业公会	1931.11	1934.6	313	李瑞卿
32	山果业同业公会	1931.3	1934.6	291	朱受卿
33	藤竹绳经业同业公会	1931.2	1934.4	272	李梦符
34	戏曲电影业同业公会	1931.3	1934.5	263	于保良
35	油业同业公会	1931.2	1934.5	262	宋希儒
36	古玩业同业公会	1931.3	1934.5	243	万恩普
37	色纸业同业公会	1931.3	1934.3	220	陈殿璧
38	建筑业同业公会	1931.2	1934.12	217	孔佐卿
39	五金业同业公会	1931.11	1934.8	210	刘翕廷
40	汽车业同业公会	1931.3	1934.5	198	刘树轩
41	银行业同业公会	1932.3	1934.3	192	陆廷撰
42	碎货业同业公会	1931.3	1934.3	191	王润身
43	腌腊业同业公会	1931.3	1934.8	191	谭子诚
44	冶铁业同业公会	1931.10	1934.5	184	牛寿三
45	自行车业同业公会	1931.1	1934.5	166	杨焕章
46	棉纱业同业公会	1931.3	1934.7	164	李镌亭
47	京货业同业公会	1932.4	1934.4	154	李莱轩
48	铁货业同业公会	1931.2	1934.1	145	张功甫
49	窑业同业公会	1931.2	1933.12	136	孙修五
50	烟厂业同业公会	1934.6		131	齐济斋
51	估衣业同业公会	1931.3	1934.1	126	杜德斋
52	钟表业同业公会	1931.2	1934.5	121	郑章斐
53	镶牙业同业公会	1931.10	1934.5	120	万晋三
54	毛巾业同业公会	1931.3	1934.9	110	王实业
55	照相业同业公会	1931.2	1934.1	106	王鼎臣
56	木料业同业公会	1931.5	1934.5	96	刘子乘
57	生熟皮业同业公会	1931.3	1934.9	94	杨朝产
58	铜器业同业公会	1931.4	1934.9	84	刘文轩

资料来源:《山东济南市商会公会会员商店会员名册》,1934年,济南市档案馆藏历临77—14—46。

表 2—10　商店会员一览表

商店会员名称	业别	代表姓名	代表职务
电话公司	电话	韩纯一	董事兼总经理
东源公司	火柴	王渭川	总经理
成通纱厂	纱厂	苗海南	经理
仁丰公司	纱厂	马伯声	职员
丰华公司	制针	韩纯一	总经理
鲁丰公司	纱厂	杜助廉	总理
华丰公司	颜料	陈鄂庭	经理
兴化公司	造纸	何少江	总董
裕兴公司	颜料	于耀西	总经理
振华公司	颜料	高墨泉	经理
振业公司	火柴	丛德滋	经理
天丰公司	颜料	李筱溪	经理
益华公司	火柴	郭健秋	经理

资料来源:《山东济南市商会公会会员商店会员名册》,1934 年,济南市档案馆藏历临 77—14—46。

4.沦陷时期

1938 年春,日伪政府要求重新组织济南市商会。商会形成了新的领导群体,共有 14 人组成。会长苗兰亭,副会长李伯成;常务委员张冠三、傅雨亭、韩纯一;委员史彤云、王益三、曹善卿、朱星甫、宋希儒、刘子乘、马星南、张梯云、张叔衡。1943 年 3 月,日伪政府认为原组建的商会需要有所谓选举的合法外衣,于是成立由苗兰亭、李伯成等 15 人组成的商会筹备委员会。1943 年 5 月 20 日举行选举大会,通过新的商会章程,选举产生理事 15 人,监事 7 人,候补理事 5 人,候补监事 3 人。24 日选举产生理事长和常务理事。具体名单见表 2—11。

表 2—11　1943 年商会职员名单一览表

职务	姓名	所属公会	从业人数
理事长	苗兰亭	粮业	4 055
常务理事	郭健秋	火柴	58
常务理事	张冠三	棉业	355
常务理事	张聘之	海味杂货业	2 407

续表

职务	姓名	所属公会	从业人数
常务理事	李伯成	国药业	1 523
理事	胡伯泉	钱业	2 207
理事	马来友	山果业	637
理事	张松岩	新药业	530
理事	宋希儒	油业	1 409
理事	袁铁岩	卷烟业	1 028
理事	国佐庭	面粉业	不详
理事	曹和轩	酱酒业	345
理事	王经五	南纸业	698
理事	张俊生	军服业	339
理事	张芳圃	棉纱业	1 071
监事	辛蔚之	颜料业	701
监事	丁仁斋	自行车业	431
监事	王元亮	洋纸业	431
监事	高少卿	砖瓦业	317
监事	韩诗舫	炭业	520
监事	李瑞卿	电料业	345
监事	沈兴五	绸布业	2 505
候补理事	许翰卿	磨坊业	1 350
候补理事	卢兰坡	广货业	2 399
候补理事	张让青	染业	311
候补理事	李东升	针织业	1 598
候补理事	张绍武	枣行业	845
候补监事	刘阶三	木料业	316
候补监事	陈虎臣	麻袋业	396
候补监事	吕正轩	饭馆业	2 124

资料来源:张玉法主编:《民国山东通志》,山东文献社 2002 年版,第 2 268 页。

此时的商会职能部门设立文书、事务、财务、商事 4 科。每一科设主管委员 3 至 5 人不等,由理监事联席会议就理事中推任。各科设主任 1 人,办事员若干人。监事会设文书主任 1 人,办事员 1 人。

同样商会会员分公会会员和商店会员两种。公会会员共有 81 个,商店会员 6 个。具体会员概况见表 2—12 和表 2—13。

表 2—12　1943 年商会公会会员一览表

序号	业别	会员数	全业资本（伪币元）	从业人数	权数	代表人数	会长姓名
1	钱业	28	11 020 000	545	2 207	5	胡伯泉
2	绸布呢绒业	385	10 330 850	385	2 069	5	辛铸九
3	银行业	7	10 000 000	293	2 003	5	苗兰亭
4	粮业	331	7 531 500	4 055	1 509	5	苗兰亭
5	棉纱业	108	3 801 000	1 071	763	4	张芳圃
6	海味杂货业	206	3 205 700	2 407	644	4	孟儒臣
7	颜料业	80	2 627 800	701	528	4	辛蔚之
8	茶叶业	63	2 326 500	1 135	468	4	孙郁文
9	广货业	338	2 054 210	2 399	413	4	芦兰坡
10	油业	164	1 814 900	1 409	365	4	亓俊峰
11	卷烟业	188	1 337 000	1 028	270	4	袁铁岩
12	洋纸业	28	1 299 000	431	262	4	王元亮
13	国药业	187	1 225 760	1 523	248	4	李伯良
14	自行车业	53	1 100 400	431	223	4	丁仁斋
15	木料业	53	1 014 400	316	205	4	刘森田
16	酱油业	121	994 820	1 142	201	3	周仁斋
17	鞋帽业	234	897 940	1 911	182	3	李鸿远
18	染业	83	860 100	1 134	175	3	张让青
19	磨坊业	402	817 050	1 350	166	3	许翰卿
20	砖瓦业	23	789 800	317	110	3	高少卿
21	棉业	22	768 000	355	156	3	张冠三
22	麻袋业	105	625 150	396	128	3	陈虎臣
23	枣行业	61	615 800	845	126	3	张绍武
24	五金业	18	558 000	328	114	3	张宝信
25	食物业	126	554 150	962	113	3	刘赞卿
26	新药业	105	524 700	530	107	3	张松岩
27	炭业	93	519 000	520	106	3	韩诗肪
28	洋服业	41	511 300	446	105	3	张伯友
29	机器业	80	471 950	1 265	97	2	王理苻
30	铁货业	41	459 000	271	94	2	刘岚溪
31	织布业	164	429 860	2 505	88	2	刘鸿九
32	生铁业	30	477 500	448	88	2	朱相臣
33	针织业	216	388 550	1 598	80	2	李东升

序号	业别	会员数	全业资本（伪币元）	从业人数	权数	代表人数	会长姓名
34	铁道转运业	82	384 350	634	79	2	张世英
35	丝绢业	15	351 000	133	73	2	李乃澄
36	军服业	31	348 000	339	72	2	张俊生
37 38	肥皂蜡烛制造业	44	345 400	357	72	2	李玉甜
39	酿油业	53	234 000	345	69	2	徐百川
40	印刷业	84	304 450	833	63	2	汝仲文
41	钟表眼镜业	83	283 270	446	59	2	黄梯云
42	南纸业	116	270 880	698	57	2	王经五
43	火柴杆盒制造业	7	248 000	226	52	2	郭润庵
44	饭馆业	164	241 020	2 124	51	2	吕正轩
45	电料业	82	239 100	345	50	2	李瑞卿
46	皮毛业	65	223 700	331	49	2	杨圣范
47	金银首饰业	43	219 700	434	46	2	纪余三
48	盐业	30	260 000	162	44	2	冯念鲁
49	日用碎货业	86	201 050	438	43	2	谢丹宸
50	澡塘业	85	168 500	931	36	2	刘紫云
51	书业	23	166 400	226	36	2	郭星初
52	食肉加工业	69	127 030	419	28	2	谭子诚
53	鞋帽料业	22	123 600	164	27	2	王尧宸
54	牛乳业	34	111 100	101	25	2	武芳林
55	旅栈业	144	109 450	826	24	2	郑秀如
56	藤竹绳经业	110	104 695	483	23	2	王家庆
57	山果业	134	103 900	637	23	2	马幼峰
58	磁器业	16	101 100	103	23	2	王耀东
59	木作业	60	81 250	349	21	2	解如川
60	烟丝土卷烟业	175	89 680	397	20	2	赵裕华
61	玻璃镜业	64	78 980	389	18	2	郑景尧
62	制棉业	53	78 800	474	18	2	
63	铜锡业	68	75 650	353	18	2	王庆三
64	照相业	39	68 950	216	16	2	杨如九
65	黑白铁业	70	65 530	437	15	2	秦金山
66	估衣业	61	63 300	298	14	2	

序号	业别	会员数	全业资本（伪币元）	从业人数	权数	代表人数	会长姓名
67	运输业	34	58 300	323	13	2	孟汝南
68	陶器业	59	53 490	206	12	2	邵子厚
69	白灰业	77	49 950	220	12	1	朱笙甫
70	理发业	221	46 660	726	11	1	臧福安
71	古玩业	69	43 150	228	11	1	万恩普
72	洗染业	61	42 610	311	8	1	
73	席箔业	49	25 830	165	6	1	黄同堂
74	牛业	17	17 300	62	6	1	法风朝
75	天然冰业	20	15 300	59	6	1	张先河
76	制服业	50	16 200	241	5	1	王聚五
77	柴草业	62	13 850	172	5	1	王春发
78	成衣缝纫业	42	13 100	122	5	1	孙光禄
79	戏曲电影业	16	9 650	242	4	1	马寿荃
80	鸡鸭业	47	5 050	77	2	1	金衍增
81	鱼业	29	2 750	67	1	1	

资料来源：济南市工商业联合会、济南总商会编印：《济南工商文史资料（第2辑）》，1996年，第222—226页；张玉法主编：《民国山东通志》，山东文献社2002年版，第2 268页。

表2—13　1943年商会商店会员一览表

序号	商店名称	资本额（伪币元）	从业人数	权数	代表人数
1	惠丰面粉公司	490 000	34	101	1
2	华庆面粉公司	400 000	105	83	1
3	振业火柴公司	300 000	14	71	1
4	益华火柴公司	101 200	58	23	1
5	恒泰火柴厂	100 000	56	23	1
6	丰华制针厂	55 960	7	14	1

资料来源：济南市工商业联合会、济南总商会编印：《济南工商文史资料（第2辑）》，1996年，第222—226页；张玉法主编：《民国山东通志》，山东文献社2002年版，第2268页。

5.解放战争时期

1944年11月，国民政府任命何思源为国民党山东政府主席。何思源接到任命后随即准备接收日本投降事宜。1945年9月22日，山东省政府完成回迁并在济南开始办公,山东各伪政府已经实存名亡,各县市很快完成接收工作。1945 年 11 月 23 日济南市政府训令:"呈奉山东省政府主席何思源核准,令派李书忱、苗海南、车迈平等 19 人为济南市商会整理委员会,其中 7 人为常务委员,李书忱为主席委员",要求整理委员会"对伪商会加以整理,使之成为健全的合法团结,以革命手段扫除商人恶习,协助政府切实调查本市商人实在的经济状况,协助政府办理各公会之合法选举"。① 1946 年 11 月,济南市政府决定将商会整理委员会改组为商会筹备委员会,马伯声为主任委员,苗海南等 5 人为常务委员,张品三、朱星甫等 12 人为委员。1947 年 1 月 10 日下午举行济南商会成立大会,通过《济南市商会章程》,选举产生新的领导群体。按票数选出苗海南、马伯声、尚兰亭等 21 人为理事,李君乘等 10 人为候补理事,董子安等 11 人为监事,郭益亭等 5 人为候补监事。具体见表 2—14。

表 2—14　1947 年济南市商会职员一览表

职务	姓名	所属公会	所属公会职务
理事长	马伯声	纱厂	经理
常务理事	杨级三	磨坊业同业公会	理事长
常务理事	尚兰亭	油业同业公会	理事长
常务理事	苗海南	纺织业同业公会	理事长
常务理事	张梯云	茶叶同业公会	理事长
常务理事	何修甫	旅栈业同业公会	理事长
常务理事	王丽生	绸布呢绒业同业公会	理事长
常务监事	董子安	枣行业同业公会	理事长
常务监事	张质臣	色纸业同业公会	理事长
常务监事	李莐忱	澡塘业同业公会	理事长
理事	卢久耕	鞋帽业同业公会	理事长
理事	张慎修	酱菜酒业同业公会	理事长
理事	张兰坡	钱业同业公会	理事长
理事	许宗远	粮业同业公会	理事长
理事	朱星甫	石灰业同业公会	理事长
理事	王敏生	炭业同业公会	理事长
理事	王子明	颜料业同业公会	理事长

① 济南市工商业联合会、济南总商会编印:《济南工商文史资料（第 2 辑）》,1996 年,第 260 页。

续表

职务	姓名	所属公会	所属公会职务
理事	袁洪英		
理事	张吉庵	海味杂货业同业公会	理事长
理事	张品三	国药业同业公会	理事长
理事	李子升	运输业同业公会	理事长
理事	张益三	古玩业同业公会	理事长
理事	丁仁斋	自行车业同业公会	理事长
理事	韩式庆	木器业同业公会	理事长
候补理事	李君乘	军服业同业公会	理事长
候补理事	李振东	机器卷烟业同业公会	理事长
候补理事	李公藩		
候补理事	毕天德		
候补理事	马纯夫		
候补理事	曹丹庭	日用碎货业同业公会	理事长
候补理事	刘玉轩	南纸文具业同业公会	理事长
候补理事	黄天庸	钟表眼镜业同业公会	理事长
候补理事	李世福	机器铁工业同业公会	理事长
候补理事	马幼峰	山果业同业公会	理事长
监事	李昌五	棉业同业公会	理事长
监事	林汉章		
监事	刘子乘	寿材业同业公会	理事长
监事	邢兰轩	砖瓦业同业公会	理事长
监事	杨次显	丝绢业同业公会	理事长
监事	陈静三	广货业同业公会	理事长
监事	韩耀庭	五金业同业公会	理事长
监事	马锡珍	金银首饰业同业公会	理事长
候补监事	崔益堂	刻字业同业公会	理事长
候补监事	汝仲文	印刷业同业公会	理事长
候补监事	杨竹庵		
候补监事	王聚五	制服业同业公会	理事长
候补监事	张功甫	铁货业同业公会	理事长

资料来源:《济南市商会章程》,1947 年 1 月,济南市档案馆藏历临 77—29—3。

此时济南商会会员有公会会员和非公会会员两类。共有 88 个同业公会会员和 9 个非公会会员。有关情况见表 2—15 和表 2—16。

表 2—15　公会会员一览表

公会名称	会员数	改选时间	地址	理事长	籍贯
纺织业同业公会	3	1946.9.4		苗海南	恒台
粮业同业公会	214	1946.1.20	恒聚成北记	许宗远	恒台
颜料业同业公会	103	1946.1.20	西关西杆面巷 41 号	王子明	宁津
钱业同业公会	59	1946.12.16	经二路纬五路元泰银号	张兰坡	章丘
酱菜酒业同业公会	179	1946.1.21	凤翔街新生里 101 号	张慎修	历城
绸布呢绒业同业公会	120	1946.1.25	庆祥和记	王丽生	章丘
广货业同业公会	318	1946.2.20	富官街 17 号	陈静三	河北
油业同业公会	179	1946.2.20	经七路西首振兴街 70 号	尚兰亭	利津
海味杂货业同业公会	168	1946.1.25	西顺河街海德四里 8 号	张吉庵	历城
砖瓦业同业公会	14	1946.2.20	岔路街	邢兰轩	长清
鞋帽业同业公会	330	1946.1.21	富官街 17 号	卢久耕	河北玉田
茶业同业公会	84	1946.1.20	富官街 17 号	张梯云	章丘
磨坊业同业公会	361	1946.3.4	麟祥南街益寿里内	杨级三	肥城
炭业同业公会	218	1946.4.11	经二路纬五路 82 号	王敏生	历城
机器卷烟业同业公会	37	1946.2.25	经六路纬一路嘉荫里 15 号	李振东	潍县
机器铁工业同业公会	92	1946.2.22	麟祥门外齐鲁铁工厂	李世福	河北冀县
国药业同业公会	177	1946.1.21	顺庙街 2 号	张品三	陕西华阴
卷烟业同业公会	125		凤翔街新生里 101 号	左荫亭	济南
食物业同业公会	93	1946.2.20	经二路小纬六路 18 号	刘赞卿	临清
呢绒洋服业同业公会	79	1946.2.23	经二路小纬六路 18 号	吴朗亨	浙江镇海
自行车业同业公会	46		凤翔街新生里 101 号	张子英	河北冀县
钟表眼镜业同业公会	97	1946.1.25	经二路小纬六路 18 号	黄天庸	浙江郧县
南纸文具业同业公会	115	1946.2.25	西门里狮子口街 5 号东院	刘玉轩	长清
新药业同业公会	117	1946.1.25	经二路纬五路 38 号	张松岩	安徽合肥
五金业同业公会	17	1946.1.26	普安里 41 号	韩耀庭	天津
皂烛业同业公会	53		坤顺门内城根街 47 号	李金声	泰安
铁货业同业公会	31	1946.2.23	富官街 17 号	张功甫	山西
生铁业同业公会	39	1946.2.21	三里庄西街 27 楼	高朝登	河北交河
金银首饰业同业公会	47	1946.2.21	经二路利元和楼上	马锡珍	章丘
染业同业公会	48	1946.1.22	镇武街 4 号	孙伯奇	长山
织布业同业公会	122	1946.1.22	铜元局街 115 号	王耕先	寿光

公会名称	会员数	改选时间	地址	理事长	籍贯
旅栈业同业公会	214	1946.4.26	凤翔街新生里 101 号	何修甫	郓城
印刷业同业公会	59	1946.3.9	旧军门巷大成	汝仲文	历城
军服业同业公会	61	1946.2.22	万寿宫街富贵戏院内	李君乘	章丘
酿酒业同业公会	43	1946.1.25	普安里 41 号	徐百川	招远
澡塘业同业公会	19	1946.3.21	西门月城街 3 号	李苾忱	德县
电料业同业公会	68	1946.1.26	富官街 17 号	刘长福	天津
色纸业同业公会	39	1946.3.5	富官街 17 号	张质臣	聊城
汽车业同业公会	30	1946.10.1	经二路纬八路西实业汽车公司	叶明儒	河北永清
饭馆业同业公会	146	1946.4.25	凤翔街新生里 101 号	吕正轩	济南
陶器业同业公会	41	1946.2.25	大马路纬七路协和里 407 号	邵子厚	淄川
书业同业公会	63	1946.4.25	富官街 17 号	张蔚岑	河北
玻璃镜业同业公会	44	1946.1.23	顺庙街 2 号	王采臣	博山
山药业同业公会	111	1946.3.22	西城关顶街	马幼峰	济南
照相业同业公会	38	1946.3.5	经三路纬四路东皇宫照相馆	白树元	河北雄县
藤竹绳经业同业公会	110	1946.1.22	山水沟福德里 170 号	姚万水	阳谷
纱布业同业公会	12	1946.1.20	经二路北纬一路 198 号	张玉甫	济阳
洋纸业同业公会	22	1945.12.21	估衣市街 72 号	刘黎五	章丘
鞋帽料业同业公会	16	1946.3.12	魏家庄 26 号	王尧臣	即墨
木器业同业公会	123	1946.3.5	纬三路望平街 27 号	韩式庆	潍县
枣行业同业公会	37	1946.2.21	纬十一路 47 号	董子安	历城
针织业同业公会	71	1946.4.25		李东升	
皮毛业同业公会	98	1946.2.25	西关西青龙街 14 号	杨圣范	武城
估衣业同业公会	52	1946.2.23	估衣市街	朱景唐	历城
寿材业同业公会	36	1946.3.21	富官街 17 号	刘子乘	历城
瓷器业同业公会	13	1946.1.21	普利街	刘翼卿	章丘
石灰业同业公会	55	1946.3.6		朱星甫	
运输业同业公会	27	1946.2.22	小纬十一路 35 号	李子升	朝城
棉业同业公会	38	1946.9.23	经四路小纬六路	李昌五	邓平
铁道运输业同业公会	35	1946.2.21	经四路纬六路 212 号	张世英	河北宁津
黑白铁业同业公会	133	1946.3.23		秦金山	
牛乳业同业公会	23	1946.1.25	县西巷 139 号	武芳林	沂水

公会名称	会员数	改选时间	地址	理事长	籍贯
麻袋业同业公会	36	1946.1.22	管扎营前街	温寿延	章丘
木料业同业公会	17	1946.2.21	富官街 17 号	杨东甫	晋太谷
制服业同业公会	51	1946.3.21	经四路纬六路东路北 391 号	王聚五	夏津
铜锡业同业公会	84	1946.3.6	馆驿街 288 号	毛子忠	历城
猪肉业同业公会	219	1946.3.5	北坛庄第二屠宰场	陈兆英	历城
理发业同业公会	186	1946.3.4	南关券门巷 32 号	张克俊	历城
牛业同业公会	33	1946.2.22	纬十一路 100 号	崔庆章	济南
电影业同业公会	7	1946.12.3	经二路纬三路青光剧院	韩慎五	阳信
洗染业同业公会	59	1946.3.9	经四路纬六路东路北 391 号	孙宝臣	历城
自行车修理业同业公会		1946.1.26	经四路门外路南	卜文轩	单县
土制卷烟业同业公会	95	1946.3.11	经一路纬五路东首路南 148 号	高乃俊	夏津
丝绢业同业公会	5	1946.2.25	鞭指巷 35 号	杨次显	招远
席箔业同业公会	50	1946.3.9	西门外顺河街 67 号	李维昌	恒台
牛肉业同业公会	27	1946.2.22	纬十一路西	马会元	历城
腌腊业同业公会	36	1946.2.22	院西大街准提庵内	杨学思	历城
漆业同业公会	12	1946.8.10	顺庙街 3 号	杨少甫	陕西华县
戏曲业同业公会	57	1946.10.23	通惠街北洋戏院	马寿荃	济南
古玩业同业公会	39	1946.2.23	鞭指巷 113 号	张益三	历城
日用碎货业同业公会	94	1946.3.12	经五路狮子口 8 号	谢丹宸	博平
制碱业同业公会	5	1946.1.23	顺庙街 2 号	蒋凤翔	齐河
泺口肉业同业公会	21	1946.3.4	泺口柴火市街 23 号	邵文林	济南
鱼业同业公会	39	1946.3.6	万字巷 20 号	崔凤鸣	济南
天然冰业同业公会	8	1946.1.23	万字巷	白顺庭	泰安
刻字业同业公会	66	1946.6.6	暂借旧军门巷大成印刷局	崔益堂	河北故城
鸡鸭业同业公会	46	1946.2.20	院东大街圆通庵内	张学礼	历城
羊肉业同业公会	21	1946.2.22	杆石桥内青龙街 186 号	马子义	济南
合计	6 864				

资料来源:"济南市商会所属各同业公会一览表",1946 年 10 月 30 日,济南市档案馆藏历临 76—1—569。

表 2—16 非公会会员一览表

会员名称	权数	代表人数	会员名称	权数	代表人数
民生企业公司	1 400	1	上海银行	420	1
振业火柴公司	755	1	丰华针厂	315	1
益中造纸厂	560	1	惠鲁当	140	1
大陆银行	420	1	中华针厂	65	1
东莱银行	420	1			
合计		9		4 495	9

资料来源:济南市工商业联合会 济南总商会编印:《济南工商文史资料(第 2 辑)》,1996 年,第 265 页。

(二)组织机构

1.会员及会员代表

1931 年前,济南的商会既有城内的济南总商会,也有商埠的商埠商会。据不完全统计,1914 年城埠大小工商业户达 2 300 余户,1927 年达到 9 100 余户,其中商业 6 500 家。1912 年至 1925 年间,除中外合办和外商经营的 7 家银行外,商办银行也已达 20 余家,会员已经包括纺织、面粉、火柴、造纸、制糖、机器铁工、化工、造胰制碱、制革、榨油、洋灰、砖瓦、制针、针织、织绸、地毯、玻璃制器、机制挂面、制香等行业。

1932 年 3 月 22 日济南市商会第一届选举大会如期举行,通过《山东省济南市商会章程》。根据章程商会管辖区域为济南市,设事务所于商埠二大马路,设分事务所于城内富官街及泺口镇内。会员数额不定,分两种:公会会员和商店会员。

入会程序。关于会员的入会程序,章程有明确规定。1931 年的《山东省济南市商会章程》规定:凡本市各公会及注册各商店得填具声愿书志请入会为本会会员,并由本会填发证书为凭。会员需以在本区域内经营商业之中华民国人民年满二十五岁以上者为限①。同时规定经营不善倒闭或犯罪者不能入会,如章程第十条规定有下列各款情事之一者,不得充本会会员代表:一是褫夺公权者;二是有反革命行为经确证明者;三是受破产之宣告尚未复权者;四是无行为能力者;五是有精神病者;六是为不正当经营业者②。

———————

① 《山东省济南市商会章程》,1931 年,济南市档案馆藏历临 77—13—2。
② 《山东省济南市商会章程》,1931 年,济南市档案馆藏历临 77—13—2。

1944年商会章程规定"会员需以在本区域经营商业之中华民国人民年在二十岁以上者为限"。有以下情况之一者,不得充本会会员:一是褫夺公权者;二是有违反现行国策政纲之言论或行为者;三是受破产之宣告尚未复权者;四是无行为能力者;五是吸食鸦片或其他用品者。①

会员入会后不得无故退会。但有特别情形必须出会时,应声叙理由,填具出会愿书送交常务委员会交付审查属实,提经会员大会认可后方得出会。会员入会时须先交纳一个月会费,出会时必须不足欠费。

凡公会会员均得举派代表出席商会,称为会员代表。出席会议会员代表的人数《山东省济南市商会章程》则规定:公会会员代表由各该同业公会举派之,每公会举派一人,但其最近一年间平均使用人数超过十五人者,就其超过之人数每满十五人得增加代表一人,惟其代表人数之多不得逾二十一人。商业法人或商店别无同业或虽有同业而无同业公会之组织者,得为商会之商店会员,每店举出代表一人。但其最近一年间之平均使用人数超过十五人者,就其超过之人数每满十五人得增加代表一人,惟其代表人数至多不得逾三人。②会员代表的权利和义务,商会章程同样作了明确规定:会员代表均有表决权、选举权及被选举权。会议代表得由原举派之公会会员或商店会员随时撤换之;但已当选商会职员者,非有依法应解任之事由不得将其撤换。会员代表丧失国籍或发生本章程第十条所列各款情形之一者,原举派之会员应撤换之。会员代表如有违犯章程及不正当行为致妨害商会之名誉信用者,得由会员大会之议决除名,并应通知原举派之会员。凡受除名处分之会员代表,自除名之日起三年以内不得充任会员代表。③

2.职员及办事员

1915年北京政府颁布实施《商会法》及《商会法实施细则》,使济南总商会制定新的章程有了法律依据。此时商会组织改变以前实行的议董制为会董制,将总理改称为会长,协理改称为副会长。济南总商会自成立以来,其职员有会长、副会长、会董、会员、办事员,名称随时间的推移而有所变化。变革情况见表2—17。

---

①　《山东省济南市商会章程》,1944年,济南市档案馆藏历临77—26—1。
②　《山东省济南市商会章程》,1931年,济南市档案馆藏历临77—13—2。
③　《山东省济南市商会章程》,1931年,济南市档案馆藏历临77—13—2。

表 2—17　济南商会职员名称变革一览表

1908—1915 （议董制）	1916—1928 （会董制）	1929—1941 （委员制）	1942—1948 （理事制）
总理	会长	主席	理事长
协理	副会长	常务委员	常务理事
会董	会董	执行委员、监察委员	理事、监事
会员	会员	候补执行委员	候补理事、候补监事
		会员	会员

资料来源:济南市商会档案,卷宗号 77—12—1、77—13—2、77—26—1、77—29—3 整理编制。

首先是改议董制为会董制。1916 年济南总商会通过新的商会章程,职员领导群体为会长(1 员),副会长(1 员),会董(42 员),特别会董(5 员),办事员(无定额,根据会务决定)。

表 2—18　会董制职员职权一览表

会长:总摄会中一切事务;
副会长:襄理会中一切事务;
会董:凡会中一切应兴应革事宜均由会董公议行之;
特别会董:凡关于提倡工商业进步及改良事项,均有建议之权,商会有所咨询,有答复之权。

资料来源:《山东济南总商会章程》,济南市工商联合会、济南总商会编印:《济南工商文史资料(第 2 辑)》,1996 年,第 326 页。

作为执行机构,济南总商会还聘请办事员若干:文牍(1 员),办理会中一切来往文件。会计(1 员),经理会中出入款项,登记账目及造具预决算表册,清算工商业者之纠纷账目。庶务(1 员),管理不属于他科事务。办事职员均系延聘,常川驻会,皆支薪水。

会董制时期商埠商会于 1920 年至 1924 年期间办事机构及人员情况见表 2—19。

表 2—19　商埠商会办事机构及人员一览表

机构	1920 年		1922 年		1924 年	
	股长	股员	股长	股员	股长	股员
文牍股	1	4	1	6	1	6
评议股	2	10	1	8	1	7

续表

机构	1920 年		1922 年		1924 年	
	股长	股员	股长	股员	股长	股员
会计股	2	4	1	6	1	6
庶务股	1	9	1	5	1	7
合计	6	27	4	25	4	26

资料来源:济南市工商联合会、济南总商会编印:《济南工商文史资料(第 2 辑)》,1996 年,第 152—153 页。

　　1929 年 7 月济南设市后,济南总商会改称济南市商会,但仍不包括商埠商会会员。1930 年 2 月 4 日举行改选,选出常务委员 5 人,执行委员 19 人,监察委员 7 人,候补执行委员 10 人。1932 年 3 月 22 日济南市商会和商埠举行合并后第一届选举大会,成立济南市商会。大会选举主席 1 人,常务委员 4 人,执行委员 15 人,监察委员 7 人,候补执行委员 12 人,候补监察委员 6 人。在会务分工上,常务委员会负责处理执行委员会决议案;执行日常事务;答复官厅之咨询事项;调处商人间之纠纷,在本会未设公断处以前得以公断处章程办理,如有一方非商会会员于结案后得酌提办公费一成。执行委员会职权,执行会员大会决议案;执行本章程第四条所列各款;召集定期会议;执行其他临时发生事件,但遇有重要事件时必须经会员大会议决者,召集临时会员大会议决执行之。监察委员会监察执行委员会执行大会之决议;执行委员会或执行委员会有违法时,由监察委员会议决弹劾之,并交会员大会追认;随时监察本会收支各款;审查每年度预决算案;议决执行委员会提交之处分会员案件。①

　　1947 年 1 月 10 日商会根据《人民团体组织法》第九条的规定,实行理监制进行改组。本次会议选出理事长 1 人,常务理事 7 人,常务监事 3 人,理事 21 人,监事 11 人,候补理事 10 人,候补监事 5 人,构成商会的领导核心。同时还设办事机构:一室二课一个委员会,办事员 43 人。一室指秘书室,设主任秘书 1 人,秘书 2 人。二课指:工商课,课长 1 人,调查统计股主任 1 人,课员 2 人,事务员 3 人;组织辅导股主任 1 人,课员 2 人,事务员 3 人。总务课,课长 1 人,总务股主任 1 人,课员 2 人,事务员 3 人,雇员 6 人,会计股主任 1 人,课员 2 人,事务员 3 人,诊疗室主任 1 人,内外医师 2 人,护士 4 人,司药 1 人,勤务

---

① 《山东省济南市商会章程》,1931 年,济南市档案馆藏历临 77—13—2。

1 人。一个委员会是指经济研究委员会。①

理事长对外代表本会,对内综理一切会务。理事会执行会员大会议决案;执行本章第五条所列各款;召集定期会议;执行其他临时发生事件,但遇有重大事件时必须经会员大会议决者,召集临时会议大会议决执行之。常务理事处理理事会议决案;执行日常事务;调处商人之纠纷,在本会未设公断处时依劳资评断委员会章程办理,其章程另定之。监事会监察理事会执行会员大会之议决案;审查理事会处理之会务;稽核理事会之财政收支;审议理事会提出之处分会员案件。②

(三)运行机制

一定的组织架构需要通过一系列制度、规则的配合才能实现组织的有效治理,组织成员和机构的增多都需要制度的完善才能使组织机构协调运行。③济南市商会的运行机制,既有通过会员大会制定的成文规章制度,又有一些约定俗成的习惯做法。

1.选举制度。商会的选举制度经历了从记名投票到无记名投票法的演变过程。在北京政府时期,商会选举一般采用记名投票法。选举资格,凡是入会商号之代表,合于《商会法》第六条"公司本店或支店之职员为公司之经理人者,各业所举出之董事为各业之经理人者,自己独立经营工商业或为工商业之经理人者"④之规定具有选举资格。选举时每一选举人有一选举权,采用无记名投票法,由选举人自行之。举行投票,须先期通知各选举人,禀报巡按使苬会监视。会长、副会长、会董之选举,遵照《商会法》第十八条办理,"会董由会员投票选举,会长、副会长由会董投票互选"⑤。特别会董之推选,遵照《商会法》第十九条"由会董推选富有资力或工商业之学术技艺经验者充之"⑥。会长、副会长、会董选出后,应具通知书于当选人,十五日内各当选人须答复就任。逾期未接答复或声明不愿就任者,即以得票次多数递补。会长、副会长、董事均以二年为一任期,遇有特殊事故必须退职者,合于《商会法》第二十九条"一、因不得以事故,经开会议决准其退职者。二、符合褫夺公权者、受破产

---

① 《济南市商会章程》,1947 年,济南市档案馆藏历临 77—29—3。
② 《济南市商会章程》,1947 年,济南市档案馆藏历临 77—29—3。
③ 邓晶:《近代汉口总商会研究》,华中师范大学硕士学位论文,2012 年,第 31 页。
④ 彭泽益主编:《中国工商行会史料集(下册)》,中华书局 1995 年版,第 978 页。
⑤ 彭泽益主编:《中国工商行会史料集(下册)》,中华书局 1995 年版,第 979 页。
⑥ 彭泽益主编:《中国工商行会史料集(下册)》,中华书局 1995 年版,第 980 页。

之宣告确定后尚未撤销者、有精神病者之一。三、职员故意旷弃职务,经开会议决令其退职者"①规定之一者,会长、副会长由会董再为投票互选,会董缺额必至全体会董三分之一始行补选。

进入南京国民政府以后,商会选举开始执行无记名投票法。1932年济南市商会章程规定:本会执监委员由会员大会代表中分次用无记名选举投票法选举之,以得票最多者为当选,票数同者,以抽签定之。本会主席之选任由执行委员会就当选之常务委员中用无记名单选法选出之,以得票过投票人之半数者为当选,若一次不能选出,应就得票最多数者之二人决定之,但决选应满定额委员三分之一。本会各职员选出后,应具通知书通知当选人,并请地方政府及党部派员监督就职,其不愿就职者应于就职前声明,即以取票次多数者递补之。选举时、投票、开票各管理员、监察员、由本会议决分派之。②

尽管1916年商会法章程明确规定了选举的一般规则,由于会长往往谋取连任,商埠商会在实际操作中出现诸多矛盾,诸如会长、副会长任期及会长、会董任期的合算、分算问题等分歧。为此山东实业厅公函规定商埠商会"会长、副会长、会董均以两年为一任期,其职员任期应以正式改组后第一次被选就职之日起算,扣足两年法定任期"③。针对因合算、分算分歧,实业厅又明确规定:"会长、副会长与会董名称既殊,职务权限亦各不同,以商会法第二十四条之规定,其任期当然不能合算",并以解决商埠商会纠纷为例转函山东省各地方商会"一体遵照"执行④。

于是在实业厅的监管下,商埠商会制定出本次选举的详细规则:

①本会选举会董时间,本月五日上午九时起至午后四时止。

②选举投票法依商会法第二十二条用记名投票法由选举人自行之。

③会员须持入场券入场换票,投票后即行出场。

④会董定额为三十人,公推特别会董五人。

⑤一会员有一选举权。

⑥投票入场券,须于投票之前二日备齐,分送各会员,但非于该券面加盖

---

①　彭泽益主编:《中国工商行会史料集(下册)》,中华书局1995年版,第981页。

②　济南市工商联合会、济南总商会编印:《济南工商文史资料(第2辑)》,1996年,第340页。

③　"关于调查商会组织、改造及商会职员名单、钱业公会发起人、经理名单",1920年4月30日,济南市档案馆藏历临77—3—1。

④　"关于调查商会组织、改造及商会职员名单、钱业公会发起人、经理名单",1920年4月30日,济南市档案馆藏历临77—3—1。

本号图章者不准入场投票。

⑦被选举人年龄须在三十岁以上者。

⑧会员收到投票入场券时需给盖章收条。

⑨开票时查得票中有字迹模糊者作为无效。

⑩开票时间即日五时由行政长官监视开票。①

当5月5日举行选举之时,会场再次出现纠纷,炭商、粮商冲击选举会场。诉状呈递山东省长,山东实业厅公函要求商会如实呈文报告。商埠商会在呈文中声称:"查本会前奉农商部令,凡会员入会须在改选期十五日前。此次本会改选定于五月五日,先于四月二十日由董事会宣布停止入会,故所有入会各员均在四月二十日以前。又查商人通则只载资本不满五百元者以小商人论,推立法主旨,确实为体恤小商,凡资本小者准免注册等费,并未有不准入会及剥夺公权之规定,况本年入会各家并无此等小商,有呈报会员册可查。"②商埠商会经报请实业厅核准后,再次于5月10日举行选举,商埠商会新一届会长、副会长、会董及特别会董才最终诞生。

从本次选举案例可以看出,商会法选举规定是一回事,实际执行操作过程中又是一回事。

2.会议制度。根据济南商会章程的规定,开会形式并没有发生特别大的变化。早在1916年的济南总商会规定:商会会议分为三种,年会、职员会和特别会。年会于每年正月间举行一次,以会长为主席;遇有事故会长不得到会,副会长代行其职权。职员会,每星期举行一次。特别会的召开,则指遇有特殊事故临时召集。③ 济南市商会成立后,会员制度基本定型,一般就有两种形式,定期会议和临时会议。以济南市商会为例,定期会议有会员大会、常务委员会、执行委员会、监察委员会。

会员大会定期会议每年六月举行,应于十五日前通知之。如执行委员会认为必要时或经会员大会代表十分之一以上之请求或监察委员会函请,得临时召集之。会员大会之决议,以会员代表过半数之出席、出席代表过半数同意行之。如出席代表不满过半数时,得行假决议,将其结果通告各代表于一星期

---

① "商埠商会公定本会选举规则",1920年5月3日,济南市档案馆藏历临77—3—1。

② "商埠商会函实业厅、省长另定日期派员监视投票",1920年5月7日,济南市档案馆藏历临77—3—1。

③ 济南市工商联合会、济南总商会编印:《济南工商文史资料(第2辑)》,1996年,第327页。

后二星期内重行召集会员大会,以出席代表过半数之同意对假决议行其决议。如遇下列款项"一、变更章程。二、会员或会员代表之除名。三、职员之退职。四、清算人之选任及关于清算事项之决议。"之决议,以会员代表三分之二以上之出席,出席代表三分之二以上之同意行之,出席代表逾半数而不满三分之二时,得以出席代表三分之二以上之同意行假决议,将其结果通告各代表,于二星期内重行召集会员大会,出席代表三分之二以上之同意,对假决议行其决议。

常务委员会每星期举行两次,如有特别事件发生,得临时召集之。执行委员会每月至少举行两次,开会时得过半数之出席,出席委员过半数之同意方能议决;可否同数取决于主席。如有重要事件发生,得临时召集之。①

3.经费制度。1916年济南总商会法规定经费由两部分组成:一是入会商号认捐之会费,入会商号(即会员经理之商号)每月认捐之会费,分别等次按冬夏两季交纳。二是提费账目纠葛之案,由本会处理完结债务者,应将还之债款缴费;凡不在会之债权人,于领款时由本会扣提议成充作本会经费(前清禀请抚院批准有案)。② 商会活动经费支出主要依靠会员认捐的会费,所以如果商会经费得不到保障,势必影响商会的日常活动运转。就经费的使用和管理也有明确规定:本会额支款项,每月由会计造具决算表册,由会长、副会长、会董查阅盖章存卷;本会活支款项,须先由会长、副会长认可盖章后方能开支,如有特殊大宗支款,须全体会董定议开支;本会经费收入开支,除按月由会计造具表册清报外,每届年终总结一次,由会计造具详细预算表册刊公之。③

济南市商会成立后,商会经费分为两种:一是事务费,二是事业费。事务费由会员比例,于其所派代表之人数及资本额负担之。每月交纳一次,甲等一百五十元,乙等一百元,丙等八十元,丁等六十元,戊等五十元,己等四十元,庚等三十元,辛等二十元,壬等十元,癸等五元。事业费则有会员大会议决筹集之。为保障商会业务的正常运转,同时对经费的开支制定严格的审查制定。商会预决算及事业之成绩,每年编辑报告刊布之,并呈报地方政府主管官署转

① 济南市工商联合会、济南总商会编印:《济南工商文史资料(第2辑)》,1996年,第328页。

② 济南市工商联合会、济南总商会编印:《济南工商文史资料(第2辑)》,1996年,第328页。

③ 济南市工商联合会、济南总商会编印:《济南工商文史资料(第2辑)》,1996年,第329页。

呈省政府转报实业部备案;本会之会计年度于每年七月一日起至次年六月三十日止;本会执行委员会于每年年度开始时,将本年度预算及上年度决算提交监察委员会审查确定,俟开会员大会时提出追认之;预决算未经监察委员会审查确定而亟须开支时,得以上年度预算额支付之。①

到 1944 年 5 月济南市商会颁布新的商会章程,经费仍然由事务费和事业费两部分组成。但事务费的收取标准有所变化,事务费也分为两种情况,一是公会会员以其公会所收入会费总额十分之一至十分之二于章程规定由公会负担之;二是商店会员比例于其资本额缴纳之,资本额在一万元以内者,每二千元为一单位;一万元以上,每五千元增加一单位。事业费由会员大会议决,经地方政府主管官署核准临时筹集之。同时会计年度以每年一月一日始,至同年十二月三十一日止。②

到 1947 年商会经费收取发生变化。事务费分公会会员和非公会会员两种方式收取。公会会员以其公会所收入会费总额十分之二由公会负担之。非公会会员比例于其资本额缴纳之,资本额在一千元以上者所纳会费为一单位,逾一千元之三千元者为一单位又二分之一,逾三千元至五千元者为二单位,超过五千元者每增加五千元加一单位。会费单位额经会员大会议决每国币二千元者为一会费单位。非公会会员之公司行号依据法令登记资本额者,依其登记之额;其未登记资本额之行号及工厂所设售卖所应将资本额报告所属之商会。公司行号设有支店加入不同区域之商会时,其资本额应于本店总额内自行分配,报告于本店及支店所属之商会,其本店会费应按其报告之额减少。③

第三节　济南同业公会的发展历程

一、民国时期济南同业公会研究

民国时期济南同业公会作为商会的集体会员,与商会有着千丝万缕的联系。同时自身有着完善的组织结构和运行机制。有关民国时期济南同业公会的发展阶段、组织架构、组织运作、经济职能及其特征,笔者已经出版相关专著

---

① 《济南商会章程》,1932 年 3 月,济南市档案馆藏历临 77—13—2。
② "山东省济南市商会章程",1944 年 5 月 15 日,济南市档案馆藏历临 77—26—1。
③ "济南市商会章程",1947 年 1 月,济南市档案馆藏历临 77—29—3。

及论文①,这里不再赘述。为保持本章商人组织的完整性,故单独列出标题和说明。

在《民国时期济南同业公会研究》中,研究主要集中于民国时期同业公会的组织结构及运作。著作出版后,笔者继续搜集资料并对其进行探讨。1949年中华人民共和国成立后,对工商业采取了三大改造政策,工商业组织也逐渐遵循国家政策,经历了组合、改造直至消亡。为使对同业公会有一个清晰完整发展过程的了解,故对建国后同业公会的概况加以探讨。

二、建国后同业公会的组织发展

1949年8月,中共中央发出《中央关于组织工商业联合会的指示》,作出了将旧商会改组为工商业联合会的正式决定。

1949年10月,工商界代表经济南市政府批准,成立济南市工商业联合会筹备委员会,接收商会及其机构的职权和事务。1949年11月对各同业公会进行调整,改选委员会。济南市政府为便利引导工商业顺畅发展,将本市旧有各行业重新划分标准,颁布《济南市政府关于划分工商行业确定营业范围暂行办法》及《济南市重划工商行业确定营业范围实施细则》②。按照新的行业划分标准和规定,同业户数达到20户以上者可成立同业公会组织,低于20户的行业成立工商联直属小组,低于3户的为直属会员。由于泺口和段店各行业户数较少,则分别成立工商联分会,不再另建同业公会组织。

根据济南市政府规定,各行业委员会采取民主选举程序选出同业公会委员,至1951年上半年,各行业全部完成整顿和改选。济南市共有泺口、段店两个分会,114个同业公会,6个直属小组。具体情况见表2—20。

---

① 详细参见笔者拙著:《民国时期济南同业公会研究》,人民出版社2014年版。论文:《论民国同业公会的组织制度与运作机制——以济南为考察中心》,载《兰州学刊》2014年第3期;《Philanthropic Activities of Jinan Trade Association in Republic of China》,载《学术界》;《民国时期政府对同业公会的监督与控制》,载《贵州社会科学》2013年第10期;《民国济南工商业组织的经济职能及评价》,载《云南民族大学学院》2013年第3期;《民国时期的济南同业公会》,载《河北大学学报》2013年第2期;《民国济南同业公会档案述论》,载《兰台世界》2012年第8期。

② 中共济南市委统战部、济南市档案馆编:《济南市工商业的社会主义改造:文献资料选编》,济南市出版社1993年版,第85—87页。

表 2—20 1951 年济南市同业公会（小组、分会）一览表

名称	户数	名称	户数	名称	户数
工业同业公会		皮毛工同业公会	120	炭业同业公会	522
染业同业公会	76	翻砂铸铁同业公会	53	金汁同业公会	408
纺纱同业公会	5	造诣制碱同业公会	99	委托同业公会	18
石灰同业公会	102	藤竹绳经同业公会	286	山果同业公会	128
酱菜同业公会	155	汽车修理同业公会	75	粮业同业公会	86
织布同业公会	916	毛发制品同业公会	44	戏曲同业公会	16
磨坊同业公会	609	地排车修理同业公会	132	牛羊肉同业公会	149
寿材同业公会	71	保色油同业公会	8	鸡鸭鱼同业公会	50
洗染同业公会	90	食物同业公会	117	汽车材料同业公会	43
黑白铁同业公会	624	商业同业公会		日用杂货同业公会	529
机器铁工同业公会	235	猪肉同业公会	273	汽车运输同业公会	5
机器卷烟同业公会	8	面食同业公会	803	牛乳同业公会	30
油漆粉刷同业公会	127	估衣同业公会	50	粮代理同业公会	81
清凉饮食同业公会	22	新药同业公会	138	山果代理同业公会	23
度量衡制造同业公会	31	照相同业公会	68	食油代理小组	16
水胶工业小组	11	漆业同业公会	24	炭代理小组	17
搪瓷制造同业公会	42	酱菜酒业同业公会	214	电料同业公会	143
火柴同业公会	13	鞋帽商同业公会	71	饭馆同业公会	327
油坊同业公会	75	教育用品同业公会	193	理发同业公会	329
印刷同业公会	129	五金铁器同业公会	206	旅店同业公会	200
针织同业公会	490	卷烟代销同业公会	117	席箔同业公会	121
制棉同业公会	112	估纸同业公会	27	澡塘同业公会	14
西服同业公会	61	报刊代销同业公会	28	棚杠同业公会	115
刻字同业公会	91	皮毛代销同业公会	18	自行车同业公会	47
文教品同业公会	172	运输代理同业公会	21	陶瓷器同业公会	104
纸加工同业公会	70	什货代理同业公会	20	绸布呢绒同业公会	227
锯木制杆同业公会	18	国药同业公会	286	海味杂货同业公会	89
化学染料同业公会	50	颜料同业公会	53	日用碎货同业公会	123
手工卷烟同业公会	107	木材同业公会	98	天然冰同业公会	11
土木建筑同业公会	60	纸业同业公会	25	枣代理同业公会	33
电料制造同业公会	25	镶牙同业公会	43	牲畜代理同业公会	38
自行车修理同业公会	526	麻袋同业公会	87	国药代理同业公会	10

续表

名称	户数	名称	户数	名称	户数
糖稀工业同业公会	33	玻璃镜同业公会	95	图书同业公会	72
茶叶同业公会	103	皮毛商同业公会	76	电影小组	11
面粉工业同业公会	8	钟表眼镜同业公会	165	金融同业公会	8
砖瓦同业公会	13	日用百货同业公会	351	食油同业公会	166
粉坊同业公会	33	面粉商同业公会	101	盐业同业公会	27
缝纫同业公会	435	古玩同业公会	15	泺口分会（工业、商业）	300
木作同业公会	483	棉代理同业公会	11	段店分会（未划分）	168
制服同业公会	451	茶叶代理同业公会	33	合计：同业公会 120 个；分会 2 个；户数 16 488 户	
制香同业公会	61	烟业代理小组	11		
铜锡器同业公会	273	姜麻代理小组	13		

资料来源：济南市史志编纂委员会编：《济南市志（第 5 册）》，中华书局 1997 年版，第 454 页。

在 120 个行业中，工业 50 个，商业 70 个，参加公会的工厂和商店共 16 488 户，其中工业户 7 950，商业户 8 070，泺口和段店未分行业共 468 户。

1949 年 8 月中共中央下达《关于组织工商业联合会的指示》，一些大中城市在改组改造旧商会的基础上成立了工商联。1952 年 8 月中央人民政府政务院公布《工商业联合会组织通则》。根据通则，济南市政府将 120 个行业公会和直属小组合并划分为 78 个行业。这次调整后济南市各行业组织连同泺口、段店两个分会共有 80 个单位，16 494 户。按照工商行业户数的多少和分布情况重新建立行业行政小组 1 061 个。通过以上调整工作，为归口改造提供了有利条件①。

1955 年 11 月至 1956 年 4 月，根据中央划分行业的统一标准，济南市工商局颁布《济南市私营工商业调整行业目录》，对本市各工商行业进行了全面的划分调整，采取了"先易后难"、"先简后繁"、分批进行的办法，对各行业进行改组和选举，成立了新的行业组织。这次调整后，济南市共有 75 个工商行业组织和泺口、段店两个分会。

根据全国工商联第二次委员会代表大会的决议和精神，济南市政府对各工商业按专业局或专业公司所属的归口系统归口合并，进行调整。凡一个专

① 济南市工商联合会、济南总商会编：《济南工商文史资料（第 1 辑）》，1994 年，第 60 页。

129

业局或专业公司所属的归口行业在两个以上,一般并为一个行业;至于一个专业局或专业公司只有一个归口行业,原行业不作变动。这次调整后共有 35 个行业,除轻工、纺织印染、日用百货、饮食 4 个行业单独设办事机构外,其余的由 2 个至 4 个行业共同设置一个办事机构,共有 16 个办事机构,配备干事 50 人,公务员 18 人①。详细归口情况见表 2—21。

表 2—21　1957 年济南市同业公会一览表

序号	专业系统	行业名称	归口合并行业
1	重工业局	重工业	机器制造、电料制造、日用金属品制造、台秤、车具
2	轻工业局	轻工业	造纸、木作、粉坊、锯木、印刷、橡胶、柴油、火柴、砖瓦、制药、制革、化工、机器卷烟、玻璃制造、文教品制造
3	纺织印染局	纺织印染业	纺织、印染、针织
4	粮食局	粮食加工	面粉、磨坊
5	交通运输局	交通运输业	汽车修配、载重车修配
6	建筑工程局	建筑安装小组	
7	蔬菜公司	酱菜酿造业	
8	日用杂品批发站	陶瓷器业	
9	百货公司	日用百货业	日用百货、鞋帽、服装、钟表眼镜
10	交电器材公司	交通电工器材业	划入自行车部分
11	纺织品公司	棉布业	
12	药材公司	国药业	
13	医药公司	新药业	
14	化工原料公司	化工原料小组	
15	五金公司	五金器材业	
16	文化用品公司	文化用品业	
17	石油公司	石油小组	
18	新华书店	图书小组	
19	邮电局	报刊小组	
20	贸易公司	杂货业	
21	木材公司	木材小组	

---

①　济南市工商联合会、济南总商会编:《济南工商文史资料(第 1 辑)》,1994 年,第 61 页。

续表

序号	专业系统	行业名称	归口合并行业
22	煤建公司	新炭业	
23	土产供应站	竹绳席箔业	藤竹绳经、席箔
24	茶叶供应站	茶叶业	
25	糕点公司	糕点糖果业	食物、糖类加工
26	食品公司	猪肉业	
27	食品公司	食品业	牛羊肉、鸡鸭蛋
28	水产公司	鱼业	鱼、天然冰
29	文化局	文娱游艺业	
30	专卖事宜公司	烟酒业承销商	
31	饮食公司	饮食业	饭馆、面食
32	副食品批发站	干鲜果品业	
33	牲畜公司	饲养业	
34	福利公司	服务业	理发、澡塘、旅栈
35	福利公司	服务业	照相、洗染、租赁、委托、货栈
	合计	35 个同业公会	

资料来源:济南市史志编纂委员会编:《济南市志(第 5 册)》,中华书局 1997 年版,第 455 页。

第三章　民国时期济南商人组织的监管规则

民国时期商人组织的监管包括法律层面的规则制约,也包括行政方面的控制。既有国家层面的宏观管控,又有地方政府层面的微观行政控制。从时段上分为清末时期、民国时期政府对商人组织的法规监管与行政控制。

第一节　清末商人组织管理

一、商人的监管与法律地位的确立

清末新政改革采取一系列措施来加强对商人的监控与管理,同时也以立法的形式来确保商人的地位和权利,使得传统商业和商人地位发生巨变,彻底改变传统社会商人长期受压制与限制、以及始终处于"士农工商"之末现象。一是成立专门机构,负责办理商务事宜。1903 年 9 月,清政府谕令"现在振兴商务,应行设立商部衙门,商部尚书著载振补授,伍廷芳著补授商部左侍郎,陈璧著补授商部右侍郎,所有应办一切事宜,著该部尚书等妥议具奏①"设立商部,并于 1906 年底把工部并入改称农工商部。在中央机构中,商部是仅次于外务部而位于其他各部之前。商部设立之目的,清政府最高统治者在上谕中称:"前据政务处议复,载振奏请设商部,业经降旨允准,兹著派袁世凯、伍廷芳先订商律,作为则例。候商律编成奏定后,即行特简大员,开办商部。其应如何提倡工艺,鼓舞商情,一切事宜,均著载振等悉心妥议,请旨施行,总期扫除官习,联络一气,不得有丝毫隔阂,致启弊端,保护维持,尤应不遗余力。庶几商务振兴,蒸蒸日上,阜民财而培邦本,有厚望焉。"②此道上谕点明商部是

---

① 《光绪朝东华录》(五),第 5063 页。
② 商务印书馆编译所编:《大清光绪新法令》第 1 册,商务印书馆 1909 年版,第 9 页。

联络政府与商人的国家机构,具有领导和督促实业、振兴工商业发展的职责。二是颁布实施一系列振兴工商业发展的章程法令。商部成立后,清政府先后制定了中国历史上的第一部商法《钦定大清商律》,内容包含《商人通例》9条、《公司律》131条,肯定了商人的经济自由,放松政府对经济和商人的控制,第一次以法律的形式承认了商人的合法地位;颁布《商标注册试办章程》、《公司注册试办章程》、《破产律》、《华商出洋赛会章程》、《试办银行章程》等规范商人的经商行为;颁布《奖励公司章程》、《奖给商勋章程》、《爵赏章程及奖牌章程》等鼓励商业活动等等。

　　以上规程法令的颁布实施与其说是清政府对商人的控制与管理,不如说是商人法律地位和权利保障的空前提高。从各项规程法令实质内容看,这些商律大大减少了对商人的诸多限制,而且确保了商人的地位和权利。如1903年12月颁布的《商人通例》第九条规定:"无论何项商人、何项公司、何项铺店均须按照立流水账簿,逐日登记钱物出入等项、每年盘查一次该年货物、产业器具及人欠、欠人款目、一切账册及有关贸易往来的信件保留十年,十年内若有意外毁失报商部备案遵守无违。"①1903年颁布的《公司律》第三十条规定:"无论官办、商办、官商合办等各项公司及各局(凡经营商业者皆是)均应一体遵守商部定例办理。"第四十四条规定:"附股人不论官之大小,或署己名,或署己官阶名,与无职之附股人均只为股东,一律看待,其应得余利暨议决之权以及各项利益,与股东一体均沾,无稍立异。"②1904年颁布的《公司注册试办章程》规定:"无论现已设立与嗣后设立之公司、局厂、行号、铺店一经注册即可享一体保护之利益。"③上述规定对商人的投资经营活动提供了必要的法律保障,对商人投身兴办实业活动起到了极大的鼓舞。

　　为保护商人的合法权益不受侵犯,对侵犯入股商人的公司创办人或董事等人的不法行为都可提出控告,《公司律》制定专门条文处罚办法,如:"偷窃、亏空公司款项或冒骗他人财物者,除追缴及充公外,依其事之轻重监禁少至一月多至三年,或并罚以少至一千圆多至一万圆之数,若系职官,并详参革职。"④

---

　　①　大清光绪新法令第十类,新业。
　　②　大清光绪新法令第十类,新业。
　　③　《商部奏定公司注册试办章程》,《东方杂志(第1卷第5号)》,1904年7月8日出版,第66页。
　　④　大清光绪新法令第十类,新业。

再如为保护商人利益,清政府颁布实施《破产律》。《破产律》专门针对那些因经营不善或市场行情变化而倒闭的商人,提出保护措施和规定。如第二十二条规定:"各债主应会同董事公定平均数一律收回,不得擅取该商货物作抵并不得串通他人出头追讨",传统社会中的"父债子还"习惯做法予以废除,第四十五条规定:"破产之商不得涉及其兄弟伯叔侄暨妻并代人经理之财产";第四十六条规定:"一家财产业经分析,如在一年以前曾在商会呈报存案者,破产时准由董事查明告知各债主,可免其牵入破产案内议偿"。①

清政府颁布实施的章程法规,不仅仅以立法的形式保障了商人的经济地位,而且在一定程度上也保证了商人的参政和议政权利和地位。如《接见商会董事章程》第三条规定:"本部设商会处一所,另派专员接待各商董,嗣后来署讨论一切事宜或呈递条陈均由商会处随时回堂酌办"②,第四条规定:"各业中如有体面巨商,欲进谒本部堂宪,面陈议论者即自行来署,先赴商会处呈明来意,由商会处随时回堂接见,绝无阻遏,惟于议论商务外,不得别有干求之事"③。以上条款确保了商会董事随时赴商部呈报有关商务重要事宜的权利,促使经贸中的矛盾得以迅速解决。

同时《接见商会董事章程》第七条规定:"各商举行商会以后,如有商家条陈何利可兴,何弊可去,若者宜办,若者宜停,均由商会处交与商会筹议禀覆,凡禀覆各件亦不拘以公牍体制,只须字迹明净,盖用某业商会戳记,送至商会处转行回堂分别办理"④,作为一般商人也可通过商会,行使参政议政的权利。

二、商人组织法律地位的确立

1904 年 1 月 11 日清政府颁行《奏定商会简明章程二十六条》,这是中国第一部商会组织法规。《奏定商会简明章程二十六条》是在内外夹击、工商业发展和商人结社的强烈愿望等多重背景下合力的结果。《奏定商会简明章程二十六条》,对商人组织的设立宗旨、组织架构、运行机制、职能等做出了详尽的规定。这既是一部指导地方商会组织成立的程序手册,更是一部管理商会

---

① 《商部奏定破产律》,《东方杂志(第 3 卷第 7 号)》,1906 年 8 月 14 日出版,第 72 页。
② 《商部接见商会董事章程》,《东方杂志(第 1 卷第 11 号)》,1904 年 12 月 31 日出版,第134 页。
③ 《商部接见商会董事章程》,《东方杂志(第 1 卷第 11 号)》,1904 年 12 月 31 日出版,第134 页。
④ 《商部接见商会董事章程》,《东方杂志(第 1 卷第 11 号)》,1904 年 12 月 31 日出版,第135 页。

组织的法律规则。

此后,各地依此为范本的商会如雨后春笋般地出现在中国大地。据不完全统计到 1912 年除西藏外其余各地相继成立了商务总会,全国共有 57 个商务总会、871 个商务分会。

(一)设立宗旨及条件

商会设立以"保护商业,开通商情"为之宗旨。商会设立的条件"凡各省、各埠,如前经各行众商,公立有'商业公所'及'商务会所'等名目者,应即遵照现定部章,一律改为'商会',以归画一,其未立会所之处,亦即体察商务繁简,酌筹举办","凡属商务繁富之区,不论系会垣,系城埠,宜设立商务总会,而于商务稍次之地,设立分会,仍就省分隶于商务总会。如直隶之天津,山东之烟台,江苏之上海,湖北之汉口,四川之重庆,广东之广州,福建之厦门,均作为应设总会之处,其他各省由此类推。"①

(二)组织架构

清末成立的商会组织仅属于初创时期,组织架构并不完善。此时商会实行会董制,《奏定商会简明章程二十六条》就对会董做了详细的规定:第五条规定:"商会的董事应该由各地商家公举来确定,商务总会大概公举二十人至五十人。商务分会以十个至三十个为限,应该根据当地商务的繁简来确定董事人数。"而商会公举会董,应以才、地、资、望四者为一定之程度,如下所列,方为合格:"一是才品,手创商业,卓著成效,虽或因事曾经讼告,于事理并无不合格者;二是地位,酌系行号巨董或经理人,每年贸易往来为一方巨擘者;三是资格,其于该处地方设肆经商已历五年之外,年届三旬者;四是名望,其人为各商推重居多数者。"②

总理是商会的最高领导。规定:"商务总会派总理一员,协理一员,分会则派总理一员,应由就地各会董齐集会议,公推熟悉商情,众望素孚者数员,禀请本部酌核,加剳委用。以一年为任满之期,先期三月仍由会董会议,或另行公推,或请续任,议决后禀呈本部察夺。"③

---

① 《奏定商会简明章程二十六条》,《东方杂志(第 1 卷第 1 号)》,1904 年 3 月 11 日出版,第 204—205 页。
② 《奏定商会简明章程二十六条》,《东方杂志(第 1 卷第 1 号)》,1904 年 3 月 11 日出版,第 205 页。
③ 《奏定商会简明章程二十六条》,《东方杂志(第 1 卷第 1 号)》,1904 年 3 月 11 日出版,第 204 页。

（三）运行机制

清末颁布的《奏定商会简明章程二十六条》没有明确规定商会的选举制度，某种程度上仍是延续行会的推选制度，如"第四款商务总会派总理一员，协理一员，分会则派总理一员，应由就地各会董齐集会议，公推熟悉商情，众望素孚者数员，禀请本部酌核，加劄委用。以一年为任满之期，先期三月仍由会董会议，或另行公推，或请续任，议决后禀呈本部察夺。"在第五款中指出会董"应就地各商家公举为定"，"举定一月后各无异言者即由总理将各会董职名察明本部，以备稽查"。①

议事制度。清末实行会董制度，在运作中会董会议是实际最高权力机关。清末部颁章程第九款规定："各会董应于每一个星期赴会，与总理、协理会议一次，使各商近情时可接洽，偶有设施，不致失当。若商家有紧急事件，则应立赴商会酌议。其关系商务大局者，应由总理预发传单，届期各会董及各商理事人齐集商会，公同会议，务须开诚布公，集思广益。"第十一条规定："会董或有徇私偏袒情事，商人有所屈抑制，准各商联名禀告商会，由总理邀集各会董会议议决，即行开除。"第十二条规定："商人利益所在，不得稍有所染。应即行提倡、应行整顿，凡可兴利除弊之举，亦必邀同各会董会议决，方可举办。不应偏执，专擅、专拂商情。"②

议事程序，则遵照"商会会议必须照会议通例章程办理。凡开议时，应以总理为主席，该会董事到场者，须有过半数之数，否则补应开议。至议事之法，假如一人建议，更有一人赞议，或复有人起而驳议，总之不论人数若干，均须有令言者毕其词，而后更迭置议。从众议决，由书记登册，俟下次会议将前所议决登册者当众宣读，无所不合，即由主席签字作准。一切会议章程，应按本部嗣后奏定公司条例（详见第八十六、七，又八十九条至九十四条，又九十九条至第一百二条）办理，毋得违异。③"

财务制度。清政府对账簿格式都有统一规定，明确要求各商会组织沿革遵守执行："一、流水簿，照记每日出入各项；二、收支月计簿，照记积日成月，

① 《奏定商会简明章程二十六条》，《东方杂志（第1卷第1号）》，1904年3月11日出版，第205页。

② 《奏定商会简明章程二十六条》，《东方杂志（第1卷第1号）》，1904年3月11日出版，第207页。

③ 《奏定商会简明章程二十六条》，《东方杂志（第1卷第1号）》，1904年3月11日出版，第206页。

出入各项;三、总清簿,照记全年来货之源,销货之数,往来之存欠,开支之数目,盈亏之实在,以为一行号之总册。"同时商部规定:"各商会并盖明图记于上,每季由会董发交各商家,俾如式登记。设有纠葛,即以此项账簿为据。至各商每季实需簿册若干,悉任自行酌计开单,加盖牌号,交会董凭单向商会支给。"①

商会所需办公经费,规定除下列三项外,各商会不得于部定章程外另立名目,再收浮费,"一、注册费,按照各业注册之实数,酌输毫厘,由商面缴商会,掣取收条为准;二、凭据费,按照注册凭据所载之实数及期限之多寡,酌输毫厘,由执有凭据人面缴商会,掣取收条为准,以上两项姑列条目,其办理情形,层折较为繁重,自应由各商会明定专章,以期轻重适当,祥慎无弊;三、簿册费,按照市价酌定,不得高抬,按季由会董向各商收取,缴呈商会,随掣收条。如有苛派居奇情弊,准众商联名具控,本部核办。"②

商会经费使用权限,商部《奏定商会简明章程二十六条》更是作出详尽的规定和要求,总理及会董不得任意挪动,违者按例惩罚参处。至应行酌量动支者,除后开各项事宜,准其核实报销外,余须禀准本部,方准动用。"一、分会每月不敷开支,并无可再事撙节者,该总理及会董可公商于总会,由总会会议垫借若干,俟日后有余缴还垫本;二、购置房地,添办应用器具,以及修理扩充等事,均准总理邀集会董会议,酌量开支,惟无论公积若干,总须留存万金以上,不得全数支给;三、公积之数约逾五万两以外,遇有巨商创设行号公司,足以抵制进口货物,收回中国权利者,该商集资已得十之七八,尚短二三成,一时无可招集,各会董会议时,可从众议决量予资助,用示国家振商之至意。惟该商素无声望,会中未能坚信者,概不准行;四、大市设值银根奇紧,该商为该处人望所击,适以积货过重,不能周转,一经倒闭,必致牵累商务大局者,总会应举行特别会议,从众议决,准将存货抵借公积款若干,力为维持,定期缴还,月息约以四厘为率,以副保商之实政。其无关商务大局,或以资本亏蚀,致欲停闭者,不得朦混擅移;五、公积款俟日渐充裕,准各商添建房舍,购置就地,所出之精良货物,名曰'陈列所',盖隐师外国博物院之意,而先从简便,立有基础,

---

① 《奏定商会简明章程二十六条》,《东方杂志(第 1 卷第 1 号)》,1904 年 3 月 11 日出版,第 208—209 页。

② 《奏定商会简明章程二十六条》,《东方杂志(第 1 卷第 1 号)》,1904 年 3 月 11 日出版,第 209 页。

冀得次第推广,互相观感,俾中国商品,渐臻月异日新之效。"①

（四）商会职能

《奏定简明商会章程二十六条》还没有对商会职能作出专门规定,但有关职责分散于各条款,集中体现几个方面:一是对领导职责,则要求"商会总理、协理,有保商、振商之责。故凡商人不能申诉各事,该总、协理宜体察属实,于该地方衙门代为秉公申诉,如不得直,或权力有所不及,应即禀告本部核办。该总、协理设有纳贿偏徇,颠倒是非等情,或为会董及各商所举发,或经本部觉察,立予参处不贷。"②二是振兴商务职责。第二十六款规定:"凡商人有独出心裁,制造新器或编辑新书确系有用,或将中外原有货品改制精良者,均准报明商会考核后,由总理具禀本部,酌量给予专照年限,以杜作伪仿效,而示鼓励。"③三是代为申诉。章程第七条规定:"商会总理、协理,有保商、振商之责。故凡商人不能申诉各事,该总、协理宜体察属实,于该地方衙门代为秉公申诉,如不得直,或权力有所不及,应即禀告本部核办。"④四是调解纠纷,保护商人利益。如果华商之间发生纠葛,可"赴商会告知,总理定期邀集各董,秉公理论,从众公断。如两造尚不折服,准其具禀地方官核办。"若是华商与洋商出现矛盾,商会作出专门规定:"商会应令两造各举公正人一人,秉公理处,即酌行剖断,如未能允洽,再由两造公正人合举众望夙著者一人,从中裁判。其有两造情事,商会未及周悉,业经具控该地方官或该管领事者,即听两造自便。设该地方官领事等判断未尽公允,仍准被屈人告知商会,代为伸理。案情较重者,由总理禀呈本部,当会同外务部办理。"⑤

中央政府正是通过制定《商人通例》、《公司律》、《破产律》、《奏定简明商会章程二十六条》等章程规定,以立法这一手段来实现对商人及商人组织活动的规范,从而到达管理监控的目的。

---

① 《奏定商会简明章程二十六条》,《东方杂志(第1卷第1号)》,1904年3月11日出版,第210页。

② 《奏定商会简明章程二十六条》,《东方杂志(第1卷第1号)》,1904年3月11日出版,第205页。

③ 《奏定商会简明章程二十六条》,《东方杂志(第1卷第1号)》,1904年3月11日出版,第211页。

④ 《奏定商会简明章程二十六条》,《东方杂志(第1卷第1号)》,1904年3月11日出版,第205页。

⑤ 《奏定商会简明章程二十六条》,《东方杂志(第1卷第1号)》,1904年3月11日出版,第207页。

第二节　民国时期商人组织管理

一、北京政府时期

1915 年 12 月 14 日北京政府颁布实施《商会法》,共四十六条,包括总纲、组织、职务、选举及任期、公议、解职及处罚、经费、解散及清算和附则九章。《商会法》第二条明确规定,"总商会及商会,均为法人",第一次确定了商人组织的法律地位。同时 1916 年 2 月颁布的《商会法施行细则》第十三条规定:"总商会全国商会联合会对于中央各部署及地方最高行政长官行文用禀,对于地方行政长官得用公函。商会对于各中央部署及各地方自道尹以上各地方行政官署行文用禀,对于县知事行文得用公函。总商会、商会及全国商会、联合会,自相行文,均用公函。"①从使用公文称呼可以看出此时商会与地方长官的地位是同等的,也是被北京政府认可的。但是在一些管理细节上对商会作出了更加具体、细致的规定,主要体现在组织架构、运行机制等几个方面。

（一）组织架构

尽管北京政府时期商会的组织机构处于创设时期,但与清末的《奏定商会简明章程二十六条》相比,阶层机构已经比较完备。就会员、会员大会、最高领导等做出规定。

1.会员。就会员资格,《商会法》第六条有明确规定②:

第六条总商会商会会员,不限人数,但以该区域内中华民国之男子具有左列资格之一者为限。

一、公司本店或支店之职员为公司之经理人者。

二、各业所举出之董事为各业之经理人者。

三、自己独立经营工商业或为工商业之经理人者。

与《奏定商会简明章程二十六条》没有对会员做明确规定比,《商会法》对会员资格做了较为宽松之规定,凡为行业推举代表及工商行业的业主、经理人提出申请,经过商会审查合格即可为会员。当然即便如此之宽松的资格规定,但对会员仍有限定,如第七条规定③:

有左列各款情事之一者,虽合前条之资格,亦不得为总商会商会之会员。

---

① 　彭泽益主编:《中国工商行会史料集(下册)》,中华书局 1995 年版,第 984 页。
② 　彭泽益主编:《中国工商行会史料集(下册)》,中华书局 1995 年版,第 978 页。
③ 　彭泽益主编:《中国工商行会史料集(下册)》,中华书局 1995 年版,第 978 页。

一、褫夺公权者。

二、受破产之宣告确定后尚未撤销者。

三、有精神病者。

《商会法》不仅对会员资格作出了详尽的规定，同时也首次明确会员的权利、义务，如"会员皆有选举权及被选举权，但有被选举权者之年龄，须在三十岁以上。每选举时，一选举人有一选举权。选举由选举人自行之。"①

2.会员大会。尽管北京政府时期《商会法》尚未提出会员大会的概念，但从有关条文规定已知会员大会是商会的最高权力机关。如第二十八条规定："下列各款事件，须有会员三分之二以上到会，得到会者三分之二以上同意，方得决议。一、变更会章；二、职员之退职除名及停止被选举权；三、清算人之选任及关于清算事项之决议。②"表面看来这是商会的自治权利，其实又明确规定"前项第一款之决议，非经农商部核准，第三款之决议，非经地方最高行政长官核准，不生效力。"③

3.领导精英。清末时期商会的最高领导为总理协理，北京政府时期改称会长、副会长。且规定最高领导选举办法"会长副会长由会董投票互选。会长副会长选定后，须经地方最高行政长官或地方行政长官报告农商部"④。最高领导实行任期制，"会长副会长，均以二年为一任期，其中途补选者，须按前任者之任期接算。会长副会长任期满后再被选者，得连任，但以一次为限"⑤。北京政府时期商会最高领导，除会长副会长外，还专门设有特别会董，由会董推选富有资力或工商业之学术技艺经验者充任之，且规定推选特别会董后，也须经地方最高行政长官报农商部。

北京政府时期商会组织架构如下页图。

（二）运行机制

北京政府颁布的《商会法》不仅仅规定了商会的组织架构，同时规定了商会的运行机制，呈现出初设时期的一些特点。分别从选举制度、议事制度、监察制度、财务管理制度等方面加以陈述。

1.选举制度。与清末商会相比，北京政府时期的运行机制已有明显进步。

---

① 彭泽益主编：《中国工商行会史料集（下册）》，中华书局1995年版，第980页。
② 彭泽益主编：《中国工商行会史料集（下册）》，中华书局1995年版，第980页。
③ 彭泽益主编：《中国工商行会史料集（下册）》，中华书局1995年版，第980页。
④ 彭泽益主编：《中国工商行会史料集（下册）》，中华书局1995年版，第979—980页。
⑤ 彭泽益主编：《中国工商行会史料集（下册）》，中华书局1995年版，第979—980页。

```
                        ┌──────────┐
                        │   商会   │
                        └────┬─────┘
          ┌──────────────────┼──────────────────┐
    ┌─────┴────┐      ┌──────┴─────┐      ┌─────┴────┐
    │   会员   │      │  会员大会  │      │  会董制  │
    └──────────┘      └────────────┘      └────┬─────┘
                        ┌──────────────────────┼──────────────────┐
                  ┌─────┴────┐          ┌──────┴─────┐      ┌─────┴────┐
                  │   会长   │          │   副会长   │      │   会董   │
                  └──────────┘          └────────────┘      └──────────┘
```

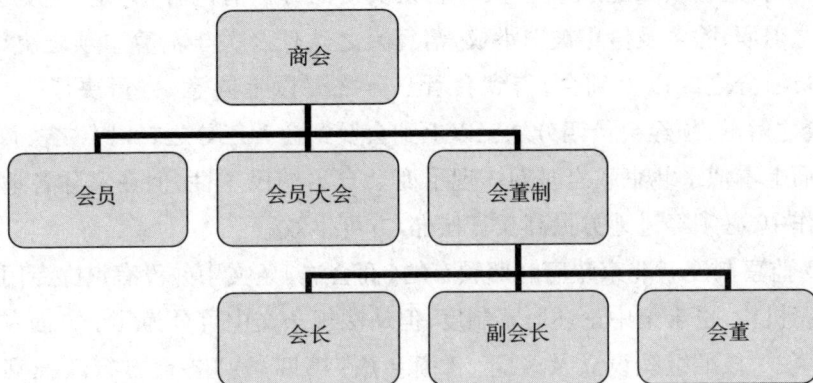

因为《奏定简明商会章程二十六条》第五款规定"商会会董应由就地各商家公举为定,举定一月后,各无异言者,即由总理将各会董职名察明本部,以备稽查。至任满期限,及续举或续任等悉如上条办理"①,并没有具体的选举办法。据博士生李娇考证,北京政府时期地方商会已经出现较为细化的选举规则,如上海制定了"机密投筒法",即由商会印发选票,附有被选举人"选格"、议董名单等,选举须提前填写选举票号数,并填限期,分送有选举权的人,选举人和选票号数都要誊录底簿,密封保存,选票要按限期内投入筒内,届期集众开筒,统计得票较多者当选。苏州、无锡等地商会也采用"机密投筒法",天津商会采取"公推"法等。② 由此可见,公举办法沿用清末行会的推选制度。

北京政府时期《商会法》开始对选举制度作了明确规定。第四章第十八条至二十二条规定内容都与选举办法有关,选举采用的是"记名投票法",其中第十八条"会董由会员投票选举,会长副会长由会董投票互选"、第二十条规定"会员皆有选举权及被选举权,但有被选举权者之年龄,须在三十岁以上",第二十一条规定"每选举时,一选举人有一选举权"③。

2.议事制度。清末实行会董制,会董会议实为商会最高权力机关。1915年《商会法》就会议及决议有明确相关规定:第五章中规定"商会得开定期会议及特别会议","定期会议分年会、职员会。年会每年一次,职员会每月须二

────────────────

① 彭泽益主编:《中国工商行会史料集(下册)》,中华书局1995年版,第972页。
② 具体参见李娇:《中国近代商会立法与商会治理》,华中师范大学硕士学位论文,2013年,第20页。
③ 彭泽益主编:《中国工商行会史料集(下册)》,中华书局1995年版,第979—980页。

次以上,特别会议无定限"①。关于会议决议的方法有两种:一是"变更会章,职员之退职、除名及停止被选举权,清算人之选任及关于清算事项之决议,须有会员三分之二以上到会,得到会者三分之二以上同意,方得决议"。二是"商会之解散,须经会员四分之三以上到会及到会者三分之二以上之决议"。②从字面上看似乎北京政府时期体现了商会自治的民主性,但在实际各地商会的运作中,必须经过地方最高长官核准,方可生效。

3.监察制度。北京政府时期颁布的《商会法》条文中并没有设立专门的监察组织机构,也未集中论述监察制度,但从法规条文中可分为几个方面:

第一,核准组织设立及改组。《商会法》第四条:"各地方行政长官所在地,或所属地工商业繁盛者,得设立商会。同一行政区域,有必须设置两商会者,或跨连两区域有必须特别设立商会者,经农商部认可后,亦得设立商会。"第五条:"设立总商会时,须由该区域内有合会员资格者五十人以上发起,依左例各款,详拟章程,经由地方最高行政长官咨陈农商部核准后,方得设立。设立商会时,须由该区域内有合会员资格者三十人以上发起,依左例各款,详拟章程,经由该管地方行政长官详请地方最高行政长官咨陈农商部核准后,方得设立。"第四十二条:"本法施行前原有之各商务总会除设立地点不在地方最高行政长官所在地或工商业总汇之各大商埠者,应经农商部查核改组为商会外,其余得依本法继续办理。"第四十三条:"本法施行前成立之商务分会或分所及同一区域内原有数商会而合于第四条之规定者,自本法施行日起,得于六个月以内,依第五条第十二条之程序,改组商会或分事务所,其余均即裁撤。"第四十四条:"本法施行前成立之工务总会或分会,自本法施行日起,一律裁撤,但得于六个月以内依本法与同地商会合组,其地原无商会者,亦得本法改组商会。合组或改组时,均应依第五条之程序,经农商部核准。"③《商会法施行细则》第一条:"总商会与商会不得设立于同一地方行政区域,但在本法施行前成立有必须并设立之特别情形经农商部核准者,不在此限。"第十六条:"旅外中华总商会商会之成立,应依本法详拟会章,经该管或其附近之领事署转请农商部核准。中华总商会商会所在地附近并未设有领事者,其应经农商部核准事项,得禀请公使转行。"④

---

① 彭泽益主编:《中国工商行会史料集(下册)》,中华书局1995年版,第980页。
② 彭泽益主编:《中国工商行会史料集(下册)》,中华书局1995年版,第980—981页。
③ 彭泽益主编:《中国工商行会史料集(下册)》,中华书局1995年版,第977—982页。
④ 彭泽益主编:《中国工商行会史料集(下册)》,中华书局1995年版,第983—984页。

第二,监管职员的选定及退职。《商会法》第十八条:"会董由会员投票选举,会长副会长由会董投票互选。会长副会长及会董选定后,须经由地方最高行政官或地方行政长官报告农商部。"第二十九条:"有下列各款情事之一者,得令解职。一、因不得已事故,经开会议决准其退职者;二、遇有第七条所列情事之一者;三、职员故意旷弃职务,经开会议决令其退职者。职员有违背法令或妨害公安之行为确有证据者,农商部或地方最高行政长官得令其退职。"第三十条:"职员有营私舞弊或为不正当行为致妨害商会之名誉信用者,得由商会议决除名。"《商会法施行细则》第六条:"会长副会长及会董等职员选定后,除详具姓名、年岁、籍贯、住址、商业行号经由地方最高行政长官或地方行政长官转报农商部备案外,得即就职。但应于就职后将就职日期转报到部,其期满连任或中途补充者亦同。"①

第三,预算及决算。《商会法》第三十二条:"总商会商会经费之预算决算及其事业之成绩,每年须编辑报告刊布之。"第三十三条:"总商会商会除依前条之规定办理外,每年须将其事业之成绩报告农商部,农商部得调取总商会商会之预算决算"。②

第四,解散及清算。《商会法》第三十四条:"商会之解散,非经农商部核准,不生效力。"第三十七条:"清算人无可选任时,得由该管地方行政长官或地方最高行政长官指定之。"第三十九条:"清算人所定清算及处理财产之方法,须经商会议决。"③

第五,职责。《商会法》第五条关于呈报章程须详述"名称区域及所在地,关于会董数额及选举之规定,关于职员权限即选任解任之规定,关于会议之规定,关于会计之规定,关于调处、工商业者争议之规",第十六条"筹议工商业改良事项;关于工商业法规之制定修改废止与工商业有利害关系事项,得陈述其意见于中央行政长官或地方行政长官;关于工商业事项答履中央行政长官或地方行政长官之调查或咨询;调查工商业之状况及统计;因赛会得征集工商物品;因关系人之请求,调查工商业者之争议;关于市面恐慌等事,有维持及请求地方行政长官维持之责任;得设立商品陈列所、工商学校、或其他关于工商之公共事业,但须经农商部核准"。④

---

① 彭泽益主编:《中国工商行会史料集(下册)》,中华书局1995年版,第979—984页。
② 彭泽益主编:《中国工商行会史料集(下册)》,中华书局1995年版,第982页。
③ 彭泽益主编:《中国工商行会史料集(下册)》,中华书局1995年版,第982页。
④ 彭泽益主编:《中国工商行会史料集(下册)》,中华书局1995年版,第977—979页。

第六，监选。《商会法施行细则》第五条："每届选举时，除依本法第二十一条及第二十二条规定外，应先期十五日以前通知各选举人。并请所在地方最高行政长官或地方行政长官派员届时莅视，即日当众开票。各当选人自受当选之通知后，逾十五日未有就任之声明时，得以票数次多者递补。"①

以上条款从组织设立及改组、职员的选定及退职、预算及决算、解散及清算、职责、监选等方面论述了商会的监察内容，只不过有的是从会员层面、有的是从政府层面来阐述对商会的监督。

4.财务管理制度。《商会法》中已有专门的条款来规定商会的经费，即第七章经费。北京政府时期商会的经费分为两种："一是事务所用费，二是事业费。"②条文明确规定事务所用费由会员负担之，言外之意，商会的日常运作经费由会员均摊之，而事业费则不需要会员负担。无论何种来源经费，但其"经费之预算决算及其事业之成绩，每年均须编辑报告刊布之"。并"每年须将其事业之成绩报告农商部，农商部得调取总商会商会之预算决算"。③

二、南京国民政府时期

南京国民政府成立后，1928年10月党中央执行委员会通过《训政纲领》，确立一党专政。1931年5月5日颁布《训政时期约法》强化一党专政的地位。在这种党国体制下，将社会团体牢牢掌握在国民政府的监控下。为更好地管理和控制社会团体，1929年以后先后出台《人民团体组织方案》、《修正人民团体组织方案》、《人民团体设立程序方案》、《人民团体组织指导员任用规则》、《人民团体组织许可证书办法通则》、《人民团体职员选举通则》等法规，进一步强化了对社会团体的监控。

在颁布一系列社会团体法规的同时，南京国民政府于1929年8月颁布强化对商人组织监控的专门法规《商会法》。新的《商会法》，共9章，44条，新体例为以后商会法所承袭及沿用。1930年7月又颁布《商会法施行细则》，其中第三十三条规定："各商会对于官厅有所陈请时均适用公文程式条例人民对于官厅公署之规定，商会、全省商会联合会、中华民国商会联合会及工商同业公会彼此往来用公函，分事务所对于官厅关涉事项，由所属商会行之。"而商会属于人民团体，则对上级行文一律必须使用"呈"。北京政府时期《商会

---

① 彭泽益主编：《中国工商行会史料集（下册）》，中华书局1995年版，第983页。
② 彭泽益主编：《中国工商行会史料集（下册）》，中华书局1995年版，第981页。
③ 彭泽益主编：《中国工商行会史料集（下册）》，中华书局1995年版，第981页。

法施行细则》第十三条定："总商会全国商会联合会对于中央各部署及地方最高行政长官行文用禀,对于地方行政长官得用公函。商会对于各中央部署及各地方自道尹以上各地方行政官署行文用禀,对于县知事行文得用公函。"①与民初时的规定相比,明显可以看出南京国民政府时期商会的地位被降低了,实则为国民党对商会的监控加强了。

总之,南京国民政府前期,通过颁布各项法规政策,实现了对商会的监控,使商会成为国民政府控制社会的工具。

（一）改组组织架构

南京国民政府时期,商会组织架构发生了较大变化。根据 1929 年 8 月颁布的商会法规定,会员主要以公会会员和商店会员为主。同时商会采取委员制,即最高权力机关为会员大会,日常运作委员会有执行委员会、监察委员会、常务委员会,常务委员会选举产生主席。

1.会员。1929 年《商会法》第九条规定："商会会员得分为左列二种:一、公会会员;二、商店会员。"②1930 年商会法诠释为"商会之组织,以工商同业公会为基础,故原则上只有公会会员。但商业法人或商店别无同业,或虽有同业而无同业公会之组织者,例外亦许其为商会会员。"③但要成为商会会员,须具备两种条件:"一是须先向商会登记,由商会给予凭证;二是商店会员应以在本区域内设有商店并曾经依法注册者,其商业的法人须在本区域内设有事务所,并曾经依法注册,方得加入商会。"④与北京政府时期的《商会法》相比,对外国商业法人或商店是否能够加入商会做了明确规定,"外国商业法人或商店自不得为商会会员",同时又规定"但如中外合办之公司,本国人亦有股权,不能完全排斥"。⑤

公会与商店一为商业团体,一为商业合伙,在行使权力或执行职务的时候,必须以自然人为代表出席商会,称为会员代表。故会员与会员代表之区别,前者为公会与商店,后者为公会或商店所举派之代表。1929 年《商会法》规定会员代表的资格分为积极资格和消极资格两个方面。第一方面积极资格:一、中华民国公民。凡中华民国人民,不论男女性别,均得为会员代表。

---

① 彭泽益主编:《中国工商行会史料集(下册)》,中华书局 1995 年版,第 984 页。
② 工商部工商访问局编:《商会法、工商同业公会法诠释》,1930 年 3 月出版,第 88 页。
③ 工商部工商访问局编:《商会法、工商同业公会法诠释》,1930 年 3 月出版,第 34 页。
④ 工商部工商访问局编:《商会法、工商同业公会法诠释》,1930 年 3 月出版,第 35 页。
⑤ 工商部工商访问局编:《商会法、工商同业公会法诠释》,1930 年 3 月出版,第 35 页。

二、年龄在二十五岁以上。三、须在本区域内经营商业。第二方面消极资格：一、褫夺公权者。即因犯罪由法院宣告褫夺公权，但经过一定之期限已复权者不在此限。二、有反革命行为者。如勾结军阀、破坏三民主义或组织非法团体谋叛党国之行为等。三、受破产之宣告尚未复权者。关于破产宣告，现在破产法尚未颁行，无从依据。但如经营商业，因亏负倒闭尚未恢复信用，亦应受此项消极资格限制。四、无能力者。即现行民法总则规定未达法定年龄或精神丧失耗弱者之类。①

《商会法》规定了公会会员代表和商店会员代表数额。公会会员代表数额，每一公会得举派代表一人，但最近一年间平均使用人数超过十五人者，就其超过之人数，每满十五人得增加代表一人，惟其代表人数至多不得逾二十一人。此项内容可分析如下：第一，每一公会不论使用人数多寡，均得举派代表一人。第二，使用人数超过十五人者，如满三十人或四十五人，得增加代表一人至二人。第三，使用人数或有随时增减，须于最近一年间平均计算之。是项平均法，或以上下半年人数相加用二除，或以每月人数相加用十二除，即得其平均数。商店会员代表数额，与公会会员代表相同，惟代表人数至多不得逾三人。②

关于会员代表的选派，《商会法》规定：公会会员举派之代表，应由公会执行委员会推定，给以委托书，并通知商会。其举派之代表超过一人以上时，并应就使用人数较多之商店中举派。此施行细则第七第九条规定。③ 会员代表的权利，即凡会员代表均有表决权、选举权、被选举权其他依章程规定所得形使之权利。④ 同时《商会法》详细规定了会员代表的撤换、除名，这是北京政府时期1915年《商会法》所没有的条款。"公会或商店对于所举派之代表，因有其他原因，得随时撤回。会员代表丧失国籍或有第十三条所列事情即应撤换。⑤"并对撤换代表之程序做了严格规定。关于对会员代表除名之缘由需"会员代表有不正当行为，致妨害商会之名誉信用者，得以会员大会之议决，

---

① 工商部工商访问局编：《商会法、工商同业公会法诠释》，1930年3月出版，第37—38页。
② 工商部工商访问局编：《商会法、工商同业公会法诠释》，1930年3月出版，第38—39页。
③ 工商部工商访问局编：《商会法、工商同业公会法诠释》，1930年3月出版，第39页。
④ 工商部工商访问局编：《商会法、工商同业公会法诠释》，1930年3月出版，第40页。
⑤ 工商部工商访问局编：《商会法、工商同业公会法诠释》，1930年3月出版，第40页。

将其除名但须会员代表三分之二以上出席代表三分之二以上同意行之"①,一旦被除名,自除名之日起三年内不得为会员代表,并将除名之决议三日内呈报地方主管官署转报工商部备案。

2.会员大会。1929年《商会法》对会员大会有明确的定义,并对会员大会的种类、召集、权限、议事程序作了详细规定。《商会法》规定"商会以会员大会为最高权力机关",会议的种类分为"定期会议,每年至少开会一次。临时会议,于执行委员会认为必要或经会员代表十分之一以上之请求,或监察委员会函请召集时,均得临时召集临时会议。"②会员大会召集之通告要求"应于十五日前通知之,但有紧急事项或因前次开会未足法定人数重行召集时,不在此限"③。

3.领导群体。《商会法》第四章职员详细规定了职员的名额、选举、任期等。"一、执行委员,由会员大会就会员代表中选任之,其人数至多不得逾十五人;二、监察委员,由会员大会就会员代表中选任之,其人数至多不得逾七人;三、常务委员,由执行委员互选任之,但其人数不得逾执行委员额三分之一;四、候补委员,商会得依章程订定,另选候补执行委员及候补监察委员,遇有缺额时,依次递补,但候补委员不得逾委员名额之半,其任期以补足前任未满之任期为限,且于为递补前不得列席会议。"④1929年起,商会会长改称主席。主席,由执行委员就当选常务委员中选任之。

南京国民政府时期商会组织架构如下图:

(二)变革运行机制

南京国民政府时期,国民党加强了对商会组织的监督与控制。商会的运作随着自身的整顿与改组而不断发生改变,政府与商会在控制与反控制中呈现出错综复杂的关系。

1.选举制度。《商会法施行细则》第十四条至第十八条及第二十二条至第二十五条详细规定了各级职员的选举程序。

执行委员及监察委员之选举:第一召集会员大会,执行委员及监察委员均由会员大会选举。故选举时须先期召集会员大会,于十五日前通告之,会员大

---

① 工商部工商访问局编:《商会法、工商同业公会法诠释》,1930年3月出版,第42页。
② 工商部工商访问局编:《商会法、工商同业公会法诠释》,1930年3月出版,第53页。
③ 工商部工商访问局编:《商会法、工商同业公会法诠释》,1930年3月出版,第54页。
④ 工商部工商访问局编:《商会法、工商同业公会法诠释》,1930年3月出版,第43—44页。

```
                        ┌──────────┐
                        │   商会   │
                        └────┬─────┘
        ┌────────────────────┼────────────────────┐
   ┌─────────┐          ┌─────────┐          ┌─────────┐
   │  会员   │          │ 会员大会 │          │ 委员制  │
   └────┬────┘          └─────────┘          └────┬────┘
     ┌──┴──────┐                    ┌────────┬────┴─────┬──────────┐
┌────────┐ ┌────────┐      ┌────────┐ ┌────────┐ ┌────────┐ ┌────────┐
│公会会员│ │商店会员│      │执行委员│ │监察委员│ │常务委员│ │候补委员│
└────────┘ └────────┘      └────────┘ └────────┘ └───┬────┘ └────────┘
                                                      │
                                                 ┌────────┐
                                                 │  主席  │
                                                 └────────┘
```

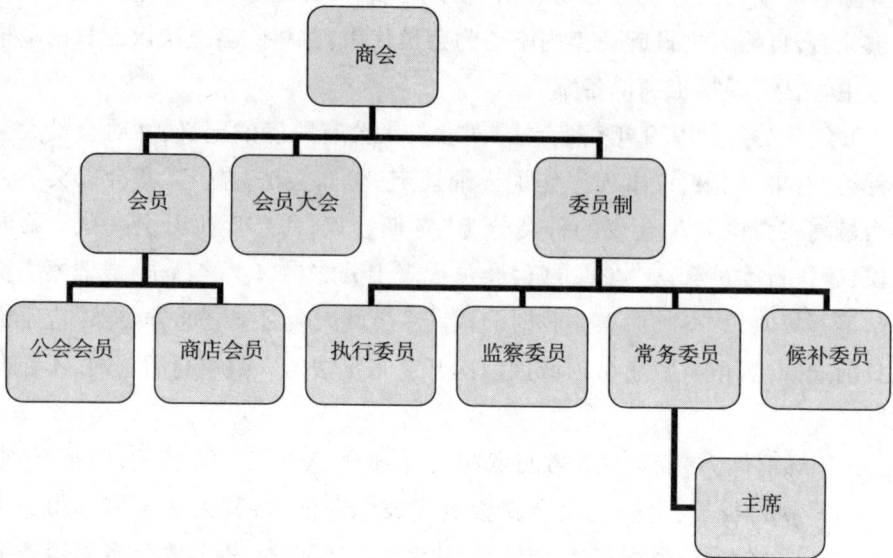

会到会代表之法定数，按照第二十七条规定。会员大会之决议，以会员代表过半数之出席，出席代表过半数之同意行之。是选举时亦至少须有会员代表过半数之出席，此项选举均不得按业摊派或分业自选。第二制就选举名单，执行委员及监察委员均规定由会员大会就会员代表中选任之，是会员代表均得有选举执行委员及监察委员，并被选举为执行委员及监察委员之权。依次规定，应将现任会员代表制就选举名单，以备选举人查阅之用。第三投票方法，关于投票方法，通例有单记法、连记法、限制连记法及记名式、无记名式数种。略述如下：单记法，每一选举票只记被选举人一人。连记法，每一选举票得连记被选举人数，人假定执行委员名额为十五人，得连记被选举人十五人。限制连记法，连记被选举人之人数，附有限制者。记名式，除记被选举人外，再由选举人署名。无记名式，仅记被选举人姓名，选举人不署名，亦称匿名投票。本法施行细则中规定关于执行、监察、常务各委员之选举，均为连记法并无记名式也。第四当选票数。通例亦有法定多数与比较多数两种，法定多数者规定得票须满若干数方为当选（例如出席投票人数为标准，需满投票总数三分之一、或过半数等。）比较多数者，就得票数比较以最多数者列前，顺序至满当选人定额为止。本法施行细则规定，则采比较多数法，其票数相同时，以抽签定之。第五投票及开票。投票应设置投票场所、投票簿、投票柜，并揭示投票规则，由选举人亲自到会投票，或发给投票证凭证入场。开票应布置开票场所，开票时选举人得到场参观,其开票结果并应揭示当选人姓名。执行委员、监察委员之选举,得同日举行,固不得言。但其投票程序尚应分别办理。选举票应制定数种:一执行委员选举票,二监察委员选举票,三候补委员选举票等,此外或分别备置投票簿、投票区以免掺杂。投票开票均须分次举行:如先行投执行委员票、迭开票、后将当选人姓名揭示,次再投监察委员选举票,并另行开票,如此则已当选为执行委员者,可毋庸再选举其为监察委员,庶不致一人重复当选,其候补委员选举则可依次类推。①

常务委员及主席之选举。执行委员选出后,乃由执行委员互选常务委员,以得票为多数为当选,并就常务委员中选举主席一人。以得票满投票人之半数者为当选,如均不满半数,就得票较多数两人中再行选举,名曰决选。惟投票则用无记名单记法,以主席仅为一人也。②

2.议事制度。1929 年《商会法》就会议的种类、召集、议事等方面有明确规定,前文会员大会会议已经论述,这里不再赘述。执行委员和监察委员议事制度规定:"执行委员会每月至少开会二次,监察委员会每月至少开会一次,均须有委员过半数之出席,出席委员过半数之同意方得决议,可否同数取决于主席。但监察委员会之主席,由临时互推一人任之,此外除定期会议外,遇有必要事项自亦得召集临时会议。"③

京国民政府时期商会议事制度规定决议和假决议两种形式。1929 年《商会法》第二十七条和第二十八条有详细规定。根据《商会法》诠释:决议,"会员大会之议决,以会员代表过半数之出席,出席代表过半数之同意行之。但第二十八条规定之各款:一、变更章程。二、会员或会员代表之除名。三、职员之退职。四、清算人之选任及关于清算事项之决议。须有会员代表三分之二以上出席,出席代表三分之二以上之同意行之,并应于议决后三日内呈由地方主管官署转报工商部备案。"④假决议,"会员大会出席代表不足法定人数时,得行假决议。将其结果通告各代表,于一星期后二星期内重行召集会员大会,以出席代表过半数之同意。对假决议行其决议。其第二十八条规定各款之事项,如出席代表逾过半数,亦得以出席代表三分之二以上之同意行假决议,如

① 工商部工商访问局编:《商会法、工商同业公会法诠释》,1930 年 3 月出版,第 44—48 页。

② 工商部工商访问局编:《商会法、工商同业公会法诠释》,1930 年 3 月出版,第 48 页。

③ 工商部工商访问局编:《商会法、工商同业公会法诠释》,1930 年 3 月出版,第 55 页。

④ 工商部工商访问局编:《商会法、工商同业公会法诠释》,1930 年 3 月出版,第 54 页。

上例,将其结果通告重行召集,以出席代表三分之二以上之同意对假决议行其决议。盖商会代表或因羁于职务出席不足法定人数,事所恒有且恐迭次开会,均不足法定数,致事务延宕不决,故设此制度以济其穷。"①

3.监察制度。1929年《商会法》设立专门的监察机构:监察委员会,其主要职责为监察执行委员会大会决议、监督商会会费的使用等。有关选举监督则规定"执行委员及监察委员选举时,区镇商会由县政府、市商会由市政府、特别市商会由社会局派员莅临监督"②。商会的监督机制,除了来自自身监察委员会的内部监督外,同时来自外部的监督即政府和国民党的监督。南京国民政府成立后,为加强对社会团体的监控,先后颁布《人民团体组织方案》、《人民团体设立程序方案》、《人民团体组织指导员任用规则》、《人民团体组织许可证书办法通则》、《人民团体职员选举通则》、《人民团体理监事就职宣誓规则》等等,其内容要点都有对商会组织及活动的监督与控制。《人民团体组织方案》规定:"团体组织完成,经当地高级党部认为健全时,应呈请政府核准章程立案。社会团体应在党部指导、政府监督之下组织之,并须依法呈请政府核准立案。"③《人民团体职员选举通则》第二条:"各地人民团体职员之选举,须由当地高级党部指定人员出席指导,并由主管官署或监督机关指定人员监选,方得举行。"第十二条:"各地人民团体职员之选举,须于办理完毕后三日内,由各该团体通知各当选人,并将其姓名、籍贯、年龄、履历及通讯地址呈报当地高级党部及主管官署或监察机关备案。"④《人民团体理监事就职宣誓规则》第二条规定:"各地人民团体理事、监事宣誓时,须由当地高级党部及主管官署或监督机关派员监誓。"⑤

4.财务管理制度。南京国民政府时期商会的经费有两种:事务费和事业费。"事务费,即办理会务应须之开支,如各办事员薪给、开会费、调查编纂、邮电书报及其他一切费用等皆属之。是项费用由会员比例于其所派代表之人数及资本额负担之。假定预算每年经费一万二千元,以会员资本额大小分为甲乙丙三等,甲等负担五千元,乙等负担四千元,丙等负担三千元。如代表总

---

① 工商部工商访问局编:《商会法、工商同业公会法诠释》,1930年3月出版,第54—55页。
② 工商部工商访问局编:《商会法、工商同业公会法诠释》,1930年3月出版,第48页。
③ 荣孟源:《中国国民党历次代表大会及中央全会资料(上册)》,光明日报出版社1985年版,第764页。
④ 蔡鸿荣、徐友春编:《民国会社党派大辞典》,黄山书社2012年版,第438页。
⑤ 蔡鸿荣、徐友春编:《民国会社党派大辞典》,黄山书社2012年版,第439页。

数为三百人,甲乙丙各占三分之一,依次计算结果,再以某一会员之代表人数乘之,即得某一会员之负担额。其公会会员之资本额,如使用人之例,以公会所属各商店之资本额,综合计算之。"①兹将上述分配方法可直观表示如下:

经费总数　　负担成数　　所占会员数

$12000 \times 5/12 \div 100 = 50$ 甲等每一代表平均应负担额数

$12000 \times 4/12 \div 100 = 40$ 乙等每一代表平均应负担额数

$12000 \times 3/12 \div 100 = 30$ 丙等每一代表平均应负担额数

设某一甲等会员代表人数为五人则 $50 \times 5 = 250$ 即为某一会员负担费,依次类推。

"事业费,即设办商品陈列所、商品学校或其他关于工商公共事业等费,是项费用由会员大会议决筹集之。"②

三、抗战及战后时期

抗争全面爆发后,南京国民政府实行战时统治经济政策。从 1937 年开始,政府出台一系列管制法规,对社团整顿严加管控。

1938 年 4 月 23 日颁布《非常时期农工商团体维持现状暂行办法》,详细规定了战区农工商团体的暂行管理办法。1938 年 10 月颁布《战时民众团体整理办法》,对民众团体加强管理,也是国民党对民众团体实施管制政策的开始。1940 年 6 月 1 日实施《非常时期人民团体组织纲领》,规定"各种人民团体之成立,须先经政府之许可,并以行政区域为其组织之区域。职业团体之会员入会,均以强制为原则"③,对成立各种人民团体严格控制,并强制要求入会。1940 年 10 月 1 日则颁布专门有关强制入会与限制退会的法令《非常时期职业团体会员强制入会与限制退会办法》,明确规定:"凡合于农会、渔会、工会、商会、同业公会、律师公会、会计师公会、新闻记者公会、医师公会、药师公会、工程师公会等各种职业团体会员资格之从业人员或团体,均应加入当地各团体为会员,非因废业或者迁出团体组织区域、或受永久停业处分者,不得退会。凡拒绝入会之从业人员或下级团体,得给予罚款、停业或整理、解散等

---

① 工商部工商访问局编:《商会法、工商同业公会法诠释》,1930 年 3 月出版,第 56—57 页。

② 工商部工商访问局编:《商会法、工商同业公会法诠释》,1930 年 3 月出版,第 57 页。

③ 中国第二历史档案馆编:《中国抗日战争大辞典》,武汉出版社 1995 年版,第 426 页。

处分。"①1941年6月颁布实施《非常时期工商业及团体管制办法》,为国民政府管控工商业组织最为严厉的一项法令。第十条规定:"必需品业同业公会应依照非常时期职业团体会员强制入会与限制退会办法,督促同业公司行号工厂加入公会,并限制退会,其未能依法组织同业公会之公司行号工厂应即加入公会,必需品业同业公会应一律加入商会。违反前两项之规定者,由主管官署依照非常时期职业团体会员强制入会与限制退会办法第三条之规定,予以处分。"②

除以上一系列管控措施外,国民政府还专门出台一些关于商会和同业公会的法规。1938年后陆续颁布《修正商会法》、《修正商会法施行细则》、《商业同业公会法》、《商业同业公会法施行细则》、《工业同业公会法》、《工业同业公会法施行细则》、《输出业同业公会法》、《输出业同业公会法施行细则》等。这些法规是国民政府为适应战时特殊时期经济统治的需要而采取的不同经济统制。

在沦陷区、汪伪政府也实行对社会团体整顿运动。汪伪南京政府成立后,先是成立社会运动指导委员会从组织上加强对商会等社会团体的管控,接着颁布一系列法令,加强对沦陷区工商组织的治理,如《修正商会法》、《商会统制暂行办法》和《工商同业公会统制暂行办法》等。

(一)调整组织架构

1.会员。1938年1月《修正商会法》规定:"商会会员分两种:公会会员和非公会会员。一、工业商业输出业各同业公会均应加入该区域之商会,称公会会员。但工业或输出业同业公会以加入事务所所在地之商会为限。二、无同业公会之工业商业输出业各公司行号均得加入该区域之商会,称为非公会会员。他区域之工厂所设旧卖场所视同公司行号。有同业公会之各业公司行号不得为商会非公会会员。"③新的商会法规定各业及公司行号均应加入商会,是为强制手段入会。同时要求"各会员均得举派代表出席商会,称为会员代表"。会员代表资格的审查,除规定消极资格"褫夺公权者、受破产之宣告尚未复权者、无行为能力者、吸食鸦片或其他代用品者"外,新增两条:"背叛民国政府经判决确定或在通缉中者"、"曾服公务而有贪污行为经判决确定或在

<hr>

① 中国第二历史档案馆编:《中国抗日战争大辞典》,武汉出版社1995年版,第428页。
② 中国第二历史档案馆编:《中华民国档案资料汇编(第5辑第2编)·财政经济五》,凤凰出版社1997年版,第16页。
③ 经济部编:《经济法规汇编(第2集)》,商务印书馆1938年版,第55—56页。

通缉中者"①,足以表明抗战时期国民政府对商会组织的管理和渗透。

战后商会会员与抗战前区别不大,战后商会会员有两种,即公会会员和商店会员。其中,公会会员又分商业、工业、输出业同业公会三类。战后国民政府对工商业入会仍采取强制手段。但由于国民政府的摊派增多,物价飞涨、通货膨胀,出现了大量退会的现象。尽管国民政府在战后委托商会办理工商业登记,强制要求必须加入商会。但在实际中未加入商会的工商行号不在少数。

2.会员大会。1938年《修订商会法》规定,国统区商会的最高权力机关是会员大会,"会员大会分为定期会议及临时会议两种,均由执行委员会召集之。定期会议每年至少召开一次,临时会议于执行委员会认为必要或经会员代表十分之一以上请求,或监察委员会函请召集时召集之。"②

战后会员大会依然是商会的最大权力机构。与战前一样,战后会员大会会议设置一样,只是委员制改为了理事制。

3.领导群体。1938年1月颁布的《修订商会法》规定:"商会之执行委员会及监察委员会由会员代表中选任之,其人数执行委员会不得逾二十一人,监察委员会至多不得逾十一人。执行委员互选常务委员,并就常务委员中选任一人为主席。执行委员会及监察委员会之任期均为四年,二年改选半数,不得连任。"③

战后商会组织机构采取理监事制,其他组织机构设置与战前区别不大。只是执行委员改称为理事、监察委员改称为监事、主席改称为理事长。但战后商会的职员人数比战前增加不少。以天津、上海为例,"1932年天津市商会共有执监委员(含候补)32人,其中执行委员15人、候补执行委员7人,监察委员7人、候补监察委员3人。1946年,天津市商会有理事25人、候补理事11人,监事7人,候补监事3人,共计46人,比1932年多出近一半。1948年,上海市商会理监事人数甚至多达68人,其中理事35人、候补理事17人,监事11人,候补件5人,比战前多出一倍有余。"④

战后商会组织架构如下图:

---

① 经济部编:《经济法规汇编(第2集)》,商务印书馆1938年版,第56页。
② 经济部编:《经济法规汇编(第2集)》,商务印书馆1938年版,第57页。
③ 经济部编:《经济法规汇编(第2集)》,商务印书馆1938年版,第57页。
④ 具体参见李娇:《中国近代商会立法与商会治理》,华中师范大学硕士论文,2013年,第56页。

商会
├─ 会员
│   ├─ 商业同业公会
│   ├─ 工业同业公会
│   └─ 输出业同业公会
├─ 会员大会
└─ 理监事制
    ├─ 理事 ── 理事长
    ├─ 候补理事
    ├─ 监事
    └─ 候补监事

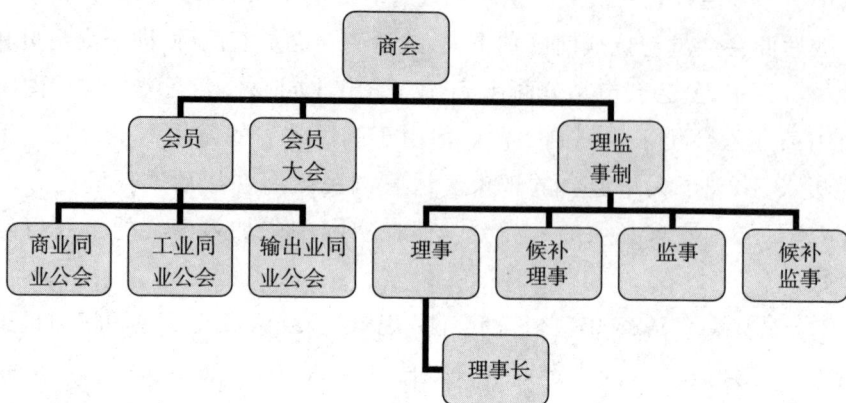

（二）调节运行机制

1.选举制度。

1938年《修订商会法》规定："会员代表之表决权选举权比例于其缴纳会费单位额由其所派之代表单独或共同行使之，每一单位为一权。公会会员代表之表决权选举权以其所缴会费比照单位计算权数。"①与1929年《商会法》比，最显著差别在于此时的权数制不再以人为衡量标准，改为与缴纳会费多寡密切相关。战后商会的选举与战时基本一致。

沦陷区，根据汪伪政府《商会法》条文，选举权及表决权与1938年《修订商会法》规定一样，不再赘述。

2.议事制度。与抗战前一样，抗战时期国统区的议事制度基本一致，实行委员制。"执行委员会每月至少开会一次，监察委员会每两个月至少开会一次。"有关议决制度第二十五条规定"会员大会之议决以会员代表表决权过半数之出席，出席权过半数之同意行之。出席权数不满过半数者得行假决议，在三日内将其结果通告各代表，于一星期后二星期内重行召集会员大会，以出席权过半数之同意对假决议行其决议。"第二十六条"左列各款事项之决议以会员代表表决权数三分之二以上出席，出席权数三分之二以上之同意行之。出席权数不满三分之二者得以出席权数三分之二以上之同意行假决议，在三日内将其结果通告各代表，于一星期后二星期内重行召集会员大会，以出席权数三分之二以上之同意对假决议行其决议。一、变更章程。二、会员或会员代表

---

① 经济部编：《经济法规汇编（第2集）》，商务印书馆1938年版，第56页。

之处分。三、委员之解职。四、清算人之选任及关于清算事项之决议。"①

战后商会的议事程序与议决制度与抗战时一样,依然体现理监事的集体意志。

3.财务管理制度。1938年1月《修订商会法》规定商会经费分为两种:事务费和事业费。事务费"甲、公会会员以其公会所收入会费总额十分之一至十分之二,于章程规定由各公会负担之。乙、非公会会员比例于其资本额缴纳之资本额在一千元以下者所纳会费额为一单位,逾一千元至二千元者为一单位又二分之一,逾三千元至五千元者为二单位,超过五千元者,每增五千元加一单位,其单位额由会员大会议决之。"事业费"由会员大会议决经地方主管官署核准筹集之"。同时又规定"非公会会员之公司行号依据法令登记资本额者依其登记之额,其未登记资本额之行号及工厂所设之售卖场所应将资本额报告所属之商会,公司行号设有支店加入不同区域之商会时,其资本额应于本店总额内自行分配,报告于本店及支店所属之各商会,其本店会费应按其报告之额减少之"②。

商会经费之预算决算及其事业之成绩每年须编辑报告刊布之,并呈报隶属行政院之市政府或呈地方主管官署转呈省政府转报实业部备案。

战后商会经费根据商会章程规定依然分为两种:事务费和事业费。只是战后商业衰落,摊派繁重,商会经费入不敷出,日常运作困难。

第三节　民国时期济南商人组织管理

进入民国以后,济南市不同阶段商会章程的制定都是依据政府的《商会法》、《工商业同会法》等制定,并且向政府备案同意后方可实施执行。1932年济南市商会的成立更是在山东省政府主席韩复榘的亲切关怀指导下成立的。1929年南京国民政府颁布《工商同业公会法》和《工商同业公会法实施细则》后,济南市政府就制定颁布《济南市同业公会模范章程》,共6章25条,成为济南市各同业公会的成立、改选的法规依据。济南市政府对工商业组织团体的监管与控制渗透于各工商业组织的各个方面,几乎做到了事无巨细。下面以商人组织——同业公会为例,从核备组织材料、运行机制、调解纠纷等几个

---

① 经济部编:《经济法规汇编(第2集)》,商务印书馆1938年版,第58页。
② 经济部编:《经济法规汇编(第2集)》,商务印书馆1938年版,第58—59页。

方面进行分析阐述。

一、监管同业公会组织相关程序

组织的合法性是一个工商组织能否得以存在和运行的前提。1915年《商会法》第五条明确规定:"设立总商会时,须由各区域内有会员资格者五十人以上发起,详拟章程,经由地方最高行政长官咨陈农商部核准后,方得设立。设立商会时,须由该区域内有会员资格者三十人以上发起,详拟章程,经由该管地方行政长官详请地方最高长官咨陈农商部核准后,方得设立。"第四十四条:"合组或改组时,均应依据第五条之程序,经农商部核准。"①对于商会之集体会员同业公会之成立程序亦有规定:"工商业同业公会之设立,须由同业中三人以上之资望素孚者发起,并要订规章经该处总商会商会查明,由地方长官呈候地方主管官厅或地方最高行政长官核准,并汇报农商部备案。"②

从1916年济南总商会成立到1947年济南市商会,商会章程都是严格依据《商会法》制定。1916年《济南总商会章程》第二十九条"本章程由农商部核准之日发生效力"③、1932年《济南市商会章程》第四十三条"本章程如有应行修改之处,呈报地方主管官署转呈省政府转报实业部备案"与第四十五条"本章程于呈准备案后施行"④、1947年济南市商会章程第五十一条"本章程如有未尽事宜,经会员大会之议决呈准市政府修正并逐级呈报备案"与第五十二条"本章程呈准市政府、市党部备案施行,并转请报部备案"。⑤ 济南市各工商组织不仅仅在章程中是这样规定的,实际运作中也是按照上级规定及本会章程执行的。

工商业同业公会组织从发起筹备、到送检章程、申请成立、成立过程、职员任免、会址更改、经费变更等一切组织合法性方面的事宜都需要向地方主管呈报,待批复后方可有效。以济南市机器铁工业同业公会为例,从筹备到成立,无不在政府的监管下进行,1942机器铁工业呈文称:"今各业俱已依照公会法

---

① 彭泽益主编:《中国工商行会史料(下册)》,中华书局1995年版,第977—978页。

② 彭泽益主编:《中国工商行会史料(下册)》,中华书局1995年版,第985页。

③ 济南市工商联合会、济南总商会编印:《济南工商文史资料(第2辑)》,1986年,第343页。

④ 济南市工商联合会、济南总商会编印:《济南工商文史资料(第2辑)》,1986年,第329页。

⑤ 济南市工商联合会、济南总商会编印:《济南工商文史资料(第2辑)》,1986年,第358页。

逐渐组成同业公会,取得合法保障。而本市机器铁工厂同业现已发展至十一家之上,已超过组织公会法定数目以上,拟即联合依法组织机器铁工业同业公会,谋同业之发展,所以本市同业意见已趋一致,拟即着手筹备组织事宜,可否准予成立之虑,理合具文呈请钧署鉴核批示只遵。"①济南市公署批示"批具呈人张敏齐等呈一件:为拟组织机器铁工业同业公会呈请核示由,呈悉。仰推代表三人,自行约定时间,前来本署社会局,听候面询一切,此批。"②经过社会局同意后,先后于 7 月 5 日与 7 日召开两次筹备会议商讨公会成立事宜,筹备完成拟召开成立大会,呈文"召集同业讨论进行办法,结果一致赞同踊跃参加,拟定于八月四日假本市商埠商会开会成立大会选举董事并复选会长,理合缮具会员名册一份、简章一本、会议记录一本、空白票一百张,备文呈请钧署届时派员监选指导一切,实为公便。"③经市公署第 2593 号批示"呈件均悉。准予派员监选"④后,准时举行选举大会,并就选举经过呈报"鉴核事窃本会奉令筹备,未数日大致就绪,于八月四日下午二时假商埠商会开成立大会,计到会员四十二家,蒙警察总署市新民会市商会该管区警察分所诸主管机关各派要员莅场指导,至时如仪开会,票选结果王理符当选为会长,李世福、邱伯君当选为常务董事,张敏齐、李庆亭、尹汉亭、李玉恩当选为董事,张德厚、刘玉亭当选为候补董事,刘殿甲、刘智育、吴紫瑞当选为监事,王钧五当选为候补监事,理符自分材薄勉应重寄谨于八月五日暂假齐鲁铁厂为临时会址,正式就职,拟请钧署核发铃记一颗以昭信守而利会务,所以本会成立经过就职日期及请颁铃记,各缘由理合具文,呈请鉴核备查训示,只遵实为公便。"⑤济南市公署指令"准予刊发"⑥。领到铃记,启用时间仍需呈请本案方可生效,"请领并将启用日期连同印模三份呈署备查为要,此令。奉此遵于八月二十八日请领到会并于是

①　"为拟组织机器铁工业同业公会请核示由",1942 年 5 月 20 日,济南市档案馆藏历临 76—1—22。

②　"呈拟组织机器铁工业同业公会恳请核示等饬仰推代表三人来署听询由",1942 年 6 月 13 日,济南市档案馆藏历临 76—1—22。

③　"为机器铁工业同业公会筹备就绪定期成立就派员监选由",1942 年 7 月 24 日,济南市档案馆藏历临 76—1—22。

④　"据呈为机器铁工业同业公会定于 8 月 4 日开成立大会检同章程等件请派员监选等情准派员监选仰知照由",1942 年 8 月 3 日,济南市档案馆藏历临 76—1—22。

⑤　"公会成立恳请颁发铃记恭呈鉴核事",1942 年 8 月,济南市档案馆藏历临 76—1—22。

⑥　济南市公署指令第 1143 号(实字第 1124 号),1942 年 8 月,济南市档案馆藏历临 76—1—22。

日敬谨启用,理合检同印模三份,具文呈报鉴核备查,实为公便。"①且济南市公署第1237号训令"呈件均悉,准予备案仰即迅速造呈章程会员名册职员名册各三份,以凭转报为要此令",接到训令,机器铁工业同业公会呈文称:"奉此遵即赶急办理,兹已缮造完后,理合检同职会章程、会职员名册各三份备文呈送备案。"②至此,机器铁工业同业公会组织审查程序才得以结束。

当然这种组织程序的审核,并不代表最终结束,职员的选任也需报备。机器铁工业公会就任用职员呈文称:"属会自成立以至于今日所有一切文件、会计庶务等项均由张鸿钧及怀锦章二人负责办理,现以事务日形繁剧,每日又添派陈星文一人前往经济指导班担任调查工作,拟请即以张鸿钧为属会事务主任,怀锦章、陈星文二人为事务员,俾资驾轻就熟,理合缮具各该员简明履历各一份,备文呈送恭请钧署鉴核准予加委以专责成实为公便。"③根据公署训令调查到差日期,公会呈文称"张鸿钧、怀锦章二员于本年八月四日本会成立时到差服务,其陈星文一员于同年十月一日到差,奉令前因,理合备文呈报",公署第3559号训令"呈件均悉,所请照准,兹随令发给委任状三件,仰即转发各该员只领,并将到差日期,具报备查,此令"。④

以上案例是以机器铁工业同业公会组织成立为例,剖析上级官署的行政监管过程。其实在民国济南的任一时期,任一同业公会组织的成立、改选进程、职会员名册等都是在主管官署的监督下进行的。1930年棉业公会改组为棉业同业公会时呈文"钧局训令改组为棉业同业公会等因,奉此当即遵照同业公会组织法召集同业开会,由同业公推七人为发起人,筹备一切,现已筹备就绪,理合抄具简章并会员姓名清册各一份,呈请钧局准予备案以便选举实为公便。"⑤1943年南纸业同业公会呈文称:"钧署第1565号指令遵于去年十一月二十八日上午十时假舜耕街二号召开会员大会改选完竣并蒙钧府派员监选,备在案查属会会员代表共计一百二十六人,是日出席者九十八人,原系董事九人,监事三人,依法应改选半数,董事刘建勋前已因事辞职,当经抽签结果

① "为启用圆记日期呈报备查由",1942年8月,济南市档案馆藏历临76—1—22。
② "为呈报机器铁工业同业公会章程会职员名册各三份备文呈送恭请鉴核备案由",1942年9月,济南市档案馆藏历临76—1—22。
③ "呈报事务主任及事务员备文呈送钧署鉴核准予加委事由",1942年12月,济南市档案馆藏历临76—1—22。
④ "呈报职员到差的呈文",1943年1月23日,济南市档案馆藏历临76—1—22。
⑤ "呈为组织棉业同业公会并送会员清册请求准予备案由",1930年10月17日,济南市档案馆藏历临76—1—8。

去职,董事王经五、卢芑忱、周重华等三人留任,董事刘玉轩、刘宗喜、梁润生、张礼贤、李鸿钧等五人去职,监事靳甫臣留任,监事司炳臣、曾云章等二人改选,结果王垚生五十八票、许赞唐四十四票、孟庆云三十五票、任应南三十四票均当选为董事,张庆宸二十八票当选为候补董事,高旭东十一票当选为监事,张星航九票当选为候补监事,复由新旧董事中票选王垚生、许赞唐、任应南等三人为常务董事并由常务董事中选任王垚生为会长,嗣以王垚生辞任会长未曾就职,呈蒙钧府第五二三号指令准尹辞职。复于今年二月十四日下午二时召开董监事联席会议,在钧府派员监视之下仍票选王垚生、许赞唐、任应南等三人为常务董事,由常务董事中选任应南为会长,均于当日就职,视事除将改选情形具报外,理合检附职员会员名册三份,备文呈请钧府鉴核备案,实为公便。"①此呈报可看出,政府监管事宜极为细致,涉及改选时间、地点、出席人数、票选概况等,可谓关怀备至。在济南市工商同业公会档案中,这种组织成立的监管例子不胜枚举。济南市陶器业同业公会成立后,仍需一些具体事务请示主管官署,"为呈请刊发钤记,以便进行会务事,窃因敝会于本月十三日,已遵令选举正式成立,并蒙钧署莅场监视,各在案,理合呈请钧署刊发钤记,以便进行会务,实为公便。"②11月再次呈文"呈为具领圆记事,窃敝会圆记,奉钧署批示,准予刊发,等因,奉此,理合具状钧署,并附上刊费叁元,请即照发,实为公便。"③济南市公署指令批复"为呈报启用圆记日期检同印模新模备由呈件均悉,准予备案"④。

在公会组织实际运行中若有新的会员加入退出、职员的更换、会址的变更等仍需尽快向市公署呈报备案。1943年白灰业同业公会呈报"窃据本会会员同盛窑厂经理董宝齐,润盛灰厂经理张润江及景泰灰厂经理牛景武等呈称窃会员等资本短少、营业不振,系无力进行,恳请准予歇业以免赔累等情,据此查各该会员董宝齐等所称资本短少、营业不振各节,当经职会派员复查尚属实情,自应准予歇业,理合备文呈请钧署鉴核府赐准予歇业并恳请转呈备案,实

①　"为呈报改选情形并请准予备案由",1944年4月10日,济南市档案馆藏历临76—1—28。

②　"为呈请刊发钤记,以便进行会务由",1942年10月19日,济南市档案馆藏历临76—1—48。

③　"为呈缴刊费请领取陶瓷业公会圆记由",1942年11月4日,济南市档案馆藏历临76—1—48。

④　"据呈报启用圆记日期检同印模新模等情准予备案由",1942年11月23日,济南市档案馆藏历临76—1—48。

为公便。"①同日又呈文"窃职会兹有新梁庄恒兴窑厂经理张维焕及五里牌坊永兴号经理吴思方等均恳请自愿加入职会,并遵守会员一切规程,所有入会手续业经办理完竣,理合缮具新入会会员名册三份备文呈请钧署鉴核府赐准予转呈备案,实为公便。"②1936年济南市镶牙业同业公会主席万晋三呈文称:"窃因属会常务委员李文德及执行委员孙俊凯、万殿臣等三人业经先后离济去职,其常委李文德遗缺,以候补执委张宝奎递补至于执委,孙俊凯、万殿臣等二人遗缺当经补选何永源、周景文二人为候补执委,依法递补所有。属会各委员去职及递补情形,理合备文呈报鉴核施行,实为公便。"③济南市政府收到呈文,立即呈报山东省政府"窃以本会常务委员李文德及执行委员孙俊凯……等情,据此。经核实尚无不合,除指令外,理合备文呈请钧府鉴核转咨备案。"④同时济南市政府训令镶牙业同业公会"呈悉。已转呈山东省政府核转备案矣,仰即知照。此令。"⑤

即便像会址迁移之事,也需呈报主管官署。1932年食物业同业公会呈文称:"属会自民国二十年三月成立设事务所于商埠经四路纬三路西清和里,兹以办公便利起见,于六月一日迁移西关周公祠街六号,理合将迁移日期呈报钧府鉴核备案施行。"⑥电料业同业公会呈"窃查属会城内西门里原会址于事务上诸感不便且不敷应用,已于本月二十八日迁移麟祥门外迤南鲁东一百十八号,即日开始办公。除分呈外,理合呈请钧署鉴核备查,实为公便。"⑦生铁业同业公会呈文"属会会址向系暂借房屋仅雇一时办理要务之用,彼时原无多可以敷衍,近来事务增多,若无相宜地点实难处理。现租妥皖新街门牌十一号

① "呈为本会会员员同盛窑厂经理董宝齐等资本短少无力经营恳请准予歇业等情呈请鉴核府赐准予备案由",1943年1月26日,济南市档案馆藏历临76—1—15。
② "呈为职会新入会员新梁庄恒兴窑厂经理张维焕及五里牌坊永兴号经理吴思方等所有入会手续业经办理完竣,理合缮具新入会会员名册三份备文呈请钧署鉴核府赐准予转呈备案由",1943年1月26日,济南市档案馆藏历临76—1—15。
③ "呈为报告常委委员李文德及执行委员孙俊凯、万殿臣等三人去职及递补由",1936年12月,济南市档案馆藏历临76—1—95。
④ "据呈报常务李文德等去职及递补情形请鉴核等情已呈请核转备案由",1937年1月14日,济南市档案馆藏历临76—1—95。
⑤ "据呈报镶牙业同业公会委员李文德等去职及递补情形已核转备案,仰饬知照",1937年2月1日,济南市档案馆藏历临76—1—95。
⑥ "呈为迁移会址日期请鉴核备案由",1932年5月30日,济南市档案馆藏历临76—1—37。
⑦ "本月二十八日迁移麟祥门外一百十八号恳请核备由",1943年3月29日,济南市档案馆藏历临76—1—31。

院内东屋四间作为办公之用,稍加修葺,现已完竣,于八月二十九日迁移,自九月一日在该处开始办公,为此呈明伏乞钧署鉴核。"①

二、监管同业公会运行机制

1.监管同业公会组织选举。同业公会的选举关乎领导群体,也是能否体现公正、公平。因此,作为主管官署在派出指导员莅临现场监督选举,并要求同业公会和派遣人员分别呈报选举过程报告,以达到对选举过程的监控。如有出入,则直接给予否认。1934年6月6日冶铁业同业公会在普利门外普安水会召开改选大会,济南市政府派刘星符监选。事毕,刘星符呈报"为呈报事奉谕派赴本市冶铁业同业公会监视改选等因,遵于本月六日下午一时前往,计到会员代表共计二十九人,由主席牛寿三报告如仪开会,首由历城县党部委员苏守贵指导抽签,计抽掉执行委员冯红喜、梁文超、冯全巅,次即开会投票,计应选执行委员李建如、王文喜、王守仁三人,候补执行委员艾传谟、王纪水二人。至该会主席及常务委员,除由执行委员另行开会推举呈报外,谨将监事选情形及新选执委等各员所得票数列后,签请鉴核。计开:执行委员,李建如二十五票,王文喜二十五票,王守仁二十四票;候补执委,艾传谟四票,王纪水三票。"②1934年5月济南市府职员刘家祥监选钟表眼镜业同业公会"为报告事奉:谕派赴钟表业同业公会监选等因,遵于十四日下午二时前往。该会会员,因连年歇业退会,现只有十二家,职员只剩郑章斐等五人,当以会员代表二十五人均到齐,遂开会议决:修改章程第十一条,定委员为七人,旧有委员五人仍留任,另选二人补充。由县党部委员代表苏守贵指导发票选举,当选出應荣昌、崔理齐等二人为执行委员,毛昌元、方天祥等二人为候补执行委员,理合缮具该会委员名单,呈请鉴核。"③

表3—1 济南市钟表业同业公会委员名单一览表

职务	姓名	票数
执行委员	郑章斐	留任

---

① "呈明会址移动以便送交文件",1942年9月,济南市档案馆藏历临76—1—32。
② "为呈报监选事项及得票数由",1934年6月7日,济南市档案馆藏历临76—1—33。
③ "呈报钟表业改选过程及当选委员由",1934年5月14日,济南市档案馆藏历临76—1—85。

续表

职务	姓名	票数
执行委员	卢敬之	留任
执行委员	房德三	留任
执行委员	郑兴亚	留任
执行委员	许祖庚	留任
执行委员	應荣昌	十九票当选
执行委员	崔理齐	十三票当选
候补委员	毛昌元	七票
候补委员	方天祥	四票

资料来源:"呈报钟表业改选过程及当选委员由",1934 年 5 月 14 日,济南市档案馆藏历临 76—1—85。

2.经费

经费是同业公会日常会务运转的基本保障。政府部门多是监管经费的收取和开支。经费的收取标准,在各同业公会制订的章程中都有明确规定,并且呈报上级主管官署备案后生效。如新药业同业公会规定:"本会经费由入会会员按资本等级参照营业状况比例担任之。"①济南市油漆业同业公会规定:"本会经费分两种:一事务费,由会员比例于其所派代表之人数及资本负担之。二事业费,由会员大会议决微集之。"②因此,如若公会提高会费标准,必须呈报上级主管官署,方可执行。铁业同业公会 1942 年"呈为经费不足会议增加会费拟具改编预算呈请鉴核速赐指令只遵事窃查经奉钧谕保送事务员受训及规定员役薪资各等因,奉此亟应遵办,更兼粮食飞涨,开支浩繁,所收会费不敷甚巨,属会于十一月十六日召开会议大会商讨办法,经众议决会费自九月份起增加一倍,改编预算记录在卷,所有属会议决增加会费改编预算办法,各缘由是否有当,理合抄同加费等决清单,改编九月份预算书备文呈请钧署鉴核速赐指令只遵。"③具体增加数目见表 3—2。

---

① "济南市新药业同业公会章程",1941 年 11 月,济南市档案馆藏历临 76—1—115。
② "山东省济南市油漆业同业公会章程",1943 年 1 月,济南市档案馆藏历临 76—1—77。
③ "呈为经费不足会议增加会费拟具改编预算书呈请鉴核速赐指令只遵由",1942 年 12 月 30 日,济南市档案馆藏历临 76—1—28。

表3—2　议决增加会费等次数目清单一览表

等次	家数	每家缴费数目	合计
甲等	十家	陆元	陆拾元
乙等	十四家	肆元捌角	陆拾柒元二角
丙等	十三家	叁元六角	四十六元八角
丁等	三家	二元四角	柒元二角

资料来源："呈为经费不足会议增加会费拟具改编预算书呈请鉴核速赐指令只遵由",1942年12月30日,济南市档案馆藏历临76—1—28。

同一月色纸业同业公会也召开会员大会,讨论增加会费,其原因几乎和铁货业同业公会相同,可见当时物价飞涨,公会日常运营困难。有关缴纳会费等次数目如下。

表3—3　色纸业同业公会缴纳会费等次数目一览表

等次	家数	每家缴费数目	合计
甲等	五家	柒元	五角
乙等	十一家	肆元	陆拾元陆角
丙等	六家	五元	叁拾元
丁等	六家	叁元	拾捌元
戊等	八家	壹元五角	拾贰元

资料来源："呈为缴费不足会议增加会费拟具改编预算呈请鉴核速赐指令只遵由",1942年12月28日,济南市档案馆藏历临76—1—28。

济南市制鞋业同业公会"呈为呈报事窃职会自成立以来限于会费之薄微收入太少,是以对于会务之进展实有重大妨碍。兹为发展会务谋同业之公共利益计特于本月一日召开董监联席会议,当经表决自三十一年一月份起实行强化同业登记并增加会费以利办公,议定会费份特等与甲乙丙等四种,特等每月会费三元,甲等每月二元,乙等一元五角,丙等一元。同业店员三人以上者为特等,三人位甲等,两人为乙等,一人为丙等,除留有议决案存查外,理合备文呈请鉴核备案施行只遵实为公便。"[1]

同样经费收支报表也需及时呈报主管官署。济南木料业同业公会"呈为呈送事案奉钧署社字第七五号训令内开,为令遵事查本市各工商同业公会预

---

[1]　"为呈报增加会费事",1942年2月3日,济南市档案馆藏历临76—1—82。

决算及主要会议之办理情形应呈报本署备案,前已令饬遵办有案,近查遵令造报者固属甚多,而延未办理者亦复不少。似此玩忽功令不成事体,兹再重申前令。自本年七月份起每届月终各该公会务需将每月预决算及主要会议办理情形及工作状况分别造报来署,以资查考。除分行外合行令仰该会遵照办理,勿得视为。具文倘在延不遵办者,定将该会负责人严加议处,其各凛遵勿违切切指令等因,奉此遵即按期缮造七月份收支计算书一份理合呈请备案。"①收支概况见表3—4。

表3—4 济南市木料业同业公会民国二十九年七月份收支对照表

（单位:元）

科目	收入数	支出数	备注
上月结存	无		本会素无基金以支出多少由会员分摊共十四家会员担任之故逐月无结存
本月收入	八七八〇		
会长一员		二〇〇〇	会长系义务职不支薪俸每月津贴车马费计如上数
文牒兼书记		三〇〇〇	文牒兼书记月支薪金如上数
纸张笔墨		三五〇	公文纸信纸信封等墨汁笔等计支如上数
杂支		二三〇	报费茶水计如上数
交际		一二〇〇	零星酬酢及一切公份等计如上数
捐助		二〇〇〇	慈善团体捐助募集等计支如上数

资料来源:"为呈送七月份收支计算书请鉴核由",1940年8月12日,济南市档案馆藏76—1—78。

济南市砖瓦业同业公会"呈为呈报窃查属会三十年五月份款项收支报告表前经呈报在案,兹查本年六月份会务如常所有月内收支各款,业经结理清楚,理合造具报告表一份一并呈请公署鉴核,至为公便"②。收支报告表见表3—5。

表3—5 济南市砖瓦业同业公会民国三十年六月份收支款项报告表

收项	旧管	上月结存洋四元五角七分
	新收	会费洋一百五十元
	合计	共收入洋一百五十四元五角七分

---

① "为呈送七月份收支计算书请鉴核由",1940年8月12日,济南市档案馆藏76—1—78。
② "为呈报三十年六月份款项收支报告表由",1941年7月28日,济南市档案馆藏76—1—89。

续表

付项	支付	薪金洋三十元
	支付	工资洋二十四元
	支付	文具费洋六元五角七分
	支付	消耗品洋三十八元九角
	支付	房租洋三十四元
	支付	书报费洋二十一元一角
	结存	无
	合计	共支出洋一百五十四元五角七分

会长：解心齐　委员：吴石侨　会计：高星垣

三、监管同业公会行业业务

1.严格审核章程

针对各同业公会呈报章程内容并不是一味备案,如审核发现不符合政府规定,当然返回不予备案,同时提出修改要求。这种情况在同业公会档案中多有体现。如济南市政府训令第 320 号:令屠宰牛肉业同业公会为令知事,案查前据该会呈送章册请予核转一案,当经指令并转呈在案,兹奉山东省政府实业厅第 1497 号指令内开,查所送屠宰牛肉业同业公会章程第二十一条"委"字应改为"会"字;第二十三条"及"字应改为"并呈由地方"五字;"备案始生效力"应改为"转呈省政府转咨实业部备案",除由本厅代为更正,检同原件,据情呈请省政府鉴核转咨实行外,仰即遵照,转饬更正,等因,奉此,合行令仰该会即便遵照。① 山东省政府建设厅训令(第 4783 号)令济南市政府:案奉省政府实字第八零六二号训令内开:"案查前据该厅呈送济南市钱业同业公会章程及汇票章程请核转备案等情。当经据情转咨并指令在案。兹准实业部商字第二八五四七号咨复内开:关于济南市钱业同业公会请将汇票章程备案一案,前准贵省府:一、济南市钱业同业公会章程应行修改各点:第二十三条末句应加"并呈请主管官署核定报部核准备案"十五字。第二十四条"实业部"下应加"财政部"三字。二、济南市钱业同业公会汇票章程应行修改各点:第六条"否则"下各句应删。第九条"可注明未见票根"下应加"字样"二字,同条"该

① "奉令该会章程不合代为更正检同原件转请咨部等因仰遵照更正由",1932 年 3 月 17 日,济南市档案馆藏历临 76—1—34。

票根仍未到"应改为"该票根仍未到达"。第十二条"如逾限则不负责"七字应删。第十五条"生有"之"生"字应改为"设"字。第二十八条"设票汇电汇有格外纠葛时"应改为"或票汇电汇遇有特殊纠葛时",同条"议处之"三字应改为"各规定议决办理"。第二十九条全文应改为"本章程仍有应行修改之处,应由本公会议决修正呈部核准备案"①。

山东省公署指令:令济南市长呈一件为据日用碎货业鱼业等公会成立呈送章册等件请核转备案由。呈件均悉。经核转送该日货业鱼业等公会章册与本署前令准则未尽相符,复核日用碎货业公会职会员名册,多有遗漏不合规定式样之处,自难准予咨转备案,除鱼业公会职会员名册尚属相合暂存外,兹将应行改正补充各事须缮列清单连同各该公会章程名册一并随令发还,仰即分别转饬,切实参照准则依法补正,再行呈候核夺,此令。济南市日用碎货业鱼业公会章程应行改正补充各事清单:一、鱼业公会章程第三十一条应依照准则删除第三十一条,改为第三十一条以下顺推。二、日用杂货业鱼业公会章程第三十六条第一项事务费分摊标准依照准则第四十一条规定应列表补充以作准绳。济南市日用碎货业、鱼业名册应补正事项:一、会员名册漏"填报年月日"、职员名册漏"选举年月日"均应依照准则式样分别补充。②

山东省公署训令:令济南市长,案查据该市长先后呈送广货业等十五家公会章册,请核转一案,经本署分别指令并转各在案,兹准华北政务委员会实业总署工字第二五四号咨,该广货业、藤竹绳经业、绸布业、印刷业、卷烟业、铜锡业、染业、食物业、砖瓦业、碳业、粮业等十一家公会章程名册,经加复核,大致尚无不合,自应准予备案,惟酿酒业、山果业、油业、木料业等四公会章程,尚有应行改正暨补充各事项,兹分别开列清单,请转饬分别改正补充后,再为备案,等因,准此,合行检同酿酒业等四家公会章程八册并照抄清单一纸,令仰该市长转饬酿酒业等四公会遵照改正,呈候核转备案。此令。附清单一纸。山东省济南市酿酒业等四家同业公会章程应行改正补充各事项清单:酿酒业同业公会章程第六条"凡在本区域内经营烧锅业之公司行号"句烧锅二字与酿酒

---

① "奉省令准实业部等准财政部咨复济南市钱业同业公会章程及汇票章程有应行修改之点开单咨请查照饬送等因令仰转饬遵照更正具报核转饬因仰即转饬遵办",1943年10月4日,济南市档案馆藏历临76—1—40。

② "据呈送日用碎货业鱼业二公会成立章册等件请核转备案等情与章程准则规定多有未合发还章程名册病开列应行补正清单一纸饬令转饬依法补正再行呈候核夺由",1942年3月,济南市档案馆藏历临76—1—56。

业名称不合,应请转饬改正。山果业同业公会章程:第二十条董事会之职权如左而下列甲乙两项系董事与监事并列,应于条文内董事会下加入"监事会"三字方与项目相符,至所列监事职权比较简略,应依照商会章程准则第三十四条加以补充。第二十三条"董监事缺额时由候补董事依次递补……"候补董事递补监事与法规未符,应于章程中规定设置候补监事名额方合法规。木料业同业公会章程:第三十五条"可否同数取决于出席","出"字当系"主"字之该应饬改正。油业同业公会章程:第二十三条第一第二两款所列监事职权似较简略,应依照商会章程准则第三十四条加以补充。①

2.把关各同业公会规约

钟表业同业公会呈报:"兹据属会同业各号声称,因鉴物价竞相减低而生活反增高,以致工商业日行衰落,各业受此不景气影响,无不叫苦连天,具有不能维持之势。现在京沪平津汉各工商业竞相减价之,无不力谋团结提高以资挽救。济埠同业夙无团结,处此不景气环境中应即觉悟,共谋自救之策。为此迭经召集会议,决定订立行规俾同业共同遵守以维营业。谨特拟订行规五则计共二十四条,请予转呈备案等情,准此查所拟行规为维持营业似属可行,理合缮具一份,呈请钧府鉴核指示只遵。"②而济南市政府5月21日第1637号训令指出"呈暨附件均悉。查行规所刊,多与商业惯例不合,罚则一项尤出乎同业公会职权以外。该商业所请备案之处,未便照准。仰即转饬知照,附件归还。此令。"③1939年理发业同业公会呈文:"呈为遵令更正规则送请鉴核备案事窃案奉:钧府社字第二零八号指令内开呈件均悉。查所拟规则多有不合,兹经修正还发,仰即遵照签示各点,另缮具报,以凭核夺此令件还等因,发还规则一份,奉此当即遵照。签示各节逐加更正,令行缮具一份,理合备文呈送,伏乞鉴核备案,实为公便。"④蔬菜业同业公会呈:"呈为拟具订定整理业务暂行规约恳请鉴核备案,以资施行。事窃以属会矫正弊害,发展业务起见,依据公

① "准实业总署咨以该市广货等十一公会章册经核尚核应准备案惟酿酒业等四公会章程应行修改补充等因仰转饬该四公会遵照改正由",1942年11月28日,济南市档案馆藏历临76—1—78。

② "呈为同业拟定行规请转备案伏乞鉴核指示只遵由",1935年5月16日,济南市档案馆藏历临76—1—85。

③ "据呈送拟定行规请备案等情,查该行规岁列多有未合碍难照准由",1935年5月21日,济南市档案馆藏历临76—1—85。

④ "呈为遵令更正规则送请鉴核备案由",1939年8月29日,济南市档案馆藏历临76—1—92。

会章程第四条订定整理业务暂行规约十一条,所拟否当,理合缮具一份,备文呈送,伏乞钧署赐予审核备案,以资施行,实为公便。"①

3.核定物价标准

市场的重要规则是行业组织可随意调整物价。但民国时期济南市政府对物价调整有严格的把控。如有同业公会调整物价,必须呈报主管官署备案同意。1943 年戏曲电影业同业公会呈:"呈为生活高尚百物飞涨恳请准予略增票价而维现状以利营业,事窃戏曲电影同业公会自去年呈递自肃价格业蒙准予备案,各会员莫不兢兢业业奋力自勉以期减低物价之实现。惟近月来百物飞涨生活日尚,职演员等之日常生活困苦已达极点。会员等虽欲体恤,然所入票价寥寥无几,实则力与心违,处此永天雪地,营业萧条之期,若不急于设法前途将何以堪,前经各会员议决拟将票价略以增加以维现状而利营业,除分呈各主管官署备案外,理合具文申请准予备案,实为德便。"②

山东省公署训令第 300 号"呈件均悉。据此查该市长转呈各节尚属实情,维原请增加五成为数过巨,拟按原价增加二成以示体恤等,此令"③。山东省公署并没有完全同意公会增加要求,仅仅增加二成。足以表明上级主管的行政权威性和控制力。

山东省政府训令第 665 号:"令济南市长程镕:为令知事案据省会警察署长郝庆泉呈略称,据本市澡塘业同业公会长刘紫云呈,以物价腾涨十倍,但同业等仍维旧价,赔累不堪。本市较小之澡塘前后歇业者已有五家,较大之澡塘长此以往,恐亦难免蹈其前辙,影响市民卫生,伏乞钧署迅查民意,洞悉商情,澡塘业等定属困难万分,可否从权矜恤,暂准增加一倍,俟物价低落时再为恢复原价,俾免蹈接歇业,而两千劳动工不致沦为饿殍等情,附新表一件。据此查所请各节尚属实情,原请一律加倍增价,似较稍多,兹酌核实际情形,将甲乙等级、之特官盆大房间按原价加倍,其余按原价加六成以示体恤。除指令省会警察署转饬该会自九月十五日起施行增价,并饬属随时取缔外,合行标发新增

---

① "呈为拟具订定业务整理暂行规约恳请鉴核备案由",1941 年 8 月 7 日,济南市档案馆藏历临 76—1—98。

② "呈为生活高尚百物飞涨恳请准予略增票价而维现状以利营业由",1943 年 12 月 16 日,济南市档案馆藏历临 76—1—24。

③ "为省会警察转饬据济南市戏曲电影业同业公会呈请加价一案准予拟增加二成令仰遵照由",1944 年 8 月 16 日,济南市档案馆藏历临 76—1—24。

价格表，令仰知照，此令。"①

四、调控同业会员及非会员间矛盾纠纷

1936 年因市面萧条营业不振，澡塘业亏累者占三分之二。究其原因，澡塘业会员认为供过于求，设立太多。若不予以限制，深恐澡塘业衰落。为谋供求过合，自应参酌需要实况力图救济。嗣后一经歇业者不准复业，其呈请开业者不予登记，暂以一年为限，届时查看情形另行规定。于是澡塘业同业公会长魏春亭呈请市政府颁布限制澡塘业开设办法。山东省政府民副字第二六一号指令"所拟限制办法尚属可行，准予备案"。除指令市府转饬公会外，发布布告。澡塘业同业公会遵令传知各澡塘业。但澡塘业公会调查发现，近来有经三路前春华楼现改为新新池、西门月城前新民池现改为温泉池、北岗子街前玉新池现改为三新池。于是向市政府呈文称："以上三家并不在三十六家之内，现均已筹备另换股东从新开张。假使三家若不设法取缔，实与钧府布告一年限制不无抵触。现属会复开会员大会议决均因有切肤关系，不得不先行据实具文呈请钧府核准现将三家严加取缔不予登记，以符定章而维澡塘业。是否有当，伏乞批示遵行。"②济南市政府指令（第八四八号）"呈件呈请取缔新新池等三家新开业并不予登记由，呈件均悉。查新新池、温泉池、玉鑫池等三家，先后呈请开业，后在本府规定限制办法未公布以前，业经分别照准，并饬其迳向财政局登记矣，请予取缔一节着毋庸议。至所称新开业之三新池，本府并未具权有案，仰即查复核夺。"③

① "为本市澡塘业呈准加价自九月十五日起实行仰知照由"，1944 年 9 月 15 日，济南市档案馆藏历临 76—1—91。

② "为呈请取缔新新池等三家恳祈不予登记由"，1936 年 4 月 15 日，济南市档案馆藏 76—1—91。

③ "据呈请取缔新新池温泉池开设等情形着毋庸记，至所称之三新池本府并无备案仰查复核夺由"，1936 年 4 月 18 日，济南市档案馆藏 76—1—91。

第四章　民国时期商人组织个案研究——钱业同业公会

　　进入民国以后,政府的行政命令及法律手段加快了济南行业组织向近代化的转变,1918 年北京政府颁布实施《工商同业公会规则》与《工商同业公会规则施行办法》,第三条规定"工商同业公会之设立,以各地方重要各营业为限",且第五条"同一区域内之工商同业者设立公会,以一会为限"。① 法令的颁布积极推动了传统行业组织向新式组织同业公会转化。1927 年北京国民政府颁布实施《工艺同业公会规则》,确定了"各种同业公会,均为法人"②的地位,使公会组织结构更趋完善。1929 年国民政府颁布实施《工商同业公会法》,第二年接着又颁布了《工商同业公会法实施细则》,规定"凡在同一区域内经营各种正当之工业或商业者均得依本法设立同业公会",且认为"本法施行前原有之工商各业同业团体,不问其用公所、行会、会馆或其他名称,其宗旨合于本法第二条所规定者,均视为依本法而设立之同业公会,并应于本法施行一年内,依照本法改组",③强制要求各行业组织进行改组。济南市政府依靠行政手段和法律规定对辖区域内行业组织进行改组。根据档案统计,1931 年行业组织全部完成改组,同业公会数量达到 75 个④;1943 年备案的同业公会数量为 81 个⑤;1946 年同业公会数量则上升到 93 个⑥。

　　这些同业公会组织既是政府经济职能的延伸,也与人民生活息息相关。

---

① 彭泽益主编:《中国工商行会史料集(下册)》,中华书局 1995 年版,第 985—986 页。
② 彭泽益主编:《中国工商行会史料集(下册)》,中华书局 1995 年版,第 990 页。
③ 工商部工商访问局编:《商会法同业公会法诠释》,1930 年,第 88 页。
④ 《济南市人民团体一览表》,1931 年,济南市档案馆藏历临 77—14—46。
⑤ 济南市工商业联合会,济南总商会编印:《济南工商文史资料(第 2 辑)》,1996 年,第 222—226 页。
⑥ 《济南市商会所属各同业公会一览表》,1946 年 10 月 30 日,济南市档案馆藏历临 76—1—569。

同业公会组织积极参与政府及城市社会活动,促进了城市经济的发展,也在一定程度上辅助了社会的稳定。本章选取钱业同业公会为个案进行剖析,分析钱业公会的组织沿革、机构设立运作、社会活动的开展,有利于了解济南当时的社会经济状况以及社会组织的运作。

第一节　钱业公会的缘起与沿革

一、济南银钱业的发展

钱庄是传统经济条件下的一种金融机构,主要负责存款、放贷等业务。据记载早在清朝乾隆年间就有了银钱号的记录。嘉庆年间就达到了数十家,并发展为银号①。至道光元年(1821年)济南有银号、钱局及经营金融业务的商号 163 家,具体银号有②:益成号、吉陞号、协义号、丰裕号、济成号、正兴号、协和号、全盛号、同仁号、天庆号、广盛号、元泰号、西万成号、恒泰局、裕昌号、永盛号、公悦局、天源号、德和裕号、恒泰号、鸿昌号、裕成号、万镒号、玉振局、公和号、裕德号、义成号、庆成号、光聚号、崇昇号、玉成号、通泰号、通顺号、德和号、益泰局、松盛号、长信号、集益号、中和号、宝元号、协成号、天增号、福聚号、昌兴号、丰源号、隆昇号、二聚号、广泰号、凤仪局、同庆号、济昇泰记、隆福局、复成号、庆昌号、景和号、恒祥号、日升局、广和号、泰盛局、广泰号、聚顺号、裕兴号、永聚号、洪兴号、三益号、恒益号、鸿盛号、长发号、太和号、天吉号、义合局、东兴号、永顺号、义合成、聚盛号、协泰号、聚祥号、三合号、洪源局、源益局、济源号、隆兴号、万聚号、天源裕记、永成号、广茂号、逢源号、公裕号、庆顺号、同义号、历畅号、振兴号、庆聚号、吉祥号、公盛号、隆庆号、丰盛号、吉庆号、大成号、景泰号、永聚号、广憶号、同德号、庆长号、庆德号、增聚局、永茂号、庆凤号、恒茂号、信成号、永源号、谦益局、济德局、和成局、锦和局、丰盛局、茂盛局、敬聚号、广源号、大增号、瑞祥号、公益号、聚成号、森茂号、泰昌号、天元号、和盛号、和成号、日增号、益祥号、天祥号、双盛号、济泰号、恒盛号、宝兴号、庆远号、和兴号、永昌号、全兴号、同成号、迪德号、益美号、宁成号、中泰局、长丰号、增阜号、天盛号、同益号、恒盛泰记、公易号、义和号、隆吉号、聚德号、吉昌号、广丰号、元兴号、瑞兴号、永裕号、广裕号、元吉号、广庆号。

---

① 济南市史志编纂委员会编:《济南市志(第二册)》,中华书局 1997 年版,第 616 页。

② 济南金融志编纂委员会编:《济南金融志(1840—1985)》,山东新华印刷厂,1989 年,第 5—7 页;济南市史志编纂委员会编:《济南市志(第二册)》,中华书局 1997 年版,第 616 页。

　　清末光绪年间,济南有民营银号八九十家,汇兑庄七八家①。

　　北京政府时期,新式金融业——近代银行开始兴起,但传统银钱业并没有衰落,依然继续发展。1916 年银号 103 家,到 1924 年张宗昌滥发钞卷,金融市场秩序严重混乱,银号倒闭大半。1928 年由于发生"五三惨案",余下的银号纷纷收束。北京政府期间,尽管时局动荡,仍陆续有一些商人投资钱业行业,新开的银号,具体情况见表 4—1。

表 4—1　北洋政府时期济南新开银号一览表(1912—1928)

年份	家数	万元以上	资本总额	备注
	(家)	(元)	(元)	
1912	8	3	6 900	
1913	2	1	30 000	
1914	6	4	80 000	
1915	3	0	23 000	
1916	7	1	38 700	
1917	6	3	327 000	
1917 年前	1	1	40 000	
1918	7	2	87 300	
1919	5	0	16 500	
1919 年前	1	0		
1920	6	1	68 000	
1921	11	8	243 000	
1922	9	6	192 800	
1923	8	3	319 300	
1924	15	4	196 900	
1925	7	3	5 800	
1925 年前	1	0	5 000	
1926	9	3	71 700	
1927	7	3	46 500	
1928	2	0	11 000	
合计	127	47	1 960 500	

资料来源:山东地方志编纂委员会:《山东省志·金融志》,山东人民出版社 1996 年版,第 189—194 页;
　　　　陈立谨:《晚清以来济南金融业研究——晚清至 1937 年》,山东大学硕士学位论文,2007 年,
　　　　第 21 页。

---

　　① 济南市史志编纂委员会编:《济南市志(第二册)》,中华书局 1997 年版,第 616 页。

1929 年时局稳定后,实力雄厚的银号开始复业,而薄弱者则被淘汰,年底复业银号达到 27 家。1930 年韩复榘主政山东,社会秩序较为安定,工商业开始复苏,复业及新设银行又发展到 60 余家①。1933 年国民政府积极着手金融改革,银钱号依然在夹缝中生存。直至 1935 年国民政府货币改革,导致济南60 余家银钱号的 820 万元库存现银被政府没收,30 余家银号纷纷倒闭,由此济南银钱号衰落下去。南京国民政府 30 年代新开银号见表 4—2。

表 4—2　南京国民政府时期济南新开银号一览表(1929—1936)

时间	家数 (家)	万元以上 (元)	资本总额 (元)	备注
1929	9	9	184 000	
1930	3	1	18 000	
1931	7	1	35 000	
1932	8	2	55 000	
1932 年前	6	1	27 000	
1933	6	4	71 000	
1934	14	6	123 000	
1934 年前	3	1	16 000	
1935	4	4	80 000	
1936	3	0	5 000	
合计	63	29	614 000	

资料来源:山东地方志编纂委员会:《山东省志·金融志》,山东人民出版社 1996 年版,第 216—218 页;
　　　　陈立谨:《晚清以来济南金融业研究——晚清至 1937 年》,山东大学硕士学位论文,2007 年,
　　　　第 22 页。

七七事变后,时局混乱,济南银号业务开始变得不稳定。1937 年 12 月 27 日日军占领济南,日伪当局尚未对济南金融业严厉管理,各银号勉强维持业务,此时济南银号尚存 52 家,见表 4—3。

---

① 济南金融志编纂委员会编:《济南金融志(1840—1985)》,山东新华印刷厂,1989 年,第 8 页。

表4—3　济南银号统计一览表(1937年)

裕泰成	裕康	鸿记	泰源	德源	冀鲁	瑞兴公	庆聚昌
长盛公	协成	厚记	万福恒	德生	蚨聚长	鸿泰永	协聚泰
启明	麟祥	裕济	德庆	信裕	大成	和盛公	福顺德
锦丰庆	信昌	聚义	敦益厚	运昶	协兴东	同增益	德盛昶
聚兴昶	元亨	宏义	元康	福益和	恒祥	荣丰	济兴
三益太	庆泰昌	大德通	恒丰	通益	福丰厚	恒丰泰	豫鲁
三合恒	公庆	洪源	元泰				

资料来源:"军阀统治末期银号统计",1937年12月27日,济南工商史料(第1辑),1988年,第184页。

到1939年济南银号又有26家歇业。伪华北政务委员会为进一步控制私营金融业,加强对中国经济的掠夺,1942年颁布《金融机关管理规则》第三条规定"金融机关非实收股本50万元以上之股份有限公司不得经营",[①]即意味着银号资本必须实收50万元才准开业。1944年又出台新的规定,要求银号的法定资本增加为300万元。在伪政府两次的资本调整中,一些银号被迫合并,如运昶号、正德号、三合恒、福益合等。泰源号、德源号、正兴号、中兴号、福泰号、丰盛号、谦益号等银行因资本微弱,无力增资,自动歇业。继续经营的有晋鲁号、魁聚号、福顺德号、聚义号等28家。[②] 至日本投降前,济南仍营业的银号有25家,见表4—4。

表4—4　济南市银号统计一览表(1945年)

名称	经理	名称	经理	名称	经理
启明	李象九	聚庆长	董季生	元泰	张兰坡
鲁丰	程笃安	聚兴昶	李锡三	聚泰	李超千
鸿泰永	陈辅之	德聚	滕华萱	元懋	王逊臣
福东	许典五	锦丰庆	杨东南	厚记	郑龙文
大德通	戴正卿	魁聚	张聘三	洪信	许朴亭
通益	魏符村	道生	柴效田	庆泰昌	王汉三
三益太	杨伯周	万福恒	刘寿山	益兴珍	李宝臣
庆聚昌	牛敬之	元康	黄铭青	鸿记	李恒臣

　　① 天津市档案馆等编:《天津商会档案汇编(1937—1945)》,天津人民出版社1997年版,第331页。
　　② 济南金融志编纂委员会编:《济南金融志(1840—1985)》,山东新华印刷厂,1989年,第9页。

续表

名称	经理	名称	经理	名称	经理
裕昌厚	萧璧如				

资料来源:"敌伪统治时期济南市银号统计",1945 年 8 月 15 日,《济南工商史料(第 1 辑)》,1988 年,第 185 页。

抗战胜利后,国民政府于 1945 年 10 月颁布《收复区银钱业暂行管理规则》规定:"战前曾经注册,沦陷后仍继续营业者,准再清理期间继续营业;战后经敌伪核准设立者,一律停业清理;战前旧有者,确因战时停业,可提出证件声请复业。"①于是济南出现了购买战前停业银号营业执照的狂潮,以此申请复业,济南钱业呈现一时活跃态势,申请办理复业的银号达到 69 家。这种虚荣假相并没有维持多久,因物价飞涨,法币贬值,多家银号歇业。到 1948 年仍维持经营者银号有 59 家,见表 4—5。

表 4—5　济南银号一览表(1948 年)

银号名称	经理姓名	公司地址	银号名称	经理姓名	公司地址
裕兴银号	张聘三	升平街 51 号	洪兴源银号	孙汇东	经二路 267 号
裕济银号	邓霞轩	经三路 99 号	洪源银号	傅宝臣	经五路 4 号
裕泰银号	于逊斋	经五路 74 号	锦丰庆银号	赵亚文	经五路 42 号
裕泰成银号	邓墨岑	经三路 122 号	聚兴昶银号	梁子厚	纬五路 68 号
裕康成记银号	徐百川	经四路 313 号	瑞兴公银号	曹锡候	纬四路 149 号
德聚银号	许典五	经五路 20 号	正元银号	程从周	纬四路 3 号
德庆银号	王俊卿	郝家巷 19 号	麟祥银号	李振庭	经三路 370 号
德盛昶银号	李公藩	经五路 46 号	利源银号	王新三	纬二路 29 号
德生银号	王建平	经二路 476 号	荣丰银号	徐效时	经四路 315 号
协兴东银号	张均頵	经三路 110 号	和盛公银号	柴效田	望平街 14 号
协成银号	呼宗海	经五路 54 号	广茂恒银号	韩希桓	福康街 3 号
协聚泰银号	李省吾	经五路 25 号	运昶银号	滕瑞生	南门里 42 号
恒丰泰银号	荆董训	经三路 27 号	永世扬银号	穆幼生	普利街 40 号
恒祥银号	杨孝儒	崇阳街 1 号	万福恒银号	滕晋生	普利街 46 号
恒丰福记银号	张兰坡	纬五路 59 号	鸿泰永银号	戴正卿	纬五路 45 号
庆泰昌银号	牛履斋	估衣市街 77 号	蚨聚长银号	孙锡桂	纬五路 37
庆聚昌银号	杨段臣	郝家巷 19 号	长盛公银号	李印卿	纬五路 52

① 中国民主建国会济南市委员会、济南市工商联合会编:《济南工商史料(第 1 辑)》,1988 年,第 147 页。

银号名称	经理姓名	公司地址	银号名称	经理姓名	公司地址
庆兴银号	李正庭	纬五路 11 号	鸿记银号	李恒臣	纬五路 12
元丰成银号	俞子久	纬三路 60 号	厚记银号	刘伯熙	纬五路 38
元亨银号	魏慎矛	卷门巷 11 号	敦益厚银号	于国林	纬五路 26
元泰福记以后	刘子珍	纬五路 75 号	志成银号	赵伯淳	通惠街 5 号
通益银号	刘仁山	纬一东兴里 1 号	祥宁银号	赵跃亭	经三路 183 号
通裕银号	郑华村	纬五路 44 号	公庆银号	王杰三	纬四普安里 38 号
泰昶银号	俞紫东	纬三路 67 号	大德通银号	贾子玉	馆驿街 230 号
泰源银号	谢莜堂	花店街 11 号	启明银号	李象九	经三路 40 号
信昌银号	滕华萱	经二路 620 号	济兴钱庄	韩东岳	经三路 205 号
信裕公记	史达全	纬四路 1 号	冀鲁钱庄	侯秀波	西杆面巷 41 号
福顺德银号	邹恩普	纬五路 89 号	仁康银号	王逊臣	经三路 235 号
三益泰银号	杨伯阁	卷门巷 13 号	三合恒银号	王中符	将军庙街 32 号
福益合厚记	赵东鲁	竹杆巷 16 号			

资料来源:"济南银号钱庄一览表",1948 年,济南金融志编纂委员会编:《济南金融志(1840—1985)》,山东新华印刷厂,1989 年,第 10 页。

  济南解放后,济南银号申报复业者有 54 家,依照《山东管理银钱业暂行办法》批准 10 家于 1949 年 2 月前后复业。复业银号为祥宁、协成、德盛昶、厚记、德聚、广茂恒、庆泰昌、万福恒、大德通。根据山东人民政府规定,银号资本至少北海币 1 亿元,钱庄资本至少须北海币 5 千万元,上述 10 家银号均以 5 千万元申请复业,遂改称钱庄。其余银号或解散、或转行,状况如下:清理完毕后自行解散者 16 家,分别是瑞兴公、裕泰、志成、仁康、信裕、裕康、裕泰成、庆兴、荣丰、泰源、运昶、永世扬、德生、裕兴、洪兴源、裕泰;清理完毕后与获准复业者合并者 5 家,分别是协兴东、麟祥、冀鲁、济兴、启明;改营织布者 9 家,分别是泰昶、协聚泰、鸿记、通裕、德庆、三益太、三合恒、聚兴昶、和盛公;改营商行者 1 家,洪源银号;改营旅馆者 1 家,利源银号;改营货栈者 4 家,分别是元泰、长盛、恒丰、通益;改营制造肥皂者 2 家,分别是公庆、元亨;改营杂货者 1 家,福益合银号;改营木厂者 2 家,分别是锦丰庆、信昌。[1] 1951 年前后,连同复业者全部收束转业。

---

① 济南金融志编纂委员会编:《济南金融志(1840—1985)》,山东新华印刷厂,1989 年,第11 页。

二、早期组织

济南最早的金融组织叫福德会馆,由钱业人士刘丙寅集资于 1817 年创建,馆址在城内高都司巷(今济南刺绣厂分厂址),是最早的钱业团体组织。福德会馆成立后,制定了重要的行业规约,对济南金融市场的秩序维护具有重要的积极作用。道光二十九年十一月福德会馆再立碑文规约,对买银者、汇兑业务、银号经营等业务作出了详细的规定①:

> 国帑下系民生,是以城市有钱行生理,银钱两便。更有以钱贴兑用,较之现钱尤为便捷,亦因事制宜之道。无如人心不古,私铸业生,搀合混真,亏偏间阎,以致拣换不休,挑剔勒补,甚至纠人横闹,势欲抢辱,商贾不安。伊于胡底年来,叠次禁止,揽未能清流节源,诚为市□之大害,询属合省所共愤。现已呈请县示,将私铸断绝,行使九八官板制钱,一律遵行,勿任日久复萌,更有可虞者。钱行买卖银项,将银售出,率多徐归钱价,以致卖银者未能全数济急,买银者揽是一味托延。前车之覆,后车之鉴,再遇不测,为累非轻。若公立条规数则,如有阳逢阴违,勤始怠终,按照行规议罚,咸宜破除情面,勿稍瞻狗。特将行规勒石嵌壁,用垂久远云尔。
>
> 一、议买银者无论现钱、钱贴,均须当日清楚。如外贴不足,即将本贴凑足,不得逾日。
>
> 一、议现钱按照新齐行规,官板制钱每京钱壹仟文只许短底京钱二十文。如再有私钱短数,原主当时补换,倘有藉口狡濑,抗坏行规者,按钱数多寡议罚。
>
> 一、议会馆铺垫、灯彩、器皿等件,每至岁首,旧值年之家须一一点交值年之家。倘有遗漏不全,旧值年之家照数赔补。
>
> 一、议凡有赁用会馆铺垫等物者,事前一日搬取,事后一日送交。如有先后参差混用,于该年是问。
>
> 一、议新开字号者,纳入行京钱五十仟文,旧字号无论上下改一字、添一字者,纳行规京钱拾仟文,以备公用。
>
> 一、议退换钱贴,如初一日巳时以前收贴,于初三日早晚闭门者,或于初四日未开门者,系在三天之内准退原主;
>
> 初一日日落以后收贴,于初四日早晚闭门,初五日为开门者,系在三

---

① 马德坤:《民国时期济南同业公会研究》,人民出版社 2014 年版,第 30 页;济南金融志编纂委员会编:《济南金融志(1840—1985)》,山东新华印刷厂,1989 年,第 51 页。

天之内准退原主。

初一日巳时以前收贴,于初四日开门,迫于起钱而又闭者,系在三天之外不准退换。

初一日日落以后收贴,于初五日开门迫于起钱而又闭者,系在三天之外不准退换。

以上诸款原为新齐行规,一律遵行。倘有参差不遵者,议罚神戏一天,神供一桌,以杜渐微而昭慎重,公同议明特此谨白。

福德会馆负责人称为"值年",主持会馆内一切事务,"值年"由入会的银钱号推举产生。福德会馆首任"值年"为张肇铨,张肇铨系清朝进士,民国初年,曾任山东商务总会经理、济南商会会长,在济南主办商业银行和平市官钱局,曾创办丰年面粉厂、山东银行、济南电灯公司、金丰当铺、金库兑换所等工商金融企业多处。当时到福德会馆参与交易的银号,并不需要登记注册,只要有师徒关系介绍即可。福德会馆内的交易主要是兑换,包括银两、银元和铜元的互相兑换,以及存款、放款等业务。福德会馆内的交易最早有经纪人从中介绍,而后由双方直接交谈成交。并有专人负责挂牌,成为全市统一执行的标准,福德会馆根据交易所成的数字收取相应的手续费。[①]

1904年济南开埠后,商业中心也由城市逐渐转移至商埠地区,银钱号也跟着转至商埠区,1913年钱业公所于商埠区成立。自1918年北京政府颁布实施《工商同业公会规则》与《工商同业公会规则施行办法》后,详细规定了同业公会建立的程序,"凡呈请设立工商同业公会时,须开具发起人之姓名商号年龄住籍,陈明设立同业公会之必要理由,并将该区域内同业者工商号及经理人姓名表册,该处总商会商会之证明文件,并送核"。[②] 有了法律依据,钱业公所以"各种商业均逐渐发达而业金融者,亦较往年为尤多,若不整顿划一机关,订立完善之章程,恐怕不足以团结同业之团体,维持公共之利益,对于营业之进行固多障碍,对于金融之发展,亦受影响"[③]之理由,于1920年由厚记银号李锡藩等人发起改组成立钱业公会,会址在经四路小纬五路。根据《工商同业公会规则施行办法》第二条"工商同业公会,得设立事务所,置总董一人,副董一人,董事十人至十五人,均为名誉职"[④]之规定,钱业公会章程规定,"总

---

① 刘金颖:《山东地区会馆研究(1660—1950)》,山东大学硕士学位论文,2015年。
② 彭泽益主编:《中国工商行会史料集(下册)》,中华书局1995年版,第986页。
③ "具禀济南商埠钱业公会",1920年11月17日,济南档案馆藏历临77—3—1。
④ 彭泽益主编:《中国工商行会史料集(下册)》,中华书局1995年版,第986页。

董一人,副董一人,董事十人,文牍、会计、庶务各一人;总董副董由董事互选之,董事由全体会员选举出,均用记名投票法,至文牍、会计、庶务等员由总董、副董指定,得董事之同意任用之",并且对职员任期与职权作了明确规定,"总董、副董任期二年,期满改选,均得连任,但以一次为限;总董总理本会全体事务及代表本会对外事件,副董襄助总董办理会中一切事务,倘遇有总董因事缺席时,副董当代理其职务"。①

三、演变历程

1929 年南京国民政府颁布实施《工商同业公会法》及 1930 年颁布的《工商同业公会法实施细则》两部法规,要求将各行业组织必须改组为同业公会。1930 年 12 月济南市政府颁布实施加强同业公会管理的法规文件《济南市模范同业公会章程》和《济南市同业公会组织程序》,以便辖区内的行业组织熟悉设立程序。

《济南市同业公会模范章程》具体内容如下:

第一章　总则

第一条　本会定名为济南市……业同业公会。

第二条　本会以维持增进同业公共之利益及矫正营业之弊端为宗旨。

第三条　本会事务所设于……

第四条　本会办理之事务如左:

一、关于……事项

二、关于……事项

三、关于……事项

四、关于……事项

第二章　会员

第五条　凡在本市经营同业之公司、行号均得填具志愿书,自请入会为本会会员。

第六条　每一公司、行号得推派会员代表一人至二人,以经理或店主为限,但其最近一年间平均店员人数在十五人以上者得增派代表一人,由各该公司、行号店员互推之。

---

① "具禀济南商埠钱业公会",1920 年 11 月 17 日,济南档案馆藏历临 77—3—1。

第七条　会员代表以在本市经营……业之中华民国人民,年在二十五岁以上者为合格。

第八条　有下列情事之一及受除名之处分者不得为会员代表:

一、儹夺公权者;

二、有反革命之行为者;

三、受破产之宣告尚未复权者;

四、无行为能力者。

第九条　入会会员如有违犯章程不正当行为及损坏本会名誉者,得由会员大会议决除名或酌议责罚。

第十条　会员代表有表决权选举权及被选举权。

第三章　职员

第十一条　本会设委员会……人由会员大会就会员代表中选任之由委员互选常务委员……人,就常务委员中选任一人为主席,均为名誉职,但因办理会务得核实支给公费。

第十二条　委员任期均为四年,每二年改选半数,不得连任。

第十三条　委员就任应于十五日内呈报社会局,并呈市政府备案。

第十四条　委员有左列各款情事之一者应即解任:

一、因不得已事故,经会员大会议决准其退职者;

二、旷工职务,经会员大会议决令其退职者;

三、于职务上违背本会营私舞弊或有其他重大之不正当行为,经会员大会议决,令其退职或由主管行政官署令其退职者。

第十五条　委员会职权列左:

一、执行会员大会议决案;

二、召集定期及临时会员大会;

三、执行其他临时发生重要事件。

第十六条　常务委员会职权列左:

一、执行委员会议决案;

二、召集定期及临时委员会;

三、答复官署咨询事项;

四、调处同业之纠纷;

五、执行第四条各项事宜并处理日常事务。

第十七条　本会事务所得酌设办事员并酌给薪资。

第四章 会议

第十八条 本会各项会议规定如左:

一、会员大会每……年举行一次,由委员会于……日前通知召集之,如遇有必要事宜或会员……之请求,得由委员会召集临时会议;

二、委员会议每月举行一次,由常务委员会召集之,如遇有必要事宜,得由常务委员会召集临时会议;

三、常务委员会每星期举行一次,由主席召集之,如遇有必要事宜得由主席召集临时会议。

第十九条 会员大会之议决以会员代表过半或出席会议表过半数之同意行之。

第五章 经费及会计

第二十条 本会经费由……

第二十一条 本会之会计年度于每年七月一日起至次年六月三十日止。

第二十二条 常务委员会于每年度开始时应编造预算、决算提交委员会核议,再提出会员大会追认之。

第二十三条 本会预算、决算及事业之成绩每年应编辑报告刊布并呈报社会局转报市政府备案。

第六章 附则

第二十四条 本章程如有未尽事宜,得由会员大会修正之。

第二十五条 本章程经会员大会议决,呈请社会局转呈市政府核准备案后施。

《同业公会组织程序》内容如下:

一、各业推举七家同业发起人。

二、发起人联名,呈请县党部许可、社会局备案。

三、办理同业登记(限十日内办竣)。

四、登记完毕后,即由发起人召集会员大会,议决章程。

五、建具同业公司、行号之名称及营业主或经理人姓名表册,连同章程呈请社会局,转呈市政府核准设立。

六、核准设立后,即召集会员开选举大会,选举委员、成立同业公会并设立事务所。

七、委员选举后,七日内需向社会局呈报委员履历及成立经过,以便饬报市政府。①

为使已有同业公会顺利改组,济南市政府制定《同业公会改选程序》②,内容如下:

第一项　改选前备案事项

一、由公会印发会员代表登记表,分发各会员依照样式填写清楚送交公会审查。

二、公会印发之会员代表登记表应载明会员代表之姓名年龄籍贯商店名称在店职务教育程度住址等项。

三、公会收齐该项登记表后即开始审查所报之代表是否合格。

四、审查委员会由各公会董事会担任之。

五、审查会员代表资格应依据工商同业公会章程准则第六七八个条之规定办法。

六、公会应将审查完后之会员代表缮造名册呈请市公署核准并请指定选期派员监选。

七、公会应预制选举票及委托书监选票预呈市公署用印委托书分送各会员按照所列各项详细填明并由各该会员商店签名盖章按期送回公会。

八、凡经审查各个会员代表须将其姓名榜示会场并分送各会员以为写票之依据。

九、会场以假用市商会大礼堂为适宜其他适当地点亦可。

十、改选日期呈送由市公署指定后公会即分呈督察总署市新民会市商会及所在地督察分署届时派员参加指导。

十一、摘录修正人民团体选举通则及本程序公布于会场并分送各会员传遍举行。

第二项　办理改选手续应行事项

一、公会应预制票区(借商会票区)并规定签到处写票处及一切应行善备。

二、会员代表出席选举时须持经填妥之委托书于入门向签到处签名后入选举会场。

① "济南市同业公会组织程序",济南市档案馆藏历临 76—1—8。
② "济南市工商业同业公会改选程序",1930 年,济南市档案馆藏历临 76—1—8。

三、会员代表入场后须静候发票时凭委托书换领之领得选举票后即按榜示告示名单摘写写毕即同监选委员投入票区。

四、会员代表入场后一切行动均须服从监选委员之指导。

五、会员代表入场选举须遵人民团体选举通则之规定规则。

六、董监事人数,甲等公会董事十一人至十五人,乙等公会董事九人至十三人,丙等公会七人至十一人,丁等公会七人至九人,监事各五人或三人,候补董监事各一、二人,改选半数者依抽签法定之。

七、应改选半数之公会即由市公署备具抽筒当来以定去留抽签监选委员即席公告。

八、开票唱董监事及票记票事宜由监选委员会同市公署市商会派员办理之。

九、选举董监事用一票无记名选举法选出之。

十、当选人如同时背选举为董事后被选举为监事时由当选人选以票数次多者选辅之。

十一、缮列当选人名单由监选委员当众报告周知改选半数者连任及新当选董监事一并公告。

十二、董监事选定后应由团体董事票选常务董事五人或三人并由常务董事中推选会长一人,所有当选人员应择期举行就业仪式。

十三、公会于筹备改选完毕后十五日内应依照章程准则呈造章程职会员名册各三份呈送市公署核转备案。

以上三项法规政策的出台,有力地帮助各同业公会成立、或改组行业组织。为此济南市钱业公会于1931年2月10日举行改组,常委、各委员宣誓就职,名称改为济南市钱业同业公会。此时共有会员41家,"主席綦忆轩,常务委员陈有章、孙品三、董子洋、艾学川四人,执行委员袁少濂、许典五、李锡三等10人,候补执行委员赵震升"。[1] 1933年10月25日因主席綦忆轩以"被选为常务委员兼主席职务,谬蒙推举惭感何似拟勉尽绵薄以期无负大众期望,惟以才疏识浅且因敝号事务繁冗,实系不能兼顾,现敝青岛总行又屡次来函坚令辞卸公会职务以免贻误"[2]而函请辞职,经议决照准,选举执行委员许典三为常务委员,同时选举常务委员陈有章为主席,即以候补委员董雨三根据钱业同业

---

[1] "济南市钱业同业公会职员表",1931年6月12日,济南市档案馆藏历临76—1—40。

[2] "请辞信",1931年2月3日,济南市档案馆藏历临77—14—3。

公会章程规定,经委员会提议请示历城县党部整理委员会核示,于1934年3月5日上午10点举行改选大会,社会局科员王修、县党部代表苏守贵到会督选。共到会会员代表104人,先由抽签改选抽掉委员段秀峯、袁少濂、李锡三、李锡藩、解心齐、赵震升、张聘三等七人,由会员票选程智庵、张仁山、曹竹轩、陈明甫、王友三、李印卿、李敬齐等七人为执行委员,刘菊圃、余俊声、赵和亭、郑恩普、李维贤等五人为候补执行委员,主席及常务委员由该会执行委员自行推定。

1936年1月20日主席李敬齐病故,因此钱业公会于2月1日召开委员会议,选举许典五为常委并就常务委员中选举董子洋为主席①。1936年4月20日举行改选会议,社会局职员刘星符、山东省党部代表瞿新到会监视,会员代表94人。首先选出候补执委委员王逊臣、李锡三两人,递补前任委员李敬齐、王友三两人遗缺。接着投票选出袁少濂、曹善卿、张兰坡、高镜轩、仲兰舟、李省吾、李象九、段秀峯等八人为执行委员,又选丁蔚桢、吕冀阶、张赞阶、李海亭、尹廉齐等五人为候补执行委员。并且在本月21日分别召开委员会议,公举曹善卿、李省吾等五人为常务委员,并选举曹善卿魏主席,均各于是日宣誓就职。

1937年7月7日日本发动卢沟桥事变后,迅速南下侵犯中国领土。12月27日日军占领济南。济南社会秩序大乱,不少商户逃离济南,工商业日渐萧条。1938年日本为掌控济南市工商业户,日伪当局下令督促各行业成立同业公会。因事变后银号多数停业,委员因而缺少,仅剩委员七人,每遇会议无法议决。根据日伪当局要求,1941年钱业公会经过会员大会议决,暂行公推委员尹廉齐、董子生、牛敬之、王芸坡等八人为委员,以利公会业务进行。详情见表4—6。

表4—6 济南市钱业同业公会暂行公推委员姓名册一览表

职务	姓名	年龄	籍贯	商号	地址
委员	尹廉齐	五十一	章丘县	鸿泰永	纬四路中间路东
委员	董子生	三十九	章丘县	元康	普利街中间路东
委员	牛敬之	五十八	章丘县	庆聚昌	普利街

① "为呈报另选常委及主席恳请核转备案由",1936年2月3日,济南市档案馆藏历临76—1—40。

续表

职务	姓名	年龄	籍贯	商号	地址
委员	王芸坡	四十三	章丘县	德源	院西大街
委员	邹恩普	四十三	福山县	福顺德	经三路小纬六路东
委员	戴正卿	三十七	山西祁县	大德通	馆驿街雍和里
委员	杨伯周	四十	章丘县	三益太	西卷门巷
委员	张笙三	五十三	邹平县	德庆	纬五路北首路东

资料来源:"济南市钱业同业公会暂行公推委员姓名册",1941年9月,济南市档案馆藏历临76—1—38。

根据日伪当局训令第五五七号(实字第三四八号之三)要求,暂依现行法改选,钱业公会于1941年11月20日举行改选大会。出席会员代表69人,成立济南市钱业同业公会,选举曹善卿为会长,选举张兰坡、高镜轩、李象九、段秀峯、曹竹轩、丁蔚桢、牛敬之、王芸坡、邹恩普、戴正卿、杨伯周、张笙三、董子生、尹廉齐为董事,有会员39家。

1941年11月20日选举曹善卿为会长,从档案无法考证钱业公会会长何时更为胡伯泉,但从1941年12月25日钱业公会关于"为呈报转发批令由锦丰庆川记等十一家分别具领并已经歇业之和盛公等五家无从节填资产负债表各缘由呈请鉴核示遵由"的呈文中,呈文落款署名为会长胡伯泉。1943年11月29日济南市公署训令第698号令发各同业公会限期改选及改选程序的训令,根据钱业公会章程第三章第十二条"委员任期均为四年,每二年改选半数,得连选连任"①之规定,钱业公会于1944年2月18日举行改选大会,选举胡伯泉为会长,常务董事许典五、张聘三、魏符村、董子洋,董事董秀生、滕华萱、张兰坡、王漠三、杨东甫、薛漠铭、李锡三、王建平、孟步青、王逊臣、李德宸、张仁山、程笃庵、郑龙文、李超千,新选及留任各董监事共16人,并于是日遵令正式就职。②

抗战胜利后,济南市政府于1945年11月23日发出训令,成立以苗海南、马伯声等19人为济南市商会整理委员会,对日伪时期商会进行接收。同时按照济南市政府的有关法规对同业公会进行改组。1946年12月16日钱业公会进行改组,根据《人民团体组织法》第九条"人民团体均应置理事、监事,就

---

① "济南市钱业同业公会章程",1941年11月19日,济南市档案馆藏历临76—1—38。
② "为呈送属会董监事第二次改选职会员名册",1944年3月21日,济南市档案馆藏历临76—1—39。

会员中选举之"①之规定,选举张兰坡为理事长,会员59家。1948年9月济南解放后,人民政府决定继续保留商会和同业公会名称,迅速组织各行业进行资本登记,到1949年7月完成登记工作,此时钱业公会会员10家,登记资本(旧人民币)500万元。1949年10月,济南市工商联合会筹备委员会成立,内部设立秘书科、组织科、宣教科、辅导科和调研科,同年11月接管了商会和同业公会。1950年它对全市各行业同业公会进行调整改选,建立了105个行业公会。钱业公会改称钱业小组,负责人为宋召南、牛履斋、许典五。1952年3月济南市工商联合对各同业公会实行人事统一调配,经费统一开支。1955年,对济南各同业公会进行调整的同时实行改造。1956年12月,实行全行业公私合营,各同业公会的办事机构相继撤销,随之钱业公会完成历史使命,退出了历史舞台。

第二节　钱业公会的组织架构与运作模式

一、公会章程

早年的会馆或公所,组织机构比较简单,会务相对也比较少,并没有制定详细的组织章程。1918年北京政府颁布实施《工商同业公会规则》及《工商同业公会规则施行办法》后,1920年钱业公会在商埠成立,开始制定自己的组织章程。此后,随着济南政权形势的更迭以及钱业公会自身业务的发展变化,钱业公会组织机构日趋完善,章程也在不断随之增订修改,从而更加有利于会务的开展。

（一）北京政府时期

1920年11月17日钱业公会成立,定名为济南商埠钱业公会,会址位于商埠四大马路路南。制定了以"联合本业活动金融维持同业公共利益矫正营业之弊端"为宗旨的章程。实行会董制,设总董一人,副董一人,董事十人,文牍、会计、庶务各一人。总董副董由董事互选之,董事由全体会员选举出,均用记名投票法,至文牍、会计、庶务等员由总董、副董指定,征得董事之同意任用之。会员会议有经常临时两种。经常会议于每年一月和七月由董事召开之。临时会议经董事会认为有必要事件或经全体会员十分之一以上之要求得随时

---

①　秦孝仪主编:《抗战建国史料:社会建设(二)》,1983年版,第315页。

召开之。①

（二）南京国民政府时期

1929 年南京国民政府实施《工商同业公会法》，严令要求各行业改组同业公会。1929 年 4 月 12 日国民党军队开始进驻济南城区，1929 年 7 月正式设立济南市。并且济南市政府根据南京国民政府的有关法令，颁布《济南市同业公会模范章程》。设市以后，钱业同业公会根据济南市政府训令（第五五一号），于 1931 年 6 月 1 日补充完善《济南市钱业同业公会章程》，分总则、会员、职员、会议、经费及会计、附则等章节，共六章二十四条。规定凡在本市区域内经营银钱业之公司行号得填具志愿书自请入会为会员，必须交纳会费。实行委员制，设主席一人，执行委员十五人，常务委员五人，候补委员五人。执行委员由会员大会就会员代表中选任，常务委员由执行委员互选之，主席由常务委员中选任之。各委员任期四年，每两年改选半数不得连任。公会章程规定应办主要事务：关于筹议银钱业之改良及发展事项，关于调处营业之争执事项，关于业务上之调查及统计事项，关于遇有市面金融恐慌设法维持事项，关于本章程第二条所载宗旨之其他事项等，充分体现了该会以维持增进同业公共之利益的宗旨。1934 年 3 月 5 日钱业公会举行改选会议，修订章程做了两处改动。第二十三条句末增加"并呈请主管官署核完报部核准备案"十五字，第二十四条实业部下应加"财政部"②三字。

（三）沦陷时期

济南沦陷后，日伪当局为强化对工商业组织的管控，济南市公署训令（第五五七号）各同业公会暂依现行法规进行改选。钱业公会 1941 年 11 月 19 日拟定了《山东济南市钱业公会章程》，本章程第五条"凡在本市经营同业之公司行号均应填具志愿书入会为本会会员"，对会员入会有了强制性要求，而且"须有同业两家之介绍"。对会员选举权，规定"每一公司行号得推派一人至二人，以经理或主体人为限，其最近一年间平均店员人数每超过十人时应增派代表一人，由各该公司行号店员互推之但至多不得逾三人"，会员代表须在本市经营钱业，中华民国人民年满二十五岁以上者为合格，如褫夺公权者、有反动行为者、受破产之宣告尚未复权者、无行为能力者不得为会员代表，会员代

---

①　"济南商埠钱业公会章程"，1920 年 11 月 17 日，济南市档案馆藏历临 77—3—1。

②　"济南市钱业同业公会章程"，1931 年 6 月 1 日，济南市档案馆藏历临 76—1—40。

表如有违犯章程或行为不当及损坏本会名誉者得由会员大会议决除名或酌予处罚。① 根据济南市公署训令（第二七八号），"经查该市同业公会章程多未符同业公会章程准则之规定，除将会员职员名册暂存外，相应检同各该公会章程暨应行修改及补充各事项"②要求，拟定新的章程呈报。新章程变化较大，分总则、任务、会员、组织及职权、会议、经费、附则等，共七章四十四条。实行董事制，设董事十三人，监事三人，由会员大会就代表中用无记名选举法选出，以得票最多数者为当选，选举前项董监事时另选候补董事五人监事一人，设常务董事五人，由董事会就董事中互选之以得票最多数者为当选，并就常务董事选任一人为会长。规定会员享有"发言权、表决权、选举权及被选举权，办理各项事业之利用"之权利，同时应尽之义务"遵守本会章程、服从本会议决案、按时交纳会费、不侵害同业间之营业、应尽本会所举办各项事业上之义务"。公会领导为会长，下设董事会、常务董事会、监事会等执行机构。经费分为事务费和事业费两种。③

（四）抗战胜利后

1945 年济南解放后，1946 年 12 月钱业公会完成新的改选，实行理事制，首任理事长为张兰坡。新的章程内容与 1942 年拟定的章程基本相同，主要是名称的改变。

总的看来，钱业同业公会章程从早期到晚期的变化，是与该业自身发展变化和近代社会经济的变迁相联系的。钱业公会章程的变迁，也是钱业同业公会逐渐摆脱传统习惯的束缚，走上正轨化、制度化、近代化的历程。

二、会员构成

会员是同业公会的基础性单位。不同时期钱业公会的会员数量极为不同。

（一）会员情况

1920 年商埠钱业公会成立时，共有会员 16 家。

1931 年 2 月 10 日钱业公会改组成立，参加会员代表 72 人，共有会员 40 家。具体会员情况见表 4—7。

---

① "山东济南市钱业同业公会章程"，1941 年 11 月 19 日，济南市档案馆藏历临 76—1—38。

② "为遵令修改章程缮清呈请鉴核示遵由"，1942 年 5 月 7 日，济南市档案馆藏历临 76—1—39。

③ "山东济南市钱业同业公会章程"，1942 年 5 月 7 日，济南市档案馆藏历临 76—1—39。

表4—7　1931年钱业同业公会会员姓名册一览表

姓名	年龄	籍贯	某商店代表	使用人数	住址
綦忆轩	四十六岁	平度县	中鲁银行代表	十六人	纬四路
傅樊民	三十岁	招远县	中鲁银行代表		纬四路
陈有章	四十三岁	潍县	聚兴昶代表	十六人	纬五路
丁蔚桢	三十四岁	潍县	聚兴昶代表		纬五路
王逊臣	四十四岁	章丘县	仁康银号代表	十一人	二马路
董子洋	三十三岁	章丘县	仁康银号代表		二马路
孙品三	四十四岁	宁津县	德生银号代表	十三人	纬五路
李澍臣	四十三岁	牟平县	德生银号代表		纬五路
许兴五	三十五岁	海阳县	德聚银号代表	十二人	纬五路
吕冥阶	三十岁	历城县	德聚银号代表		纬五路
袁少濂	三十五岁	章丘县	公庆银号代表	十二人	三马路
王友三	三十五岁	章丘县	公庆银号代表		三马路
李维贤	四十五岁	潍县	德盛昶代表	十六人	纬五路
李锡三	四十三岁	潍县	德盛昶代表		纬五路
刘菊圃	四十四岁	章丘县	通聚银号代表	十四人	纬五路
仲兰舟	四十岁	掖县	通聚银号代表		纬五路
石绍先	七十岁	章丘县	厚记银号代表	七人	纬五路
王奎五	三十九岁	章丘县	恒康银号代表	十一人	纬五路
徐自靖	二十六岁	宁津县	恒康银号代表		纬五路
李祝亭	四十八岁	潍县	协聚泰代表	十六人	纬五路
李省五	三十五岁	潍县	协聚泰代表		纬五路
解心齐	四十三岁	牟平县	义聚隆代表	十九人	纬五路
俞紫东	三十八岁	即墨县	义聚隆代表		纬五路
牛敬之	四十七岁	章丘县	庆聚昌代表	十人	纬四路
赵震升	三十岁	乐陵县	义和公代表	二十一人	纬五路
张宝琏	二十八岁	宁津县	义和公代表		纬五路
杨维垣	三十岁	宁津县	义和公代表		纬五路
刘卿浦	五十六岁	山西徐清县	晋逢祥代表	二十二人	三马路
马宣三	三十九岁	山西徐清县	晋逢祥代表		三马路
武寿山	四十七岁	山西徐清县	晋逢祥代表		三马路
周杏春	四十三岁	宁津县	元丰银号代表	十四人	纬五路
张聘三	三十四岁	宁津县	元丰银号代表		纬五路

姓名	年龄	籍贯	某商店代表	使用人数	住址
戴子端	四十岁	即墨县	义聚盛代表	十人	纬四路
师蕊园	五十岁	山西太谷县	谦泰银号代表	十五人	纬六路
乔效张	三十八岁	山西清源县	谦泰银号代表		纬六路
李筱溪	七十岁	蓬莱县	元丰成代表	十八人	纬五路
马艺亭	三十八	安邱县	元丰成代表		纬五路
李芳卿	四十四岁	章丘县	德庆银号代表	七人	纬五路
李鸿瑄	三十四岁	长山县	鸿记银号代表	九人	纬五路
赵和亭	三十二岁	乐陵县	裕兴银号代表	十五人	纬五路
王德甫	四十岁	章丘县	裕兴银号代表		纬五路
薛晋楼	六十岁	山西太谷县	锦丰庆代表	十五人	纬五路
段秀峰	四十四岁	山西太谷县	锦丰庆代表		纬五路
韩秀泉	三十九岁	章丘县	广茂恒代表	九人	三马路
冉翼宸	三十五岁	历城县	汇丰银号代表	十二人	纬四路
褚农山	三十二岁	潍县	汇丰银号代表		纬四路
王星伯	三十岁	北平	华茂银号代表	五人	纬五路
章静轩	四十六岁	天津	津济银号代表	十一人	二马路
王少康	二十五岁	天津	津济银号代表		二马路
龚宝强	三十二岁	无锡县	上海银行代表	十五人	二马路
牛梅枕	三十二岁	章丘县	上海银行代表		二马路
董雨三	五十八岁	历城县	恒丰太代表	六人	纬五路
张仁山	四十二岁	章丘县	瑞增祥代表	十五人	西门大街
张兰坡	三十一岁	章丘县	瑞增祥代表		西门大街
韩福堂	五十六岁	章丘县	年康银号代表	九人	鞭指巷
李敬齐	四十七岁	章丘县	元康银号代表	十五人	普利街
张宾齐	三十一岁	章丘县	元康银号代表		普利街
刘坚亭	四十岁	即墨县	复盛栈代表	三人	小纬六路
唐俊三	五十岁	章丘县	敦益厚代表	十人	福康街
曹敏士	十九岁	淮安县	大陆银行代表	十五人	三马路
王慕堂	四十四岁	历城县	大陆银行代表		三马路
王月如	三十四岁	寿光县	裕祥银号代表	十四人	纬五路
马焕廷	四十岁	章丘县	裕祥银号代表		纬五路
张子周	六十四岁	长山县	庆和昌代表	七人	纬三路

续表

姓名	年龄	籍贯	某商店代表	使用人数	住址
赵言五	六十三岁	章丘县	福益合代表	十三人	花店街
赵芳山	四十二岁	章丘县	福益合代表		花店街
王锡三	四十岁	章丘县	元兴银号代表	十四人	花店街
王瑞符	四十一岁	长山县	元兴银号代表		花店街
王星九	三十九岁	章丘县	洪兴源代表	十人	万字巷
程智庵	三十九岁	章丘县	瑞兴公代表	十四人	券门巷
陆景炎	三十三岁	章丘县	瑞兴公代表		券门巷
艾学川	三十一岁	泰安县	晋茂银号代表	六人	纬一路

资料来源："山东省济南市钱业同业公会会员姓名册",1931 年 6 月 12 日,济南市档案馆藏历临 76—1—40。

从参加会员大会代表分析,全部为男性,年龄最大者为厚记银号代表石绍先和元丰成代表李筱溪,年龄为 70 岁,而年龄最小者为大陆银行代表曹敏士,只有 19 岁。从籍贯看,多为济南人。其次为山西商人。除此外还有江苏、天津等外地商人。根据钱业同业公会章程第十一条"委员任期均为四年,每二年改选半数"之规定,钱业同业公会按期进行改选。呈请济南市政府批准于1934 年 2 月 4 日举行改选大会,并造具会员名册呈报济南市政府。此时钱业同业公会会员数量达到 65 家。

济南沦陷后,根据日伪当局要求,钱业公会 1941 年 11 月 19 日进行改选,参加会员大会代表有 69 人,会员数量 39 家,详情见表 4—8。

表4—8 济南市钱业同业公会会员名册一览表(1941 年)

商号	使用人数	代表姓名	年龄	籍贯	住址
元泰银号	十五人	张兰坡	四十一	章丘	纬五路
		程伯西	四十二	章丘	纬五路
洪信银号	十人	李瑞东	三十一	河北武强县	纬七路
丰盛银号	十三人	朱秀峰	四十三	东阿县	纬十二路
		郝述忱	四十一	章丘	纬十二路
鸿记银号	十二人	李鸿瑄	五十五	长山	纬五路
		李恒臣	四十九	长山	纬五路

商号	使用人数	代表姓名	年龄	籍贯	住址
益兴珍	十五人	李宝宸	三十六	河北天津县	纬五路
		刘延年	三十	河北天津县	纬五路
聚兴昶	十一人	陈有章	五十一	潍县	纬五路
		丁蔚桢	四十三	潍县	纬五路
厚记	八人	高俊山	三十七	章丘	纬五路
聚泰银号	二十人	李超千	二十九	潍县	山西太谷县
		郭称德	二十五	山西太谷县	纬五路
锦丰庆	十五人	段秀峯	五十二	山西清源县	纬五路
		贾鉴章	四十二	山西清源县	纬五路
晋鲁银号	二十五人	胡伯泉	三十九	山西平遥县	纬五路
		辛竹源	二十七	黄县	纬五路
		俞子久	三十七	青岛	纬五路
福顺德	二十八人	邹恩普	四十四	福山	纬五路
		唐叔纲	三十一	莱阳	纬五路
		苏人皆	三十五	福山	纬五路
元懋银号	十三人	王逊臣	六十六	章丘	纬五路公祥街
		袁叔泉	四十二	章丘	纬五路公祥街
中兴银号	十四人	邓霞轩	五十二	汶上	经三路公园西
		于国霖	二十六	泰安	经三路公园西
裕昌厚	十一人	赵亚文	三十二	山西清源县	经三路公园西
		任佐臣	三十三	山西汾阳县	经三路公园西
鸿泰永庆记	十五人	董子洋	四十四	章丘	纬四路
		陈辅之	四十	章丘	纬四路
魁聚	二十二人	张聘三	四十四	宁津	昇平街
		牛德亭	三十六	章丘	昇平街
		王学颜	三十四	宁津	昇平街
大德通	八人	孟步青	三十五	山西文水县	馆驿街
福益合	十人	赵言五	七十三	章丘	竹杆巷

续表

商号	使用人数	代表姓名	年龄	籍贯	住址
聚庆长	十五人	董季生	三十二	章丘	福康街
		李次九	四十三	章丘	福康街
道生	八人	荆董训	二十八	夏津	花店街
泰源	八人	景印堂	五十三	历城	花店街
庆泰昌	十一人	刘琴轩	四十九	章丘	估衣市街
		王汉三	三十七	章丘	估衣市街
德源	七人	王芸坡	四十二	章丘	院西大街
连昶	八人	郭介臣	五十六	章丘	南门大街
正兴	四人	李正廷	四十八	章丘	芙蓉街
三合恒	九人	高镜轩	七十二	章丘	将军街
万福恒	十人	郑瑞轩	六十七	长清	普利街
正德	七人	滕晋生	四十二	历城	普利街
元康	十三人	张绳米	四十八	长山	普利街
		华润卿	二十四	恒台	普利街
德聚	十二人	滕华萱	四十四	历城	普利街
		张思遐	三十四	历城	普利街
三益太	十二人	柴子珊	四十四	章丘	西卷门巷
		杨伯周	四十	章丘	西卷门巷
庆聚昌	十二人	牛敬之	五十八	章丘	普利街
		尹漠齐	四十六	章丘	普利街
通益	十六人	张仁山	五十四	章丘	经三路
		魏符邨	四十	章丘	经三路
启明	十六人	李象九	五十	章丘	经三路
		李德宸	三十九	章丘	经三路
鲁丰银号	十六人	程笃庵	五十四	章丘	经三路纬一路西
		郭宵鹏	四十二	章丘	经三路纬一路西
福泰银号	十五人	胡赞平	三十	河北东鹿县	经二路纬三路
		曹竹轩	四十九	章丘	经二路纬三路

续表

商号	使用人数	代表姓名	年龄	籍贯	住址
聚义银号	二十一人	韩东岳	二十五	河北深县	经三路纬三路
		王建平	二十四	河北东鹿	经三路纬三路
		耿汝灏	二十二	河北冀县	经三路纬三路
福东银号	十九人	许典五	四十七	海阳县	经三路五十七路
		吕冀阶	三十八	历城	经三路五十七路
谦益银号	八人	刘乐庭	三十三	章丘	纬四路晋安里

资料来源:"济南市钱业同业公会会员姓名册",1941年11月19日,济南市档案馆藏历临76—1—38。

　　从上表可知,尽管会员代表人数与1934年比没有减少多少,但会员数量减少了26家。1934年会员69家,到1941年钱业公会改选,仅仅有鸿记银号、锦丰庆、福顺德、福益合、泰源、三合恒、元康、三益太、启明等九家会员商号得以保留下来,其余的都在日本侵占济南的过程中,或逃离济南,或被迫歇业。其余会员商号多为新成立。

　　1944年2月18日钱业公会遵济南市公署训令举行董监事半数第二次改选,且新选留任董监事共16人正式就职。此次改选大会参与会员代表69人,会员31家。会员详情见表4—9。

表4—9　济南市钱业同业公会会员名册一览表(1944年)

(资本单位:元)

商店牌号	营业主或经理人姓名	店员人数	资本金额	代表						
				人数	姓名	性别	年龄	籍贯	在店职务	教育程度
晋鲁银号	胡伯泉	二八	50万	三人	胡伯泉	男	42	平遥县	经理	中学毕业
					辛竹源	男	30	黄县	副理	中学毕业
					俞子久	男	40	即墨县	营业主任	中学毕业
福东银号	许典五	二三	50万	三人	许典五	男	49	海阳县	经理	高小毕业
					吕冀轩	男	41	历城县	副理	高小毕业
					刘星泉	男	49	章丘县	营业主任	高小毕业
魁聚银号	张聘三	二五	50万	三人	张聘三	男	47	宁津县	经理	儒学
					牛德亭	男	39	章丘县	副理	儒学
					王学颜	男	37	宁津县	副理	儒学
庆泰昌义记	王汉三	一六	50万	二人	王汉三	男	39	章丘县	经理	儒学
					牛履齐	男	33	章丘县	副理	儒学

商店牌号	营业主或经理人姓名	店员人数	资本金额	代表						
				人数	姓名	性别	年龄	籍贯	在店职务	教育程度
聚泰银号	薛漠铭	二二	50万	三人	薛漠铭 李超千 赵少言	男 男 男	43 32 36	太谷县 潍县 黄县	经理 副理 营业主任	儒学 儒学 儒学
庆聚昌	牛敬之	一五	50万	二人	牛敬之 袁漠三	男 男	61 41	章丘县 章丘县	经理 营业主任	儒学 儒学
聚庆长	董季生	一八	50万	二人	董季生 李次九	男 男	33 46	章丘县 章丘县	经理 副理	中心毕业 儒学
洪信银号	许模亭	二一	50万	三人	许模亭 李瑞东 陈公甫	男 男 男	48 34 44	武强县 武强县 潍县	经理 副理 营业主任	中学 中学 中学
聚兴昶	李锡三	一九	50万	二人	李锡三 李华齐	男 男	55 41	潍县 潍县	经理 副理	高小毕业 高小毕业
鸿泰永庆记	董子洋	一四	37.5万	二人	董子洋 陈辅之	男 男	47 43	章丘县 章丘县	董事长 经理	中学毕业 中学毕业
锦丰庆	段秀峰	一九	37.5万	二人	段秀峰 杨东甫	男 男	54 33	清源县 太谷县	总理 经理	儒学 高中毕业
元康银号	黄铭青	一八	37.5万	二人	黄铭青 李允中	男 男	43 33	济宁县 宁津县	经理 襄理	旧制中学 旧制中学
三益太	柴子珊	一九	37.5万	二人	柴子珊 杨伯周	男 男	47 43	章丘县 章丘县	经理 副理	儒学 儒学
元泰裕记	张兰坡	一八	37.5万	二人	张兰坡 程伯西	男 男	44 45	章丘县 章丘县	经理 副理	儒学 儒学
通益银号	张仁山	一五	37.5万	二人	张仁山 魏符村	男 男	57 43	章丘县 章丘县	经理 副理	儒学 儒学
厚记银号	郑龙文	一五	37.5万	二人	郑龙文 高俊山	男 男	55 39	章丘县 章丘县	经理 副理	私立商业学校毕业 儒学
鸿记银号	李恒臣	一四	37.5万	二人	李恒臣 颜涣清	男 男	52 38	长山县 邹平县	经理 副理	私塾 私塾
万福恒	陶俊南	一四	37.5万	二人	陶俊南 刘寿山	男 男	55 59	历城县 长清县	总理 经理	儒学 儒学
德聚银号	郑华存	一三	37.5万	二人	郑华存 滕华萱	男 男	45 47	济南市 历城县	总理 经理	儒学 儒学
鲁丰银号	程笃庵	一九	37.5万	二人	程笃庵 刘倬雲	男 男	58 38	章丘县 章丘县	经理 襄理	儒学 高小毕业
道生银号	耿阶平	一六	37.5万	二人	耿阶平 柴效田	男 男	52 41	恩县 武强县	总理 经理	儒学 儒学

续表

商店牌号	营业主或经理人姓名	店员人数	资本金额	代表						
				人数	姓名	性别	年龄	籍贯	在店职务	教育程度
元懋银号	王逊臣	一四	37.5万	二人	王逊臣 袁叔泉	男 男	59 45	章丘县 章丘县	经理 副理	儒学 儒学
大德通	戴正卿	二三	外市分号不列资本	三人	戴正卿 孟步青 董子洋	男 男 男	41 38 45	祁县 文水 祁县	经理 副理 襄理	儒学 儒学 儒学
聚义银号	黄竹君	三二	外市分号不列资本	三人	黄竹君 王建平 耿巨川	男 男 男	52 27 25	通县 东鹿县 冀县	经理 副理 会计主任	高中 高中 高中
裕昌厚	赵亚文	一七	外市分号不列资本	二人	赵亚文 张子仁	男 男	35 39	清源县 平遥县	经理 副理	儒学 儒学
益兴珍	李宝宸	一八	外市分号不列资本	二人	李宝宸 刘延年	男 男	39 32	天津市 天津市	经理 主任	私塾 私塾
启明新记	李象九	二二	外市分号不列资本	三人	李象九 李德宸 陆景炎	男 男 男	53 42 45	章丘县 章丘县 章丘县	经理 副理 襄理	儒学 儒学 儒学
厚记分号	赵东鲁	一二	本市分号不列资本	二人	赵东鲁 马书田	男 男	55 44	章丘县 章丘县	经理 副理	儒学 儒学
元泰裕记分号	滕瑞生	九	本市分号不列资本	一人	滕瑞生	男	42	历城县	经理	儒学
三益太分号	王砥忱	二	本市分号不列资本	二人	王砥忱 王申符	男 男	45 36	章丘县 章丘县	经理 副理	儒学 儒学
万福恒办事处	滕晋生	一二	本市分号不列资本	二人	滕晋生 王乙亭	男 男	45 41	济南市 济南市	经理 襄理	私塾十年 私塾十年

资料来源："为呈送属会董监事第二次半数改选职会员名册由",1944年3月21日,济南市档案馆藏历临76—1—39。

　　1944年半数改选会员代表人数仍为69人,但会员仅为31家,且含有4家分号。从登记内容看,更加详细,包括会员代表的年龄、籍贯、职务、受教育程度等,也从另一个方面说明日伪统治者对公会的监控更加严密。

　　济南解放后,国民政府组织对日伪时期的同业公会接收,同时对各同业公会进行资本统计,以便征收税额。1945年钱业公会呈报会员情况一览表见表

4—10。

表4—10　山东省济南市钱业同业公会会员名册一览表（1945年）

银号名册	营业所在地				营业主或经理人				资本金额（元）	独资或合资	店员人数	设立年月
	区别	街道	门牌	电话	姓名	性别	年龄	籍贯				
庆泰昌义记	西外区	估衣街	四〇	五二一	王汉三	男	四十	章丘县	五十万元	股份有限公司	十六人	三十一年十月
聚泰	商中区	纬五路	二二	三六三八	李超千	男	三十三	潍县	五十万元	股份有限公司	二十二人	三十一年十一月
庆聚昌	外西区	郝家巷	九	一六七八	牛敬之	男	六十二	章丘县	五十万元	股份有限公司	十五人	三十一年十月
聚庆长	外西区	福康街	一	三一九	董季生	男	三十六	章丘县	五十万元	股份有限公司	十八人	三十一年十月
洪信	商西区	经二路	二八四	三七七二	徐模亭	男	四十九	武强县	五十万元	股份有限公司	二十一人	三十二年一月
鸿泰永记庆	商中区	纬四路	一六三	二六二四	陈辅之	男	四十四	章丘县	五十万元	股份有限公司	十四人	三十一年十一月
锦丰庆	商中区	纬五路	七九	一三〇三	杨东甫	男	三十四	太谷县	五十万元	股份有限公司	十九人	三十一年十月
元康	商中区	经一路	四六〇	二四八六	黄铭青	男	四十四	济宁县	五十万元	股份有限公司	十八人	三十一年十一月
三益太	外西区	卷门巷	九	一六九〇	杨伯周	男	四十四	章丘县	五十万元	股份有限公司	十九人	三十二年一月
元泰裕记	商中区	纬五路	三六	一九五	张兰坡	男	四十五	章丘县	五十万元	股份有限公司	十八人	三十一年十二月
通益	商东区	纬一路	四九	九四〇	张仁山	男	五十八	章丘县	五十万元	股份有限公司	十五人	三十一年十二月
厚记	商中区	纬五路	八一	五九	郑龙文	男	五十六	章丘县	五十万元	股份有限公司	十五人	三十二年一月
鸿记	商中区	纬五路	九一	一一六	李恒臣	男	五十三	长山县	五十万元	股份有限公司	十四人	三十二年一月
万福恒	外西区	普利街	一一六	一三九六	刘寿山	男	六十	长清县	五十万元	股份有限公司	十四人	三十一年十一月

续表

银号名册	营业所在地				营业主或经理人				资本金额(元)	独资或合资	店员人数	设立年月
	区别	街道	门牌	电话	姓名	性别	年龄	籍贯				
鲁丰	商东区	经三路	五六九	一二八五	程笃庵	男	五十九	章丘县	五十万元	股份有限公司	十九人	三十二年一月
道生	商东区	经三路	四	三一七一	柴效田	男	四十二	武强县	五十万元	股份有限公司	十六人	三十二年一月
元懋	商中区	公祥街	二五	四一〇三	王逊臣	男	六十	章丘县	五十万元	股份有限公司	十四人	三十二年一月
大德通	商东区	馆驿街	二一九	三三八	戴正卿	男	四十二	祁县	北京分号不列资本	股份有限公司	二十三人	三十二年一月
裕昌厚	商中区	经一路	九七	二〇七七	赵亚文	男	三十六	清源县	天津分号不列资本	股份有限公司	十七人	三十二年一月
启明新记	商中区	经三路	五七三	一二四五	李象九	男	五十四	章丘县	天津分号不列资本	股份有限公司	二十二人	三十一年六月
厚记分号	外西区	竹杆巷	一〇	一七九三	赵东鲁	男	五十六	章丘县	本市分号不列资本	股份有限公司	十二人	三十二年三月
元泰裕记分号	内西区	南门里	三五	一五四五	滕瑞生	男	四十二	历城县	本市分号不列资本	股份有限公司	九人	三十二年三月
三益太分号		将军街	二五	六六八	王砥臣	男	四十六	章丘县	本市分号不列资本	股份有限公司	十一人	三十二年三月
万福恒办事处		经二路	三八六	三七八六	滕晋生	男	四十六	济南市	本市分号不列资本	股份有限公司	十二人	三十二年三月

资料来源:"呈为银钱粮业奉令停业清理各行号应交各费拟令比照资本额减半缴纳请示遵由",1945年4月,济南市档案馆藏历临76—1—160。

由此可见,国民政府为了监控钱业公会,对各会员商号进行了更加缜密的情况统计,甚至详细至商号所在街道门牌号码、电话,营业主或经理人的受教育程度。这次会员统计也再次说明,自日本占领济南以来,济南钱业商号一直处于衰落状态,由占领前的65家,到日军占领后减少至31家。尽管抗战胜利国民政府收复济南,但由于常年战乱,政治动荡,经济萧条,到1945年钱业商号仅剩 25 家。1946 年 12 月 16 日依据济南商会整理委员会规定,钱业公会进行改选,会员有 59 家。

总之,不同时期加入钱业公会的数量与政局及社会稳定具有密切关系,有时迫于当局的政策,尽管数量有所增加,未必代表钱业业务的繁荣。自 1920 年至 1945 年间钱业公会会员数量呈现出明显的起伏,具体可见表 4—11。

表 4—11　1920 年至 1945 年间钱业公会会员数量一览表

年代	1920	1931	1934	1941	1944	1945	1946 年
数量	16	40	65	39	31	25	59
备注							

资料来源:济南市同业公会档案历临 76—1—38;济南同业公会档案历临 76—1—39;济南市同业公会档案历临 76—1—40;济南市商会档案历临 76—14—3 整理绘制。

（二）入会

对同业是否加入同业公会组织,北京国民政府的工商业法规并没有强制性要求或规定。1928 年南京国民政府成立后,加强了对工商业的监控,对全国工商业组织进行整顿和重组,对各行业加入同业公会也明确提出了强制性的措施。如 1929 年南京国民政府颁布《工商同业公会法》第七条规定:"同业之公司行号均得为同业公会之会员推派代表出席公会"。[1] 1938 年颁布的《商业同业公会法》第十二条规定,"同一区域内之商业同业公司、行号,不论公营或民营,除关系国防之公营事业,或法令规定之国家专营事业,均应为商业同业公会会员。其兼营两项以上商业者,均应分别为各该业公会会员。两类以上商业合组商业同业公会时,其各该业之公司、行号均应为该商业同业公会会员。"同时第四十二条未入会之各业同业"公司、行号不依本法加入商业同业公会或不缴纳会费或违反公会章程及决议者,得经执行委员会之决议,予以警告,警告无效时,得按其情节轻重给予章程规定之违约金、有期间之停业、永久停业"的处罚规定。[2]

济南钱业公会会员入会也大致经历了同样的阶段,即早期的自由入会,到后期的强制性入会。1920 年成立的商埠钱业公会章程对会员入会没有详细规定,仅说明"本会由商埠钱业各家共同组织之,但以完全本国人之资本行规

---

① 工商部工商局编:《商会法同业公会法诠释》,1930 年,第 90 页。
② 《商业同业公会法》,1938 年 1 月 13 日国民政府公布。

为限"。① 1931 年则规定"凡在本市区域内经营银钱业之公司行号得填具志愿书自请入会为本会会员",②到 1941 年公会章程则更改为"凡在本市经营同业之公司行号均应填具志愿书入会为本会会员"。③ "均得"、"均须"等凸显钱业公会由早期的自由入会到后期的强制性入会,也从侧面体现了政府对钱业公会组织的监控越来越严格。

会员入会需要一定的手续。会员入会手续有"一、填写入会志愿书须觅同业两家之介绍;二、领取会员证"④。志愿书载明了入会银号的基本情况。如 1929 年元丰成银号入会志愿书,如图 1⑤:

具入会愿书人钱行元丰成号经理人李春泉今凭介绍人由芝贵铺保义聚隆号情愿入会,遵守章程决不有违,谨将后开各项逐一填列呈请:

图 1　济南市元丰成银号入会志愿书样本

行别	字号名称	坐落地址	成立年月
钱行	元丰成	纬五路	十八年三月一号
东主姓名	**年龄**	**籍贯**	**他处有无营业**
李春泉 张子远 马艺亭	六十六岁 四十三岁 三十六岁	蓬莱 潍县 安邱	无
经理姓名	**年龄**	**籍贯**	**何时任事**
李春泉	六十六岁	蓬莱	十八年三月一号
资本共计若干	**独资或合资或股份公司**	**股份若干每股若干元**	**每月认纳会费**
洋伍仟元	合资		八角

字号盖章:元丰成　东主盖章:李春泉　介绍人盖章　铺保盖章
　　　　　　　　　　　　张子远　　由芝贵　　义聚成
　　　　　　　　　　　　马艺亭

中华民国十八年三月三日

再如 1931 年鸿记银号入会志愿书(见图 2)⑥

---

① "商埠钱业公会章程",1920 年 11 月 17 日,济南市档案馆历临 77—3—1。
② "济南市钱业同业公会章程",1931 年,济南市档案馆藏历临 76—1—40。
③ "山东省济南市钱业同业公会章程",1941 年 11 月 19 日,济南市档案馆藏历临 76—1—38。
④ "山东济南市钱业同业公会章程",1942 年 11 月 20 日,济南市档案馆藏历临 76—1—39。
⑤ "元丰成银号入会志愿书",1929 年 1 月,济南市档案馆藏历临 77—12—3。
⑥ "钱业公会各银号入会志愿书",1931 年,济南市档案馆藏历临 77—14—7。

图2 鸿记银号入会志愿书样本

具志愿书人鸿记银号经理许典五,今托德庆银号介绍加入济南市钱业同业公会。上关所有公会一切规则、费用并义务捐款等项悉遵定章办理,倘有违犯介绍人担负责任。谨将后开各项逐一填列,即希公鉴: 　　资东姓名、年龄、籍贯:李玉清,七十七岁,长山县 　　经理人姓名、年龄、籍贯:李鸿瑄,四十五岁,长山县 　　开设地点及成立年月:民国三年设立纬五路 　　资本若干独资或合资:独资,叁仟元正 　　伙友人数及其姓名:十三人 　　介绍人:济南德庆银号 　　中华民国二十年四月十七日济南鸿记银号具
附记
注意: 　一、以上各项如有不能详细备载者,请于附记栏内注明。 　二、资本栏内须填写东主之姓名,不得以某某堂代之,其有入资确系堂号者,亦须将其代表人之姓名填列,若系股份公司须将其董事长或总理之姓名填列。

资料来源:"钱业公会各银号入会志愿书",1931 年 4 月 17 日,济南市档案馆藏历临 77—14—7。

入会会员除填写志愿书外,还需要填写担保书。(见图3、图4)

图3 济南商埠钱业公所保证书样本

敬启者兹在纬三路开设庆和昌银号,经理张子周,今托德庆号介绍入钱业公所上关所有公所一切规则费用并义务捐款等项悉遵照定章办理,倘有违犯,介绍人担负责任。谨具证书,即希查照收存是荷此请 　　济南市商埠钱业公所 台签 　　介绍人:济南德庆银号 　　中华民国二十年二月二十六日 济南庆和昌银号立

资料来源:"钱业公会各商号入会志愿书",1931 年,济南市档案馆藏历临 77—14—7。

图4 济南商埠钱业公所保证书样本

敬启者兹在西门福康街开设敦益厚余记银号,经理唐俊三,今托万聚银号介绍入钱业公所上关所有公所一切规则费用并有义务捐款等项悉遵照定章办理,倘有违犯,介绍人担负责任。谨具证书,即希查照收存是荷此请 　　济南市商埠钱业公所 台签 　　介绍人:万聚银号 　　中华民国二十年二月二十日 济南敦益厚余记银号立

资料来源:"钱业公会各商号入会志愿书",1931 年,济南市档案馆藏历临 77—14—7。

入会会员交纳一定的会费。至于入会会费的标准,在国民政府颁布的《商会法》及《同业公会法》等商人组织法规中没有明文规定,同样在钱业同业公会的章程中并没有收费的记载。在实际的操作中,根据时间及具体情况来决定收费的标准。如 1929 年元丰成入会时每月交纳会费八角,中鲁银号入会每月交纳会费银洋壹元伍角。而到了 1941 年则把会员分为甲乙两等，"甲等月纳会费六元,乙等月纳会费四元"①。

领取会员证。经过钱业同业公会认真审查各行号填具的入会志愿书,并报告政府主管部门备案后,各行号才能正式成为公会的会员,然后取得合法会章。会章是会员具有合法身份的证件。钱业公会呈文称"敝会现制就铜质徽章二百枚,正面文曰济南市钱业公会,背面刻有号码自一号起至二百号止,分给本会各会员佩戴作为标志,以资识别",②钱业公会证章式样为图 5。

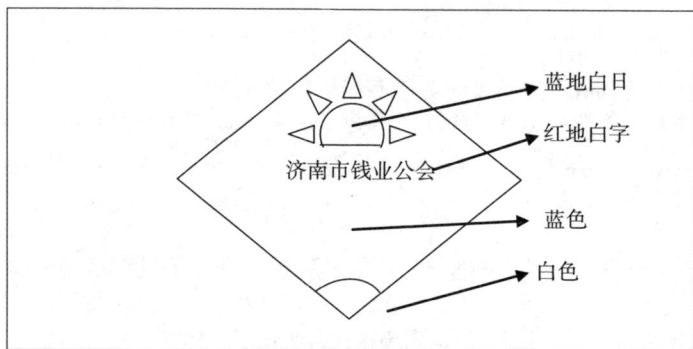

图 5　徽章式样

资料来源:"呈送敝会徽章式样请准予备案由",1930 年 9 月 3 日,济南市档案馆藏历临 76—1—40。

根据各银号入会时间及资本金额,领取徽章数量不等,同时如有遗失必须呈报公会知晓注销。如万聚银号"敬启者敝号前领贵会发给第二十二号徽章因一时不慎在外失落,特此具函声明请求贵会注销为荷"。③ 济南锦丰庆银号"敬启者敝号今领到贵会发给徽章五个,自第一四七至一五一号,分给本号各伙友佩戴,以后如有遗失或而发生其他事情由敝号负责,为此具函声明即请查照备案,为荷此志"。④

(三)会员代表及权利

会员代表,1931 年钱业公会章程第六条规定"每一公司行号得推会员代表一人至二人,以经理或店主为限,惟其最近一年间平均店员人数每超过十人

---

① "为呈报微收常年费办法请鉴核备案由",1941 年 9 月 23 日,济南市档案馆藏历临 76—1—38。
② "呈送敝会徽章式样请准予备案由",1930 年 9 月 3 日,济南市档案馆藏历临 76—1—40。
③ "注销徽章函",1930 年 9 月 13 日,济南市档案馆藏历临 77—13—7。
④ "领取徽章函",1930 年 9 月 13 日,济南市档案馆藏历临 77—13—7。

时应增派代表一人,由各该公司行号互推之但至多不得逾三人",并且"会员代表以在本市经营银钱业之中华民国人民年在二十五岁以上者为合格",如有下列情事之一者不得为本会会员代表"褫夺公权者、有反革命之行为者、受破产之宣告尚未复权者、无行为能力者"。① 当然如果会员代表如有违犯章程不当行为及损坏本会名誉者得由会员大会议决除名。1941 年钱业公会章程违规会员代表的处罚除"由会员大会议决除名外,又增加给酌予处罚"的规定。而且受除名处分之会员代表自除名之日起三年以内不得充任会员代表。会员推派代表时应给以委托书并通知公会,改派时亦同,但已当选为公会职员者非有依法应解任之事由不得改派。同时规定"会员不遵守本会章程决议案或有其他破坏本会之行为或欠缴会费者得由会员大会予以警告或除名等处分"②。

1920 年章程第六条规定"凡本会会员皆有选举权及被选举权"③。1931 年章程规定会员代表有"选举权和被选举权"④。1941 年章则则规定"会员代表有表决权、选举权及被选举权"⑤。

会员入会后不得无故出会,其因商店解散或迁移于本区域外营业及商店倒闭等必须出会者须声叙理由填具出会书送交公会审查认可。

三、组织形式

济南钱业公会组织的组织形式经历了一个逐步发展完善的过程,组织架构也从早期的会董制、发展到委员制、董事制、理事制,组织架构日趋健全、成熟,分工也日趋完善、合理。这种组织形态的变化与政府的工商业组织政策以及相关法律的制定和实施密不可分,政府在钱业公会组织架构形态变化的过程中起了决定性的作用。

（一）会董制

1920 年商埠钱业公会"设总董一人,副董一人,董事十人,文牒、会计、庶务各一人"。并且"总董、副董、董事均为名誉职员,文牒、会计、庶务等员由董

---

① "济南钱业同业公会章程",1931 年,济南市档案馆藏历临 76—1—40。
② "山东济南市钱业同业公会章程",1942 年 11 月 20 日,济南市档案馆藏历临 76—1—39。
③ "济南商埠钱业公会章程",1920 年 11 月 17 日,济南市档案馆藏历临 77—3—1。
④ "济南钱业同业公会章程",1931 年,济南市档案馆藏历临 76—1—40。
⑤ "山东济南市钱业同业公会章程",1941 年 11 月 19 日,济南市档案馆藏历临 76—1—38。

事会酌给薪金以资办公","总董,总理本会全体事务及代表本会对外事件。副董,襄助总董办理会中一切事务,倘遇有总董因事缺席时,副董当代理其职务。"①同时实行分科办事,处理会中日常会务事宜,"会计,掌银钱出入之,财簿及造具预算、算各种报告书。庶务司调查交际采办整理会中应用之物品。"②与传统的会馆、公所的组织形式比,会董制时期内部科室分工日益细化,组织架构较为完善。当然在制度方面还有缺陷,缺少监督机构,尚未形成权力监督机制,无法达到权力的制约。

（二）委员制

南京国民政府成立后,加强了对工商业组织的监督与完善。不仅督查各同业公会组织的改组,而且注意组织机构的建设和规范。1929 年 8 月 17 日颁布的《工商同业公会法》第九条规定"同业公会置委员七人至十五人,由委员互选常务委员三人或五人,就常务委员中选任一人为主席,均为名誉职",第十四条规定"本法施行前原有之工商各业同业团体,不问其用公所、行会、会馆或其他名称,其宗旨合于本法第二条所规定者,均视为依本法而设立之同业公会,并应于本法施行后一年内依照本法改组"。③ 1931 年 2 月 10 日依法举行改选大会,成立济南市钱业同业公会,其组织形式由会董制改为委员制。

新的章程规定"设执行委员十五人,由会员大会就会员代表中选任之,由委员互选常务委员五人,并就常务委员汇总选任一人为主席,均为名誉职务,并设候补委员五人,遇有缺额以次递补"④。并规定委员的任期均为四年,每二年改选半数不得连任。委员就职后应于十五日内呈报主管官署转呈省政府转报实业部备案。委员会有下列职权"一、执行会员大会议决案;二、召集定期及临时会员大会;三、执行其他临时发生重要事件;四、答复官署咨询事项;五、调处同业之纠纷;六、执行第四条各项事宜。"同时规定会员如有下列各款情事之一者应即解任:"一、因不得以事故经会员大会议决准其退职者;二旷废职务经会员大会议决令其退职者;三、于职务上违背法令营私舞弊或有其他之不正当行为,经会员大会议决令其退职或由主管行政官署令其退职者;四、发生本章程第八条各款情事之一者。"⑤为处理日常事务,事务所得酌设办事

---

① "济南商埠钱业公会章程",1920 年 11 月 17 日,济南市档案馆藏历临 77—3—1。
② "济南商埠钱业公会章程",1920 年 11 月 17 日,济南市档案馆藏历临 77—3—1。
③ 工商部工商局编:《商会法同业公会法诠释》,1930 年,第 90—91 页。
④ "济南市钱业同业公会章程",1931 年 2 月 10 日,济南市档案馆藏历临 76—1—40。
⑤ "济南市钱业同业公会章程",1931 年 2 月 10 日,济南市档案馆藏历临 76—1—40。

员并酌给薪资。

根据政府法令及本会章程规定,1931 年改组选举,选举綦忆轩为主席,陈有章等四人为常务委员。具体各职员见表 4—12:

表 4—12　济南市钱业同业公会职员一览表(1931 年)

职务	姓名	性别	年龄	籍贯	住址	行号	从事于该界职业之年期
主席	綦忆轩	男	四十五	平度	纬四路	中鲁银行	十六年
常务委员	陈有章	男	四十三	潍县	纬五路	聚兴昶	十五年
常务委员	孙品三	男	四十四	宁津	纬五路	德生	十七年
常务委员	董子洋	男	三十四	章丘	二马路	仁康	五年
常务委员	艾学川	男	三十一	泰安	纬一路	晋茂	十四年
执行委员	袁少濂	男	三十五	章丘	三马路	公庆	七年
执行委员	许典五	男	三十六	海阳	纬五路	德聚	十年
执行委员	李锡三	男	四十四	潍县	纬五路	德盛昶	十二年
执行委员	刘菊圃	男	四十五	章丘	纬五路	通聚	十五年
执行委员	李锡蕃	男	五十六	章丘	纬五路	厚记	二十五年
执行委员	王奎五	男	四十	章丘	纬五路	恒康	五年
执行委员	解心齐	男	四十四	牟平	纬五路	义聚隆	十七年
执行委员	李祝亭	男	四十九	潍县	纬五路	协聚泰	十六年
执行委员	牛敬之	男	四十七	章丘	纬四路	庆聚昌	二十五年
执行委员	段秀峰	男	四十五	山西	纬五路	锦丰庆	十八年
候补执行委员	赵震升	男	三十一	乐陵	纬五路	义和公	五年

资料来源:"济南市钱业同业公会职员表",1931 年 2 月 10 日,济南市档案馆藏历临 76—1—40。

根据章程 1934 年 2 月 4 日进行改选,票选执行委员 10 人,并互相常务委员及主席,职员情况如下表 4—13。

表 4—13　济南市钱业同业公会职员表(1934 年)

职务	姓名	性别	年龄	籍贯	行号	住址
主席	陈有章	男	四十五	潍县	聚兴昶	纬五路
常务委员	孙品三	男	四十五	河北宁津县	德生银号	纬五路
常务委员	董子洋	男	三十六	章丘县	仁康银号	纬二路
常务委员	段秀峰	男	四十四	山西清源县	锦丰庆	纬五路
常务委员	许典三	男	三十八	海阳县	德聚银号	纬五路
执行委员	袁少濂	男	三十七	章丘县	公庆银号	纬三路

职务	姓名	性别	年龄	籍贯	行号	住址
执行委员	李锡三	男	四十五	潍县	德盛昶	纬五路
执行委员	李锡藩	男	五十五	章丘县	厚记银号	纬五路
执行委员	王奎五	男	四十二	章丘县	恒康银号	纬五路
执行委员	解心齐	男	四十五	牟平县	义聚隆	纬五路
执行委员	牛敬之	男	五十	章丘县	庆聚昌	纬四路
执行委员	赵震升	男	三十二	乐陵县	义和公	纬五路
执行委员	李祝亭	男	四十八	潍县	协聚泰	纬五路
执行委员	张品三	男	三十六	河北宁津县	元丰银号	纬五路
执行委员	董雨三	男	六十	历城县	恒丰泰	纬五路

资料来源:"为定期改选请届时派员监视由",1934年2月4日,济南市档案馆藏历临76—1—40。

1936年4月20日举行改选会议,票选袁少濂等八人为执行委员,丁蔚桢等五人为候补执行委员。21日召开委员会议,公举曹善卿等五人为常务委员,并选举曹善卿为主席。有关票选情况如下表4—14、表4—15。

表4—14　委员选举一览表(1936年)

职务	姓名	票数
补选候补执行委员	王逊臣	九十一票
补选候补执行委员	李锡三	八十五票
票选执行委员	袁少濂	九十二票
票选执行委员	曹善卿	八十九票
票选执行委员	张兰坡	八十六票
票选执行委员	高镜轩	八十三票
票选执行委员	仲兰舟	七十七票
票选执行委员	李省吾	七十六票
票选执行委员	李象九	七十二票
票选执行委员	段秀峰	七十票
票选候补执行委员	丁蔚桢	七十五票
票选候补执行委员	吕寰阶	七十五票
票选候补执行委员	张赞阶	七十四票
票选候补执行委员	李海亭	七十三票
票选候补执行委员	尹廉齐	六十五票

资料来源:"钱业公会选举清单",1936年4月21日,济南市档案馆藏历临76—1—40。

表 4—15　常务委员选举一览表（1936 年）

职务	姓名	票数	备注
常务委员	曹善卿	十四票	
常务委员	李省吾	十四票	
常务委员	袁少濂	十三票	
常务委员	陈明甫	十四票	
常务委员	王逊臣	十三票	
主席	曹善卿	四票	由常务委员选举

资料来源："关于赴钱业公会监选情形的签呈"，1936 年 4 月 21 日，济南市档案馆藏历临 76—1—40。

　　公会的最高权力机关是全体会员大会，其次为执行委员会、常务委员会，常务会以下是公会主席及下设的各个办事机构。在组织机构上，委员制比会董制又有所进步，分工更加明确，但章程中尚未有监察职能的规定以及在选举产生中尚未有监察机构。此时期公会组织架构如图。

会员大会 $\begin{cases} 执行委员→常务委员→主席→各办事员 \\ 候补执行委员 \end{cases}$

（三）会长制

　　1937 年 12 月 27 日日军占领济南后，为掌控济南工商业组织，日伪政府要求各行业组织依法改选。钱业公会 1941 年 11 月 20 日召开改选大会，制定新的章程，选举产生新的领导机构及职员。

　　新章程规定"本会设董事十三人，监事三人，由会员大会就会员代表中用无记名选举法选任之，以得票最多数者为当选，选举前项董监事时另选候补董事五人，候补监事一人。本会设常务董事五人，由董事会就董事中互选之，以得票最多数者当选并就常务董事中选任一人会会长。董监事均为荣誉职务。"[1]董监事任期均为四年，每二年改选半数不得连任，第一次改选时以抽签定之但董监事人数为奇数时留任之人数得较改选者多一人。并且董监事就任后应于十五日内呈报当地主管官署转呈备案。董事及常务董事各组织董事会行使职权，并且对董事会、常务董事会监事职权界定细化，董事会之职权有"一、执行会员大会议决案；二、召集会员大会；三、决议第二章列举各项事务"。常务董事会之职权有"一、执行董事会议决案；二、处理日常事务"。监

────────

① "山东省济南市钱业同业公会章程"，1941 年 11 月 20 日，济南市档案馆藏历临 76—1—39。

事之职权有"一、监察董事会执行会员大会之议决;二、审核董事会处理之事务;三、稽核董事会之款项出入"①。如若董监事遇有下列情事之一者应即解任"一、因不得以事故经会员大会议决准其退职者;二旷废职务经会员大会议决令其退职者;三、于职务上违背法令营私舞弊或有其他之不正当行为,经会员大会议决令其退职或由主管行政官署令其退职者;四、发生本章程第八条各款情事之一者"。② 为处理日常事务,事务所得酌设办事员若干人并酌给薪资。

1941 年第一次改选职员选举情况见表 4—16。

表 4—16　济南市钱业同业公会职员名册一览表(1941 年)

职别	姓名	年龄	籍贯	商号	住址	备考
会长	曹善卿	六十二	章丘县	通益银号	经三路泰康里	二十五年四月当选
董事	张兰坡	四十一	章丘县	元泰银号	纬五路	二十五年四月当选
董事	高镜轩	七十二	章丘县	三合恒	将军街	二十五年四月当选
董事	李象九	四十九	章丘县	启明新记	经三路泰康里	二十五年四月当选
董事	段秀峰	五十一	山西清源县	锦丰庆	纬五路	二十五年四月当选
董事	曹竹轩	五十	章丘县	元亨银号	估衣市街	同上,歇业退选
董事	丁蔚桢	四十四	潍县	聚兴昶	纬五路	二十五年四月当选
董事	牛敬之	五十九	章丘县	庆聚昌	普利街	二十九年九月公推
董事	王芸坡	四十四	章丘县	德源银号	院西大街	二十九年九月公推
董事	邹恩普	四十四	福山县	福顺德	纬五路	二十九年九月公推
董事	戴正卿	三十八	山西祁县	大德通	馆驿街	二十九年九月公推
董事	杨伯周	四十一	章丘县	三益太	戏卷门巷	二十九年九月公推
董事	张笙三	五十四	邹平县	德庆银号	纬五路	同上,歇业退职
董事	董子生	四十	章丘县	聚庆长	福康街	二十九年九月公推
董事	尹廉齐	五十二	章丘县	鸿泰永	纬四路	同上,出号退职

资料来源:"为遵令改选恳请届时派员监视指导",1941 年 11 月 21 日,济南市档案馆藏历临 76—1—38。

---

① "山东省济南市钱业同业公会章程",1941 年 11 月 20 日,济南市档案馆藏历临 76—1—39。

② "山东省济南市钱业同业公会章程",1941 年 11 月 20 日,济南市档案馆藏历临 76—1—39。

钱业公会于 1944 年 2 月 18 日举行第二次改选大会,有关职员情况见表 4—17。

表 4—17　济南市钱业同业公会第二次改选董监事名册一览表

职别	姓名	性别	年龄	籍贯	所属商店	在商店之职务	教育程度	店址	备注
会长	胡伯泉	男	四十二	山西平遥	晋鲁银号	经理	平遥励志中学毕业	纬五路七八号	留任
常务董事	许典五	男	四十九	海阳县	福东银号	经理	高小毕业	经三路五七号	留任
常务董事	张品三	男	四十七	河北宁津县	魁聚银号	经理	儒学	昇平街二三号	留任
常务董事	魏符村	男	四十三	章丘县	通益银号	副理	儒学	经三路五七号	留任
常务董事	董子洋	男	四十七	章丘县	鸿泰永庆记	董事长	中学毕业	纬四路一六三号	留任
董事	董秀生	男	三十五	章丘县	聚庆长	经理	中学毕业	福康街一号	留任
董事	滕华萱	男	四十七	历城县	德聚银号	经理	儒学	普利街三五号	留任
董事	张蘭坡	男	四十四	章丘县	元泰裕记	经理	儒学	纬五路三五号	新选
董事	王漠三	男	三十九	章丘县	庆泰昌义记	经理	儒学	估衣街四〇号	新选
董事	杨东甫	男	三十三	山西太谷县	锦丰庆	经理	高中毕业	纬五路七九号	新选
董事	薛漠铭	男	四十三	山西太谷县	聚泰银号	总理	儒学	纬五路二二号	新选
董事	李锡三	男	五十五	潍县	聚兴昶	经理	高小毕业	经三路五七号	新选
董事	王建平	男	二十七	河北东鹿县	聚义银号	副经理	高中	经二路八七八号	新选
监事	孟步青	男	三十八	山西文水县	大德通	副理	儒学	馆驿街二一九号	留任
监事	王逊臣	男	五十九	章丘县	元懋银号	经理	儒学	公祥街二五号	留任
监事	李德宸	男	四十二	章丘县	启明新记	副理	儒学	经三路五七三号	新选
候补董事	张仁山	男	五十七	章丘县	通益银号	经理	儒学	经三路五七〇号	

职别	姓名	性别	年龄	籍贯	所属商店	在商店之职务	教育程度	店址	备注
候补董事	程笃庵	男	五十八	章丘县	鲁丰银号	经理	儒学	经三路五六九号	
候补监事	郑龙文	男	五十五	章丘县	厚记银号	经理	儒学	纬五路八一号	
候补监事	李超千	男	三十二	潍县	聚泰银号	经理	儒学	纬五路二二号	

资料来源:"济南市钱业同业公会第二次改选董监事名册",1944年2月18日,济南市档案馆藏历临76—1—39。

根据日伪政府法令,公会组织形式由委员制过渡到会长制,公会的最高权力机关是全体会员大会,其次是董事会、监事后、常务董事会,常务董事会以下是会长,由会长负责的各办事员。会长制与委员制比又有了进步,除内部分工更加细化化外,在监督机制方面有了明显的进步,设置了专门的监察机构监察委员会,这样形成了执行机构和监察机构相互制衡的权利格局,避免因人为把持会务带来的弊端,有利于了会务的科学运行。此时公会组织机构如图。

会员大会 { 董事→常务董事→会长→各办事员 \\ 监事→候补监事

(四)理监事制

抗日战争爆发后,国民政府为加强对工商业组织的监控,于1942年颁发《非常时期人民团体组织法》规定实行理监事制。国民政府接管济南后,济南市政府于1945年11月23日成立商会整理委员会负责对日伪时期工商业组织进行接收并指导改组。1946年12月16日钱业公会举行改选大会,选举产生新的领导机构及职员。钱业公会组织形式也由会长制改为理监事制,这种更换更多的是只是一种形式上的变化,其实质内容没有发生根本改变。钱业公会选举产生,各理事、监事职权与会长制时期一样,最高权力机关依然是会员大会,总的说来,理监事制的组织结构如图。

会员大会 { 理事→理事会→常务理事会→理事长→各办事员 \\ 监事→监事会

钱业公会机构的设置从会董制、委员制到会长制、理监事制,都与政府的相关政策和法律不无密切关系。这种组织形式的变更使得钱业公会的组织机构日臻健全,功能更趋完备,对推动日常会务、保证组织正常运转都起到了十分重要的作用。

四、议事制度

济南钱业同业公会的议事制度,对钱业公会组织治理结构功能的发挥起到了至关重要的作用。随着政府相关政策及法令的颁布,钱业公会的议事制度和议事程序也逐渐得以规范,关乎行业发展及重大决策都需要召开不同层面的会议讨论商讨,最后形成决策。钱业公会的议事制度在不同的组织形态下有所不同,但总的来说可分为年会、常会、临时会。具体来说,有会员大会、执行委员会、常务委员会、董事会、常务董事会、理事会、常务理事会、监事会等。各级会议都有一定的议事程序,不同级层的会议程序也有所不同。如果是同业公会改组成立,会员大会的程序就相对比较复杂。1938 年济南市同业公会第二届改选设置了比较详细的开会程序,其大会程序是:一、开会;二、全体肃立;三、主席就位;四、唱国歌;五、向国旗及国父遗像行三鞠躬礼;六、主席报告;七、监选人致词;八、各机关代表致词;九、选举;十、公布选举结果;十一、当选人宣誓就职;十二、监督人致训词;十三、当选代表致答词;十四、礼成。[①]济南钱业公会也是遵照此程序要求召开改选大会的。如果是临时召集的会员大会,程序就相对简单的多,一般分提议、讨论、决议三大环节。但不管何种组织形式的大会,会员大会始终是最高权力机构,讨论、议决公会的重大事项。

1920 年商埠钱业公会会员会议分经常临时两种。"经常会议于每年一月及七月由董事召开之;临时会议经董事会认为必要事件或经全体会员三分之二以上之要求得随时召开之",并规定"凡召开经常之会议时,须将应议事项于十日前,通告各会员。凡会议无论经常或临时,除会员全体到会外,须有全体会员过半数出席方可成立"。[②]

1931 年钱业同业公会改选成立济南市钱业同业公会,在组织形式上实行"委员制"。据公会章程规定会议类型主要有会员大会、委员会议,"会员大会每年二月举行一次,由委员会于十五日前通知召集之,如遇有必要事宜或会员代表十分之一以上之请求得由委员会召集临时会议。委员会议每月举行二次,如遇有必要事宜得召集临时会议",同时规定"会议大会之议决以会员代表过半数之出席,出席代表过半数之同意行之"。[③]

①　"济南市△△△同业公会第二届改选大会程序",济南市档案馆藏历临 76—1—1。

②　"商埠钱业公会章程",1920 年 11 月 17 日,济南档案馆藏历临 77—3—1。

③　"济南市钱业同业公会章程",1931 年 2 月 10 日,济南市档案馆藏历临 76—1—40。

1937 年日军占领济南后,根据日伪政府要求钱业公会改组,在组织形式上实行"会长制"。钱业公会会议类型有会员大会、董事会、常务董事会、监事会。会员大会分定期及临时会议两种,均由董事会召集之。定期会议每年至少开会一次,临时会议于董事会认为必要或经会员大会代表十分之一以上之请求召集时召集之。召集会员大会应于十五日前通知但因临时紧急事项召集临时会议时不在此限。董事会议每月开会二次,监事会议每月一次,常务董事会议每星期开会一次。会员大会开会时由常务董事组织主席团轮流主席。会员大会之决议以会员代表过半数之出席,出席代表过半数之同意行之。出席代表不满过半数时,得行假决议将其结果通告各代表于一星期后二星期内重行召集大会,以出席代表之半数之同意假决议行其决议。当遇到"变更章程、会员或会员代表之除名、职员之退职、清算人之选任及关于清算事项之决议"等决议时须召开会员大会,以会员代表三分之二以上之出席,出席代表三分之二以上之同意行之,出席代表逾过半数而不满三分之二者,得以出席代表三分之二以上之同意行假决议,将其结果通告各代表于一星期后二星期内重行召集会员大会以出席代表三分之二以上之同意,对假决议行其决议。董事会开会时须有董事过半数之出席,出席代表董事过半数之同意方得决议,可否同数取决于主席。监事开会时须有监事过半数之出席,临时互推一人为主席,以出席监事过半数之同意决议一切事项。①

五、经费状况

济南钱业同业公会经费问题是关乎组织机构是否能够存在和日常会务运行能否顺利开展的一个关键因素,也是制约公会能否发挥政治经济社会功能、扩大影响力的瓶颈,总之钱业公会的组织成立、会务运行、活动开展都离不开经费的支持。但钱业同业公会是以增进同业公共利益和矫正经营弊端为宗旨的团体,并不是一个商业性和营利性的组织。从北京政府时期、南京国民政府时期、以及日伪政府时期颁布的有关法令都可以找到相关的依据,1918 年 4 月北京政府农商部颁布的《工商同业公会规则》第六条以及 1923 年 4 月颁布的《修正工商同业公会规则》第六条规定"工商同业公会,不得以同业公会名义,而为营利事业"。② 1930 年 1 月,南京国民政府颁布的《工商同业公会法

---

① "山东省济南市钱业同业公会章程",1941 年 11 月 20 日,济南市档案馆藏历临 76—1—39。

② 彭泽益主编:《中国工商行会史料集(下册)》,中华书局 1995 年版,第 986 页和第 988 页。

实施细则》第二条规定"公会不得以其名义为营利事业"。① 从法律上明确了同业公会作为行业性团体的非盈利性,也意味着钱业公会不得以违背法规从事经营性活动而获得收入。因此,历年的钱业公会都遵守法律的约束,并在章程中体现了公益性为宗旨的条文。作为主管官署政府部门又不提供经费,公会必须自筹经费,其经费来源主要是会员交纳的会费及会员事业费、为维持运作增收的临时费以及遇有重大活动征收的捐赠费等。

会费是钱业同业公会经费的主要来源,早期的会费还包括入会费。钱业公会的经费分为事务费和事业费两种。事务费由会员比例于其所派代表之人数及资本额负担之,事业费由会员大会议决微集之。根据会员的资本额,收取不同的会费,1941 年"现有会员共二十四家,分为甲乙两等,甲等月纳会费六元,乙等月纳会费四元"②。并规定会员出会时会费概不给还。经费之预算成立与决算审核须经会员大会议决之,同时经费之预算决算每年须编辑报告刊布之并呈由地方主管官署备案。

除了正常按照规定征收会费外,为度过经费危机或应付其他摊派活动,公会临时提高会费标准或增收临时摊派费用。增收额外摊款或临时事业费时按照主管官署要求,公会必须事先向官署呈报,征得同意后,须再召开会员大会决议通过后方可执行。1941 年钱业公会呈文声称"兹查前准新民会济南市分会联合办事处指定属会月交经费二百五十元,计四个月共一千元须一齐交纳,属会当以为数过巨措办为难,经函请减少未蒙照准。属会现经开会议决,会员二十四家,分为甲乙两等,甲等计十八家,每家摊四十四元,乙等六家每家摊三十二元,其不足之数再由属会补足,所拟是否攸当理合备文呈请钧署鉴核令示只遵"。③

钱业同业公会各种经费收取后,建立了严格的收入与支出账目管理制度,并设有专门办事员—会计负责,掌管会中财簿及造具预算,各种报告书等。委员制时期公会会计年度于每年七月一日起到次年六月三十日止,并于每年度开始时编造预算决算提交会员大会公决之,预算决算及事业之成绩每年应编辑报告刊布并呈报主管官署备案。到会长制时期会计年度更改为以每年一月

① 工商部工商访问局编:《商会法工商同业公会法诠释》,1930 年版,第 97 页。
② "为呈报微收常年经费办法请鉴核备案由",1941 年 9 月 23 日,济南市档案馆藏历临76—1—38。
③ "为呈报征收额外摊款请鉴核示遵由",1941 年 9 月 23 日,济南市档案馆藏历临 76—1—38。

一日始至同年十二月三十一日止。经费之预算成立与决算审核须经会员大会议决之。

钱业公会收入方面除了入会费、会费外,还有津贴、修缮费及少量的地租等。从支出方面来看,主要有办公费、职员薪金、修缮费、捐款、杂费等几大项目。如1940年7月收支情况和1941年1月至10月收支情况,如表4—18、4—19。

表4—18　钱业同业公会1940年7月份收支计算册

类别	款项	数目（单位:元）	摘要
收入	收上月转让	141 276	
	收会费	29 500	内有晋鲁银号入会费二百元
	收津贴	18 000	棉纱公会借用本会办公月纳津贴如左数
	收修缮费	1 800	裕兴昌、恒记两号借用本会办事月纳修缮费如左数
	收地租	15 000	本会空地一段租出全年租价如左数
支出	付薪工	8 400	本会职员一人,工友二人,月支如左数
	付津贴	4 800	职员工友维持生活费月支如左数
	付电话费	1 000	
	付杂费	1 385	茶墨章纸车辆运输等
	付安装自来水	40 000	本会安装自来水管除租户摊一百元外实支如左数
本月结存		149 991	

资料来源:"呈送七月份收支计算册由",1940年8月3日,济南市档案馆藏历临76—1—38。

表4—19　钱业同业公会1941年1月至10月收支对照表

类别	款项	数目
收项	收上年结存	洋玖佰伍拾叁元六角五分
	收会费	洋壹仟七百零六元
	收入会费	洋叁仟元
	收地租	洋壹佰伍拾元
	总计	洋伍仟捌佰零玖元六角五分

续表

类别	款项	数目
付项	付薪工	洋壹仟叁百贰拾元
	付文具	洋玖拾叁元七角玖分
	付电话	洋壹佰零六元
	付杂费	洋陆佰零五元五角捌分
	付捐助	洋叁百贰拾元
	付修缮	洋玖拾贰元
	付租粮	洋陆拾七元陆角
	总计	洋贰仟陆佰零肆元玖角七分
结存		洋叁仟二百零肆元六角八分

资料来源:"呈送 1941 年 1 月至 10 月收支对照表鉴核由",1941 年 11 月,济南市档案馆藏历临 76—1—38。

以表 4—18 和表 4—19 为例分析,尽管当时济南社会动荡、经济萧条,但总的来说,钱业公会作为一个较为特殊的行业组织,运转经费充足,除每月固定支出办公费、职员薪金、杂费等费用外,还多有剩余。与此相比,截止 1941 年济南市共有 69 个同业公会,大部分同业公会的经费都是入不敷出,经费紧张,日常运作困难。以同时期济南市砖瓦业同业公会 1941 年 1 月份至 10 月份收支情况为例做一比较,如表 4—20①、表 4—21②,足以说明这一问题。

表 4—20　济南市砖瓦业同业公会 1941 年 1 月份至 10 月份收支清单

(单位:元)

月份\项目	1	2	3	4	5	6	7	8	9	10
会费	150	150	150	150	150	150	144	144	144	144
薪金	30	30	30	30	30	30	30	30	30	30
工资	24	24	24	24	24	24	24	24	24	24
文具	5.8	2		1		6.57	4.91			8.5
消耗	40.1	36.6	43.95	30.85	41.65	38.9	9.6	10.8	17.8	10.4
房租	24	34	34	34	34	34	34	34	34	34

---

① 马德坤:《民国时期济南同业公会研究》,人民出版社 2014 年版,第 118 页。
② 马德坤:《民国时期济南同业公会研究》,人民出版社 2014 年版,第 119 页。

续表

月份 项目	1	2	3	4	5	6	7	8	9	10
书报	27.6	15.97	22.75	32	19.2	21.1	14.35	14.8	24.7	5
杂支		2.87					27.14	27.2	16	25

资料来源:"呈报1941年1月份至10月份收支款项报告表的呈文",济南市档案馆藏历临76—1—89。

表4—21　济南市砖瓦业同业公会1941年1月份至10月份收支情况表

(单位:元)

收支分类	收支项目	收支款数(元)
收入部分	会费	1 476
	上年结存	6.91
	收入合计	1 482.91
支出部分	薪金	300
	工资	240
	文具费	28.78
	消耗品	280.65
	房租	340
	书报费	197.47
	杂支	98.21
	合计	1 485.11
余额		负2.2

资料来源:"呈报1941年1月份至10月份收支款项报告表的呈文",济南市档案馆藏历临76—1—89。

　　钱业同业公会1941年1月至10月扣除支出结存洋叁仟二百零肆元六角八分,而砖瓦业同业公会的结存为负贰元贰角。像济南市砖瓦业同业公会出现运转经费困难的并不是少数。

　　钱业公会每年经费的预算、决算情况都需要呈报主管官署。根据市公署指令(第328号)呈送公会1942年度预算书要求,市公署认为经常费用所列数额殊嫌庞大,尽量缩减。公会根据训令另行编造缮清备文呈送,预算书见表4—22。

表 4—22 1942 年度经常费预算书

科目	全年度预算数	每月份预算数	备考
第一款钱业同业公会经常费	548 360	40 900	除特别费一项不计外月计如左数
第一项 薪给	304 800	25 400	
第一目 薪金	132 000	11 000	
第一节 事务员	96 000	8 000	
第二节 书记	36 000	3 000	
第二目 工资	62 400	5 200	
第一节 夫役	62 400	5 200	
第三目 津贴	110 400	9 200	
第一节 事务员	60 000	5 000	物价津贴事务员一人月支如左数
第二节 书记	24 000	2 000	书记一人月支津贴如左数
第三节 夫役	26 400	2 200	夫役二名月支津贴如左数
第二项 办公费	186 000	15 500	
第一目 文具	54 000	4 500	
第一节 笔墨纸张	18 000	1 500	
第二节 册簿印刷	18 000	1 500	
第三节 邮电	18 000	1 500	
第二目 消耗	36 000	3 000	
第一节 茶叶	12 000	1 000	
第二节 煤炭灯烛	24 000	2 000	
第三目 杂费	96 000	8 000	
第一节 书报	12 000	1 000	
第二节 交际	48 000	4 000	
第三节 杂支	24 000	2 000	
第四节 捐助	12 000	1 000	
第三项 特别费	57 560		查特别费一项系每年一次故各月开支不计算在内
第一目 年终奖金	50 800		事务员书记夫役等年终给奖按薪金二倍支付如左数
第一节 年终奖金	50 800		

续表

科目	全年度预算数	每月份预算数	备考
第二目 租楼	6 760		本会所有地皮每年交租楼如左数
第一节　租楼	6 760		

资料来源:"为遵令修改三十一年度预算书呈请鉴核示遵由",1942 年 7 月 20 日,济南市档案馆历临 76—1—39。

　　根据济南市公署指令(第 132 号)编造三十二年经常费概算书,呈送市公署,具体情况见表 4—23。

表4—23　济南市钱业公会1943年经常费概算书

科目	本年度概算数	本年度概算数	比较 增	比较 减	备考
第一款　济南市钱业同业公会经常费	1 315 200				本会经常费每月计支一千零九十六元全年计支如左数
第一项　薪资费	541 200				
第一节　办事员薪俸	28 800				秘书一人月支一百元事务员一人月支八十元经济调查员一人月支六十元全年如左数
第二节　夫役工资	67 200				夫役二人月支三十元者一人月支二十元者一人全年如左数
第三节　办事员津贴	120 000				秘书一人月支津贴六十元事务员一人调查员一人月各支二十元全年如左数
第四节　夫役津贴	66 000				夫役二人月支津贴三十者一人月支二十五元者一人全年如左数
第二项　办公费	120 000				
第一目　纸笔	120 000				
第一节　纸张	36 000				信纸信封公函呈文纸卷宗毛边纸复写纸簿册等费全年如左数
第二节　文具	24 000				毛笔铅笔墨汁墨水浆糊杂品等费全年如左数
第三节　邮电	24 000				邮费电报等费全年如左数
第四节　印刷	36 000				印通知单表报及一切文件等费全年如左数
第三项 消耗费	198 000				

续表

科目	本年度概算数	本年度概算数	比较		备考
			增	减	
第一目 杂支	198 000				
第一节 茶水煤炭灯烛	42 000				茶叶水费煤炭灯烛等费全年如左数每月叁拾五元
第二节 电话费	24 000				电话一部及临时长途电话等费全年如左数
第三节 旅费	60 000				因公旅行或因事出行等费全年如左数
第四节 杂费	72 000				婚丧庆节应酬及一切零星费用并房捐公益捐等费全年如左数
第四项 购置费	120 000				
第一目 购置	120 000				
第一节 书报	24 000				报章书籍杂志等费全年如左数每月贰拾元
第二节 用具	24 000				添置器具或修理旧有木器等费全年如做数
第三节 修缮	72 000				修补本会房屋等费全年如左数每月六十元
第五项 预备费	336 000				
第一目 预备费	336 000				
第一节 奖励金	96 000				本会事务员夫役等年终例奖一次约如左数
第二节 特别费	24 000				除额定开支外遇有必须用项在此科目开支全年如左数

资料来源:"为呈送三十二年度概算书恳请鉴核备案由",1943 年 1 月 16 日,济南市档案馆藏历临 76—1—39。

第三节 钱业公会的活动和事业

钱业同业公会作为民国时期济南市重要的行业组织,在调解行业纠纷、稳定市场秩序等方面发挥了重要的经济功能。同时面对民族危机和社会危机,钱业同业公会积极参与到五四运动、五卅运动、抗日战争等反抗斗争中,彰显了工商界商人的爱国情怀和政治热情。在济南政权更迭频繁、社会动荡不安的社会环境中,钱业同业公会也积极参与社会公益活动中来并发挥了重要作用。

一、制定行业规则

行规,亦称业规,即由同行集体讨论,制定的本行业应须遵守的经营惯例和行为准则。其目的"为公会之命脉,在矫正营业,增进公共利益,如偷工减料、劣货影响、扰乱市价种种不良习惯,均由行规之约束,为之消除,而商业上道德信用,亦可相互增进"①。尽管民国时期政府颁布了一系列的工商行业法规,但近代行业种类繁多,区域差异较大,国家立法难以全面覆盖兼顾。因此,各行业拟定经过备案政府同意后执行的业规,成为国家法规的重要补充,对于各行业的业务开展和运行、维护市场秩序发挥了重要作用。

汇票是同行业间重要的业务之一。1920 年商埠钱业公会成立,即经会员大会议决订立《钱业同业公会汇票章程》,1922 年呈报山东省实业厅转呈实业部核准备案。南京国民政府成立后,1931 年遵照济南市政府训令改组成立济南市钱业同业公会。因之前制定的汇票章程相沿已久,多不适用,于是钱业同业公会召集会员大会公议修改,依据中央颁布的《票据法》以及济南市习惯将旧有汇票章程祥加修改,定名为《济南市钱业同业公会汇票章程》,并经过会员大会三次审查,逐条通过。新的汇票章程共有三十条,涉及到汇票的金额、汇票的兑换、汇报的收发以及异地之间汇票的使用等。

汇票填写注意问题,与各埠往来之户如有委托收付款项以及买卖汇票(汇信汇条异地支单与汇票同)等,除凭函电外其汇票须有下列事项:一、金额;二、付款人姓名现在地;三、收款人姓名;四、有无期限;五、发票人姓名及年月日。未载收款人姓名者以执票人为收款人。

同一区域或异地区域汇发汇票时,本埠收交电汇,付款人见电后即送空白收条见收款人索取收款人印鉴以便核付,收款人须持原电并填妥付款人所送之收条,觅保向付款人收款如收条上加盖图章与付款人索取之印鉴有异时,付款人得拒绝交付,如付款后生有纠葛付款人概不负责,设来电字迹不明亦可凭保预付俟,见信或电证明错误收款人须立将原款退回其交退间日期按本会每月所定活期利率计算;汇往外埠电汇,汇款人将款交妥双方各发电报收交,付款手续照付款所在地之章程办理,如收款人见电后向付款人收取,付款人借此推诿当日未能收进,迟付之日期照本会每月所定活期利率补息。

如遇有汇票迟期或板期时,规定本市照付之迟期,汇票以汇票挂号注明日期为准,注期之后不得止付,其遗失请求挂失者不在此例,设付款人于付款期

---

① "各同业公会又将集议行规问题",《申报》1930 年 10 月 25 日。

前有倒闭情事得退归原经手人,由原经手人将原款退回;板期汇票经付款人注明票面至期准付者届时即须照付,否则由付款人主张持票人不得有异议;迟期或板期汇票前已挂失止付作废者又经付款人误为挂号,其挂号仍作无效,如持票者故意争执,付款人须提出关于该汇票以前挂失止付作废之一切证据以拒绝之;迟期汇票挂号时必须注明照付日期加盖字号图章,如未见票根亦须照挂,但票面可注明未见票根,倘至期该票根仍未到,付款与否付款人自主。

遇有汇票遗失时规定:汇票如有遗失,由遗失人向付款人出具证书请求挂失止付并在付款地登报二份声明作废,一方书面通知立票人所登之报至少须一星期过三星期后毫无纠葛时由失票人在付款地觅得付款人承认之铺保立据取款,设被付款人查出另有纠葛情事,其请求之挂失止付为无效,如未挂失止付之先或如本条规定之手续办妥,款已付出任何责任付款人概不担负,其挂失止付之汇票亦即永久作废。

买卖汇票遵行规则:凡在本市照付至期之汇票,款未付妥不得将汇票涂销,倘已涂销而持票人未将款收到,须当日由付款人注明未付字样加盖正式图章将原汇票退回原主;凡顶面之汇票即退回原经手人,由原经手人补给即付汇票及邮电费,再按本会每月所定之活期欠款利率计算迟付之日利息并另补偿每日每千元损失费三角,但其利息与损失费之计算以邮局能寄到之日为标准;凡买卖成票,经手人须加盖正式图章以示负责,如该票为本市者自立票之日起,外埠者自经手之日起,经手人担任三十天之限度,取出款项如逾限则不负责,设遇时局不靖交通不便之时,不在此例;凡代收本市照付之汇票盖章作保者立票地如系晋鲁皖燕豫苏浙湘鄂赣内地各省,自付款之日起以三十天为限,其余他省以五十天为限,逾期发生纠葛作保人概不负责。

同业因汇票买卖遇有问题时解决规则:凡买出票人自立之汇票,以付出该汇票金额为责任终了;凡以支票买汇票者其支票款未收进而买主生有不测倒闭情事无论当日次日立票人有知会付款人止付之权;凡买成汇票该票已经寄出,于付款人尚未挂号之际,经手人倒闭而立票人又与经手人有纠葛事项,付款人因之坚不挂号时,持票人有直接向立票人追款之权,如已经挂号除发生挂失号外无论有何纠葛,付款人必须按期如数付款;凡出汇票其款已经转账拨妥即作为款已收到,如有意外而该汇票转移别家,出票人不得援用第十六条之规定,如该汇票尚未转移别家,使票人发生不测出票人有止付之权;凡出成票该持票人到付款人所在地挂妥付款日期后,至期持票人未向付款人取款,亦未预先对经手人来电声明,而付款人于次日发生倒闭情事,由持票人自行处理,经手人任何责任概不担负;凡汇票到期适遇星期放假等日不能付款,次日付款人陡生倒闭情事,持票人可将原票退回;凡收成票寄往外埠托代理家代收,而代理家于未将该汇票款收进之时,发生意外以致原汇票不能退回,除一面通知付款人止付外,一面通知原汇票主将款退回;凡本市照付之汇票如以支票照付者其支票以取出现款后为该汇票确实照付,倘于汇票支票收交后尚未及提出现款之间而付款人陡生意外,因而支票亦失效力再不能将原汇票换回时,即以该支票作为原汇票退回原主;凡本市照付之汇票无论迟期或即付者,持票人须先觅保经付款人承认后照数付给之,如于付款前未经挂失止付者,其保继有虚伪,付款人不负任何责任及另有挂失等情,倘发生积纠纷付款人可以第三者资格援助解决之;凡同业下关后以电话构成汇票交易若系往来户时出主须将汇票送交,使主转账再批支单取款,如非往来之户使主须备齐款项并持证明书赴出主收取汇票,出主将款收妥交给汇票后于证明书上盖章以杜流弊;凡门市收买外客他埠照付之汇票,当与该客订明必俟将汇票款收进,回信后方能给予款项,如双方款已收解妥协无论生何纠葛收买家概不负责;汇票粘贴印花应由出票人负责,若系成票经手人负责,倘有因而被罚者于使主无涉,如有特约者不在此限;凡本市照付之汇票其票所载之全额,以本市通用者为标准。①

二、调解同业纠纷

调解同业之间的纠纷,是钱业同业公会的重要的任务和职能,并写入章程。同业之间发生矛盾纠葛,多以向钱业同业公会请求予以解决。当然公会也会积极帮助同业排忧解难,进行解决。

1930年7月为应付济南市政府地方摊派,钱业同业公会进行公议确定各号应交纳摊款数量,并且多数商号已经如数上交。但福顺德、公和隆、丰太昌、天和兴等四家商号的联名甬称"益庆合、功成玉、永恒茂、宝隆俊等与敝号同营汇兑事业,此次地方摊款不宜独令担负摊款置益庆合等于不顾,请为详加审查解决公允,敝摊之数必即随缴",认为分摊摊款不均。为协调同业矛盾,钱业公会为力求公允起见,再三讨论认为:"兹同属钱业对地方摊款自须应尽义务。经征营业情形视之以不得不稍为区别藉昭公允。永恒茂、宝隆俊两家,不但纯立于来监督之地位且汇兑极少,每月不过一二千元之谱虽系同作汇兑业

---

① "济南市钱业同业公会章程汇票章程",1933年8月18日,济南市档案馆藏76—1—40①。

情形又与它号等有异。兹经敝会共同议定地方摊款汇兑前以有人等人为标准,但此次支应军务纯系特殊情事将来不得按此。现在实号在济有人故请各担任摊款洋十元以维公务,而昭公允除甬复福顺德等四家仍照原议须各缴洋十四元,永恒茂、宝隆俊免予摊凑外,因特殊甬奉应即请查照迅即如数交纳以便转交函为公便藉颂。"①分摊纠纷得以解决。

比较典型的案例发生在 1930 年,钱业公会于 12 月份同时接到几家银行的函,反映因元通银号的倒闭发生同业纠葛。

1930 年山东华茂银号向钱业公会函文称,因"敝号于本月四日由元通银号经手购入裕兴银号支青岛通聚照付票洋柒千元。兹因元通银号于本月四日晚间倒闭,该出票因受经手人情托,藉故电青停止付款,致使敝号丧失兑现权利,为此甬请贵会召集全体委员开会评议,按据汇票法以彰公道"。② 济南晋茂银号函称:"敝号于本月四日由元通经手购入东和公司立青岛,本公司青票洋贰千元,抬头鸿记,票背面盖有转移,经手家鸿记、华茂、义聚隆等图章,兹因元通银号于本月四日晚间倒闭,该出票人因受经手人情托,藉故电青停止付款,冀使本号丧失兑现权利,为此甬请贵会召集全体委员开会评议,按据汇票法以彰公道并恳赐示无任感纫,此致。"③济南通聚银号函文称:"敬启者本月三日敝号使有元通经手三天期津票二张,系天津裕通皮庄立津衡通皮庄照付一张计洋伍佰元,东口皮公司立津本公司照付一张计洋贰千元,该二票均是济源银号,抬头背面亦有济源图章,至津已经挂七号付款,元通于四号下午倒闭,然津票业经挂号至期提款,济源银号去电止付,今将原票退回,按票据法钱业公会定章票已挂号无论有何纠葛,非付款不可。敝号已向济源银号理论,该云凭钱业公会评议办理特此函逢贵会平公议决实为公便。"④济南恒康银号函文称:"敬启者敝号于本月三号收买元通银号津票洋贰千整,迟期三日,此票乃天津裕通皮庄立票,恒通皮庄照付,济源银号抬头,此票函津已挂,经七日照付,元通于四号下午倒闭,然津票业经挂号尚未提款,济源去电止付,今将原票退回,按票据法钱业公会定章票已经挂号无论有何纠葛非付款不可,敝已向济

① "饬富德顺、公和隆、丰太昌、天和兴为地方摊款的函转",1930 年 7 月 22 日,济南市档案馆藏历临 77—13—13。

② "华茂银号关于元通银号倒闭无法兑现的函",1930 年 12 月 9 日,济南市档案馆藏历临 77—13—6。

③ "致钱业公会为与义聚汇票纠葛案请评议的函",1930 年 12 月 9 日,济南市档案馆藏历临 77—13—6。

④ "济源银号止付汇票的函",1930 年 12 月 9 日,济南市档案馆藏历临 77—13—6。

源银号理论诶,言凭钱业公会评议藉理特函贵会平公议决实为公便。"①

1930 年 9 月 29 日元丰银号因由厚记银号购买汇票系伪造,两号产生矛盾纠葛。据济南元丰银号函文称:"敬启者于本月七号本埠元丰成银号由厚昌银号买得填具即付汇票壹张计洋贰仟元整,此票纯系伪造,敝号之图章上开天津聚义银号照付号码第叁拾贰号。裕德和银号抬头九月七号立票,查此票上之花样图章号码与敝号之票板图章号码壹概不符,纯系伪造刻下正在追纠中除登报声明外特先奉祥务,望钧会备案并祈将此情形告诸同业壹体注意勿使奸徒蒙蔽至以为要。"②

为此,钱业公会定于 1930 年 12 月 10 日下午举行为元通倒闭后汇票纠葛请求计讨论办法会议,出席的代表有主席綦忆轩、委员董子洋、艾学川、陈有章、袁少濂、许典五、孙品三、李锡蕃、段秀峰、牛敬之、李锡三、解心齐、王奎五、李祝亭、赵震升。但本汇票纠葛涉及商号多,没能够议决。13 日再次召开特别会议,邀请同业之有经验者列席会议并参与讨论,李君锡强调此案宜将各号来函声明等逐条报告研究,参会成员齐赞成遂逐条议决如下:一、裕兴与华茂纠葛:议决出票家裕兴款已收进无止付理由,应由裕兴付款于持票人。二、通聚恒康与济源号汇票纠葛案:议决济源号出成票于元通,元通又转出于通聚恒康,该票已经挂号按照本会汇票章程第五条之规定不得止付。三、晋茂与义聚隆汇票纠葛案:公议义聚隆出贰仟元之成票(鸿记出东和公司)于元通银号,经元通银号将此票出于晋茂而义聚隆即电青岛东和公司止付,讨论结果均以此项汇票纠葛本会汇票章程查无此项规定,无从核议,请自行处理。③

会后,钱业公会一一复函各有关银号,如复函华茂银号:"贵号来函敝号于本月四日,由元通银号经手,购入裕兴以后支青岛通聚照付票洋贰仟元,因元通银号于本月四日晚间倒闭,该出票因受经手人情托,藉故电青停止付款,冀使本号丧失兑现权利,请为召集会议评议示覆,等情据此,当经提交会议,合经出票家裕兴,款已收进,无止付理论。应由裕兴付款于持票人,因特函复即

① "济源银号止付汇票的函",1930 年 12 月 9 日,济南市档案馆藏历临 77—13—6。

② "为元丰成由厚记银号购买本号汇票纯系伪造请予备案的函",1930 年 9 月 29 日,济南市档案馆藏历临 77—13—6。

③ "关于元通银号倒闭汇票纠纷事特别会议记录",1930 年 12 月 13 日,济南市档案馆藏历临 77—13—6。

请查照为荷。"①

　　档案中有关钱业同业公会处理调解本会各银行纠纷案举不胜举,这些纠纷案多在本会内依据章程及规则加以解决。

三、维护行业利益

　　"无论是传统的行会,还是新式的行业商会或同业公会,它们都是一种行业性的团体……协调同业之间的关系,保护同业的利益,统一同业的业务标准仍然是它们的基本功能。"②为此,维护同业利益,是近代工商同业公会的一项基本职责,也是取得同业信任的立足点,当然济南钱业同业公会亦是如此。1920年商埠钱业公会成立后,公会以"本会以联合同业活动金融维持同业公共利益矫正营业之弊端为宗旨"③,自此钱业公会历经各统治势力管辖济南,但其维护同业利益之宗旨始终未有改变。每遇有损害同业利益之事件发生,钱业公会都会站在同业立场奔走呼号,极力维护同业利益,充当着广大会员代言的角色。

　　1934年山东省财政厅发现济南市银号、钱庄所报资本不实,有偷漏税收之事情,于是颁布了"定期存款作为课税资本"的规定,但是这种规定明显与国民政府的营业税法不相吻合。钱业公会为了维护同业根本利益,以政府营业税法为根据,向财政厅呈文称:"钱庄以资本额为课税标准,载在营业税法。自施行以来不独以本省为然,即各省亦莫营业。今竟以定期存款作为资本课税,殊不知存贷款项即系钱庄之营业。若此而课税,是既按资本课税,又按营业课税,即使从轻定税亦断难负担。誓不承认。倘谓资本不实,尽可切实调查,讵可藉此为课税之依据。仍请据情转呈,以维税则而恤商艰。"④钱业公会这种不屈服于地方政府的行为体现了维护行业利益的精神,获得了各银号的称赞。

　　再一典型案例就是维护会员晋逢祥银号之利益多次致函济南地方法院和

---

①　"复华茂银号裕兴款已收进停止付理由由",1930年12月14日,济南市档案馆藏历临77—13—6。

②　魏文享:《试论民国时期苏州丝绸业同业公会》,《华中师范人学学报(人文社会科学版)》2000年第9期,第83页。

③　"济南商埠钱业公会章程",1920年11月17日,济南市档案馆藏历临77—3—1。

④　济南市工商联合会、济南总商会编印:《济南工商文史资料(第2辑)》,1996年,第209页。

山东省高等法院。起因是 1930 年长春宝隆银号倒闭,为维持市面保护债权,吉林省政府令长春公安局县政府组设债务清理处秉公清理,济南市商会函钱业公会命济南晋逢祥银号将济有账簿票根等件代其交邮寄回长春总柜以便查核清理,并要求济南钱业公会查核各汇款汇主之数。据晋逢祥银号呈文称"宝隆银号经营汇业系在敝号附设性质,其各庄汇济下票,虽经敝号代其照付,但对于票根信件等事项由其派员驻济自行理楚。1930 年 12 月 31 日长春宝隆银号突然宣告倒闭,其驻济夥友闻风出走,诸多付之东流。敝号为顾全原汇主之生计起见及盼早日清理乃将所有账簿票根等件准其所请悉数邮寄长春总柜"。① 于是济南钱业公会根据晋逢祥银号的呈文复函市商会因晋逢祥银号已将账簿票根悉数邮寄长春总柜,汇款汇主无从核查。

1931 年 2 月有持票人韩景芳将晋逢祥银号依刑事程序向地检处告诉诈财并向地院民庭提起求偿之诉。3 月 5 日晋逢祥银号接到济南地方法院送传票定于 6 日开始侦查。晋逢祥到庭详细陈述事实经过,法庭要求寻找保人。13 日再接传票定于 14 日继续侦查,限期七天将长春宝隆银号总柜之人找到一个不可。晋逢祥银号向钱业公会函文称:"法院微谕期限紧迫长济间往返势不可能,倒闭之后职员星散,况有该地总商会负责清算,亦恐无人肯来应诉证,以其驻济夥友之闻风潜逃。总之宝隆汇业在济派有专员,其因倒闭而不承兑乃宝隆自身事原,与敝号毫无关系。即退一步言之,设使宝隆无人在此又敝号应兑不兑,则敝号所受不利益之制裁,充其量亦不过信用丧失或宝隆另对敝号提起民事给付之讼而已。侵占问题亦殊无发生之。余地营汇业者不独宝隆,办客事者不独敝号,使汇票者不独韩某,如谓顶票不付即是触犯侵占,然则任何一人任写一票,任注一号照付其照付者亦应负承兑义务,如不承兑,持票人即可以侵占告之,而法院亦即可依其所告受理并依其所告起诉耶。"②晋逢祥银号请钱业公会出面得以解脱讼累而免纠纷。钱业公会认为根据票据法第三节规定,出票人以支付之义务,委托付款人之时,付款人非即有付款之义务。换言之,付款人非经由出票人记载其姓名,而即负支付之义务。长春宝隆所出之汇票未经晋逢祥盖章承认,其不能代为承兑,自属毫无疑义,因此晋逢祥银号没有兑现之义务。

同年 7 月又有朱克锯持有长春宝隆银号汇票一纸计洋七百元,向地方法

---

① "与宝隆银号之关系的呈函",1931 年 2 月 5 日,济南市档案馆藏历临 77—14—23。
② "宝隆银号倒闭发生纠葛侦查情形的函",1931 年 3 月 20 日,济南市档案馆藏历临 77—14—23。

院民庭提起求偿之讼。为维护同业利益,济南钱业公会出面呈函济南市地方法院称"查案情和解虽与敝号无关,但事涉汇票自不能不问。各方着眼此件票款,据称只有七百元,况和解必双方让步,就金钱上理论厉害顾不甚大,此端一开效尤踵至,每遇一号之倒,势必穷于应付,是闻保于晋逢祥一家此尚小,影响同业全体者滋大。况就此案而论长春方面既有官督商会负责清算是,持票人之汇款不患无着。如果此处因和解而得一宗,彼处因兑票而又得一宗是,持票人有得票额以外,金钱之可能结果上实不啻奖励诉讼以喘息未定,今日之钱商殊不胜此意外之打击,现经集会议决呈请贵院依法公断为荷。"①

11 月 27 日地方法院判晋逢祥银号败诉,当庭晋逢祥声明不服决定上诉。12 月钱业公会致函山东高等法院声称,晋逢祥与朱克锯汇票涉讼一案,事涉汇票,关系钱业全体利害,因于 10 月 13 日将敝会议决情形函致济南地方法院,但济南地方法院对晋逢祥之上诉驳斥,理由以晋逢祥为票据上唯一之债务人等。然查汇票性质,发票人以支付之义务,委托于付款人之时,付款人非既负有付款之义务,须视付款人对于该项汇票,已否签名承兑以为定。按之票据法第四十条及第四十八条、九两条,均以签名承兑为惟一之要件,而济南钱业公会汇票章程第九条对于迟期汇票之挂号及方式规定尤为详细。本件朱克锯所持之汇票,未经晋逢祥依照方式挂号、注明照付日期及加盖字号面章,是晋逢祥未经签名承兑,对于该项汇票即无付款之义务,自属毫无疑义。且查朱某所持之宝隆号所发指汇票,盖有济南晋逢祥小戳,系在讷河县宝隆号所盖,以表明其本号寓之地点者非晋逢祥所盖之面,以表示承兑地也。如认该项小戳为晋逢祥所盖,则晋逢祥一则向无此项面章,二则汇票未经晋逢祥注有付款日期,其非晋逢祥之面章。总之,此事虽微,关系金融甚巨,敝会维持金融职责所在。② 并附钱业公会汇票章程一份,请山东高等法院参照审理。

山东高等法院判决后,晋逢祥败诉。钱业公会再次发函山东高等法院,陈述理由,贵院固有依法裁判之职权,敝会乃钱业团体殊不得越分干事,惟关于汇票挂号一点,依本市钱业公会所定之汇票章程第九条实属要式行为之一种,而各钱业家对于迟期汇票之挂号亦靡不遵照,所谓签注付款日期加盖字号面章之规定办理,盖非如此无以证明付款之确期及承兑之表示故也。朱克锯所

---

① "致地院民庭为晋逢祥汇票案请依法公断的函转",1931 年 10 月,济南市档案馆藏历临 77—14—23。

② "函山东高等法院为晋逢祥因汇票涉讼一案陈述意见请参照法办由",1931 年 12 月 28 日,济南市档案馆藏历临 77—14—23。

持之汇票上是否有晋逢祥所签之日期及加盖之号章,敝会既未得见要,亦未便轻信……①。总之,钱业公会为使法院更判,依据票据法及钱业公会汇票章程陈述。尽管 1932 年 5 月 4 日山东高等法院作出终审判决晋逢祥败诉,但钱业公会为维护同业利益做出了巨大努力。

四、参与政治活动

民国时期的商人已经摒弃了恪守"在商言商"的古训,他们在民族抗争的主流中积极参与,谱写了商人的正气之歌。

(一)钱业同业公会与"五四运动"

1919 年发生的五四运动地点在北京,但与山东有着直接的渊源,因英美等国在在巴黎和会上不顾中国政府代表团的反对,竟然决定把山东由德国转让给日本。噩耗传到国内,国人群起激愤。5 月 4 日北京各大高校学生游行示威,发表宣言,呼吁全国工商界一致奋起。全国各地积极响应,5 月 4 日至10 日,济南各商界积极响应,纷纷商讨援助办法。城内商埠各银号积极参与到爱国行动中,钱业同业公会开会讨论与日人断绝往来办法:"一、所有日本各银行纸币、银币等,概不兑换;二、凡有与日商往还账项,限一星期结清,不得再通往来。"②

6 月 10 日,济南市包括各钱业银号等在内的各行业商店均未开门营业,并一致发表宣言:"青岛一去,山东亡而国必随之,吾山东商界为国民一分子,亦有血气,亦有人心,尚燕雀处堂,毫无警觉,苟沦丧之后,将何辞以自解,将何以对祖宗子孙乎?"③强烈要求政府惩处曹汝霖、陆宗舆、章宗祥等卖国贼、废除"二十一"条。6 月 17 日,济南各界在省议会召开联合会,组织钱业同业公会等 6 个社会团体共 86 名代表组成的赴京请愿团,其中钱业同业公会派出代表赵聘臣,其他工商界代表有李和轩、乔履乾、李岱五、刘运生、潘勋臣、李镜卿、牛子仁、徐桂亭、朱德臣、孟广深、李敦五、刘锡侯等。19 日请愿团到达北京提出三项要求:"一巴黎和约关于山东三条,必须拒绝签字;二高徐、济顺铁

① "函高等法院晋逢祥与朱克锯为汇票涉讼请法办的函",1932 年 4 月 14 日,济南市档案馆藏历临 77—14—23。
② 中国科学院历史研究所第三所近代史资料编辑组编:《五四爱国运动资料》,1959 年,第124 页。
③ 济南市工商联合会、济南市总商会编印:《济南工商文史资料(第 2 辑)》,1996 年,第160 页。

路草约必须废除;三卖国奸人必须严惩。"①6月23日和29日钱业同业公会等又派代表组成两次请愿团赴京请愿。在济南及全国各界上下的强烈反对下,中国政府并没有签字并于6月30日发表陆征祥未在和约签字的通电,拒签和约运动方告结束。

（二）钱业同业公会与五卅运动

1925年5月30日,震惊中外的五卅运动在上海爆发,并很快席卷全国。这次运动爆发的直接起因是1925年5月15日上海日商内外棉七厂资本家借口存纱不敷,故意关闭工厂,停发工人工资。工人顾正红带领群众冲进厂内与资本家论理,要求复工和开工资。日本资本家非但不允,还开枪射死顾正红,打伤工人10余人,这成为"五卅运动"的直接导火线。5月30日上午,上海工人、学生2 000多人分组在公共租界各马路散发反帝传单,进行讲演,揭露帝国主义枪杀顾正红、抓捕学生的罪行。租界当局大肆拘捕爱国学生,当天下午,仅南京路的老闸捕房就拘捕了100多人。万余名愤怒的群众聚集在老闸捕房门口,高呼"打倒帝国主义!""收回外国租界!"等口号,要求立即释放被捕学生。英国捕头竟调集通班巡捕公然开枪屠杀手无寸铁的群众,打死13人,重伤数十人,逮捕150余人,制造了震惊中外的"五卅惨案"。

为支援上海工人、学生运动,济南工商界积极响应,于6月17日筹备成立了"济南商界沪案后援会"。6月19日在中山公园举行声援大会,包括钱业公会、总商会、商埠商会等在内的十余个社会团体共计二三千人出席,通告三项重大决定:其一,通过《济南商界沪案援会宣言》,该宣言称:"溯自鸦片战争及甲子、庚子两役以来,英日两国恃其战胜之威而协以谋我,致我民族受不平等条约之压迫,呻吟于帝国主义之下者,历有年矣。然不过割据我港岸,侵夺我主权,吮吸我脂膏,助长我内乱而已,犹未敢以我国人民为牛马犬养而公然杀之也。今日者沪上之碧血未乾,汉口之案又起,以枪弹加诸我毫无抵抗力之市民学生,至再至三,惨酷已极,为我国空前未有之奇耻大辱,是而可忍,孰不可忍!夫我国虽弱,犹是国家,犹是人民,受帝国主义者之高压,竟不能跻于其□民族独立平等自由之列,被欺受辱,愈逼愈紧,渐至以人民供其宰割,是直以牛马犬羊待我而公然杀之矣!事急祸迫,吾国民族无噍类。虽欲偷生苟活其可得乎!故士辍于学,商罢于市,工罢于肆,风声所播,举国愤慨。而本会因时势

---

① 济南市工商联合会、济南市总商会编印:《济南工商文史资料(第2辑)》,1996年,第161页。

之需要,亦不得不有大规模之组织。本自觉之精神作严厉之奋斗。经济绝交,坚持到底,宁为玉碎,勿为瓦全。一息尚存,此志不泯。愿率济南全体商界,追随我全国父老昆弟姊妹之后,为国后盾,务使废除一切不平等条约,俾沪案达到圆满之标的,一洒国家之耻而后已。邦人君子,幸垂察焉!"①其二,通过了致北京政府和外交部总长电,电文认为"沪案发生,举国震愤,东省人士莫不发指,商界人士尤形激昂。誓愿同心努力,雪耻奇耻大辱。民气所趋,势难遏抑,爰于本月19日成立济南商界沪案后援会,通电全国,一致力争。尚祈执政总长严重交涉,以张公理,而申主权。"②其三,制定了抵制日货办法,发动工商界罢市,下半旗向被杀害的工人致哀。

为真正抵制日货,使其发生效力,"济南商界沪案后援会"于6月23日再次举行会议商讨落实办法,议决六项措施并决定对日经济绝交,六项办法分别是:"第一,7月3日截止向英日订货及售货;第二,7月3日前订购的英日货限一星期内运清;第三,售货尚未起运者限两星期内运清;第四,7月3日前所存及已订尚未运到的英日货,分列行号造册存会备查;第五,7月4日起所售英日货物,5天1次开单送会备查;第六,各商号如有违犯,由评议会议决处分。"③

6月25日,济南各界为哀悼沪案死难同胞特停业一天并举行哀悼大会。济南各工商界积极响应,除城内商会、商埠商会等团体外,包括钱业同业公会在内的各同业公会都积极参加,如染业、银行、油业、蛋业、食物、茶业、炭业、布业、棉纱业、转运业、五金业、木作业、粮业等同业公会参加。苗星垣代表商界在大会上发言,痛斥日本帝国主义的暴行,号召全市同胞抵制日货。哀悼大会后,与会人员沿街游行,高呼"打到帝国主义"、"抵制英日仇货"、"废除不平等条约"等口号,声讨沪案。

(三)钱业同业公会与抗日战争

1931年9月18日夜日本关东军轰炸沈阳柳条湖附近的南满铁路路轨,污蔑嫁祸中国军队所为,以此为借口炮灰沈阳,发动九一八事变。9月19日

---

① "1925年商埠商会、济南市民雪耻会、学生联合会及其他团体、学校、段祺瑞执政府、外交部等关于五卅惨案、全国各地掀起反帝爱国运动的宣传、告全国父老书、抵制英日货物办法和函电",济南市档案馆藏历临77—8—17。

② 济南市工商联合会、济南市总商会编印:《济南工商文史资料(第2辑)》,1996年,第163页。

③ 济南市工商联合会、济南市总商会编印:《济南工商文史资料(第2辑)》,1996年,第164—165页。

沈阳沦陷,1932 年 2 月中国东三省全部沦陷。

1932 年 1 月 28 日,日本侵略者又进攻上海闸北、吴淞一带,驻守上海的十九路军在蔡廷锴、蒋光鼐的带领下奋勇抵抗,开始了著名的淞沪抗战。淞沪抗战激起了全国人民的反抗热潮,济南各同业公会也以多种形式积极加入到支持十九路军抗战的行动中,彰显了工商界的爱国激情。2 月 20 日,钱业公会以快邮代电致上海市民地方维持会①慰劳组,由中国银行给御辱将士汇交慰劳费 6 000 元。

1936 年 11 月 28 日,济南市工商界发出《捐启》,号召各业踊跃捐款。《捐启》说:"盖闻戡定祸乱,惟资军旅;框箧于将,端端兆民。除此绥北匪势猖獗,鲸肆蛮触,罹荼毒者,形成水深火热,悚听闻者,何堪心痛发指。况复值此北地严寒,已履冰天,督剿将领,比枕戈于疆场之上;用命士卒,胥侧身于弹雨之间。卫国卫民,为恐邦之疹瘁;矢忠矢勇,惟期匪之涤平。浩浩河山,哪非锦秀;蒸蒸黎民,谁非国民。兔死狐悲,物伤其类;唇亡齿寒,宜固屏障。是则绥北安危,攸关民命生存。同人悉□鉴于斯,迅速奔走呼号,发起慰劳前方将士之举,幸望热诚诸君,慷慨捐施,用代矿绯之献;踊跃输将,权作囷粮之助。俾冀国土完整,统一民族常保生存。前途利赖,曷胜幸甚。"②钱业同业公会积极响应,向各商号发起捐助号召,至同年 12 月中旬,钱业同业公会共捐赠款 1 000 元,毛袜 500 双,手套 500 付。并向前方将士发出慰问电文:"绥远主席傅勋鉴:国难艰危,匪伪猖狂。我军前方将士于冰天雪地之中,含辛茹苦,不惜牺牲,为国杀贼,曷胜钦敬。敝会同人基于义愤,无可贡陈,谨节衣食微资,用伸慰劳下悃。除仍努力续集外,先由中国银行汇国币 1 000 元,伏祈兑收赐复。"③钱业公会的慷慨捐助,鼓舞了士气,带动了其他同业公会的纷纷响应。

五、参与公益活动

钱业同业公会继续发扬了传统行业组织的公益精神,广泛参与社会公益事业,或以公会名义,或以个人身份参与社会慈善活动,为树立行业形象和推

---

① 该组织是 1932 年 2 月 1 日在上海《申报》总经理史量才、中华职业教育社负责人黄炎培、上海市商会会长王晓籁、工商业者虞洽卿等 32 人发起组织的。这个组织以"慰劳军队、救护难民、调剂金融、维持商业、联络军民、支援抗战"为宗旨。

② 济南市工商联合会、济南总商会编印:《济南工商文史资料(第 2 辑)》,1996 年,第 203 页。

③ 济南市工商联合会、济南总商会编印:《济南工商文史资料(第 2 辑)》,1996 年,第 203 页。

动公益事业的发展作出了重要贡献。

（一）参与灾害救助

1930 年 12 月,红卐字会欲开办粥厂救济难民,向钱业公会发函称:"前因筹办济地粥厂,当送上冬赈捐启一册,想蒙代募,现在粥厂急待举办,须视集款多寡定通盘计划。贵会募款务请尽三日内截数,或先将捐启交还。至为企盼。"①钱业公会接到红卐字会的函件立刻复函称:"案查一十九年十二月五日接准大函,已经送捐启一册,先行交还等。查该项捐启及捐款,已于年前送交城内商会,托其转交"。② 济南市棉业公会向红卐字会捐款大洋 400 元。③ 1931 年 7 月 5 日中国红十字会济南分会向济南商埠商会函称"敬启者本会因继办善业需款,兹就本埠游艺园开游艺大会三天发售入场卷所得之款作为善捐,券额券价均经市政府核定照办,现已决定七月十日至十二日举行前以销售入场卷,必须预先计划销路,函请贵会代为劝销"。④ 同年 7 月 6 日济南商埠商会接到中国红十字会济南分会募捐的函件后,即向各同业公会发函"兹准中国红十字会济南分会送到戏卷三千张,嘱为分派。查该会系慈善事业,自应赞助一切,以成善举,贵会慈善为怀,定能乐输,特送上戏卷○○张,即希查收是荷",各同业公会收到商埠商会的信函后,纷纷积极响应,参加此次慈善活动的公会达到 16 家,共募捐洋一百五十元。见表 4—24。

表 4—24　济南同业公会捐中国红十字会戏票情况（1931 年）

公会名称	戏票（张）	捐洋（元）
面粉公会	20	15
粮业公会	20	20
钱业公会	15	15
转运公会	9	9
汽车公会	5	5
旅栈公会	10	10
运输公会	10	10
藤竹公会	3	3

---

① "红卐字会关于冬赈募捐的函",1930 年 12 月 2 日,济南市档案馆藏历临 77—13—9。

② "复红卐字会捐款已送交城内商会",1931 年 1 月 3 日,济南市档案馆藏历临 77—13—9。

③ "红卐字会收据",1930 年 12 月,济南市档案馆藏历临 77—13—9。

④ "为函送入场卷请予以劝销由",1931 年 6 月 8 日,济南市档案馆藏历临 77—13—9。

续表

公会名称	戏票（张）	捐洋（元）
屠业公会	3	3
木业公会	5	5
牛业公会	5	5
油业公会	10	10
建筑公会	5	5
炭业公会	5	5
蛋业公会	10	10
棉业公会	20	20

资料来源："函送各公会红十字会募捐戏卷"，1931 年 7 月 6 日，济南市档案馆藏历临 77—14—29。

1931 年，中国大地爆发了破坏性极为严重的大洪水，南方数省同胞惨遭浩劫。钱业公会迅速行动起来，集资救灾，"本年洪水为灾遍十数省，亿万同胞惨难浩劫，无衣无食，凄惨状况极为痛心，敝会同人爰于日前开会议决，推定募捐员向本市各银钱业分别劝募，计共募集洋壹仟五百万元零五元整。除酌留五百零五万元，托由厚记银号李锡善先生在济南车站随时赈济由被灾区逃来之难民外，下余之捐款壹仟万元整兹特烦请贵社转交银行汇寄上海朱庆润先生酌量施放。并后附捐款银钱号或个人共计 87 人。"[1]捐款明细见表4—25。

表 4—25　捐款人姓名单

银钱号或姓名	捐款数量
杨傅亭	捐洋壹佰元
实业银行	捐洋伍拾元
中鲁银行	捐洋叁拾元
中鲁银行各同人	捐款贰拾叁元
德盛昶	捐洋贰拾元
晋逢详	捐洋贰拾元
同和裕	捐洋贰拾元
信昌银号	捐洋贰拾元

---

① "函朱子桥先生请查收赈款酌量施放由"，1931 年 9 月 3 日，济南档案馆藏历临 77—14—29；"函济南时报社郭仲泉先生"，1931 年 9 月 3 日，济南市档案馆藏历临 77—14—29。

银钱号或姓名	捐款数量
丰济银号	捐洋贰拾元
恒丰泰	捐洋贰拾元
汇丰银号	捐洋贰拾元
德聚银号	捐洋贰拾元
协聚泰	捐洋贰拾元
元丰银号	捐洋贰拾元
裕兴银号	捐洋贰拾元
鸿记银号	捐洋贰拾元
元丰成	捐洋贰拾元
德庆银号	捐洋贰拾元
聚丰银号	捐洋贰拾元
广庆成	捐洋贰拾元
庆和昌	捐洋贰拾元
通聚银号	捐洋贰拾元
恒康银号	捐洋贰拾元
厚记银号	捐洋贰拾元
义聚盛	捐洋贰拾元
洪兴源	捐洋贰拾元
义聚隆	捐洋贰拾元
德生银号	捐洋贰拾元
义和云	捐洋贰拾元
谦泰银号	捐洋贰拾元
裕祥银号	捐洋贰拾元
锦丰庆	捐洋贰拾元
聚兴昶	捐洋贰拾元
山东商业银行	捐洋贰拾元
元康银号	捐洋贰拾元
瑞恒祥	捐洋贰拾元
敦益厚	捐洋贰拾元
福益合	捐洋贰拾元
瑞兴公	捐洋贰拾元
集祥恕记	捐洋贰拾元
公庆银号	捐洋贰拾元
仁康银号	捐洋贰拾元

续表

银钱号或姓名	捐款数量
庆聚昌	捐洋贰拾元
李赛齐	捐洋拾元
刘雍浦	捐洋拾元
王鸿波	捐洋拾元
马炳章	捐洋拾元
冉冀容	捐洋拾元
许典五	捐洋拾元
义聚筏	捐洋拾元
李祝亭	捐洋拾元
戴子瑞	捐洋拾元
解心斋	捐洋拾元
李树臣	捐洋拾元
赵辉声	捐洋拾元
大陆银行	捐洋拾元
秦亿轩	捐洋拾元
刘菊圃	捐洋拾元
李锡三	捐洋拾元
殷秀峰	捐洋拾元
陈有章	捐洋拾元
郑龙文	捐洋拾元
庆泰昌	捐洋拾元
李蒙斋	捐洋拾元
尹连斋	捐洋拾元
三合恒	捐洋拾元
成鸿如	捐洋拾元
袁少濂	捐洋拾元
董子洋	捐洋拾元
福顺德	捐洋伍元
公和隆	捐洋伍元
董雨三	捐洋伍元
章静轩	捐洋伍元
厚昌银号	捐洋伍元
大德通	捐洋伍元
渠鸿藻	捐洋伍元

银钱号或姓名	捐款数量
无名氏	捐洋伍元
丰泰昌	捐洋伍元
双盛银号	捐洋伍元
马焕亭	捐洋伍元
李锡番	捐洋伍元
牛敬云	捐洋伍元
俞子久	捐洋伍元
曹善卿	捐洋伍元
魏鲁溪	捐洋伍元
马庆桢	捐洋伍元

资料来源:"函济南时报社郭仲泉先生",1931年9月3日,济南市档案馆藏历临77—14—29。

1933年济南红十字会募捐,钱业公会积极响应并发函"贵会函送捐册十本,自第四六一号至第四七零号嘱即转为劝募等由准此,兹经弊会共募得捐款洋伍拾壹元整,合将捐册十本一并附函送上,即请查收。"[1]

1933年,山东民众慈善医院"继续办理预算捐募基金仍然不足,即经公议恳向诸公按照原任月捐继担任一年,藉以救济病民,广济功德地方公益"[2],钱业公会复函"当经提交委员会议决,准再继续担任一年,藉襄善举",[3]共捐助大洋120元。1933年1月,钱业公会"冬赈捐助大洋四百五十元,以襄善举功德,奂似嘉惠贫民"[4]。同年3月,济南各界义赈会发起捐款活动,钱业公会慷慨捐助大洋400元整。[5]

(二)参与教育公益与抗战捐款

1932年,钱业公会捐助济南基督教育青年会大洋20元。[6] 1933年济南

---

[1] "送济南红十字会捐洋的函",1933年1月4日,济南市档案馆藏历临77—16—15。

[2] "请钱业公会继续认捐一年的函",1932年12月21日,济南市档案馆藏历临77—16—15。

[3] "复民众慈善医院按照原任月捐准再继续担任一年由",1933年1月11日,济南市档案馆藏历临77—16—15。

[4] "山东慈悲总社致钱业公会冬赈捐助呈送收据函",1933年1月19日,济南市档案馆藏历临77—16—15。

[5] "关于济南市钱业公会捐款大洋肆佰元的收据",1933年3月6日,济南市档案馆藏历临77—16—15。

[6] "济南中华基督教育青年会收据",1932年12月20日,济南市档案馆藏7历临7—15—18。

钱业公会向本会会员发函声称："山东私立国医学社筹备函开,为发扬我国固有医学术,培植医药专门人才起见,创办医学社,送到捐册多本,嘱为代募等因。经本会议决,由本同业一律量为捐助"①,经过积极发动,"共募集大洋伍拾元整,合并捐册二十本一并附函送上"②。

1930年济南各界慰劳前敌讨逆将士委员会发出"为慰劳前敌讨逆将士募捐告同志同胞书",进行募捐。钱业公会组织本业会员积极捐款,共募集捐款大洋200元整。③

第四节　钱业公会与政府的关系

作为内陆城市,不管是北京政府时期、国民政府时期、还是沦陷时期,统治济南的主管官署与钱业同业公会的关系都是统治与被统治、监管与被监管的关系。政府总是希望不断通过立法与行政手段等途径使得钱业同业公会完全被纳入国家控制的轨道中。同时又希望健全法律法规使得钱业公会组织机构健全、发挥其维护经济秩序等职能,成为主管官署行使经济管理职能的"第二衙门"。特别是国民政府成立后,实行以党治国的训政纲领,钱业公会被纳入党治的范畴中,要求钱业公会的成立与改选要接受国民党地方党部和地方政府社会局的监管,各当选职员要向国民党宣誓,服从国民党的领导。

一、立法监控

立法监控就是政府部门从立法视角制定法律法规,以此来规范管理同业公会的申请成立、日常运作、活动开展等,为监控同业公会活动提供法律依据。从北京政府时期起,先后颁布了四十多个工商业组织有关的法律法规,直接以同业公会组织为命名的就有不少,其强度与频率都是空前的。

北京政府时期就颁布了三个,其余多为南京国民政府颁发。1918年4月27日北京政府农商部颁《工商同业公会规则》和《工商同业公会规则施行

① "通知本同业一律捐助国学社由",1933年12月1日,济南市档案馆藏历临77—16—15。
② "送国医学社筹委会捐款捐册请查收赐据由",1933年12月9日,济南市档案馆藏历临77—16—15。
③ "济南各界慰劳前敌讨逆将士委员会收据",1930年9月25日,济南市档案馆藏历临77—13—13。

办法》,1923 年 4 月 14 日北京政府农商部颁布《修正工商同业公会规则》,1927 年 11 月 21 日北京政府农工部颁发《工艺同业公会规则》。1929 年 8 月 17 日南京国民政府实业部颁布的《工商同业公会法》,1930 年 7 月 25 日国民政府工商部颁布《工商同业公会法施行细则》,1936 年 7 月 28 日,南京国民政府实施《工商同业公会章程准则》,1938 年陆续颁布实施的《商业同业公会法》、《工业同业公会法》、《输出业同业公会法》。以上法律从"同业公会设立的条件、同业公会代表的数额、同业公会的组织制度与运行规则、同业公会的性质与法律地位、同业公会的职责"等方面以立法的严密监控。①

从钱业公会的申请批复、组织的改选、职员的选举及更换、会费的收取等每一项活动的展开,济南市政府都以上法律为依据对钱业公会进行法律上监控,由此判断钱业公会的活动是否合法及合规。

二、行政监控

行政管理是地方主管官署对同业公会进行监控最常见、最常用、最见效的一种手段。济南市官署也不例外,作为钱业公会的上级主管官署,济南市政府利用行政手段对钱业公会的监控渗透到方方面面。济南市政府的行政监控主要有:

（一）备案审查

北京政府于 1918 年颁布的《工商同业公会规则》第三条规定"工商同业公会之设立,须由同业中三人以上之资望素孚者发起,并要订规章经该处总商会查明,由地方长官呈候地方主管官厅或地方最高行政长官核准,并汇报农商部备案。"②1929 年国民政府颁布《工商同业公会法》,对同业公会的备案程序作了更为明确的规定。济南市政府依据《工商同业公会法》,制定了符合济南工商社团组织发展特点的《济南市同业公会组织程序》,具体内容如下:

一、各业推举七家同业发起人。

二、发起人联名,呈请县党部许可、社会局备案。

三、办理同业登记(限十日内办竣)。

四、登记完毕后,即由发起人召集会员大会,议决章程。

五、建具同业公司、行号之名称及营业主或经理人姓名表册,连同章程呈请社会局,转呈市政府核准设立。

---

① 具体参见马德坤:《民国时期济南同业公会研究》,人民出版社 2014 年版,第 204—206 页。

② 彭泽益主编:《中国工商行会史料集(下册)》,中华书局 1995 年版,第 986 页。

六、核准设立后,即召集会员开选举大会,选举委员、成立同业公会并设立事务所。

七、委员选举后,七日内需向社会局呈报委员履历及成立经过,以便饬报市政府。①

通过上述条文可知,钱业同业公会的申请成立首先要通过党部同意后,再到市政府社会局备案,同时济南市政府转呈上级主管官署备案,这样钱业公会组织的一切详细情况都被党政部门牢牢把控。1931年钱业公会申报成立得到历城县党部颁发的许可证书,如图6。

图6 人民团体组织许可证书(民字第14号)

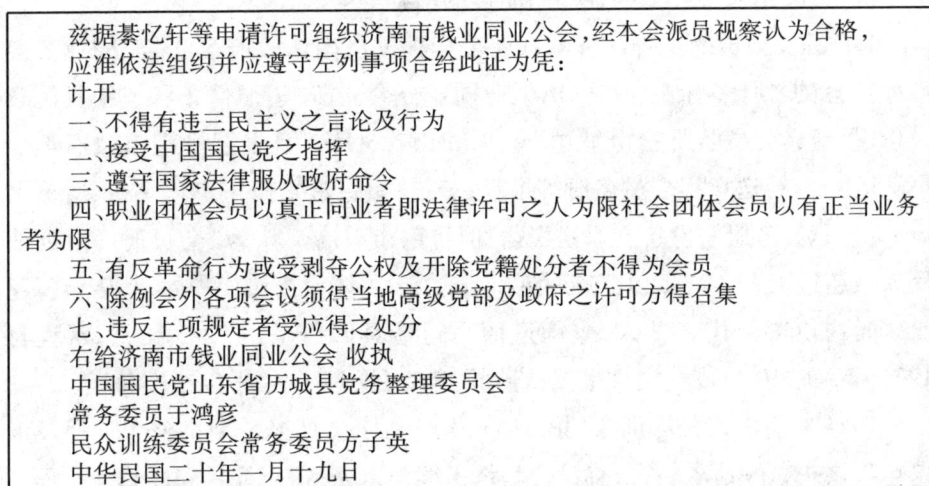

> 兹据綦忆轩等申请许可组织济南市钱业同业公会,经本会派员视察认为合格,应准依法组织并应遵守左列事项合给此证为凭:
> 计开
> 一、不得有违三民主义之言论及行为
> 二、接受中国国民党之指挥
> 三、遵守国家法律服从政府命令
> 四、职业团体会员即真正同业者即法律许可之人为限社会团体会员以有正当业务者为限
> 五、有反革命行为或受剥夺公权及开除党籍处分者不得为会员
> 六、除例会外各项会议须得当地高级党部及政府之许可方得召集
> 七、违反上项规定者受应得之处分
> 右给济南市钱业同业公会 收执
> 中国国民党山东省历城县党务整理委员会
> 常务委员于鸿彦
> 民众训练委员会常务委员方子英
> 中华民国二十年一月十九日

资料来源:"发给济南市钱业公会人民团体组织许可证书",1931年1月19日,济南市档案馆藏历临77—14—3。

济南市政府社会局转呈,得到山东省政府农矿厅批复(第556号)"批钱业同业公会,呈一件呈报遵令组织成立情形并造具章册请核转备案由,呈件均悉已检同原件据情呈请省政府鉴核转咨,实业部查核备案矣,仰即知照专批附件存转。厅长 王芳亭"。②

(二)日常工作核备

《工商同业公会规则》第三条规定"工商同业公会之设立,须有同业中三

---

① "济南市同业公会组织程序",1930年11月,济南市档案馆藏历临76—1—8。
② "批钱业公会呈报组织成立情形并造具章册请核转备案由",1931年3月20日,济南市档案馆藏历临77—14—3。

人以上之资望素孚者发起,并要订规章经该处总商会商会查明,由地方长官呈候地方主管官厅或地方最高行政长官核准,并汇报农商部备案"。①《工商同业公会法》第三条规定"工商同业公会之设立须有同业公司行号七家以上发起,订立章程后应造具该同业公司行号及其营业主或经理人姓名表册连同章程分别呈请特别市政府或呈由地方主管官署转呈省政府核准设立"②。这些要求,同业公会在向地方主管官署申请成立时,必须把筹备会议内容、会议的名册、公会经费的预算等相关材料备齐呈报,以接受地方官署的核查。地方主管官署对同业公会呈报的材料,审查非常详细,大致包括同业公会组织的名称、筹备人员的简况、公会内部各行业的人数及各业会员的职工人数、同业公会的决议、同业公会经费预、决算、职员的增补等等。

1. 章程及会员的审查。济南钱业公会根据济南市政府第八号"同业公会章程及会员名册多有未合"通知,钱业同业公会立即"遵照修正各节缮具简章三份、另缮具会员名册三份呈送"③。1931年6月1日根据济南市政府训令(第551号)补送章程会员名册等指示,于是"重造具报修正章程一份、会员名册一份、职员名册一份备文呈送"④。但济南市政府又认为"会员册内所列使用人数超过十人者甚多,凡各商号除经理人或主体人当然代表外,其店员每超十人时均须增派代表一人,令即遵照另行造具四份呈送"⑤。至此,章程自1931年2月10日成立之日呈报,直到同年6月4日到才得以核准备案。

1934年济南市公署训令(第3163号)"据该会呈报遵令将公会章程及汇票章程逐一修改请求转报,查该会呈请手续尚未完备,应补具同样修正章程二份呈请省政府分别咨送财政部及本部再行核办"⑥。于是钱业公会奉令修改,并再次呈报"钧府训令第三九六号内开案奉山东省政府建设厅第七七二号训令,查该会原送汇票章程既据分别改正尚无不合,惟公会章程第八条第二款反革下漏一命字,第十七条于十五日内前应删,第十八条以会下应加一员字,应

① 彭泽益主编:《中国工商行会史料集(下册)》,中华书局1995年版,第985页。
② 工商部编译局:《商会法同业公会法诠释》,1930年版,第89页。
③ "为呈送修正简章及会员名册请核转由",1931年5月12日,济南市档案馆藏历临76—1—40。
④ "为补送章程及会员职员名册各一份请鉴核备案由",1931年6月1日,济南市档案馆藏历临76—1—40。
⑤ 济南市政府训令第1608号,1931年6月4日,济南市档案馆藏历临76—1—40。
⑥ "呈为遵令缮具公会章程及汇票章程呈请鉴核核转由",1934年12月26日,济南市档案馆藏历临76—1—40。

由该公会逐一修正,除分咨实业部外相应咨复,即希查照饬遵为荷。属会章程第八条第二款存卷底册上'反革'下原有'命'字,第十七条'于十五日内前'原无'内'字,第十八条'以会'下原有'员'字,详细缮写时遗漏错误,现已遵令逐一修正,理合备文呈请鉴核转呈,施行至为公便"。① 同年10月份接山东省政府建设厅训令(第四七八三号)"济南市钱业公会请将汇票章程筹备一案,前准贵省府咨行过部,经转咨财政部核实,兹准咨复该同业公会准予备案,惟公会及汇票章程尚有应行修改之点,提出意见,咨请查照饬遵等由,相应另单开列,咨请转饬遵照改正具报"②,并附抄单一纸,见表4—26。

表4—26　济南市钱业同业公会章程及汇票章程应行修改各点一览表

名称	科目	内容
钱业同业同业公会章程	第二十三条	末句应加"并呈请主管官署核完报部核准备案"十五字
	四二十四条	"实业部"下应加"财政部"三字
钱业同业公会汇票章程	第六条	"否则"下各句应删
	第九条	"可注明未见票根"下应加"字样"二字,同条"该票根仍有未到"应改为"该票根仍为到达"
	第十二条	"如逾限则不负责"七字应删
	第十五条	"生有"之"生"字应改为"设"字
	第二十八条	"设票汇电汇有格外纠葛时"应改为"或票汇电汇遇有特殊纠葛时",同条"议处之"三字应改为"各规定议决办理"
	第二十九条	全文应改为"本章程为有应行修改之处应由本会议决修正呈部核准备案"

资料来源:"奉省令准实业部咨为准财政部咨复济南钱业同业公会章程及汇票章程有应行修改之点开单咨请查照饬遵等因令仰特饬遵照改正具报核转等因仰即转饬遵办",1934年10月3日,济南市档案馆藏历临76—1—40。

遵照山东省建设厅训令,钱业同业公会立即着手修正公会章程和汇票章程,再次呈报"属会遵即按照附单所列修改各点,将公会章程第二十三条、第二十四条及汇票章程第六条、第九条、第十二条、第十五条、第二十八条、第二

① "为遵令修正章程呈请核转由",1935年3月2日,济南市档案馆藏历临76—1—40。
② "奉省令准实业部咨为准财政部咨复济南钱业同业公会章程及汇票章程有应行修改之点开单咨请查照饬遵等因令仰特饬遵照改正具报核转等因仰即转饬遵办",1934年10月3日,济南市档案馆藏历临76—1—40。

十九条逐一遵照改正,理合备文呈请钧府鉴核转呈施行至为公便"。①

1934年钱业公会呈文称"钧府指令专业备案在案,兹据聚义银号瑞和祥等愿入会,经属会议决照准并各填入会证书一纸,除分呈历城县党务整理委员会鉴核外,理合附呈聚义瑞和祥两号会员姓名单一纸备文呈请钧府鉴核准予备案施行至为公便"②。同时附两号简历,见表4—27。

表4—27 补报会员情况一览表

商号	住址	人数	营业主或经理人	年龄	籍贯	任职年限
聚义银号	纬四路	十人	裴惠民	二十八	河北鹿县	任事五年
瑞和祥	纬六路	十三人	孟培庵	五十	章丘县	任事二十五年
			刘镜如	四十二	章丘县	任事二十年

资料来源:"为不报会员姓名请鉴核备案由",1934年1月19日,济南市档案馆藏历临76—1—40。

2.更换代表

1936年钱业同业公会呈文称"呈为呈报更换会员代表恳请鉴核转备案事窃据会员德生银号声称本号前在公会注册之会员代表二人,一人为赵斌臣,一人为俞子久。今将俞子久撤销更换李书忱为会员代表,请即转呈备案等情前来,除由属会更为注册外,理合备文呈请钧府鉴核准予转呈备案至为公便",同时详列会员代表李书忱的信息"年龄四十七岁,籍贯牟平县,店址纬五路,职务店员"。③ 1937年钱业同业公会呈文"呈为据情呈请更换会员代表恳请,鉴核转呈事案据本市纬五路德盛昶银号呈称为更换会员代表呈请转呈备案事窃敝号前在贵会注册之会员代表谭晋三因调往外埠分号不常在济南,兹更换李宝齐为会员代表,请即准予注册并请转呈备案为荷等情,据此除由属会另为注册以李宝齐为会员代表外,理合具文呈请钧府鉴核准予转呈备案至为公便",并详列会员代表李宝齐的简历信息"年龄五十一岁,籍贯潍县,住址商埠纬五路,职务店员"。④

---

① "为呈报遵照部令将公会章程及汇票章程应行修改之点逐一改正请鉴核转呈由",1934年10月9日,济南市档案馆藏历临76—1—40。

② "为不报会员姓名请鉴核备案由",1934年1月19日,济南市档案馆藏历临76—1—40。

③ "为据会员德生银号请更换李书忱为会员代表请转呈备案由",1936年12月29日,济南市档案馆藏历临76—1—40②。

④ "为据德盛昶银号庆更换李宝齐为会员代表请转呈备案由",1937年2月2日,济南市档案馆藏历临76—1—40②。

由此可见,各级主管官署审查之细致。

3.增补职员

1933年钱业同业公会呈文称"鉴核备案事窃属会常执各委员于民国二十年二月十日举行宣誓就职典礼,业经呈报在案,嗣常务艾学川因晋茂以后歇业函请辞职当于是年五月九日公推执委段秀峯补充遗缺,即以候补执委赵震升递补。二十二年五月执委刘菊圃因通聚以后歇业声请辞职当于五月九日以候补执委张聘三递补,除分呈外理合具文备案补报恳请钧府鉴核备案至为公便"。① 接到钱业公会呈请,经审后济南市政府指令(第325号)"令济南市钱业同业公会呈一件为该会常执委艾学川等辞职遗缺以段秀峯等递补请鉴核备案由悉,准予备案,此令"。② 1937年钱业公会呈文称"鉴核转呈备案事窃查属会于二十五年四月第二次改选后,执委赵和亭于五月间因歇业退职遗缺以候补执委丁蔚桢递补,经呈明核准备案在案,兹查执委程智庵函请辞职,经议决照准,遗缺以候补执委吕巽阶挨次递补,现已就职任事,理合备文呈请钧府鉴核准予转呈备案至为公便"③。

(三)派员监选

地方党部和地方政府监管同业公会会务的最直接的方式就是派员到会,亲临监督与检查。一般情况下,当某一同业公会筹备成立召开会员大会前,都会呈文商会以及主管官署省市社会处或社会局,请求派员到会指导。根据同业公会的呈文,在会员大会召开之际,地方政府都会派员参加大会,监督大会召开的全过程。在济南市档案馆的各同业公会档案资料中,呈请地方主管官署派员到会指导的记录比比皆是、屡见不鲜,钱业同业公会也不例外。

1933年钱业同业公会进行改选前,呈文"鉴核示遵事窃属会于民国二十年二月十日改组,各委员举行就职典礼。业经二年有余按章程早应改选现经委员会提议请示改选日期以便遵办,经表决记录在卷,除呈请历城县党务整理委员会核示外,理合备文呈请钧府核示遵至为公便"④。济南市政府指令(第

---

① "呈为补报递补常执各委恳请备案由",1933年9月28日,济南市档案馆藏历临76—1—40。

② "据呈该会常执委各缺拟以段秀峰等递补请鉴核备案等情已悉",1933年9月30日,济南市档案馆藏历临76—1—40。

③ "为本会执委程智庵辞职遗缺以候补执委吕巽阶挨次递补恳请鉴核转呈备案由",1937年2月25日,济南市档案馆藏历临76—1—40②。

④ "为请示改选日期以便示遵办由",1933年10月22日,济南市档案馆藏历临76—1—40。

3398号)"呈件为请示改选日期以便示遵由,呈悉。既届改选日期,仰即造具名册,先送由市商会审查,函由该会自行规定日期分呈,以便派员指导监选"①,届时派济南市政府社会局科员王修到会监选,同日历城县党部也指派代表苏守贵莅临会务监督。改选完毕,社会局王修就监选情况呈文上报"为报告事奉:谕派往钱业同业公会监视改选等因,遵与本月五日上午十时前往,计到会员代表一百零四人,由县党部代表苏守贵指导开会抽签改选,抽掉委员段秀峯、袁少濂、李锡三、李锡藩、解心齐、赵震升、张聘三等七人,由会员票选程智庵、张仁山、曹竹轩、陈明甫、王友三、李印卿、李敬齐等七人为执行委员,刘菊圃、余俊声、赵和亭、郑恩普、李维贤等五人为候补执行委员,主席及常务委员由该会执行委员自行推定。呈报外理合将监选情形签请鉴核"②。并附呈当选人名单一纸,见表4—28。

表4—28　当选人名单一览表

姓名	职务	票数
程智庵	执行委员	六十二票
张仁山	执行委员	六十三票
曹竹轩	执行委员	六十二票
陈明甫	执行委员	六十二票
王友三	执行委员	六十二票
李印卿	执行委员	六十二票
李敬齐	执行委员	六十三票
刘菊圃	候补执行委员	三十九票
余俊声	候补执行委员	三十八票
赵和亭	候补执行委员	三十八票
郑恩普	候补执行委员	三十七票
李维贤	候补执行委员	三十七票

资料来源:"报告监视钱业公会改选情形的签呈",1934年3月6日,济南市档案馆藏历临76—1—40。

1941年钱业公会改选时呈文称"钧署训令第五五七号(实字第三四八号之三),令仰该市知照并转饬知照此令等因,奉此自应遵照办理,兹将特规定

① "据呈请示遵改选日期等情,仰即造具名册,由市商会审查,函自行规定日期分呈,以便派员监选由",1933年10月25日,济南市档案馆藏历临76—1—40。
② "报告监视钱业公会改选情形的签呈",1934年3月6日,济南市档案馆藏历临76—1—40。

十一月二十日为该会改选日期合行检发改选方案令仰该会迅速筹备选择适当会场通知会员连同应造表册(改选方案第二项列举各件)先期呈报以便派员莅会指导,切切此令等因附发改选方案一份奉此遵即积极筹备通知各会员于十一月二十日下午一时特具委托书来会(会址公园后小纬五路路东)参加选举外,理合缮具会员名册一份并检同章程一份暨收支对照表一纸选举票九十五张一并备文呈请钧署鉴核伏乞届时准予派员监视指导,以重选政,至为公便"。① 自 1931 年钱业同业公会改组成立以来,历届改选都是在地方政府派员监视下完成的。

(三)相关事件的裁决

地方政府享有对同业公会有关的一切问题的最终裁决权与决定权,除了前面涉及到的组织的改选、公会章程的修订、会员代表的更换、职员的调整外,其实在其他很多细小的地方都需要向政府备案,经过政府的同意,哪怕是公会聘用一个事务员。1942 年钱业同业公会呈文称"呈为呈报事案查属会受训事务员张英白前在本会服务,自本年八月间受训期满加委后继续在本会服务,理合备文呈请钧署鉴核备案实为公便"②。

虽然济南市政府并不拨付钱业同业公会运作所需经费,但却对经费的使用途径与方式有审批监管权。"工商同业公会之预算、决算,及主要会务之办理情形,应于每会计年度终了三个月以内,呈报所在地之主管官署备案。"③ 1942 年钱业公会呈文"呈为编造预算缮呈,鉴核事窃查属会三十年度决算业经缮呈在案,兹编造三十一年度预算书缮清一份,理合备文呈请钧署鉴核示遵至为公便"。④ 1943 年钱业同业公会呈文"呈为造具三十二年度概算书缮呈,鉴核备案事窃属会现造具三十二年度概算书经会员大会议决通过,理合缮具清册一份备文呈请钧署鉴核备案实为公便"。⑤

即使钱业同业公会要增加会费收取标准或征收额外费用,都必须得到政

---

① "为遵令改选恳请届时派员监视指导",1941 年 11 月 19 日,济南市档案馆藏历临 76—1—38。

② "为呈报事务员张英白受训加委后继续在本会服务请鉴核备案由",1942 年 12 月 3 日,济南市档案馆藏历临 76—1—39。

③ 《工商同业公会法》,1930 年 9 月,济南市档案馆藏历临 76—1—8。

④ "为编造三十一年度预算缮呈鉴核示遵由",1942 年 3 月 11 日,济南市档案馆藏历临 76—1—39。

⑤ "为呈送三十二年度概算书恳请鉴核备案由",1943 年 1 月 16 日,济南市档案馆藏历临 76—1—39。

府部门的同意。1941年钱业公会呈文"呈为呈报微收常年经费办法恳请鉴核事案查前奉钧署训令微收常年经费时须按工商同业公会施行细则草案第十四条之规定,并呈由本署核准备案等因,兹查属会会员现时共二十四家,分为甲乙两等,甲等月纳会费六元,乙等月纳会费四元,业经会员大会议决通过理合备文呈请钧署鉴核备案至为公便"①济南市公署指令(社字第三二九号)"令济南市钱业公会呈一件为呈报微收常年经费摊法请鉴核由,呈悉。所拟征收摊法准予备案,仰即知照,此令"。②

---

① "为呈报微收常年经费办法请鉴核备案由",1941年9月23日,济南市档案馆藏历临76—1—38。

② "据呈报征收常年经费摊法请鉴核备案等情所拟办法准予备案查仰知照由",1941年9月30日,济南市档案馆藏历临76—1—38。

第五章　民国时期济南商人组织
纠纷及解决途径[①]

在近代社会经济史领域,随着行会史、商会史研究的不断拓宽,行业组织纠纷问题逐渐得到学界的关注,如马敏、朱英、彭南生等学者探讨了清末至民初商会商事纠纷及其调解处理的方式[②]。但作为民国时期重要的工商业组织——同业公会,近年来不少的学者探讨了上海、武汉、成都、济南等地域同业公会的发展历程、组织运作、职能及与政府的关系,对其纠纷却鲜有提及。在同业公会的发展运作中,随着政治动荡、市场波动等因素的影响,发生了众多纷繁复杂的行业纠纷。下面以民国时期济南为考察中心,以纠纷的具体内容为划分标准,对同业公会纠纷的样态作一个大致的梳理,以期更加完善民国时期工商业组织的研究。

第一节　纠纷的类型

工商业组织的纠纷按照主体性质,可分为运作类、商事交易类、票据类等纠纷。这些纠纷因纠纷主体性质的不同,产生的影响也大为不同。

一、运作类纠纷
民国时期济南同业公会组织结构经历了会董制、委员制、会长制和理事制

---

① 本章部分内容发表在《兰州学刊》2016 年第 7 期。
② 参见任云兰:《论近代中国商会的商事仲裁功能》,《中国近代经济史研究》1995 年第 4 期;马敏:《商事裁判与商会——论晚清苏州商事纠纷的调处》,《历史研究》1996 年第 1 期;朱英:《清末苏州商会调解商事纠纷述论》,《华中师范大学学报(人文社会科学版)》1993 年第 1 期;戴明荣:《浅谈商会参与仲裁组织的组建》,《开放时代》2001 年第 2 期;彭南生:《行会制度的命运》,人民出版社 2003 年版;虞和平:《清末民初商会的商事仲裁制度建设》,《学术月刊》2004 年第 4 期;范金民等:《明清商事纠纷与商业诉讼》,南京大学出版社 2007 年版。

等几种制度形态①。随着社会经济的进一步发展,应该说组织机构不断完善,运作秩序良好,但围绕着组织运作而发生的纠纷在档案中多有记载,且数量庞大,构成了同业公会纠纷的最主要形态之一。根据组织运作的纠纷属性,运作类纠纷大致又可分为会费、会务等以下几类:

(一)会费纠纷

会费是同业公会日常运作的重要保障,各同业公会组织都在章程中就会费的收取办法做了明确的规定和说明。这既是会费收取的法规条款,也是反映运作良好机制的载体。但在日常会费收取中,由于担任会长人选的私心或使用职员的不当,往往出现公然违背章程,导致会费纠纷。会费纠纷的发生,常常会破坏同业公会业务的正常运作,甚至会致使同业公会组织解体。这些纠纷的背后往往隐藏着更多的隐情。

按照同业公会章程规定,凡是公会会员都有交纳会费的义务。凡是在行内交易者需要交纳行佣及会费。据档案记载一些同业公会公开违背章程规定,在市内众多路口私设关卡收取会费,发生多起矛盾纠纷。

第一,私设关卡收取会费

1938年11月,以大兴栈、惠丰栈等12家商户联合推举恒聚成经理徐汉三为代表呈报济南市公署,状告油漆业同业公会,认为同业公会为多收会费,自本年7月间在历城县城关成立油行强制收取行佣。油行成立后多次派人在凤凰街、成丰街等城区各地私设关卡,不分国米杂粮种类随意征收会费。为达到强收目的,竟然派遣多数武士强行不分种类拦路征收,规定:凡是骡马驮运者,每类收取大洋叁角;凡过行车辆,根据大小不等每辆收取一元或二元不等。过往客商,稍有不满,与其理论,即遭受殴打。此种做法导致多次冲突发生,扰乱市面,导致许多商民不敢过往。②

第二,冒名公会私收会费

1941年8月茶馆商户焦兆成等与赵伯芳、刘连陛等发生矛盾纠纷。起因据焦兆成等联名呈报济南市公署称,赵伯芳等人假冒同业公会筹备会主任名义,把南关券门巷30号作为公会会场,每日派人强势向各茶馆收取会费,每家按月收取1角至1元2角不等。同业收费标准并未经过会员大会通过,这种

---

① 具体参见笔者拙著:《民国时期济南同业公会研究》,人民出版社2014年版,第86—93页。

② "为行纪舞弊违法苛收恳请出示严禁饬属取缔以恤商艰而维市面仰乞鉴核批示只遵由",1938年11月17日,济南市档案馆藏历临76—1—75。

行为实属赵伯芳等人私自行为,凡交纳怠慢者,即遭训斥。由此导致茶商议论纷纷,矛盾激化。于是焦兆成等联名上报官署,陈述实情,寻求解决办法,请求清除惩罚赵伯芳等人,以息民愤。① 济南市公署训传赵伯芳来署询问,即令停止会费收取。②

第三,把持会务强收会费

同业公会章程明确规定:会费收取需经过会员大会表决决定。但一些公会职员却违背章程,利用职务之便强收会费,导致会员武力相加,矛盾突出。

1942 年 5 月制鞋业公会会员刘杭等 29 人联名状告董事陈玉奎,便是典型案例。诉状称制鞋业同业公会自本年 1 月 16 日举行改选大会选举张海亭为会长,张海亭发表承诺谈话,一直和平办公进行发展,按公会制定章程规则,为会员谋利益,维持生活。但现在有不良分子董事陈玉奎暗存私心谋利贪财,巧使申天祥参加公会,用强迫的手段伪造聘书,假借官署名义敲山镇虎,强迫董监事签字盖章作正式保证申天祥在公会执行会务,自行掌权派王玉如收费。陈玉奎依仗申天祥的势力若遇各会员出口不逊举手打人,若遇有会费不便之时就用武力行为。我们作为苦力的人无能为力,敢怒不敢言。现在陈玉奎又请了一位名呼韩大学帮助收费,拿着新民会鞋业分会的名片,职务是股长之职,我们不明白是市公署准许的还是新民会许可的。其人行为甚是恶霸,二百余会员被他打了一百余家。③ 刘杭等诉求钧署派员彻查事实,让广大会员脱离苦海。

同时刘杭等对陈玉奎等强收会费的用处产生质疑,又呈文呈请市公署派员彻查账目。呈文声称现在每一会员会费每月三角增加至一元,上鞋铺有小徒弟一名也要每月会费五角,徒弟并没有参入公会,也没登记不在会员之列,并没有领受会章身份证明书,额外又收五角会费是何道理。也不知是何手段新开上鞋店营业登记费由二元增加至八元,也不知什么公理没有钱公会就用武力打人,就说会员抗费不交。我们小小工人也不明白官署内里的规则,制鞋业有一千余家之多,为什么单独把上鞋铺成立公会,上鞋工人血汗求财、苦力求生活,万分的艰难,这种的剥削暴敛实在不合法规,这些把持会务的恶人应

---

① "为赵伯芳等假冒成立茶馆同业公会各家概不知情联名呈请批示由",1941 年 8 月 1 日,济南市档案馆藏历临 76—1—110。
② "济南市公署训令第 46 号",1941 年 8 月 3 日,济南市档案馆藏历临 76—1—110。
③ "为董事把持会务强收会费请解救工人由",1942 年 5 月 28 日,济南市档案馆藏历临 76—1—82。

即铲除。①

除以上私设关卡收取会费、冒名公会收取会费、把持会务强收会费外，还有其他围绕会费产生的矛盾纠纷。如 1939 年 9 月 13 日李福生、田玉堂、白玉振等人一纸诉状状告梁树林恶意挥霍会费案。李福生诉状声称，梁树林等在本市成立制鞋业同业公会后并散发会单向民等上鞋业各家按户收取会费每月三角、匠人每人每月大洋一角、学徒每人每月五分，并恶意提高上鞋价目，不准私自更改升落，致使主顾皆嫌价目过高或能自上或用女工，以致民等上鞋各家连日以来无鞋可上，坐以待毙。查梁树林等成立之公会既明定为制鞋业，自应以制鞋业家为基本会员，或令上鞋业附加该会于理不通。今名虽称为制鞋业同业公会，而所有城埠制鞋各家并无一家入会者，仅勒令上鞋业按户按人每月交费。殊不思上鞋之户穷苦不堪，两手之外并无资本可言，血汗所得尚难糊口，焉能再供给会长等之任意挥霍。② 鉴于梁树林等声称成立制鞋业同业公会并在市公署备案，不敢有任何违抗，忍受已久。但又实在是不甘心，于是上鞋业三十余家共同推举李福生等五人为代表再次上诉：上鞋业之微贱困苦不堪，成立专会之实情并不解，梁树林既以制鞋业名目立会，何以令上鞋业牵强附加，不惟名实不符且制鞋业竟无一家入会，殊属不成事体。如谓制鞋业即上鞋业，则制鞋与上鞋显非一业，人所共知，何能混为一谈，况伊何不以上鞋名目成立公会。吾等既无力担负此重大会费供伊挥霍，又不解伊等所立公会究以制鞋业为会员或以上鞋业为会员，请求市公署查明以释众疑。③

针对会员的质疑，根据市公署社字第七十二号训令训示，会长梁树林呈文声称：组织公会系法规之许可，官府之领导并非擅自设立。至收取会费每月三角，雇工师每人月约一角，学徒免收之办法系经大会表决认可无讹者。查各业公费本市共有六十余家之多，经常费用均恃会员担任，载注章则并非独异巧取。至提高价目系应行事项，查百物昂贵生活增高，水涨船高的办法，各业皆然，何况本小利微鞋业商店。至价目不准私自更改升落之规定系救济一业颓废不振之办法而，李福生等呈称雇主嫌贵连日无鞋可上等语殊属荒谬。查各

---

① "为董事把持会务强收会费请解救工人由"，1942 年 5 月 28 日，济南市档案馆藏历临 76—1—82。

② "为历诉原委公恳施恩鉴核批示只遵由"，1939 年 8 月 2 日，济南市档案馆藏 76—1—84。

③ "为历诉原委公恳施恩鉴核批示只遵由"，1939 年 8 月 2 日，济南市档案馆藏 76—1—84。

业会员家自实行一改价目后业务大见起色,莫不欣然称道。所言无鞋可上系其手艺不良之故,与增价无关。李福生等所称绝非同业中人之话头,该等为害群之马,本会非主加矫正不可。查制鞋与上鞋之名义系文俗二意之别,上鞋系经过制帮制底之手续后将其缝制一处,制鞋亦得经过上项手续方成一鞋,由此可断上鞋制鞋无有分别,如果制底者不能制帮,制帮者不制底,制帮底者不能上鞋,岂不一业可分数会,不但不能自谋救济,而穷苦制鞋之工人更加穷苦不堪矣。① 梁树林在诉状最后认为李福生等所称的"究竟如何立案之处之语头"系别有用意,投石问路之法,狡猾异常,故意捣乱。李福生等纯属假借会员之名,实属诬告。

从以上诉状可以看出,因会费导致的矛盾纠纷是公会运行过程中的一种常态纠纷。

1942 年 8 月 18 日,铜锡业公会事务员颜海峰诉状济南市公署声称,经查工商章程准则第三章十一条,会员欠缴会费者予以警告或除名等处分。敝会所属会员西关镇武街十四号天聚永铜锡店李元贞,拖欠会费,屡次警告不听,抗不交纳,破坏会规。因此,请求对于不交纳会费、破坏会规的李元贞传讯究办。② 济南市公署根据同业公会章程及业务规则规定,同月 19 日即批示,训令会员李元贞按时交纳会费。

(二)会务纠纷

炭商李梦庚、张季如、郭崑山等 11 位商人呈诉炭业同业公会会长王宜卿把持会务一案即为发生在济南市行业间典型的会务纠纷案。1940 年李梦庚等人向山东省公署诉称,炭业公会主席王宜卿把持操纵营私舞弊,致使煤荒价昂,病商害民,因此请求公署恩准彻查严办秉公改选以恤商民,藉维市面。诉状认为"济南市自民国二十七年冬季发生煤荒炭价高昂,为空前之未有之现象。虽经山东煤矿产销公司之调剂配备,济南铁路局之统筹运输,物价调整委员会之手价统制,而煤荒现象,历二十八年度以至今日,反变本加厉,日甚一日。揆厥原因,由于本市明朗户口激增者小,而由于济南市炭业把持操纵营私舞弊者大。若长此以往,不予纠正救济,则不维市民生活可虞,即市面治安且

---

① "呈复李福生等呈诉不符之处恭请鉴核由",1939 年 9 月 13 日,济南市档案馆藏历临 76—1—84。

② "为呈诉铜锡业公会会员天聚永拖欠会费抗不交纳请传讯究办由",济南市档案馆藏历临 76—1—80。

恐受其影响。"①李梦庚等虽然同为经营炭业,但饱受把持之害。一点也没有比一般市民有所减轻,持续下去将有失业的严重影响。为了广大市民全体利益考虑,李梦庚等为代表炭商切身生存考虑,决定不再沉默,上述市公署,揭露王宜卿把持操纵营私舞弊之现象,控诉王宜卿三大罪状:"第一,把持公会排斥同业,查炭业公会现有会员九十三家。内八十三家系于二十七年春季,由该公会主席王宜卿于二百余家会员中,任意开单,呈报山东陆军特务机关,而伪称被指定为会员者。其余十家,则系于二十八年十月,由该公会以救济城内煤荒之理由,与产销公司之妥协,而加入之新会员。按本市炭商,尚有一百七十余家,内有七十八家原系会员,均被拒绝入会。查同业公会法制规定,在同一地域之同业,均须入会,其有规避入会者,公会且请求官厅代为勒令入会。本市于事变后,其他公会其有此项办法。济南市公署案卷具在,不难复查,该主席扬言八十三家会员,系属前机关长所指定,原系蒙上欺下。缘于二十七年之春,前机关长召集各公会主席,谕令开业。其他公会未闻有指定之事,炭业公会何能独异?且二十八年十月新增之十家会员,据公会负责人声称,系属产销公司所指定。产销公司有分车分炭之权,何能指定会员。该王宜卿任意删除会员,诡称系前机关长所指定,拒绝同业入会,而于指定之外,又准许十家入会,前后自相矛盾,其意存把持,藉便私图,不辨自明。第二,居奇囤积操作煤价:该公会以把持之优势,与产销公司间之妥协,凡属会员均有分车分炭之权。因此造成炭业界之垄断,居奇囤积为所欲为。市民用户之购用,非会员炭商之买卖均须按照暗盘,先收货款,但不出具发票。倘不如此,即推称无煤。此其操纵抬价者一也。又会员炭商工于心计,效狡兔三窟之智,暗盘交易,多系迳由车站交易,如不成交易,即运往他处囤积,规避经济调查班之调查,此其操纵囤积者二也。又会员炭商违背出境之规定,偷运出境,如义兴公、志诚雨号,由小清河私运出口殆为同业所周知之事,又如最近益和公等八号私运出口被山东煤矿产销公司查明属实,予以六个月停止分炭之处分,尤为有力之证明。此其操纵私运者三也。会员炭商肆行操纵,其结果自二十七年冬季以来,市民用户殆无能按公定价格购炭者,即代表等为维持营业,而向会员炭商批货,入价额已当公定价格二倍以上。更有甚者。即该王宜卿于本年四月以来,排斥代表等之加入新民分会,未尝如愿,竟而迁怒,强制会员炭商,不得批发与非会员

① "为炭业公会主席王宜卿把持操纵营私舞弊致使煤荒价昂病商害民恳请钧鉴恩准彻查严办秉公改选以恤商民藉维市面由",1940 年 10 月 14 日,济南市档案馆藏历临 76—1—43。

炭商。该王宜卿如此操作,一意垄断,不惟代表等陷于失业,而煤价之高昂,超过公定价格每吨在二十元以上,较二十八年冬季之暗盘尤高。兹将最近市面价格与公定价格作一比较表,附呈如另纸所记,即可见其一斑。第三,蒙蔽欺骗营私舞弊:查该王宜卿蒙蔽前机关长,排斥同业,拒绝入会,已如前述。然实际上会员炭商,亦未能开诚布告,如被所经营之义兴恒分炭独多,即为原明知证明。此外关于会员之资格,黑幕尤多。据调查所知,如(一)东昇栈于二十八年以六百五十元,将图章卖于聚兴昌王立奎。(二)广源成之图章,被王宜卿强行扣留,而介绍由义记耿仙洲价买。其他尚多,不必缕指。总之八十三家会员,有根本无此字号者有仅有图章而无厂址者,既非正式营业,即不配为炭业公会会员,确为事实。至于新增之十家会员,尤极尽营私舞弊之能事。缘十家会员,均系临时设立。名为救济城内煤荒即实际上则为取得分炭权利,开于一垄断操纵之新途径耳。据调查所知,如(一)义兴公即系王宜卿投资新设,据产销公司广告,该号设立于正觉寺街,但实际上则开设天桥北丹凤街北首一零五号;(二)至诚系炭业公会雇员李子光投资新设,据产销公司广告,该号设立于北小门街六十八号,但查得该街号仅有门面二间,柜房一间,存货三五吨,而实际上每月所分之炭,均存入天桥东街成通纱厂前路东复盛和号内,门首订有木牌可查。其他八家,亦均于王宜卿有特殊关系不必缕指。总之非会员炭商有为事变前之会员者,有设立较早者均不得入会,而临时设立者,反得入会,谓非营私舞弊,其谁信之。"①

表5—1　济南石炭小卖公私价格比较表

石炭	种类	公定价格(每吨) 单位:元	暗盘价(每吨) 单位:元	公定价格(百斤) 单位:元	暗盘价(百斤) 单位:元
块炭	一号	24.60	53.00	1.63	2.80
块炭	二号	24.10	44.00	1.60	2.40
块炭	三号	23.50	42.00	1.56	2.20
粉炭	一号	16.70	36.00	1.10	2.00
粉炭	二号	16.00	34.00	1.06	1.80
粉炭	三号	15.40	32.00	1.02	1.80

资料来源:"为炭业公会主席王宜卿把持操纵营私舞弊致使煤荒价昂病商害民恳请钧鉴恩准彻查严办秉公改选以恤商民藉维市面由",济南市档案馆藏历临76—1—43。

---

① "为炭业公会主席王宜卿把持操纵营私舞弊致使煤荒价昂病商害民恳请钧鉴恩准彻查严办秉公改选以恤商民藉维市面由",1940年10月14日,济南市档案馆藏历临76—1—43。

根据以上三点诉状,李梦庚等炭商认为王宜卿利用机会,于事变后非法取得主席,乃利令智昏,蒙蔽前机关长,将旧有二百余家会员,仅开列八十三家呈报,违背恢复繁荣市面之原意,原系蒙蔽官府,复欺骗同业,诡称前机关长不准入会,破坏公会之法规定,更系别有用意,且操纵居奇,勿视公定价格,行使暗盘,就现在情形,每吨超过二十元以上,计全市五十万市民,每日用煤统计约四百吨,即须受八千元以上之损失,而至冬季尤甚,统计全年约在五百万元之谱,其危害社会之经济,影响市面治安,尤有应得之处。是该炭业公会既非全体炭商之组织体,根本即不健全。该主席王宜卿即系非法产生,且亦早经任期届满,且复把持操纵,营私舞弊,根本既不配为炭业公会首领,似此不健全之公会,非法自私之公会主席,如不及早改善救济,势将演成社会种种不安之现象。欲求改善之方,惟有遵照同业公会法扩大组织,依法改选。欲求救济之方,亦惟有健全公会,审定会员资格,严守公定价格。请求严查王宜卿蒙蔽官府,把持公会,率领少数奸商,暗盘抬价,病商害民,易使一般市民不明真相,转疑统制之不便。吾等为谋市民全体福利,为保自身生存,爰敢披沥上陈,据实揭穿,以惩奸刁,而清积弊。

因炭价关于百姓日常生活,影响极大。此纠纷引起省公署极为重视。接到李梦庚等人的行政诉状。山东省公署即刻发出训令:为训令事查前据新民会济南市炭业分会副会长李梦庚呈诉炭业同业公会会长王宜卿操纵舞弊一案,迭遂令行俟市长查复在案,兹复据李梦庚等呈请速予彻查严究以商民等情。[①] 1940 年 12 月山东省公署再次训令济南市市长,要求"李梦庚等一再呈诉炭业公会主席王宜卿营私舞弊一案,业经先后令行该市长查复在案,令仰该市长併业彻查呈复以凭核办。[②]

济南市政府派员调查,详细还原纠纷情形及广大炭商对公会成立之质疑。报告认为济南炭商之纠纷主要集中反映在两个方面:一是会员炭商与非会员炭商划分之纠纷,二是王宜卿操纵公会之黑幕。通过李梦庚等人控诉也集中体现以上矛盾焦点。

报告认为:济南市炭业商约二百余家,于事变前已注册在案,民国二十六

---

① "为李梦庚呈诉炭业公会主席王宜卿操纵舞弊等请速予彻查严究具复以凭核办由",山东省公署实字第 75 号,1940 年 10 月 28 日。

② "为复据新民会炭业分会副会长李梦庚等呈诉炭业公会主席王宜卿营私舞弊抄发原呈及附件仰并案彻查呈复由",山东省公署实字第 100 号,1940 年 12 月 4 日,济南市档案馆藏历临76—1—43。

年夏黄水为灾停业他移者有之,固守济南而伺机复业者亦有之,二十七年春皇军特务机关以市面亟应恢复即招崔各同业公会转知各行业迅速复业,自称炭业公会主席王宜卿(实为公会主席张瑞周)出来竟于二百余家炭商内擅开八十三家报告特务机关,对未开列之炭商则伪称特务机关指定八十三家为正式炭商,他商不得与闻,于是旧在公会之炭商凡未被开列者均无形中消失炭商之资格。济南炭界遂别为会员炭商与非会员炭商之两种。

二十八年十月王宜卿等又以救济城内煤荒为理由商请山东煤矿产销公司准于添设新炭商十家,统计济南市炭业界,在公会之会员炭商增至九十三家,其不得入会非会员炭商,仍有一百七十余家之多,会员炭商有由山东煤矿产销公司分炭分车之权,而非会员炭商则无此权利,不得向会员炭商以高价批发之,此一百七十余家一变而为零卖小商,而会员炭商,暗中操纵,坐享厚利,于是一方艰巨拒绝非会员炭商之入会,一方则要求入会不遂,即互选攻击纠纷之主因也。①

公会主席王宜卿反诉拒绝非会员炭商入会之理由。四月十日,派遣公会雇员李子光在新民会济南市总会召集之座谈会,当众宣布下列各项。(1)炭业公会会员系由公会开其会员名单一纸,呈由机关长当面指定者,惟因名单过长,在衣袋内磨破,以致残缺一部分,所有八十三家以外之未被指定者,即系在残缺部分而被遗漏。(2)又因机关长办公桌太短,而会员名单过长,其垂于桌下之部分被机关长撕去而遗漏。(3)指定时,以皇军过济时,凡拟招待费被褥费等者为指定之标准,八十三家会员均摊任以上费用,故皆列入会员名单,其余各家均未摊费,故未列入。(4)民国二十八年十月新增之十家会员,系救济城内煤荒而设,且增设之初,乃由山东煤矿产销公司所指定,公会并不知情。(5)未被指定之炭商,皆因被水灾歇业或皇军莅济时逃避,当特务机关谕令开业时,公会因其无人负责,故未列入,此乃自行放弃权利。②

李梦庚等人就李子光拒绝入会之所谓理由,再次呈控反驳理由。查李子光仅一公会雇员,即造出毫无理由之词,不攻自破,其不合之点如下:(1)特务机关谕令开业,确为事实,当时各业普遍办理,其他各同业公会,未闻有指定之事实,炭业公会何能独异?且历来公会法规乃同业之组合,在同一地域,同一营业,有相当之介绍,及保证金,即可入会,似此变更公会法之舞弊行为,断无

---

①　参见"济南市炭业界纠纷情形之经过及公会黑幕",济南市档案馆藏历临76—1—43。
②　参见"济南市炭业界纠纷情形之经过及公会黑幕",济南市档案馆藏历临76—1—43。

默然之理。(2)造具会员名单,呈送特务机关,当然须慎重将事,断无放在衣袋磨破之理,又会员名单即便过长垂于桌下,身当机关长要职,必不致因其纸长而故意撕裂,为此言者,不仅系属遁词,且有毁谤长官之嫌。(3)摊费一节纯系污蔑皇军一词,未被指定之炭商,亦有七十余家被公会收受公费,被其影射报销非必用之于招待皇军也。(4)新增十家炭商,多系公会职员投资新设,公会何得谓为并不知情!(5)当黄水为灾,被淹没而迁移者有之,当皇军莅济时,因避难而他往者亦有之,然如黄台桥之裕兴祥等二十余家均系被淹没而迁移者,何亦列入会员名单内,而有分车分炭之资格。①

总之双方争执皆王宜卿李子光等闪烁其词,种种狡展,而非会员炭商多至一百七十余家,等于失业,则对于公会之差别待遇,不能不求其改善也。

矛盾另一焦点即为王宜卿李子光操纵九十三家会员炭商之黑幕。济南市公署首先调查新添十家会员炭商之黑幕,认为公会藉口特务机关之统制,拒绝其他同业之入会,已为非会员炭商之生存攸关,所非难攻擎,此外对于会员炭商之资格,亦抱有疑问,尤以新增之十家炭商多系王宜卿等所投资经营,认为原系排斥异己,如果特务机关之统制属实,何以于八十三家之外,可以新增十家,而且新增之十家,何以皆为与公会有关者,非会员炭商之怀疑指摘不为无见。

(1)义兴公,经理杨淑云,系王宜卿新设,据产销公司广告,刊明设正觉寺街,但遍查该街门牌二八二号中,曾无义兴公,即询问本街住户,亦均示不知,实际上义兴公则开设天桥北丹凤街北首一〇五号,与王宜卿开设纬十二路之义兴恒,与义兴公仅一字之差,据调查义兴公囤积煤炭,专备由小清河私运出口,最近以羊角沟盐警队用炭之名义,于二旬之间,私运煤炭十五六船之多。

(2)人和栈,经理张凤亭,系公会主席王宜卿之表兄,原在博山开设人和栈,并充任博山炭业公会主席,事变后歇业来济,由王宜卿出资,在东流水北首启盛街九鹤问胶厂内,租房三间,院内积子石约有十余吨,锹磅均无,一望而知其并非营业,据调查该号分炭甚多,国际公司运输账簿可查可证,大都经由站工,整车高价售于非会员炭商,或由王宜卿之义兴恒代卸。

(3)志诚,经理魏某,系公会雇员李子光外甥,并系李子光出资新营者,据产销公司广告,刊明开设被小门街六八号。查得该街,该号租房有门面二间,柜房一间,存货三五吨,但实际上该号每月所分之炭,均积存天桥东街成通纱

---

① 参见"济南市炭业界纠纷情形之经过及公会黑幕",济南市档案馆藏历临76—1—43。

厂前路东复盛和号内,门首钉有木牌可查,据调查该号亦系由水路私运出口,与前述之义兴公勾结。

（4）镇兴东,经理王某,系产销公司要员张叔衡新设,现开设昇官街十三号,租房五间存货不过半吨,一人守门,磅秤锨锹全无,该号即系张叔衡投资,近水楼台,分炭既多且易,但如何销售,尚未调查明白,要亦不出走私二字。

（5）衡利,经理不详,亦为产销公司之张叔衡新设,顾名思义,思过数知,据产销公司广告,刊明开设大布政司街五十三号,但查得该房局面不配作贮炭场。

（6）裕大,经理业叶明轩,系产销公司职员齐景三之婿,副经理张子凡系张叔衡之本家,据调查系齐景三新设,按产销公司广告,系开设按察司街,但实际则附设于县东巷一二号汉记成衣铺内,门面二间,柜房一间,存货不过半吨,有十五六岁之小孩子看门,该号所分之炭,均卸于天桥南志兴东内。

（7）玉隆,经理贾玉航,与张叔衡各出资一半新设富官街,于空地用铁蒺藜圈起,钉筑木板屋该处存货,系张叔衡存广茂之货,至玉隆分得之炭,则全部运存小纬北路铁道北街之本号内。

（8）志成,经理不详,系产销公司职员王仲山新设,据产销公司广告,开设小北门里,但遍查该街并无此号,实际上,该会附设纬二路北首东和公内,门首钉有志成货栈木牌可查。

（9）聚成公,经理系趵突泉一街贩,分得之炭均卸于大马路益盛栈内该贩与王宜卿有密切关系。

（10）恒和栈,经理周蕴山,系事变后与王宜卿有秘密关系,故得加入,所谓秘密者均由送礼,或交换条件也。

由于前述之情形,显与救济城内煤荒之宗旨不符,不惟影响于用户之公益,且更见营私舞弊之事实,查炭业界之失业者,将近一百七十余户,不但不图救济,反假借救济城内煤荒为名,而自行渔利,此急应查明罚办者一也。

其次就八十三家炭商之黑幕,调查结果为:

（1）东昇栈,住经四路纬一路,经理王焕章,虽被指定而因管理固守,不善迎奉,分车甚少,以致进行困难,于去年六百五十元将图章价卖于聚兴昌王立奎,其未被指定者自勿待言,纵被指定,如不得炭业公会会长王宜卿等之欢欣,或未有权富有传之运输,亦不易分得煤炭也。

（2）广源成,住乐山街,经理崔凤林,虽被指定图章,竟被炭业公会会长王宜卿强行扣去,介绍由义记耿仙洲价买,堂堂指定,竟成买卖之品实成太高物价私行囤积之局。

如炭业公会会长王宜卿者,自充会长,不但不加督察,而反从中渔利,似此依权舞弊行为,实为法律所不许。

(3)三义成,住杆石桥外路北,经理潘兴隆,与东昇栈情形相同,会长王宜卿以为有机可乘,乃介绍将图章押于恒聚泰曹寿春(押款八百元以三个月为期)每月并有恒聚泰负责,交付三义成煤三十吨,以维持三义成之营业,现已过期十个月,潘兴隆以曹寿春煤不照付,图章亦交回,乃勾介绍人王宜卿交涉王自知情曲,乃托炭业公会委员张玉山等负责,向潘谋交涉中。

(4)大成东,经理王景山,原在北小门经理炭业,后因故被累,逐移于麟详街同生里,被指定为会员炭商,会长王宜卿乃将大成东收为已有至今对外不承认商号,而产销公司广告栏内,载有大成东之商号,住麟详街同生里(电话四四六号)且电话四四六号,为山东时报社装用,而王景山向会长王宜卿交涉,王宜卿竟不承认有此商号,于此可见济南市炭业公会之蒙蔽情形也。

(5)公兴泰,住新马路,经理陈子臻,于事变前早已停止歇业多年,在产销公司指定时,亦未复业,又无经营税,而竟被指定为贩卖商,无从证缴纳营业税,而一般非会员炭商,无从证明营业不能继续请求歇业时,既不易批准,由此可见炭业公会营私操纵之结果,而构成济南市政治之不平等。

由于前述之调查,深足证明炭业公会之把持操纵,不惟予非会员炭商以生存之打击且影响市民之煤价者尤巨,兹就现在济南全市居民五十万论每日用煤统计约四百吨,依照现在暗盘(每吨超过公定价格平均为二十元)每日商民因抬价暗盘而吃亏者计洋八千元,月须二十四万,至冬季尤甚,据统计全年须吃亏五百万元之多,此种暗盘主持者为会员炭商,操纵者为炭业公会,事实昭然,无可掩饰,如不及早设法救济,恐将演成社会种种不安之现象,欲求救济之方,一曰遵照同业公会法,在同一区域内,营同样职业,经会员之介绍,或交付保证金,即皆得为会员,不以把持舞弊之九十三家为限,二曰严守公定价格,卖给用户,不准暗盘抬价,剥削商民。

但欲兴此利,必先除弊,经此少数公会员王宜卿李子光等上下其手病商殃民,而使中华人民发生疑虑,该公会员司之罪状不小,拟请先将上列九十三家黑幕按户清查而罚办其从中舞弊之人物,不从炭商与居民蒙其福利,况此炭业公会应察炭商入会之是否合格,不能论开单列名之先后,先列名者,果有病商殃民之事,不但消除其会员资格,又当依法罚办,盖少数奸商,暗盘抬价,而社会一般人民,不明真相,转疑为统制法之不便,是不能不具实揭穿,以惩奸刁而利商民全体者也。① 整个炭业界矛盾纠纷案结果显然。

1939年机器缝纫业同业公会会长李传谟呈文诉讼成衣组会员丁玉村、吴慧吉、范岐昌等及缘鞋口组会员张学曾共计四人，认为他们抗不登记、不遵价目表，屡经劝导不惟不遵，反对待调查员口出不逊等情事。据此查丁玉村等实系有意破坏同业团体，违犯职会规则。倘不严加训斥，有碍会务前途。请求官署严办，并详细列举违犯会规会员名单②：

表5—2　违犯会规会员名单一览表

姓名	年龄	籍贯	商号	地址	违纪缘由
丁玉村	40	山东省历城县人	中华泰成衣店	望平街八九六号	抗不登记
吴慧吉	35	山东省章丘县人	惠东号成衣店	县东巷十六号	抗不登记
范岐昌	47	河北省人	同合义城衣店	通惠街十六号	抗不遵照会规侮辱公会名誉
张学曾	29	山东省历城县人	缘鞋口作坊	府门前六号	抗不登记不遵会规

资料来源："呈为会员丁玉村等违犯会规恳请鉴核严加训斥由"，1939年12月，济南市档案馆藏历临76—1—21。

矛盾一度激化，市公署派社会科调查，据社会科科长呈文，调查认为据本市机器缝纫业公会呈以同业丁玉村等四人扰乱会务破坏团体请予鉴核严加惩处等，职以该丁玉村等均系缝纫工人，知识浅陋，对公会之意义必不了然或不遵会章或信口雌黄，亦所难免，当拟传召来署面加开导，以求息事宁人。据丁玉村、吴慧吉、张学曾等三人屡传不到，显系藐视官署目无法纪，殊堪痛恨。伏思公会之组织乃政府所特许，不惟福利商民且遍于宣达政府之命令，凡属同业均应加入。该丁玉村等以其藐视官署之态度，可知其扰乱会务，绝非虚构。倘不予以惩处，难免不群起效尤，长此以往何堪设想。③ 请公署决断。于是济南市公署请求山东省警署协助办理此案，"案查前据本市机器缝纫业同业公会呈称为呈请事云实为德便等情形附呈违犯会规名单到署据此查，本署初以缝纫工人多属知识浅陋，对公会意义必不明了，原本分别传令来署，面加开导俾双方之误会化为冰释。据该丁玉村等竟屡传不到，其顽固之极可以想见，藐视官署殊堪痛恨。除指令外相应检同违犯会规会员名单，函请贵署查照转饬该

① 参见"济南市炭业界纠纷情形之经过及公会黑幕"，济南市档案馆藏历临76—1—43。
② "呈为会员丁玉村等违犯会规恳请鉴核严加训斥由"，1939年12月，济南市档案馆藏历临76—1—21。
③ "调查机器缝纫业同业公会会员丁玉村等签呈"，济南市档案馆藏历临76—1—21。

管分局勒令该丁玉村等四家即日停业而罪法纪"①。山东省警察署接到济南市公署公函后,随即展开调查,并于1940年2月12日向济南市公署复函称:贵署社字第九四号公函略开,据机器缝纫业公会呈称据调查员报告,会员丁玉村、吴慧吉、范岐昌、张学曾等四人抗不登记等情函请查照转饬该管分属勒令该丁玉村等即日停业以儆效尤而肃法纪并祈将办理情形见覆等因准此,当经本署派员调查,除丁玉村住址不符无从传唤外,其余吴慧吉、范岐昌、张学曾情愿入会,惟有会费稍有争执等情,当经饬令该吴慧吉等从速赴会登记外相应函复。②

济南市公署接到山东省警察公署公函后并于12月17日向机器缝纫业公会训令指出:转函山东警察公署勒令丁玉村等即日停业在案,兹准复函略开丁玉村住址不符无从传唤,其余吴慧吉、范岐昌、张学曾情愿服从会规,请往宽免究等由,准此查该吴慧吉等既已悔悟,应予以宽恕以示体恤。令仰该会饬知该吴慧吉等速到会登记,如有再犯严惩不贷。③ 至此,持续数月的机器缝纫业同业公会会长李传谟状告会员丁玉村、吴慧吉、范岐昌、张学曾等扰乱会务案才得以结案。

二、商事交易类纠纷

随着城市商业的发展和商人数量的增加,同业组织间的商事交易纠纷日益增多。商事交易类纠纷又可分为以下几种:

(一)商欠纠纷

商业交易,首重钱货两讫。在同业交易中,因一方资金不敷周转,为扩大贸易向同业借贷也是常有之事。但因货物滞销货价暴跌,以致生意亏本无法及时偿还,或者恶意不还者均有之,商欠纠纷由是而生。就笔者所查阅济南档案来看,拖欠不还商欠纠纷居多。

1931年1月屠宰业同业公会主席法洪禄致函商会状告会员麻凤喜"欠商大洋陆拾叁元捌毛捌分,有账目可查。"多次追要,麻凤喜拖欠不还。近日再

① "据机器缝纫公会呈以会员丁玉村等破坏团体等情函请查照勒令该民等停止营业由",济南市公署公函社字第94号,1939年12月19日,济南市档案馆藏历临76—1—21。

② "山东省警察公署公函",特字第110号,1940年2月12日,济南市档案馆藏历临76—1—21。

③ "前据该呈报会员丁玉村等抗不登记请予惩办一案已经函准省警察公署函复以吴慧吉等均已悔悟请勿追究等训令知照由",1940年12月17日,济南市档案馆藏历临76—1—21。

次催要,竟然态度强硬,不予理睬。法洪禄认为麻凤喜拖欠商款归还无期,抗债不交,可恶已极,敬请属会设法代为追讨①。

屠宰业同业公会会员丁怀宝向同业会员马庭庆借款后一直拖欠不还,经多次催交无果后,马庭庆于1931年10月向同业公会呈诉,认为丁怀宝恶意拖欠,双方因商欠纠纷诉诸同业公会,请求公会出面调停解决②。

运输业公会同昌恒业主魏奎轩呈诉经理万俊卿,认为万俊卿账目混乱,多年经营是否盈亏无法查照。尽管1930年账面显示亏损,但是1929年是否亏损无账可查。自1927年投资后,万俊卿任意支使,导致无任何分利。魏奎轩要求追缴账簿,当众核算。于是1931年1月7魏奎轩向运输业同业公会呈控万俊卿,双方各执一词,纠纷升级③。

(二)委托购售纠纷

1930年棉商晋丰泰号与裕丰昌花行因代售棉花之货,短磅太多,双方引起纠葛,请求棉业公会解决。于是棉业公会在12月30日召开裕丰昌与晋丰泰因补磅纠葛案评议会,并请双方当事人到会申述。询之晋丰泰,该号所称,大致与裕丰昌相等,问其补磅改窄理由,则纳纳难以出口,其中显有不情告人之处。经过双方当然人申述后,棉业公会令作出评议,认为皆有不当不尽之处。经查双方购售,裕丰昌居于主位,可认磅一千斤,所有货,裕丰昌认洋三百元,其余均归晋丰泰担任。裕丰昌虽系吃亏,可不失实主情感,议决后双方即可照办④。

三、票据类纠纷

1930年山东华茂银号向钱业公会函文称,因"敝号于本月四日由元通银号经手购入裕兴银号支青岛通聚照付票洋柒千元。兹因元通银号于本月四日晚间倒闭,该出票因受经手人情托,藉故电青停止付款,冀使敝号丧失兑现权

①　"为麻凤喜抗债不交请压追的申请书",1931年11月22日,济南市档案馆藏历临77—14—24。
②　"为请议事窃有马延庆同丁怀宝欠款的请议书",1931年10月11日,济南市档案馆藏历临77—14—24。
③　"为同昌恒亏赔东西一案的呈文、笔录",1931年1月7日,济南市档案馆藏历临77—14—24。
④　"评议书",1930年12月30日,济南市档案馆藏历临77—13—6。

利,为特甬请贵会召集全体委员开会评议,按据汇票法以彰公道"。① 为此,钱业公会迅速召集全体委员召开评议会议,评议认为"出票家裕兴,款已收进,无支付理由,应由裕兴付款于持票人,用特函复,即请查照为荷"。②

以上运作纠纷、商事贸易纠纷、票据纠纷在济南市行业组织档案中多有记载,主要表现为同业间或不同行业间的纠纷。以同业公会组织考察为例,有关纠纷可统计如下:

表5—3　民国济南同业间纠纷情况一览表

序号	纠纷主体		纠纷缘由	所属行业
	甲方	乙方		
1	魏奎轩	万俊卿	1931年1月7日,因同昌恒账目交涉	运输业
2	法洪禄	麻凤喜	1931年11月23日,因麻凤喜欠商大洋陆拾叁元捌角,追缴顽固不理	屠宰业
3	朱笙甫	张镛涛	1941年8月12日,双方因成立同业组织是否合法,发生矛盾	白灰业
4	李传谟	丁玉村等	1939年12月,因丁玉村、吴慧吉、范岐昌、张学曾抗不登记、不遵价目等行为违犯会规,	机器缝纫业
5	李传谟	孟秀涵	1939年12月,因瑞蚨祥经理孟秀涵不按价目表作价不遵会规	机器缝纫业
6	李梦庚	王宜卿	1930年9月,因王宜卿把持操纵营私舞弊致使煤荒价昂	炭业
7	李兆平	李青年等	1930年7月18日,因李青年、李蜜仔、宋传富、宋维水、郑骐、侯镇祥等六人闯入工厂行凶	油漆业
8	李朝福	周凤珠等	1942年11月21日因周凤珠、许增新私印行单增加工价,扰乱市场	油漆业
9	颜海峰	李元贞	1942年8月因李元贞不交会费,破坏会规	铜锡业
10	张海亭	陈玉奎等	1942年11月20日,因陈玉奎、李月桂等强收会费	制鞋业
11	李福生等5人	梁树林等	1939年9月13日因梁树林等人已挥霍会费	制鞋业

---

① "华茂银号关于元通银号倒闭无法兑现的函",1930年12月9日,济南市档案馆藏历临77—13—6。

② "复华茂银号裕兴款已收进停止付理由由",1930年12月14日,济南市档案馆藏历临77—13—6。

序号	纠纷主体		纠纷缘由	所属行业
	甲方	乙方		
12	尹崇贵等14人	刘宽	1941年7月25日,因会长刘宽任意勒索会费	蔬菜业
13	焦兆成等6人	赵伯芳等	1941年8月1日,因张伯芳等假冒名义成立同业公会	茶馆业
14	赵靖远	任广远	1941年3月31日,因任广远私自落价破坏会规	刻字印刷业
15	杨懋齐	禚韩庭	1941年5月26日,因禚韩庭代理会务期间,账目不清	卷烟业

资料来源:"为同昌恒亏赔东西一案的呈文、笔录",历临77—14—24;"为麻凤喜抗债不交请压追的申请书",济南市档案馆藏历临77—14—24;《呈为会长违法诈欺蒙蔽苛敛请求迅赐派员彻查严惩依法整理改组另选贤能主持会务事》,历临76—1—18;《为会员丁玉树等违犯会规恳请训斥的呈文》,济南市档案馆藏历临76—1—21;"呈会员瑞蚨祥不遵会规请传讯由",济南市档案馆藏历临76—1—21;《为炭业公会主席王宜卿把持操纵营私舞弊、致使煤荒价昂病伤害民、恳请钧鉴恩准彻查严办秉公改选以恤商民藉维市面由》;《呈为群凶肆虐妨害业务之李青年等六人请求彻查惩处以维会务由》,济南市档案馆藏历临76—1—77;《为周凤珠等不法之徒扰乱公会请传究的呈文》,济南市档案馆藏76—1—77;《为呈诉铜锡业公会会员天聚永拖欠会费抗不缴纳请传讯究办由》,济南市档案馆藏历临76—1—80;《呈为理事违背法令请转函警署饬警传讯由》,济南市档案馆藏历临76—1—84;《呈复利福生等呈诉不符之处恭请鉴核由》,济南市档案馆藏76—1—84;《为蔬菜业同业公会任意勒索会费恳请彻查惩办以恤商艰由》,济南市档案馆藏历临76—1—98;《为赵伯芳等假冒名义成立茶馆同业公会茶馆各家不知情联名呈请批示由》,济南市档案馆藏76—1—110;《呈为同业私自落价破坏规则请予严加处分由》,济南市档案馆藏历临76—1—154;《为经手收纳各项垫款自应分项办理除将账目递交杨懋齐外理合报请备查由》,济南市档案馆藏历临76—1—132。由以上各号卷宗整理制作。

在上列同业组织纠纷统计中,根据纠纷的主体分类,纠纷主体有两种,第一同业内的会员,第二不同行业的会员。其中大部分纠纷发生在同行业内,在济南同业中,如白灰业朱笙甫与张镛涛的纠纷、炭业李梦庚与王宜卿的纠纷、茶馆业焦兆成与赵伯芳的纠纷等。同一行业内的纠纷,又以经济纠纷和组织运作纠纷比较常见。经济纠纷,如运输业魏奎轩与万俊卿间的账目纠纷、屠宰业法洪禄与麻凤喜间的债务纠纷等。围绕同业组织运作产生纠纷,比如乱收会费、违犯章程、以权谋私、选举作弊等。

四、其他类纠纷

上述三种纠纷类型主要是以纠纷主体论,即同行业间或不同行业之间的矛盾,但不同行业间即不同的社会组织之间的纠纷最为常见,社会影响也非常大。而此类纠纷主要是行业主和工人之间的矛盾,在下列矛盾纠纷统计中,基本上都是以"调整工资,增加福利"为目的的工会与公会之间的纠纷,比如成通纱厂工人与纱厂厂方的纠纷等比较著名。这些纠纷牵涉的当事人成百上千,影响比较大。即使是济南市政府也不得不考虑社会秩序的稳定,采取支持工人的要求,比如 1931 年 1 月发生的以"增加运价"为目的的搬运工人与棉业、粮业等之间的纠纷,济南市政府就站到了工人的一边。

表 5—4　济南工人与业主纠纷一览表(1922 年 4 月至 1937 年 12 月)

序号	纠纷主体		纠纷缘由	所属行业
	甲方	乙方		
1	全体工人	电气公司厂方	1929 年 8 月,甲方声称乙方拖欠工资,要求乙方立即发还欠薪	运输业
2	全市汽车工人	市公安局	1929 年下半年,甲方声称汽车工会成立时,乙方驱车闯入	汽车业
3	全体工人	东源厂方	1932 年 4 月,甲方声称乙方无理辞退工人	火柴业
4	津浦工人	津浦厂方	1932 年 9 月,甲方声称乙方拖欠工资,要求发欠薪	铁货业
5	津浦工人	津浦厂方	1933 年 6 月 6 日,甲方声称乙方拖欠工资,要求发欠薪	铁货业
6	纱厂 680 名工人	成通纱厂厂方	1934 年夏,甲方声称乙方无理取消奖金规定	纱厂业
7	火柴 200 名工人	鲁兴火柴公司	1935 年 1 月 20 日,甲方声称乙方无理停发工资	火柴业

资料来源:山东地方史志编撰委员会编:《山东史志资料(第 2 辑)》,山东人民出版社 1984 年版,第 85—97 页。

第二节　纠纷解决的依据与途径

当出现矛盾纠纷时,从理性角度出发,当事人都希望选择高效、便捷、低成本的途径与手段解决纠纷。民国时期济南同业公会出现的诸多矛盾纠纷通过借助不同的力量加以解决。从分析济南同业公会矛盾纠纷的解决途径,探讨民国时期济南市政府与社会组织的关系。

一、解决的依据

（一）行业规则

商人组织成立之宗旨，即为图谋工商业及对外贸易之发展，增进工商业公共之福利。济南市商会章程第四条明确规定：一、筹议工商业之改良及发展事项；二、关于工商业之徵询及通报事项；三、关于国际贸易之介绍及指导事项；四、关于工商业之调处及公断事项；五、关于工商业之证明及鉴定事项；六、关于工商业统计之调查编纂事项；七、得设办商品陈列、商业学校或其他关于工商业之公共事业，但须经主管官署之核准；八、遇有市面恐慌等事，有维持及请求地方政府维持之责任；九、办理合于第二条所揭示宗旨之其他事项；十、关于工商业之事项有建议于中央或地方政府之责；十一、中央或地方政府及其他公共机关于工商业之调查或咨询应答复之，并接受政府委办事项。[①] 商会组织为实现其自身的宗旨，也专门制定相关业务政策，处理行业纠纷及矛盾。这些规定随着业务的发展，也越来越规范清晰。最早的行业调解纠纷规定是 1916年制定的《山东济南总商会章程》，其中第五章仲裁详细梳理了调解纠纷的规则：一、工商业者有所争议，必先具请议书（前清部颁样式）到会，将事由叙明。本会认为应行受理者，在本会未设立商事公断处以前，得暂照公断处章程及细则调处；俟公断处核准成立，即归公断处办理。二、工商业者遇有争议，本会处理完结，双方认可，务须具遵允书（前清部颁样式）存卷。三、工商业者遇有争议或账目纠葛，由当事人之一方请议到会，本会定期召集，或当事人一方抗传不到，本会得函请该管警署代为拘传。四、工商业者账目纠葛，债务人或在外县，或在外省，本会将债权者之证据查核确实，得函请该管行政官署代为传追。五、工商业者之争议，本会议结后当事人之一方如有不服，除当事人自赴法庭起诉外，本会应将本案事实既结理由，函请该管法庭讯判。六、遇有账目纠葛，本会受法庭委托代为清算之案，本会得召集两造到会质询，当事人之一方抗传不到，函请法庭代为拘传。[②] 尽管此时济南商会还没有成立商事公断处，但制定了仲裁的基本规则。仲裁的基本原则、基本程序、仲裁范围、基本处罚等，为解决工商业者矛盾纠纷奠定了行业规则和基本仲裁依据。

随着经济的发展和工商业者经济贸易的发展，行业组织继续完备行业规则，1923 年济南总商会不仅成立了专门调解纠纷的机构商事公断处，还制定

---

① 《山东省济南市商会章程》，1932 年 3 月，济南市档案馆藏历临 77—13—0002。

② 济南总商会、济南市工商联合会编印：《山东济南总商会章程（1916 年）》，《济南工商文史资料（第二辑）》，1996 年，第 328 页。

了商事公断处办事细则。从机构、职权、程序等方面规定了商事公断处处理纠纷的细则。机构，公断处聘顾问1人，以备解决疑难案件；设调查员4人。职员权责，处长总理本处一切事宜；书记员应受处长之命令；书记员应草拟稿件、收发文牒、保存卷宗、临时记录、缮写各件并兼办会计庶务事宜；书记员应轮班住宿，设或有紧急案件，即可遣送往处长阅看，抑或通电到处，以免贻误；差役应在本处住宿，不能擅离，如职员等指挥或传唤，总要急速答应，不可怠慢；听差杂役等应常川住宿守候，倘有紧要事件分送各职员处抑或传达当事人，均宜言语和平对待。公断处办事细则：一、评议员对于应行讨论之案件，应请处长及文牒员公共讨论。如有重要案件或疑难之处不决者，应请处长开临时评议会全体讨论并请顾问列席。二、评议案件暂行中止仍须继续开议者，应请本案评议长将日期标定，主文令书记员存卷，以便通知当事人，届时来处听处议处。三、每日应行评议之案件，须由书记员先期通知评议长、评议员。四、评议长、评议员见通知后，如不能到者，须先具函声明，但不得委人代理。五、评议长、评议员如缺席5次以上并未声明请假者，由处长召集全体会议决定之。六、如遇有本案评议员有3人以上请假者，应由评议长酌定之，日期另行通知。七、所有评议案终案件，须由本案评议长决定主文，交由文牒员作成公断书，缮写副本，经议长、评议员、书记员一律铃章送达当事人。八、所有法院委托及双方声请各案，须由文牒员先期呈明处长，由处长召开评议会审查后定期公开。九、凡案件有认为必要调查者，须由处长指定调查员从事调查。十、调查员调查事项，须具报告书呈处长核阅。①

办事处内部规则：一、评议员评议事件时，如临时发生应讨论之件，可令当事人暂时退出，俟讨论后再继续评议，以免当事人窃听。二、评议之案暂时中止仍须继续开议之案件，应请本案评议长将日期标定，主文由书记员存卷，以便通知当事人届时来处。三、评议员到处签名划到后，至休息室饮茶吸烟，茶话研究应评之件，俟到场评议案件不可吸烟，以重观瞻。四、评议长、评议员见通知后如不能到者，应先期具函声明，以免同班盼候，倘有临时发生障碍，可通电声明，但不得委人代理。如缺席5次以上并未声明请假者，由处长开职员会议决定之。如遇本案评议员有3人以上请假者，应请本案评议长酌定日期公开行之。五、每月15日开全体职员会，讨论应办之事宜及已过之成绩。六、评

---

① 济南总商会、济南市工商联合会编印：《济南商埠商会商事公断处办事细则(1923年)》，《济南工商文史资料(第二辑)》，1996年，第331页。

议案件之时间,每年夏季由上午 11 点开议,春秋冬由上午 12 点开议,以事之繁简不能定终止时刻散值。七、所有法院委托及双方声明各案,应请处长掣签分班,分班后请评议员审查,并推举评议长定期公开。八、所有评议终结案件,应请本案评议长决定主文后,由文牒员作成公断书,缮写誉本,经评议员铃章送达当事人。① 济南商会组织正是依据以上商事公断处规则来进行处理商人矛盾纠纷的。

同时各行业组织自己也制定了本行业的行业规则,这既是行业经营必须遵守的规则,也是处理行业纠纷的依据。如制鞋业公会规定:"无论新开旧有之制鞋店,非公会之入证不能执行业务,否则以违犯规则论由公会呈请官署勒令入会。各会员商号得依照本会公议等级价目施行,不准私自升落,如不遵行者即以五元以上二十元以下之处罚。各制鞋店使用之工人工徒,除报户籍外,须一律报告公会登记,不准私自用人,倘有不遵者,一经查出以违犯规则论处,以五元以上二十元以下之罚金。"②济南棉业同业公会规约规定:"凡花行经手买卖遵章收佣二分,对于买客卖客不得丝毫包佣,如有包佣行为 一经同业查出按包数加十倍处罚。各行成交现货买卖两方各出单据以作凭证,免致因市价涨落发生纠葛。买卖过磅时各行办事员会同过磅往往有要求加改磅码于中取利等事,此种陋习于花行信用有疑,同行议决一律拒绝。各花行经手买卖包数,每月底结算一次,须按实际报告不得隐匿以全同行义气。"③理发业规约规定:"理发店有转租他接营者,得以一月之租价交公会出兑者以百份之二抽费统交公会补助办公之用。无论新开旧有之理发店,非有公会之入会证者不能执行业务,否则即以违犯规则论由公会呈请官署勒令入会。各会员得依照本会议定等级价目定价,不准私自更改升落,如不遵行者,即以违犯规则论由本会呈请官署处分,上街包活者同。各理发店使用之工人工徒除报户籍外,须一律报告公会登记,不准私自用人,倘有不遵一经查出以违犯规则论处以五元以上二十元以下之罚金。"④济南面食业规约规定:"凡会员所售面食均须遵守本

---

① 济南总商会、济南市工商联合会编印:《济南商埠商会商事公断处办事细则(1923 年)》,《济南工商文史资料(第二辑)》,1996 年,第 331—333 页。

② "济南市制鞋业同业公会整理业务暂行规定",1941 年 12 月 24 日,济南市档案馆藏历临 76—1—82。

③ "济南市商会、棉业同业公会关于棉花检验、行规、营业规则等事项的公函、通知、议决、记录",济南市档案馆藏历临 77—14—20。

④ "济南市理发业同业公会整理业务暂行规定",1931 年 8 月 29 日,济南市档案馆藏历临 76—1—92。

会规定划一价格,不得高抬物价或操纵垄断,违者严加取缔。凡会员制造面食不得掺杂米面及各种粗面,违者严加取缔。凡会员制造面食务须力求清洁以重卫生,本会不时派员检查,违者严加取缔。不入会私行制造或已入会不遵定价任意增涨者查出严行取缔。凡本会会员须遵守会章不得违犯,如遇会员因营业发生事故,本会随时加以保障俾得安心营业。"①除此外济南的机器缝纫业、茶馆业、黑白铁业、刻字印刷业等行业都制定了自身的行业规约。这些规约也成为了商会组织及同业公会解决商人纠纷的重要执法和判决依据。

(二)行政法令

这种调解依据实际上是整个民国时期国家层面和地方政府颁布的各项行业法令。从国家层面讲,北京政府时期于1914年陆续颁布了《商人通则》、《商人通则施行细则》,《商会法》及《商会法施行细则》,《公司条例》及《公司条例施行细则》等多部经济法规,这些法规是商人及商人组织遵循的基本要求和准则。1927年南京国民政府成立后,为全面掌控商人组织,先后修订了较为全面的经济法规。据统计在1928年至1930年间,政府新颁布修订了约为109部工商经济法规。如1930年颁布《商会法》和《工商同业公会法》,其他还有《公司法》、《商业登记法》、《票据法》等。特别是直接涉及商人组织的法规,更是受到主管官署的重视。1938年颁布《修正商会章程准则》。

作为地方政府,对商会和同业公会章程有最终的审核权。因此通过济南市政府审核通过的济南市商会章程和各同业公会章程,具有行政法令的属性。如济南市商人先后制定的《山东济南总商会章程(1916年)》、《济南商埠商会商事公断处办事细则(1923年)》、《山东省济南市商会章程(1932年)》、《山东省济南市商会章程(1944年)》,各同业公会依据济南市政府《济南市同业公会模范章程》而通过的各业章程,这些章程也是调解商人及行业纠纷的重要依据。

(三)司法程序

为实现调节商人的经济纠纷,1930年国民政府颁布了《中华民国民法》,这是从法理层面调节商人纠纷的法律。一旦从行业组织无法调节的纠纷上升为司法程序,就按照有关司法规定进行处理。当然,法院在司法审判时还多以通过和商人组织联合,往往通常先让商人组织给予行业准则的裁决。也就是说这种裁决依据实际上是行业规则和法律相结合。

---

① "济南市面食业同业公会规约",1930年7月6日,济南市档案馆藏历临76—1—156。

二、解决的途径

(一)同业公会力量自行解决的途径

解决纠纷是同业组织成立的主要功能之一,同业公会法规定"本会以维持增进同业之公共利益及矫正营业之弊害为宗旨"①。按照行业业务规则解决行业内的矛盾纠纷,这种纠纷通常由同业公会根据章程、业规调解和裁断。应该说,同业公会的机构对本会内纠纷有优先受理权。其实早在会馆时期,这种调解功能已经具备了。据全汉升研究会馆重要的职能就是:"第一,会馆的职能就是裁决会员之间的纠纷,当会员之间发生工商业经济纠纷时,必须交由会馆董事裁定;如果所遇重大案例,便需要召开全体会员大会来共同裁决判断,保证裁决的公正性。而且这种裁决具有很强大的约束力。如果会员遇到矛盾纠纷时,不交由会馆处理,直接诉诸法庭,即使在法庭打赢官司,仍然会遭到会馆的处罚。第二,当会员与会馆外成员发生争执纠纷时,也必须尽快告知会馆,由会馆出面调解处理,避免势单力薄被人欺负"②会馆的这种调解同业间纠纷的职能在民国时期的同业公会组织内一样被继承下来。以自行车业同业公会为例,章程规定了公会的职责与权限:"第一,在同业内部进行行业调查、研究分析及有关行业标准建设;第二,处理同业会员在经营过程中的营私舞弊行为;第三,维护同业会员在营业过程中的安全秩序;第四,处理有关第三条规定所包含宗旨的其他事宜。"③通过本会会长或常务董事召集评议委员会,行使会内矛盾纠纷的调解权。

通过会长召集同业评议委员会会议解决纠纷是会员自认为可以解决纠纷的方式。当事人双方同时到会陈述,评议委员会根据章程和业规,集体参与纠纷的评判。最后完成纠纷的调解。

1931 年 10 月,屠宰业马庭庆与丁怀宝因经济往来发生纠纷。马庭庆认为丁怀宝恶意欠款不还,一拖再拖,于是请求同业公会给予丁怀宝严惩。屠宰业同业公会接到马庭庆的请求,迅速出面调处,成立评议委员会,使双方到会陈诉。评议会一致认为,"马丁两家均系与商等至交,丁怀宝迟迟拖欠未还,乃是生意萧条,并不是故意拖欠",鉴于同业渊源,评议会调解并得到马庭庆与丁怀宝的同意,判决如下:"以两星期为限,要求丁怀宝照原数偿清,决无再

---

① 工商部工商访问局编:《商会法同业公会法诠释》,1930 年版,第 99 页。
② 全汉升:《中国行会制度史》,百花文艺出版社 2007 年版,第 113 页。
③ 《山东省济南市自行车业同业公会章程》,1942 年 11 月,济南市档案馆藏历临 76—1—50。

生纠葛之事"①,使这场经济纠纷很快得以解决。

　　1930 年棉花行业商户晋丰泰号与裕丰昌花行,在代理销售棉花时因发生缺斤短两现象,双方发生经济纠纷,于是诉诸同业公会解决。同年 12 月 30 日棉业公会在业内召开裁定委员会处理双方纠纷一案,并邀请裕丰昌与晋丰泰双方当事人当面申述。裕丰昌当事人声称在 1929 年冬季与晋丰泰在利津合伙卖花货,上半年一共卖出 300 包,剩余 600 包。1930 年 3 月双方商量并达成协议,剩下的 600 包花货由两家分担,晋丰泰分得 200 多包,裕丰昌分得 300 多包。裕丰昌所分花货卖于承德 100 包,剩下的 200 包晋丰泰愿意购买,悉数卖于了晋丰泰并按当时行市作价 70 元。而晋丰泰所分花货除屡次卖于洋行纱厂外,还剩余 132 包,加上该号原来库存 10 包,一共库存 142 包。并且将花货库存又加入江棉 56 包。到 1930 年 10 月,受晋丰昌的委托将花货在青岛出售,销售总额为 44.7 元,作价记账 44 元,而裕丰昌负责把货物送达青岛。但是青岛接货人认为所接花货和样品实际不相符合,拒不接收货物,原数退回并要求赔偿损失。因此敝号赔日人江商,经手实大洋 200 元。因此敝号认为"今日晋丰泰声称差额甚大,惟以前卖货,均有磅码单,交伊收执。至于重量差额多少,相信彼号应该非常清楚,直到今天才说差额过大,况且原来货物都含有水分,放置了一年之多,哪有不补的道理,所以请求裁定评议。"②

　　同业裁定委员会就有关详细询问晋丰泰号,晋丰泰号当事人所述事件经过与裕丰昌陈述大体一致,但问其为何补磅改窄时,则不能给出明确的答复,而是遮遮掩掩,其中必有不情告人之处。双方陈述之后,棉业公会裁定委员会集体评议:"经双方现场陈述,认为双方都有责任,应该说晋丰泰号居于次位,而裕丰昌需要担负主要责任。因此裕丰昌自身承担缺磅 1 000 斤,所有货中,裕丰昌自身认可赔付洋 300 元,其余均由晋丰泰号担任。尽管裕丰昌感觉自身吃亏较大,但却维持了双方感情,议决后双方照此标准办理。"③双方持续数月的经济纠纷案得以和平圆满解决。

　　同业公会通过组织评议委员发挥调解作用,使得会员的纠纷得以和平解决,在解决会员的纠纷中实现组织的自我发展与完善,也使自身的自治能力得以提升。同业公会自行解决纠纷途径的普遍存在,是同业公会作为一个具有

　　① 《为请议事窃有马延庆同丁怀宝欠款的请议书》,1931 年 10 月 11 日,济南市档案馆藏历临 77—14—24。

　　② 《评议书》,1930 年 12 月 30 日,济南市档案馆藏历临 77—13—6。

　　③ 《评议书》,1930 年 12 月 30 日,济南市档案馆藏历临 77—13—6。

自治性民间社会组织存在的重要标志。

(二)借助地方政府力量解决的途径

民国政府颁布了太多的法律来显示国家政权对行业组织的控制和监管，一方面国家政权与社会组织之间存在着控制与反控制的斗争关系，另一方面存在互相利用的关系。在具体的基层空间，济南市政府不仅对同业公会的发展和运作进行严密监控，由于政府在人力和财力等方面的不足，政府需要同业公会的自生秩序来促进自己的有效管理。同时同业公会也需要借助地方政府的认可来提供自身的权威性。不仅仅同业公会制定的同业规约需要得到政府部门的认可后才能在同行业中树立执行权威，就是发生在同业间的矛盾纠纷及围绕执行同业规约过程中发生的纠纷都需要借助于政府的力量解决。在济南这个城市基层空间，地方政府、警察等国家政权力量是同业公会主动寻求、借助的解纷力量。

从民国济南档案记载的纠纷解决结果分析，借助地方政府力量使纠纷得以化解是民国时期济南同业公会纠纷解决的主要途径。因为即使工商社团被界定为拥有自治权的民间社团组织，但是其自身发生的诸多矛盾纠纷也必须依赖政府解决，毕竟在一个极端尊崇权力、政府享有绝对权威的时代，仅凭公众议论是难以做成事的。这种现象在人力、物力、财力均极为丰富的南方沿海、沿江城市确是如此，在济南这个官僚势力传统上本来就强盛的地方就更加凸显了。

社会局、警察系统等这些官方机构都有权参与同业公会纠纷的解决过程。而同业公会自身出现的一些矛盾纠纷，比如乱收会费、违反章程、选举作弊、以权谋私等也正是通过以上官方机构来发挥作用解决的。

第一，解决乱收会费的纠纷

会费是同业公会正常运作的重要保证。民国时期济南市就同业公会会费的收取及支出，都有明确的规定，并且规定会费的收取标准。如济南市木业同业公会规定本会会费标准按甲乙丙丁四种比例征收，而济南市色纸业同业公会则按甲乙丙丁戊五种比例收取。尽管各同业公会明确规定了收费的标准，但是在实际操作中往往出现违规现象。这一现象在济南市同业公会档案记录中多有体现。

1941年7月25日，商民尹崇贵等人发现济南市蔬菜业同业公会任意勒索会费，违背成立宗旨原为同业谋福利、除弊害。于是尹崇贵等11人联名向济南市公署呈文，告发蔬菜业同业公会会长刘宽，声称会长刘宽雇佣的职员均是一些地方流民或无业游民,公会不仅不按照公会章程收取会费,而且假冒主管官署的名义,肆意欺压勒索商民,更是自作主张把会费标准提高为百分之四。尹崇贵声称"自蔬菜业同业公会成立后,不但没有给同行业带来福利,反而使同行会员蒙受损失。7月12日,窃民自连镇到济南后卖藕30斤,蔬菜业公会收取会费大洋1元,经查该客商不属于同业公会,竟然强制收取会费,不符合该会章程规定。经查证蔬菜为老百姓日常用品,政府早就命令规定严禁私自收取会费。该公会无视法令,派员强行收敛,本就属于违法,但在商民交纳会费时,稍有迟缓,轻则辱骂,重则武力暴打,甚至声称押送宪兵队关押。"鉴于该公会以上种种乱收会费等违法行为,特请求济南市公署"迅速派人督查,惩办不法行为,以体恤商户之艰难"。① 济南市公署接到尹崇贵等人控诉勒索会费呈文后,立刻派人深入调查,发现尹崇贵等人反映属实,要求蔬菜业同业公会会长刘宽来署面陈实情,经查刘宽虽为会长,但其并不识字,公会会务实由雇员办理。公会发生乱收会费实情,刘宽作为会长,难辞失察之咎,并认为"蔬菜业各商户多为小商小贩,散居各处,并且多数人不识字,如果训令改选并不是一件容易的事情,因此该会却无存在之必要,应立即解散并清算会费,核实后发现多数人不识字,即使要求进行改选也不是容易的事情,由此认为该会根本没有存在的必要,明令要求即刻解散,结算清理会费,待核算完成后在五日内张贴公告,令该会长遵照执行,勿延"。②

第二,解决违犯程序和章程纠纷

1940年5月,济南市白灰业同业公会董监事代表朱笙甫、杨德润等11人呈文状告该会会长张镛涛(即张华堂)违法欺诈蒙蔽苛敛案,就是一件运作纠纷的典型案例。

朱笙甫等人呈诉,同业公会之成立,乃由同业会员筹备成立,不能由他业越俎代庖。济南市共有七十多家经营白灰的窑业,在去年7月筹备成立白灰业同业公会的时候,突然有与白灰业毫无关系的张镛涛声称,倘若成立白灰业同业公会并能选举张镛涛为会长,必能垫借大洋五万元,以备各家应用。鉴于被张镛涛的花言巧语所骗,于是在1940年9月24日选举张镛涛为济南市白灰业同业公会会长。据查一致认为"张镛涛本来就是一皮匠,并不是经营白灰窑业的人,而且他本人与白灰行业也没有任何关系,这种人根本没有资格当

---

① 《为蔬菜业同业公会任意勒索会费恳请彻查惩办以恤商艰由》,1941年7月25日,济南市档案馆藏历临76—1—98。

② 《济南市公署训令第106号》,1941年10月1日,济南市档案馆藏历临76—1—98。

会员,更别说担任会长了。他的真实意图是想着发财,认为白灰业会员可任意欺负,既然得到会长的职位,便可以营私舞弊。通过这种欺诈方法当选,必须派员彻底查办,并依法进行改选。"①

张镛涛当选白灰业会长之后,独断专行。朱笙甫等控诉称:"公会职员完全由张镛涛个人指定,发令危害同业。尽管公会选举董事二十人,但都毫无实权。选举之前所称垫付五万元的运营所资本,纯粹是欺诈,根本无法兑现,致使公会会务延滞。"②镛涛不仅没有兑现承若垫付公会运营资本,又生敛财之邪术。于是向警察总署呈文,为维护同业利益、矫正弊害,本业出售货物不得掺杂石块。为此会内会随时派员检查,如若发现劣货掺杂、鱼目混珠等,一经查出将予以严惩。为区分货物优劣规定"凡经本会所售之货,均有本会发单并运输三角旗为标准。对于送灰之车辆,凡无旗帜单据者,一律扣留。然而其发单并非检查劣货之凭证,以此蒙蔽官府罢了。据查过去白灰业的营业税为千分之三,现在灰价每万斤约值八十元,抽费五元计合抽费千分之六十二五,剥削之高,同业实在无法承受,倘若如此即会出现倒闭之结果,请求派员彻查依法改组"。③

面对朱笙甫、杨德润等人的控诉,张镛涛认为朱笙甫等人控诉是对自己的诬告,积极向市公署呈报陈词辩解,陈词逐一为自己辩解。就成立公会合法性,张镛涛陈词辩称:"镛涛素做皮业买卖并兼新兴白灰窑业。济南市各业均以成立同业公会,为保护同业,免遭欺压,约定成立白灰业同业公会。出于义愤,镛涛随同联络。承蒙各家认可,推荐为同业会长"。至于车辆旗帜单据,张镛涛又辩解,"至于决定用小车运输白灰,因为济南有着众多的推小车的人,他们可依次维持生计。但推小车之人,又比较繁杂,人品不一,如若不加以防范,难免有人图谋不轨。于是为维持秩序,特按车配以白旗以示区别,防止偷窃行为发生,呈请警署派人督查也是维持秩序的本意。"④

针对双方争议焦点,显然都是言之凿凿,作为同业公会的主管官署又如何判决呢? 为避免事态扩大,济南市公署特谨慎提出以下意见:"发生纠纷之

---

①《呈为会长违法诈欺蒙蔽苛敛请求迅赐派员彻查严惩依法整理改组另选贤能主持会务事》,1940 年 5 月 3 日,济南市档案馆藏历临 76—1—18。

②《呈为会长违法诈欺蒙蔽苛敛请求迅赐派员彻查严惩依法整理改组另选贤能主持会务事》,1940 年 5 月 3 日,济南市档案馆藏历临 76—1—18。

③《呈为会长违法诈欺蒙蔽苛敛请求迅赐派员彻查严惩依法整理改组另选贤能主持会务事》,1940 年 5 月 3 日,济南市档案馆藏历临 76—1—18。

④《呈为枉被控词诬诉具实陈述》,1940 年 5 月 9 日,济南档案馆藏历临 76—1—18。

後,会长主持会务不再适宜,明令剥夺一切会内事务处理权,听候查办,同时会内各会员运送白灰,勿需领取旗帜,可自由运送。"①至此,白灰业的会务一直处于停滞状态,直至1940年6月13日济南市公署训令:"业经本署彻查,白灰业同业公会会选举确实有多处与工商法草案不合,令即刻遵照《工商同业法》的第七章有关条款改选"。②同日济南市公署再次训令:"白灰同业公会会务停滞已久,急需整顿并进行改组,以免横生枝节,令该会董事朱笙甫等整理会内账目簿册、文件卷宗以及器具等各项事务,筹备改组并呈报官署备案。"③至此,白灰业朱笙甫与张镛涛纠纷案在官署的主导下结案。

以上两案件纠纷属于借助地方政府力量解纷的典型案例。以下是对济南工商业组织纠纷的解决途径的调查。这些纠纷材料都是由当事人呈送济南市政府,当然这只占发生纠纷案例的很小一部分。

表5—5 借助地方政府力量解决纠纷一览表

序号	纠纷主体		纠纷事由	借助的力量	解纷的途径与手段	解纷效果
	甲方	乙方				
1	李传谟	丁玉村等	1939年12月,因违犯会规纠纷	济南市公署、警察局	传讯,调解	达成和解
2	李梦庚	王宜卿	1930年9月因营私舞弊纠纷	济南市公署、山东省公署	彻查,调解	达成和解
3	李兆平	李青年等	1930年7月18日,因擅闯工厂行凶纠纷斗殴	济南市公署、警察局	传讯,调解	达成和解
4	李朝福	周凤珠等	1942年11月21日因扰乱市场纠纷	济南市公署	彻查,调解	达成和解
5	颜海峰	李元贞	1942年8月因不交会费纠纷	济南市公署、社会局	彻查,调解	达成和解
6	张海亭	陈玉奎等	1942年11月20日,因强收会费纠纷	济南市实业科、社会科	追缴圆记,调解	达成和解

① 《济南市公署训令社字第48号》,1940年5月24日,济南档案馆藏历临76—1—18。
② 《济南市公署训令社字第67号》,1940年6月13日,济南档案馆藏历临76—1—18。
③ 《济南市公署训令社字第69号》,1940年6月13日,济南档案馆藏历临76—1—18。

274

序号	纠纷主体		纠纷事由	借助的力量	解纷的途径与手段	解纷效果
	甲方	乙方				
7	李福生等5人	梁树林等	1939年9月13日因私霍会费纠纷	济南市公署	调解	调解未果,重新改选
8	焦兆成等6人	赵伯芳等	1941年8月1日,因违法成立组织纠纷	济南市公署	调解	调解未果,停止会务
9	赵靖远	任广远	1941年3月31日,因破坏会规纠纷	济南市公署	严惩,调解	达成和解
10	杨懋齐	禚韩庭	1941年5月2日,因私吞巨款纠纷	济南市公署社会局	询问,调解	达成和解

资料来源:《为会员丁玉树等违犯会规恳请训斥的呈文》,济南市档案馆藏历临76—1—21;《为炭业公会主席王宜卿把持操纵营私舞弊、致使煤荒价昂病伤害民、恳请钧鉴恩准彻查严办秉公改选以恤商民藉维市面由》,济南市档案馆藏历临76—1—43;《呈为群凶肆虐妨害业务之李青年等六人请求彻查惩处以维会务由》,济南市档案馆藏历临76—1—77;《为周凤珠等不法之徒扰乱公会请传究的呈文》,济南市档案馆藏76—1—77;《为呈诉铜锡业公会会员天聚永拖欠会费抗不交纳请传讯究办由》,济南市档案馆藏历临76—1—80;历临76—1—82,《呈为理事违背法令请转函警署饬警传讯由》,济南市档案馆藏历临76—1—84;《呈复利福生等呈诉不符之处恭请鉴核由》,济南市档案馆藏76—1—84;《为赵伯芳等假冒名义成立茶馆同业公会茶馆各家不知情联名呈请批示由》,济南市档案馆藏历临76—1—110;《呈为同业私自落价破坏规则请予严加处分由》,济南市档案馆藏历临76—1—154;《为经手收纳各项垫款自应分项办理除将账目递交杨懋齐外理合报请备查由》,济南市档案馆藏历临76—1—132。由以上各号卷宗整理制作。

比较同业公会在组织运作中纠纷的解决情形,一个非常鲜明的特征就是这些纠纷都是借助地方政府力量来解决的。即纠纷的解决都是由官方出面的,而且从调解的效果看,达成和解的情况较为普遍。这也是当事人有了纠纷为什么不走司法途径而愿意请求官方出面的原因了。

(三)借助司法力量解决的途径

1931年2月1日,持票人朱克锯声称济南晋逢祥银号侵占其银钱,将晋逢祥起诉济南地方法院。济南市地方法院受理此案,传票晋逢祥定于2月14日开始侦查,除要求到庭外详陈理由,并限七日内将长春实隆银号总柜之人找到一个。起因在于1930年12月31日,长春宝隆银号宣告倒闭。由于宝隆银号其经营汇业系在济南晋逢祥附设性质,其各庄汇济下票经晋逢祥代理照付在济南分庄。宝隆银号倒闭后,其驻济伙友闻风出走,诸事付之东流矣。后接该号函云其善后事宜已由长春当局组织债务清理处着手清理,特将账簿票根等件代其交邮寄回长春总柜。于是晋逢祥银号极力陈述:"宝隆汇业在济派有专员,其因倒闭而不承兑乃宝隆自身事,与晋逢祥银号无关。即让一步言之,设使宝隆无人在此,又敝号应兑不兑,则敝号所受不利益之制裁,充其量亦不过信用丧失或宝隆另兑。敝号提起民事给付之诉而已,侵占问题亦殊无发生之。"①

法庭经过调查,1931 年 11 月 26 日法院宣判朱克锯胜诉,晋逢祥银号败诉。晋逢祥银号认为"敝号不负承兑责任,法院一味体谅朱克锯之困苦而置法律习惯于不顾,并决定上诉。"②1931 年 3 月 1 日济南地方法院第二审判依然判晋逢祥银号败诉。晋逢祥银号认为此案地方法院不依法理裁判,如仍在地方法院上诉,必将再次败诉,于是向山东高等法院提起上诉。并且济南市钱业公会出面发函山东高等法院,从汇票章程陈述支持晋逢祥银号的理由。1932 年 5 月 10 日,山东高等法院作出终审判决。判决书依然维持济南市地方法院第一审和第二审的判决,晋逢祥败诉。因为根据国民政府 1929 年 10 月 30 日颁布实施《票据法》的第四十条第一项规定,兑换时必须在汇票的正面签署"承兑"字样,同时由付款人签字。第二项规定付款人仅在票面签名者视为承兑。第四十九条规定付款人于承兑后应负付款之责,实则付款人对于汇票须经承认兑付之后始负付款之责,而承认兑付又须由付款人在票面签名或载明承兑字样,始生承兑之效力。经山东高等法院调查,被上诉人所呈长春宝隆银号汇票内载照付之旁晋逢祥戳记系由发票人在诺河县加盖,已经被上诉人在第一审和二审认可的。法院认为"戳记虽然不能据为上诉人承兑的证明,但又知上诉人与被上诉人在济南持汇票向其求兑时并无在票面签名盖章,亦未登载承兑或照付字样,足微上诉人所称商号对于该汇票未曾承认兑付,委可置信。依据民事诉讼条例第五百四十六条第一项第一款与第五百四十四条第一项第九十七款判决上诉人败诉,要求上诉人晋逢祥赔付被上诉人朱克锯票款七百元。"③

在传统社会,诸多的矛盾纠纷多以依靠"习惯"和"业规"进行调解。尽管

---

① 《济南晋逢祥银号函请彻查宝隆银号倒闭一事》,1931 年 3 月 20 日,济南市档案馆藏历临 77—14—23。

② 《济南晋逢祥银号致钱业公会的函》,1931 年 11 月 27 日,济南市档案馆藏历临 77—14—23。

③ 《山东高等法院判决书》,1932 年 5 月 10 日,济南市档案馆藏历临 77—14—23。

1930 年《中华民国民法》及相关法律颁布实施,像本案当事人朱克锯为维护自身权益诉诸法律的案例,在民国时期的济南毕竟为少数。当然尽管晋逢祥银号在钱业公会的支持下,一再上诉,法院仍给予了公正的审判。

　　(四)借助多种力量联合解决的途径

　　同业公会与其他群体矛盾纠纷需要借助多种力量加以解决。比如济南市搬运工人与棉业、粮业等之间的纠纷,就是借助政府力量、商会、同业公会和工会等多种力量解决的一成功案例。1930 年 1 月,济南市搬运工业的工人 4 175 人因生活花费较高,物价上涨,同时搬运工资过低,向各公司、行号要求提高搬运价格。工人提出增加运价的要求引起了棉业、粮业、面粉业等同业公会的强烈反对,双方矛盾激化引起纠纷。于是济南市政府训令社会局成立调解委员会,召开各家代表进行协商解决。在国民党历城县党部、市政府社会局的主持下,搬运职业工会与民安公司代表开会讨论妥协办法,除双方代表外,还邀请了市总工会代表、市商会代表参加了协调会。经过各方努力协调,终于达成一致意见,并形成搬运纠纷调解委员会决定书,有关内容:"一、本市各种货物搬运价目依照各公司行原价增加百分之四十整;二、本市面粉业因营业不振,所有搬运价目加百分之三十五;三、本决定书自签完日施行,所有以前搬运价目均需已经盖章之折付价。"①调解委员会经过三次会议的磋商,借助社会局、市党部、市总工会、市商会和搬运工会等多方力量使得历时一个月又五天的工人增加运价的纠纷得以解决。

　　1936 年 8 月,面粉业工人因没有休息天与厂方产生纠纷。工人向工会寻求帮助,于是面粉业工会认为星期休息、各项例假是机关学习团体及各种工厂应有的基本权利,本市各面粉厂工人常年劳作,尚未调息,致使身心疲惫。于是向济南市政府控告:"按《工厂法》第十五条之规定:'工人每工作七日,就应该放假休息一天',同时该法第十六条规定:'国民政府颁布实施的有关纪念日放假规定,也需要放假休息'。最后该法第十八条:'按照该法第十五条至十七条所规定的休息和休假期间,必须支付工资,如有工人不愿休息,应该支持假期特别工资'。以上各条恤念劳工可谓至尽,而各地工厂亦莫不遵行无误",因此,为了工人身体健康考虑,呈请"钧府转令厂方循例给予星期休息及

①　《呈报办理搬运纠纷调解终结的呈文》,1930 年 2 月 27 日,济南市档案馆藏历临 76—1—140。

各项例假,以符法规而恤劳工,实为德便"。① 于是济南市政府向面粉业同业公会发布训令,"查本市各面粉厂对于工人假期向系如何办法？令该会遵办查明具复,以凭核夺"。②

但面粉业同业公会呈文辩称,《工厂法》法规中有关假期的明确规定,该会均以严格遵行。由于面粉关系民生,遇到供不应求,所以假日才不得不工作,而且参照工人原有的工资标准发给假日工资。只是近来农产经济几濒破产,各厂难以渡过难关,因此"不得已始将各项开支力求缩减,而工人因系劳力份子,不忍议减工资,然在危机之下,万不得已,始商得工人同意,将是项星期工资暂予裁去,期渡难关,此当关于工人假期之实在情形。"③其目的非常明显,就是要借此继续不给工人假期及星期日加班工资。

济南市政府为了避免事态扩大,影响正常的社会稳定和生产秩序,支持了同业工会的要求,训令面粉业同业公会,"经查星期日应按照法令放假休息,如确需于假期工作,务必给予付给工资,不得无故减少。令即转饬各面粉厂,迅速加以改正"。④ 在市政府的压力下,面粉业同业公会要求各面粉厂"应自本月份起,遵令办理,不得违误"。⑤ 这样一场资方同工人的纠纷在济南市政府的主导,面粉业同业公会和面粉业工会共同参与下最后得以解决。

三、解决纠纷的特点

民国时期济南工商业组织处理行业纠纷的途径与手段包括自主解决、借助地方政府力量、联合多方力量等。显然,在解决济南行业矛盾纠纷解的过程中决形成了三个特点:

第一,在解决矛盾纠纷的规则方面,形成以行业"业规"为核心与国家法律法规相互结合的依据格局。"业规"是经同业公会全体会员大会的议决后,向官府备案对组织机构、经费来源、经营管理事务等方面的规定。也是会内成员之间以及公会集体与其成员之间必须遵守的原则。在解决纠纷方面,业规

---

① 《为呈请转令厂方给予休息例假以符法令由》,1936 年 8 月 13 日,济南市档案馆藏历临 76—1—58。

② 《济南市政府训令第 2972 号》,1936 年 8 月 15 日,济南市档案馆藏历临 76—1—58。

③ 《呈为呈复调查各厂关于工人假期情形仰祈鉴核由》,1936 年 8 月 23 日,济南市档案馆藏历临 76—1—58。

④ 《济南市政府训令社字第 39 号》,1936 年 8 月 26 日,济南市档案馆藏历临 76—1—58。

⑤ 《为遵令转饬各厂改正放假情形由》,1936 年 9 月 4 日,济南市档案馆藏历临 76—1—58。

的功能就是使同业公会的各种资源与力量的运作有序化。不仅同业公会按照章程和业规处理纠纷,国家机关在接到同业公会的申诉也先按照章程和业规进行评判,再结合国家的有关法令。

第二,在解决纠纷的主体方面,形成了以"公会"为辅、地方政府裁决为主导的解决格局。由于当事人本身就处于这一行业中,或者当事人就是"会长"、"常务董事"等代表,由于他们与纠纷之间的利益密切相关,因此他们在参与解决纠纷的过程中所起的作用具有辅助性。主管官署是被借助解决纠纷的主要力量。进入民国以后,尤其在南京政府时期,颁布了与同业公会相关的法令多达40多条,繁多的法律规定必定把同业公会组织沿革及内部治理运作置于政府的监管与控制之下。尽管同业公会在处理纠纷过程中发挥了重要作用,但是最后具有决定权的还是国家权力机关。

第三,在解决纠纷的途径方面,形成了包括公会、商会、地方政府、司法等多种力量参与的机制。自行解决和借助地方政府等多种力量为基本形态的多元化局面。作为在依靠的力量包括同业公会、地方政府、司法系统等,同业公会、地方政府、司法都参与到这一过程,并且同业公会的"业规"也是官方比较重视的解纷的重要依据。

"解决纠纷是组织权威的一项功能,对纠纷及其解决机制的考察,是审视近代中国城市的自治因素的可能、样式与限度的一个具体、微观的视角。"[1]处理社会矛盾纠纷事关社会的稳定秩序,因此判断参与纠纷的解决力量和解决模式,也是考察国家与社会组织关系的一个重要指标。在处理纠纷的过程中,尽管地方政府常常依据同业公会、商会、工会等社会组织对纠纷的调解。但是他们处理纠纷的"自治"空间非常有限,而且这种"自治"权也是政府的有限让渡。

---

[1]　易江波:《近代中国城市江湖社会纠纷解决模式——聚焦于汉口码头的考察》,中国政法大学出版社2010年版,第303页。

附录一　图表索引

附录二　济南市历届商会章程

1. 山东济南总商会章程

（1916 年）

第一章　总　则

第一条　本会定名曰山东济南总商会,以历城所辖为区域。

第二条　本会设在济南省城,设事务所于城内第二区财政厅前。

第三条　本会由农商部请领山东济南总商会关防一颗,以资信守。

第二章　职　员

第四条　本会之职员及其职权如左:

一、会长一员,总摄会中一切事务。

二、副会长一员,襄理会中一切事务。

三、会董四十二人,凡会中一切应兴应革事宜均由会董公议行之。

四、特别会董五员,凡关于提倡工商业进步及改良事项,均有建议之权;商会有所咨询,有答复之权。

第五条　本会办事职员及其权限如左:

一、文牍一员,办理会中一切来往文件。

二、会计一员,经理会中出入款项,登记账目及造具预决算表册,清算工商业者之纠葛账目。

三、庶务一员,管理不属于他科事务。

第六条　会长、副会长,会董,投票选举;特别会董、由会董推选。均为名誉职。

第七条　办事职员均系延聘,常川驻会,皆支薪水。

第三章　职员选举及选任解任

第八条　本会选举用记名投票法。

第九条　凡入会商号之代表,合于《商会法》第六条之规定均为本会会员,选举时一选

283

举人有一选举权。

第十条　会长、副会长、会董之选举,遵照《商会法》第十八条办理。

第十一条　特别会董之推选,遵照《商会法》第十九条办理。

第十二条　本会举行投票,须先期通知各选举人,禀报巡按使莅会监视。

第十三条　会长、副会长、会董选出后,应具通知书于当选人,十五日内各当选人须答复就任。逾期未接答复或声明不愿就任者,即以得票次多数递补。

第十四条　会长、副会长、会董均以二年为一任期。遇有特殊事故必须退职者,合于《商会法》第二十九条一、二、三项规定之一者,会长、副会长由会董再为投票互选。会董缺额必至全体会董三分之一始行补选。

第十五条　补选之会长、副会长、会董任期,继续前任计算。

第四章　会　议

第十六条　本会会议共分三种:一年会,每年正月间举行一次,以会长为主席;遇有事故会长不得到会,副会长代行其职权。一职员会,每星期举行一次(规定同前)。一特别会,遇有特殊事故临时召集(规定同前)。

第十七条　年会、职员会,必须全体会员、会董三分之二以上到会方得开议;特别会无定额。但关于《商会法》第二十八条规定之事项,不在此限。

第十八条　年会、职员会、特别会应行表决之事项,以到会会员、会董过半数之认可或否认为决议。认可与否认平均时,由主席定之。但关于《商会法》第二十八条规定之事项不在此限。

第五章　仲　裁

第十九条　工商业者有所争议,必先具请议书(前清部颁样式)到会。将事由叙明。本会认为应行受理者,在本会未设商事公断处以前,得暂照公断处章程及细则调处;俟公断处核准成立,即归公断处办理。

第二十条　工商业者遇有争议,本会处理完结,双方认可,务须具遵允书(前清部颁样式)存卷。

第二十一条　工商业者遇有争议或账目纠葛,由当事人之一方请议到会,本会定期召集,或当事人一方抗传不到,本会得函请该管警署代为拘传。

第二十二条　工商业者账目纠葛,债务人或在外县,或在外省,本会将债权者之证据查核确实,得函请该管行政官署代为传迫。

第二十三条　工商业者之争议,本会议结后当事人之一方如有不服,除由当事人自赴法庭起诉外,本会应将本案事实既结理由,函请该管法庭讯判。

第二十四条　遇有账目纠葛,本会受法庭委托代为清算之案,本会得召集两造到会质询,当事人之一方抗传不到,函请法庭代为拘传。

第六章　经　费

第二十五条　本会收入共分二种:一入会商号认捐之会费,入会之商号(即会员经理之商号）每月认纳之会费,分别等次按冬夏两季交纳。一提费账目纠葛之案,由本会处理完结债务者,应将还之债款缴会;凡不在会之债权人,于领款时由本会扣提一成充作本会经费（前清察请抚院批准有案）。

第二十六条　本会额支款项,每月由会计造具决算表册,由会长、副会长、会董查阅盖章存卷。

第二十七条　本会活支款项,须先由会长、副会长认可盖章后方能开支。如有特殊大宗支款,须有全体会董定议开支。

第二十八条　本会经费收入支出、除按月由会计造具表册清报外,每届年终总结一次,由会计造具详细预算表册刊公之。

第七章　附　则

第二十九条　本章程由农商部核准之日发生效力。

2. 山东省济南市商会章程

（1932 年 3 月）

第一章　总　则

第一条　本章程依据《商会法》第六条第七条之规定订定之。

第二条　本会为图谋工商业及对外贸易之发展,增进工商业公共之福利为宗旨。

第三条　本会定名为济南市商会,以本市为管辖区域,设事务所于商埠二大马路,设分事务所于城内富官街及泺口镇内。

第四条　本会之职务如左:

一筹议工商业之改良及发展事项。

二关于工商业之征询及通报事项。

三关于国际贸易之介绍及指导事项。

四关于工商业之调处及公断事项。

五关于工商业之证明及鉴定事项。

六关于工商业统计之调查编纂事项。

七得设办商品陈列所、商业学校或其他关于工商业之公共事业,但须经主管官署之核准。

八遇有市面恐慌等事,有维持及请求地方政府维持之责任。

九办理合于第二条所揭宗旨之其他事项。

十关于工商业之事项有建议于中央或地方政府之责。

十一中央或地方政府及其他公共机关于工商业之调查或咨询应答复之,并接受政府委办事项。

第二章　会　员

第五条　本会会员无定额,分下列二种:一公会会员。二商店会员。前项会员均得举派代表出席商会,称为会员代表。

第六条　凡本市各公会及注册各商店得填具声愿书志请入会为本会会员,并由本会填发证书为凭。

第七条　会员代表以在本区域内经营商业之中华民国人民年满二十五岁以上者为限。

第八条　公会会员代表由各该同业公会举派之。

前项代表每公会举派一人,但其最近一年间平均使用人数超过十五人者,就其超过之人数每满十五人得增加代表一人,惟其代表人数至多不得逾二十一人。

第九条　商业法人或商店别无同业或虽有同业而无同业公会之组织者,得为商会之商店会员,每店举出代表一人。但其最近一年间之平均使用人数超过十五人者,就其超过之人数每满十五人得增加代表一人,惟其代表人数至多不得逾三人。前项会员应以在本区域内设有商店曾经依法注册者为准;如已满七家时,须组织同业公会后始有加入商会之资格。

第十条　有左列各款情事之一者,不得充本会会员代表:

一褫夺公权者。

二有反革命行为经确证明者。

三受破产之宣告尚未复权者。

四无行为能力者。

五有精神病者。

六有不正当经营业者。

第十一条　会员代表均有表决权、选举权及被选举权。

第十二条　会员代表得由原举派之公会会员或商店会员随时撤换之;但已当选商会职员者,非有依法应解任之事由不得将其撤换。

第十三条　会员代表丧失国籍或发生本章程第十条所列各款情形之一,原举派之会员应撤换之。

第十四条　会员代表如有违犯章程及不正当行为致妨害商会之名誉信用者,得由会员大会之议决除名,并应通知原举派之会员。凡受除名处分之会员代表,自除名之日起三年以内不得充任会员代表。

第十五条　会员入会后不得无故退会。但有特别情形必须出会时,应声叙理由,填具出会愿书送交常务会交付审查属实,提经会员大会认可后方得出会。

第十六条　会员入会时须先交纳一个月会费;出会时必须补足欠费。

第三章　职　员

第十七条　本会设执行委员十五人,监察委员七人,候补执行委员七人,候补监察委员三人。但候补执监委员未递补前不得列席会议。前项执行委员得互选常务委员五人,并就常务委员中选任一人为主席。

第十八条 本会执监委员的任期均为四年,每二年改选半数,不得连任。第一次之改选以抽签定之,但委员人数为奇数时,留任者之人数得较改选者多一人。

前项委员因故不能执行职务时,由候补委员递补之。若系常务委员由执行委员选补之,其任期均以补足委员之任期为止。委员就任后应于十五日内呈由本地方政府转呈省政府转报实业部备案。

第十九条 本会执监委员均为名誉职。

第二十条 委员有下列各款之一者应即解任:

一因不得已事故经会员代表大会议决准其退职者。

二旷废职务经会员大会议决令其退职者。

三于职务上违背法令、营私舞弊或有其他重大之不正当行为、经会员大会议决令其退职或实业部及地方最高行政官厅令其退职者。

四发生本章程第十条所列各款情事之一者。

第二十一条 本会处理会务得设办事员,由常务委员会提出经执行委员会通过聘任之并酌给薪资。

第四章 选 举

第二十二条 本会执监委员由会员代表中分次用无记名选举投票法选举之,以得票最多数者为当选,票数同者,以抽签定之。

第二十三条 本会主席之选任由执行委员会就当选之常务委员中用无记名单选法选出之,以得票过投票人之半数者为当选,若一次不能选出,应就得票最多数者之二人决定之,但决选应满定额委员三分之一。

第二十四条 本会举行选举,须于十五日以前通知各会员代表,并呈请地方政府派员莅会监视,县党部派员莅会指导。

第二十五条 本会各职员选出后,应具通知书通知当选人,并请地方政府及党部派员监督就职,其不愿就职者应于就职前声明,即以得票次多数者递补之。

第二十六条 选举时投票开票各管理员、监察员,由本会议决分派之。

第五章 职 权

第二十七条 本会最高权力在会员大会,闭会后由执行委员会执行,执行委员会闭会后由常务委员会执行。但于会员大会或执行委员会开会时应分别提出追认。

第二十八条 执行委员会职权依下列规定:

一执行会员大会议决案。

二执行本章程第四条所列各款。

三召集定期会议。

四执行其他临时发生事件,但遇有重要事件时必须经会员大会议决者,召集临时会员大会议决执行之。

第二十九条　监察委员会职权依下列规定：

一监察执行委员会执行大会之决议。

二执行委员或执行委员会有违法时，由监察委员会议决弹劾之，并交会员大会追认。

三随时监察本会收支各款。

四审查每年度预决算案。

五议决执行委员会提交之处分会员案件。

第三十条　常务委员会职权依下列规定：

一处理执行委员会议决案。

二执行日常事务。

三答复官厅之咨询事项。

四调处商人间之纠纷，在本会未设公断处以前得以公断处章程办理。如有一方非商会会员于结案后得酌提办公费一成。

第六章　会　议

第三十一条　会员大会定期会议每年六月举行，应于十五日前通知之。如执行委员会认为必要时或经会员代表十分之一以上之请求或监察委员会函请，得临时召集之。前项会议得由常务委员会组织主席团轮流主席。

第三十二条　会员大会之议决，以会员代表过半数之出席、出席代表过半数之同意行之。如出席代表不满过半数时，得行假决议，将其结果通告各代表于一星期后二星期内重行召集会员大会，以出席代表过半数之同意对假决议行其决议。

第三十三条　下列各款事项之决议，以会员代表三分之二以上之出席、出席代表三分之二以上之同意行之，出席代表逾半数而不满三分之二时，得以出席代表三分之二以上之同意行假决议，将其结果通告各代表，于二星期内重行召集会员大会，出席代表三分之二以上之同意，对假决议行其决议。

一变更章程。

二会员或会员代表之除名。

三职员之退职。

四清算人之选任及关于清算事项之决议。

第三十四条　执行委员会每月至少举行两次，开会时得过半数之出席、出席委员过半数之同意方能议决；可否同数取决于主席。如有重要事件发生，得临时召集之。

第三十五条　监察委员会每月至少举行一次。如有重大事件发生时，得临时召集之。

前项委员开会时，须有委员过半数之出席，临时互推一人为主席，以出席委员过半数之同意行之。

第三十六条　常务委员会每星期举行两次，如有特别事件发生，得临时召集之。

第七章　经　费

第三十七条　本会经费分下列二种：

一事务费,由会员比例,于其所派代表之人数及资本额负担之。每月交纳一次,甲等一百五十元,乙等一百元,丙等八十元,丁等六十元,戊等五十元,己等四十元,庚等三十元,辛等二十元,壬等十元,癸等五元。

二事业费,由会员大会议决筹集之。

第三十八条 本会预决算及事业之成绩,每年编辑报告刊布之,并呈报本地方政府主管官署转呈省政府转报实业部备案。

第三十九条 本会之会计年度于每年七月一日起至次年六月三十日止。

第四十条 本会执行委员会于每年度开始时,将本年度预算及上年度决算提交监察委员会审查确定,俟开会员大会时提出追认之。

第四十一条 预决算未经监察委员会审查确定而亟须开支时,得以上年度预算额支付之。

第八章 附 则

第四十二条 本会各项办事细则另定之。

第四十三条 本章程如有应行修改之处,得提交会员大会决议修正之,并呈报地方主管官署转呈省政府转报实业部备案。

第四十四条 本章程如有未尽事宜,得遵照《商会法》及《施行细则》办理之。

第四十五条 本章程于呈准备案后施行。

3. 山东省济南市商会章程

(1944 年 5 月 15 日)

第一章 总 则

第一条 本章程依据《商会法》第六条、第七条及第八条之规定并参照《商会章程准则》订正之。

第二条 本会定名为山东济南市商会(以下简称本会)。

第三条 本会以图谋工商业及对外贸易之发展、增进工商业之福利为宗旨。

第四条 本会以济南市行政区域为管辖区域,事务所设于商埠经二路,如北郊泺口市面恢复繁荣时得设分事务所于泺口镇内,事务所之事务即由本会职员中住居或营业该分事务所区域内执行之。

第二章 任 务

第五条 本会之职务如左:

一筹议工商业之改良及发展事项。

二关于工商业之征询及通报事项。

三关于国际贸易之介绍及指导事项。

四关于推进市政之协助事项。

五关于工商业之调处及公断事项。

六关于工商业之证明及鉴定事项。

七关于工商业统计之调查编纂事项。

八得设办商品陈列所、工商业补习学校或其他关于工商业及慈善之公共事业,但须经该管官署之核准。

九遇有市面发生恐慌等情,有维持及请求地方官署维持之责任。

十办理合于第三条所揭示宗旨之其他事项。

十一关于工商业之事项得建议于中央或地方主管官署并接受官署委办事项。

第三章　会　员

第六条　本会会员无定额,分左列二种:

一公会会员——凡在本区域内各业同业公会依法加入本会为会员者属之。

二商店会员——凡本区域商业的法人或商店别无同业,或虽有同业而无同业公会之组织依法单独加入本会为会员者属之。

前项会员均得举派代表出席商会称为会员代表。

第七条　凡本区域者各同业公会及曾在市署领有营业登记之各商店得填具志愿书入会为本会员,并由本会填发证书为凭。

第八条　会员代表以在本区域内经营商业之中华民国人民年在二十岁以上者为限。

第九条　公会会员之代表由各该同业公会就理监事中举派之,至多不得逾五人。

第十条　商店会员之代表每公司行号一人,由主体人或经理人充任之。

第十一条　有左列各款情事之一者,不得充本会会员代表:

一褫夺公权者。

二有违反现行国策政纲之言论或行为者。

三受破产之宣告尚未复权者。

四无行为能力者。

五吸食鸦片或其他用品者。

第十二条　会员代表经会员举派后,应给以委托书,并附具履历送经审查委员会审查合格后方得出席。出席代表有表决权、选举权及被选举权。此项审查委员会系由地方官署派员会同本会组织之。

第十三条　会员代表之表决权、选举权比例于其缴纳会费,单位额由其所派之代表单独或共同行使之。

每一单位为一权,公会会员代表之表决权、选举权以其所缴会费比照单位计算权数。会员代表因事不能出席会员大会时,得以书面委托其他会员代表代理之。

第十四条　会员不得无故出会。设公会解散或商店迁移于本区域外营业或倒闭等情必须出会者,须声叙理由填具出会书,送交本会审查认可。

第十五条　会员不遵守本会章程、决议,或有其他破坏本会之行为及欠缴会费者,得由会员大会决议予以警告或除名等处分。

第十六条 会员代表有不正当行为致妨害本会之名誉信用者,得以会员大会之议决,通知原举派之会员撤换之,自撤换之日起三年以内不得充任会员代表。

第十七条 根据第九条、第十条、第三十条第一款之规定,会员代表概为原举派之公会会员理监事或商店会员主体人或经理,如因原举派之公会会员改选或商店会员改组被解任时,应由原举派之公会会员或商店会员撤换之,其已当选为本会理监事者,应即解任。

第十八条 会员代表丧失国籍或发生本章程第十一条所列各款情事之一者,原举派之会员应撤换之。

第四章 组织及职权

第十九条 本会设理事十五人,监事七人,由会员大会就代表中用无记名选举法连选之,以得票最多数者为当选。以上所选理事十五人之外,其得票次多数者为候补理事;所选监事七人之外,其得票次多数者为候补监事。其数额:候补理事为五人,候补监事为三人。

第二十条 本会设常务理事五人,由理事会就理事中用无记名法连选之,以得票最多数者为当选。

第二十一条 本会设理事长一人,由理事会就当选之常务理事中用无记名选任之,以得票满投票人之半数以上者为当选。若一次不能选出,应就得票最多数之二人决选之。

第二十二条 理事及监事均为名誉职。

第二十三条 理事及监事之任期均为四年,每二年改选半数,不得连任。

前项之第一次改选以抽签定之,但理监事人数为奇数时,留任者之人数得较改选者多一人。

第二十四条 本会举行选举,须于十五日前通知各会员代表并呈请市公署派员莅场监视。

第二十五条 本会各理监事选出后,应具通知书送当选人,并请地方主管官署派员监督就职,其不愿就职者应于就职前声明,即以得票次多数者递补之。

第二十六条 选举时投票开票各监选委员,由地方主管官署委派之管理员,由本会议决分派之。

第二十七条 理事长及常务理事缺额时,由理事会召集临时会员大会就理事中补选之,其任期以补足前任任期为限。

第二十八条 理监事缺额时,由候补理监事依次递补,其任期以补足前任任期为限。

第二十九条 候补理监事未递补前不能列席会议。

第三十条 本会理监事有左列各款情事之一者,应即解任。

一会员代表资格丧失者。

二因不得已事故经会员大会议决准其辞职者。

三旷废职务经会员大会议决令其退职者。

四于职务上违背法令、营私舞弊或有其他重大之不正当行为,经会员大会议决令其退职,或由经济总署及地方主管官署令其退职者。

五发生第十一条各款情事之一者。

第三十一条　理事长对外代表本会。

第三十二条　理事会职权依左列规定：

一执行会员大会议决案。

二执行本章程第五条所列各款。

三召集定期开会。

四执行其他临时发生事件,但遇有重大事件时,必须经会员大会议决者,召集临时会员大会议决执行之。

第三十三条　常务理事会职权依左列规定：

一处理理事会议决案。

二执行日常事务。

三答复官署之咨询事项。

四调处商人之纠纷。在本会未设公断处以前得以公断处章程办理。如有一方非商会会员,於结案后得酌提办公费一成,其章程另定之。

第三十四条　监事会职权依左列规定：

一监察理事会执行会员大会之议决。

二审查理事会处理之会务。

三稽查理事会之财政出入。

四决议理事会提出之处分会员案件。

第三十五条本会办理事务,得设事务员若干人。其办事细则另定之。

第五章　会　议

第三十六条　会员大会分定期会议及临时会议两种,均由理事会召集之。定期会议每年至少开会一次；临时会议于理事会认为必要或经会员代表十分之一以上之请求,或监事会函请召集时召集之。

第三十七条　会员大会之决议,以会员代表过半数之出席代表、代表过半数之同意行之,出席代表不满半数时得行假决议,在三日内将其结果通告各代表,于一星期后二星期内重行召集会员大会,以出席代表过半数之同意,对假决议行其决议。

第三十八条　左列各款事项之决议,以会员代表三分之二以上之出席之,出席代表三分之二以上同意行之；出席代表逾过半数而不满三分之二者,得以出席代表三分之二以上之同意行假决议,将其结果通告各代表,于一星期后二星期内重行召集会员大会,以出席代表三分之二以上之同意,对假决议行其决议。

一变更章程。

二会员或会员代表之除名。

三职员之退职。

四清算人之选任及关于清算事项之决议。

第三十九条　理事会每月至少开会一次,监事会每两月至少开会一次,於必要时得开理监事联席会议。

第四十条　理事会开会时须有理事过半数之出席、出席理事过半数之同意,方能决议。可否同数,取决于主席。

第四十一条　监事会开会时,须有监事过半数之出席,临时互推一人为主席,以出席监事过半数之同意决议一切事项。

第六章　会费及会计

第四十二条　本会经费分左列两种:

一事务费:

甲公会会员以其公会所收入会费总额十分之一至十分之二於章程规定由公会负担之。乙商店会员比例于其资本额缴纳之。资本额在一万元以内者,每二千元为一单位;一万元以上,每五千元增加一单位。

二事业费由会员大会议决,经地方主管官署核准临时筹集之。

第四十三条　会计年度以每年一月一日始,至同年十二月三十一日止。

第四十四条　本会经费之预算成立与决算审核,须经会员大会决议之。

第四十五条　本会之预算决算及事业成绩,每年须编辑报告刊布之,并呈报市政府转呈省政府转呈经济总署转呈华北政务委员会核准备案。

第四十六条　本会理事会于每年度开始时,将本年度预算及上年度决算提交监事会审查确定,俟开会员大会时提出追认之。

第四十七条　预算案未经监事会审查确定而亟须开支时,得照上年度预算额支付之。

第七章　解散及清算

第四十八条　商会之解散须经会员代表表决权四分之三以上之出席、出席权数三分之二以上之同意方得决议。

前项决议非经事业部及社会运动指导委员会之核准不生效力。

第四十九条　商会解散时,得以决议选任清算人,如选任后有缺点者,更行补选。清算人不能选任时,得由该管法院指定之。

第五十条　清算人有代表商会执行清算上一切事务之权,清算人所定清算及处理财产之方法,须经会员大会之决议。

会员大会不为前项之决议时,清算人得自行决定清算及处理财产之方法,但非经该管法院核准不生效力。

第五十一条　商会所有财产,不足清偿债务时,其不足额应依照第四十二条第一款之规定比例分担之。

第八章　附　则

第五十二条　本章程如有未尽事宜,得遵照《商会法》及《施行细则》办理之。

第五十三条　本章程自呈准备案后施行。

4. 济南市商会章程

（1947 年 1 月）

第一章 总 则

第一条 本章程依据修正商会法及修正商会法施行细则并参酌非常时期人民团体组织法订定之。

第二条 本会定名为济南市商会。

第三条 本会以图谋工商业及对外贸易之发展、增进工商业福利为宗旨。

第四条 本会以济南市区域为区域。会址设济南市商埠经二路 319 号。

第二章 职 务

第五条 本会之职务如左：

一筹备工商业之改良及发展事项；

二关于工商业之征询及通报事项；

三关于国际贸易之介绍及指导事项；

四关于工商业之调处及公断事项；

五关于工商业之证明事项；

六关于统计之调查编纂事项；

七得设商品陈列所、工商补习学校或其他关于工商业之公共事业，但须经主管官署之核准；

八遇有市面恐慌等情事有维持及请求地方政府维持之责任；

九办理合于第三条所揭示宗旨其他事项。

第六条 本会举办之事业应由理事会计划办理，但其重要者须经会员大会决定之。

第七条 本会得就有关工商业之事项建议于中央或地方行政官署。

第三章 会 员

第八条 本会会员分左列两种：

一公会会员——凡本区域内工业商业及输出业各同业公会依法加入本会为会员者属之。

二非公会会员——凡本区域内无同业公会之工业商业输出业之公司行号或其他区域之工厂所设售卖所经依法登记单独加入本会为会员者属之。

第九条 公会会员及非公会会员均得举派代表出席本会称为会员代表，会员代表以中华民国人民年满 20 岁以上者为限。

第十条 会员须遵守本会章程，服从本会议决案，并按时缴纳各种会费。

第十一条 会员非公会解散或公司行号迁移其他区域或废业或受永久停业之处分者

不得退会。

第十二条 公会会员代表由该业同业公会中举派之,至多不得逾 5 人;非公会会员代表每公司行号 1 人,以主体人或经理人为限。

第十三条 有左列各款情事之一者不得充本会会员代表:

一背叛国民政府经判决确定或在通缉中者。

二曾服公务而有贪污行为经判决确定或在通缉中者。

三褫夺公权者。

四受破产之宣告尚未复权者。

五无行为能力者。

六吸食鸦片或其他代用品者。

第十四条 会员代表经会员选派后,缮造代表登记表经本会审查合格后再以会员给以委托书方得出席。出席代表有表决权、选举权及被选举权。

第十五条 会员代表之表决选举权比例,于其缴纳会费单位额由派之代表单独或共同行使之,每一单位为一权。公会会员代表之表决权选举权以其所缴会费比照单位计算权数。会员代表因事不能出席会员大会时,得以书面委托其他会员代理之。

第十六条 会员代表得由原举派之公会随时撤换之,并应书面通知本会。但当选为本会职员者非有依法应解任事,不得将其撤换。

第十七条 会员代表丧失国籍或发生第十三条所列各款情事之一者,原举派之会员应撤换之。

第十八条 会员代表有不正当之行为致妨害本会名誉信用者,得以会员大会之议决通知原举派之会员撤换之。

前项撤换之代表自除名之日起三年内不得充任会员代表。

第四章 组织及职权

第十九条 本会设理事 21 人,监事 11 人,由会员代表中用记名连举法选任之,以得票最多数者为当选。候补理事 10 人,候补监事 5 人,以得票次多数者为当选;遇有理监事缺额时,依次分别递补,以补足前任任期为限;未递补时不得列席会议。

第二十条 本会设常务理事 7 人,常务监事 3 人,由理监事中分别用记名连举法互选之,以得票最多者为当选。

第二十一条 本会设理事长 1 人,由理事就当选之常务理事中用记名连举法选任之。以得票满投票人之数者为当选;若一次不能选出,应就得票最多数之二人决选之。

第二十二条 理事及监事均为名誉职。

第二十三条 理事及监事任职均为 4 年,每 2 年改选半数,不得连任。

前项第一次改选之理监事,于改选时以抽签定之;但理监人数为奇数时,留任者之人数得较改选者多 1 人。

第二十四条 理事长及常务理事缺额时,由常务理事或理事中补选之,其任期以补足前任任期为限。

第二十五条 理监事于就任后应于 15 日内呈报地方主管官署及市党部转呈上级转

报备案。

第二十六条　本会理监事有左列备款情事之一者应即解任：

一、会员代表资格丧失者。

二、因不得已事故经会员大会议决准其辞职者。

三、旷废职务经会员大会议决令其退职者。

四、于职务上违背法令、营私舞弊或有其他重大不正当行为,经会员大会议决令其退职或由经济部门或由地方最高行政官署令其退职者。

五、发生本章程第十三条各款情事之一者。

第二十七条　理事长对外代表本会,对内综理一切会务。

第二十八条　理事会职权依左列规定：

一、执行会员大会议决案。

二、执行本章程第五条所列各款。

三、召集定期会议。

四、执行其他临时发生事件,但遇有重大事件时必须经会员大会议决者,召集临时会员大会议决执行之。

第二十九条　常务理事会职权依左列规定：

一、处理理事会议决案。

二、执行日常事务。

三、调处商人之纠纷,在本会未设公断处时依劳资评断委员会章程办理,其章程另定之。

第三十条　监事会职权依左列规定：

一、监察理事会执行会员大会之议决案。

二、审查理事会处理之会务。

三、稽核理事会之财政收支。

四、审议理事会提出之处分会员案件。

第三十一条　本会得视事务之繁简分科办理,并酌设办事员若干名,其办事细则另定之。

第三十二条　前条所称之办事员,指依法选任职员外之聘用或雇用者而言。

第三十三条　前条办事员之名额薪金,由理事会拟定会员大会议决。

第五章　会　议

第三十四条　会员大会分定期会议及临时会议两种,均由理事会召集之。定期会议每年开会1次,临时会议于理事会认为必要或经会员代表十分之一以上请求或监委会函请召集时召集之。

第三十五条　会员大会之议决,以会员代表表决过半数之出席、出席权数过半数之同意行之。出席权数不满过半数者得行假决议,在三日内将其结果通告各代表,于一星期后二星期内重行召集会员大会以出席权数过半数之同意时对假决议行其决议。

第三十六条　左列各款事项之决议,以会员代表表决权数三分之二以上之出席、出席权数三分之二以上之同意行之。出席权数不满三分之二者,得以出席权数三分之二以上之同意行假决议,在三日内将结果通告各代表,于一星期后两星期内重行召集会员大会,以出席权数三分之二以上之同意对假决议行其决议:

一、变更章程。

二、会员或会员代表之处分。

三、理监事之解职。

四、清算人之选任及关于清算事项之决议。

第三十七条　本会会员代表人数超过 300 人以上时,会员大会得就地域之便利先期分开预备会,会员代表表决权数比例推选代表合开代表大会行使会员大会之职权。

第三十八条　理事会每月至少开会一次,监事会每两月至少开会一次,于必要时得开理监事联席会议。

第三十九条　理事会开会时须有理事过半数之出席,出席理事过半数之同意方能决议;可否同数时取决于主席。

第四十条　监事会开会时须有监事过半数之出席,由常务监事中临时互推一人为主席,如常务监事缺席时由监事中互推一人为主席;以出席监事过半数之同意决议一切事项。

第六章　经费及会计

第四十一条　本会经费分左列两种:

一、事务费:

甲公会会员以其公会所收入会费总额十分之二由公会负担之。

乙非公会会员比例于其资本额缴纳之资本额在 1 000 元以上者所纳会费为一单位,逾 1 000 元至 3 000 元者为一单位又二分之一,逾 3 000 元至 5 000 元者为二单位,超过 5 000 元者每增加 5 000 元加一单位。会费单位额经会员大会议决每国币 2 000 元者为一会费单位。

二、事业费:由会员大会议决呈报市政府核准筹集之。

第四十二条　非公会会员之公司行号依据法令登记资本额者,依其登记之额;其未登记资本额之行号及工厂所设售卖所应将资本额报告所属之商会。公司行号设有支店加入不同区域之商会时,其资本额应于本店总额内自行分配,报告于本店及支店所属之商会,其本店会费应按其报告之额减少之。

第四十三条　会计年度以每年 1 月 1 日始,至同年 12 月 31 日止。

第四十四条　本会预算决算须经会员大会议决之。

第四十五条　本会预算决算及其事业之成绩,每年须编辑报告刊布之,并呈由市政府转呈省政府报部备案。

第七章　解散及清算

第四十六条　本会之解散须经会员代表表决权四分之三以上之出席、出席权数三分之二以上之同意,方得决议。

前项决议非经市政府转呈省政府报部核准不生效力。

第四十七条　本会解散时得依决议选任清算人,如选任后有缺员者更行补选,清算人不能选任时得由法院指定之。

第四十八条　清算人有代表商会执行清算上一切事务之权,清算人所定清算及处理财产之方法,须经会员大会议决。

第四十九条　本会所有财产不足清偿债务时,其不足额依第四十一条第一款之规定比例负担之。

第八章　附　则

第五十条　本章程未规定事项,悉依《商会法》及《修正商会法施行细则》规定办理之。

第五十一条　本章程如有未尽事宜,经会员大会之议决呈准市政府修正并逐级呈报备案。

第五十二条　本章程呈准市政府、市党部备案施行,并转请报部备案。

附录三 部分行业商号名册

济南市食物业商号名册

商店牌号	营业主或经理人	年龄	籍贯	资本金额（元）	独资或合资	店员人数	设立年份
蕊香村	刘赞卿	42	临清	6 000	独资	5	1937.3
正祥泰	张甄卿	53	历城	5 000	独资	20	1914.1
泰隆号	杜月波	61	河北衡水	2 000	独资	8	1913.1
上海公司	张锡璋 史梅堂	49 50	浙江 宁波	25 000	合资	36	1911.1
泰康公司	孙信人 邢志亮	41 31	浙江 天津	45 00	合资	52	1913.1
恒泰	赵星海	56	历城	10 000	独资	14	1936.3
中记	王镜秋	69	临清	1 000	独资	8	1917.1
德盛和	杜景波	42	静海	10 000	独资	15	1914.2
玉美齐	吕正轩	62	历城	4 500	独资	17	1922.3
泰和祥	季笑山 季树任	59 21	历城	6 000	独资	25	1914.4
永兴号	赵汉三	37	章丘	10 000	合资	14	1921.1
林华商行	林汉章	34	天津	10 000	独资	2	1931.2
东 齐	高俊峰	67	历城	1 000	独资	3	1921.1
福祥恒	史绥青	38	长清	3 000	合资	11	1936.8
聚明齐	崔宏福	51	北京	4 000	合资	13	1939.2
双茂盛	邢道荣	31	历城	2 500	合资	10	1922.1
全昌商行	艾连信	43	济阳	1 500	独资	20	1924.2
刘德商店	刘子杰	43	长清	40 000	独资	27	1926
正昌栈	许连潮	57	绍兴	1 000	独资	4	1923.10
聚生祥	李树杰	30	历城	4 000	独资	2	1930.6
同顺号	邢俊卿	42	邹平	2 000	独资	4	1932.3

商店牌号	营业主或经理人	年龄	籍贯	资本金额（元）	独资或合资	店员人数	设立年份
聚祥齐	孙秀亭	43	济阳	6 000	合资	9	1927.3
宝元兴崇记	孙重山	31	齐河	300	合资	4	1940.5
义顺成	崔延义	48	历城	2 800	独资	6	1928.3
泰丰	张凤池	33	章丘	10 000	合资	7	1928.5
济兴永	杨鸿昇	41	肥城	3 000	合资	9	1923.3
宝源号	杨宝田	57	历城	500	独资	2	1936.5
毓发成	丁希周	47	历城	500	独资	3	1942.9
安惠栈	士文	32	大连	50 000	独资	13	1941.2
复兴昌	杨复堂	45	历城	2 000	独资	7	1931.1
同顺昌	许岳祥	48	绍兴	1 500	独资	7	1927.5
西来兴	李希增	30	益都	4 000	独资	10	1920.2
大同志	马祖谦	49	沧县	6 000	独资	11	1923.1
同义旭	李广志	43	历城	4 000	合资	8	1929.3
蚨庆号	陈迺德	44	历城	1 300	独资	6	1933.1
双盛永	张家惠	50	长清	2 000	独资	3	1926
春华商行	张春舫	50	章丘	400	独资	3	1933.8
杏花村	邱德光	77	广东	1 500	独资	1	1924.1
源记	郭云沛	28	恩县	2 000	独资	7	1919.1
振记商行	蒋东轩	41	北京	2 000	独资	6	1938.12
荣记商店	张华明	34	平度	15 000	独资	17	1938.1
德海支店	刘嗣海	39	济阳	3 000	独资	4	1940.12
福升祥	郭云山	32	恩县	2 000	独资	1	1942.2
恒记号	郭云峰	34	恩县	500	独资	1	1942.11
兴隆饼干房	王兴华	42	恩县	500	独资	1	1941.10
山东堂	宫恩然	38	曲阜	800	独资	2	1942.7
福记	王开福	48	益都	1 200	独资	2	1941.10
同盛昌信记	王祝三	30	长清	5 500	独资	12	1942.7
福祥和	宿梦祯	41	历城	1 500	独资	4	1940.1
德兴号	谢连达	41	长清	6 000	独资	10	1941.8
三松制果所	赵纪伦	32	章丘	500	独资	5	1940.4
增福祥	李志厚	26	肥城	1 000	独资	5	1940.3
芸芳齐	郑宝珊	49	临清	1 000	合资	9	1926.3

续表

商店牌号	营业主或经理人	年龄	籍贯	资本金额（元）	独资或合资	店员人数	设立年份
四美香	田继田	56	清平	3 000	合资	19	1926
万顺成	韩孝光	68	历城	100	独资	3	1924.2
西鸿兴	栗锡恩	39	禹城	2 000	独资	2	1941.5
振记饼干社	庞士英	62	高唐	200	独资	1	1942.6
一人栈志记	周志泉	46	浙江绍兴	10 000	独资	17	1924.1
荣丰号	刘丹墀	36	广饶	100	合资	12	1940.9
桂馨齐	陈德吾	48	历城	2 000	合资	10	1928.1
好来屋	马祖谦	49	沧县	1 500	独资	5	1928.2
饼饵香	刘延翰	64	平原	200	独资	4	1931.3
全兰齐	郝宗五	49	河北南宫	300	独资	13	1909.1
福泰兴	张振玉	53	历城	3 000	独资	7	1926.1
桂香村	牛子厚	84	临清	2 000	独资	12	1912.1
广润厚	韩润甫	31	禹城	700	独资	3	1942.4
福兴源承记	杨承烈	41	临邑	500	独资	5	1936.5
大同志支店	马祖谦	49	沧县	2 000	独资	6	1927.5
泰兴永	张知轩	64	历城	1 300	独资	4	1936.4
德祥齐	张继兴	28	禹城	1 100	独资	6	1942.1
鲁兴号	孙敬轩	50	济阳	5 000	合资	7	1942.3
三和成	王徽五	60	济阳	800	独资	6	1921
泰丰号志记	丁志鹏	43	泰安	3 000	独资	4	1942.10
蔡源东	刘训齐	58	历城	20 000	独资	10	1931.11
同裕兴	陈冠儒	53	历城	8 000	独资	12	1931.4
聚庆旭	张献卿	53	济阳	800	独资	5	1938.1
益泰永	王　泉	48	济阳	9 000	独资	17	1933.4
益泰成	苏岐山	51	长清	8 000	合资	20	1938.1
元记	韩殿元	43	历城	5 000	独资	11	1942.2
贞恒	李事恒	45	枣强	1 000	独资	2	1940.7
贵兴隆	孙祥贵	43	历城	1 000	独资	2	1939.5
济美齐	敏生	50	历城	1 000	独资	3	1931.1
玉明齐	胥明齐	36	历城	1 000	独资	5	1932.3
裕记	孟思晋	38	齐河	400	独资	7	1941.1
东天合	宋子佩	76	历城	9 000	独资	9	1934.9

续表

商店牌号	营业主或经理人	年龄	籍贯	资本金额（元）	独资或合资	店员人数	设立年份
文兴隆	郭玉山	50	沧县	500	独资	2	1938.3
福恒昌	高长明	38	齐河	800	独资	6	1934.1
万和源	邵继贤	37	历城	1 000	独资	5	1938.5
泰丰号	任东祥	36	潍县	300	独资	3	1938.4
同庆和	常清木	60	庆云	800	合资	7	1942.8
福兴号	马子培	49	历城	400	独资	3	1938.11
信康号	薛士杰	28	历城	1 000	独资	4	1940.7
宝聚祥	刘玉璋	30	恩县	6 000	独资	12	1941.3
福和栈	尉广刚	33	泰安	6 000	合资	7	1940.2
蘭芳齐	张玉琢	67	历城	400	独资	5	1925.1
李家点心铺	李多宝	25	历城	200	独资	2	1941.8
仁记	张振湘	70	曲阜	650	独资	2	1916.3
中山商店	王敬善	31	泰安	1 000	独资	3	1941.7
东泰号	高在官	44	历城	5 000	独资	12	1912.8
宜宝馆	楚培栋	59	泰安	1 000	独资	5	1876.1
德源隆	王占魁	49	宁津	1 000	独资	2	1933.2
增祥永	马瑞符	40	历城	300	独资	3	1938.12
宏顺商行	贾树海	28	惠民	1 500	独资	2	1941.1
义和永	万立祯	38	清河	4 000	独资	6	1940.3
永昌商行	彭云峰	32	泰安	2 000	独资	9	1941.8
德祥号	丁俊岭	59	历城	8 000	独资	12	1928.8
源记商行	陈颂云	35	上海	1 000	独资	2	1941.5
丰泰公司	尹子祥	58	宝山县	1 000	独资	3	1921.1
振泰恒	张贯三	58	邹平	500	独资	6	1923.3
增聚号	傅傅	40	历城	100	独资	3	1926.5
合记	满书芳	29	德县	100	独资	2	1938.3
义兴号	张汉生	34	博山	300	独资	3	1938.4
义昌食物店	张汉生	34	博山	500	独资	4	1942.5
鸿昇祥	张鸿儒	44	北京	1 000	独资	2	1931.10
泰源号	马广智	32	章丘	1 000	独资	3	1942.5
义大成	王玉昌	36	长清	1 000	独资	2	1938.7
桂馨齐东记	陈世元	34	历城	1 000	独资	5	1937.7

商店牌号	营业主或经理人	年龄	籍贯	资本金额（元）	独资或合资	店员人数	设立年份
同顺祥	宿润堂	43	历城	400	独资	3	1923.2
福禄寿	东庆福	39	章丘	500	独资	2	1942.1
玉庆号	张其玉	42	肥城	2 000	独资	3	1940.9
鸿大号	王秋宝	59	德县	4 000	独资	3	1942.3
恒星号	李有年	41	历城	40 000	合资	26	1942.1
三合永	崔缄三	40	长山	2 000	独资	5	1938.3
福盛昌忠记	董继忠	61	平阴	6 000	合资	6	1942.4
义利永	黑思亮	50	历城	500	独资	2	1930.8
济南商店	张子玉	39	肥城	1 200	独资	12	1938.10

资料来源:济南市档案馆藏档案号:历临76--1—10。

济南市鞋帽业商号名册

商店牌号	营业主或经理人	年龄	籍贯	资本金额（元）	独资或合资	店员人数	设立年份
永顺和	李鸿远	63	河北宝坻	20 000	合资	16	1917.9
大同	尹锦波 静齐	47 47	河北宝坻	5 000	独资	21	1907.
福顺东	党晋奇 范镜轩	61 59	陕西合阳	4 000	独资	15	1918.8
同达鑫	王春圃	49	惠民县	60 000	独资	72	1921
振东	侯瀛洲	75	河北宝坻	90 000	合资	27	1920
达通远	石赞卿	34	长山县	20 000	独资	44	1937
兴华馨	尹晓山	32	河北玉山	20 000	合资	19	1935.5
盛东	刘静波	57	天津	5 000	独资	73	1920.9
凤祥	刘凤来	48	天津	5 000	独资	7	1942.10
隆祥	方敬齐	43	河北宝坻	7 500	合资	16	1926.8
广盛和	王子均 高振邦	47 41	长清县	15 000	合资	11	1922.1
德恒	党建邦	52	陕西合阳	5 000	独资	14	1935.2
兴盛长	贾绍九 纪乐轩	54 34	聊城县	5 000	独资	9	1918.3
增福铎	张全铎 彭福亭	49 57	河北宁津	2 000	合资	12	1923.2

续表

商店牌号	营业主或经理人	年龄	籍贯	资本金额(元)	独资或合资	店员人数	设立年份
大成永	尹仲麟 刘余三	68 56	章丘县	5 000	独资	13	1931
盛锡福	刘锡三	55	掖县	25 000	独资	16	1939.2
美华馨	华凤琴	22	天津	2 000	独资	7	1940
新盛泰	胡铭新	33	藤县	10 000	独资	68	1936
凤兴西	刘凤来	48	天津	10 000	独资	11	1935.1
普华	绍焕祥	46	河北青县	10 000	独资	19	1934.4
海华	杨焕章	64	天津	1 800	合资	14	1939
庆余祥	李俊卿	51	河北宝坻	4 000	独资	12	1928.5
东华兴	姚玉华	38	武城县	1 600	独资	17	1934
洪生和	李静齐	39	河北武清	8 000	独资	12	1925.2
吉和祥	王汝章	58	长清	2 500	独资	8	1926
成康	谢吉诰	35	博平县	4 500	合资	24	1939.8
广生达	殿君甫	41	河北交河	4 000	独资	8	1940.4
洪兴	何连海	43	历城县	2 500	独资	5	1937.3
荣德祥	张焕芝	39	齐河县	3 000	独资	4	1937.7
元康	田体芸	47	天津	8 000	独资	7	1395.6
兴记	宋松五	35	章丘县	5 000	独资	12	1940.5
海记	尹海峰	44	肥城县	1 000	独资	5	1938.3
志兴	韩庆璋	38	历城县	600	独资	4	1938.8
裕大	马君甫	31	历城县	9 600	合资	12	1940.12
德源昌	潘挹清	55	历城县	8 000	独资	5	1938.4
公聚兴	张静山	51	天津	500	独资	9	1937.8
福东鞋店	王福山	60	章丘县	5 000	合资	12	1931.2
洪升	华敬贤	36	河北通县	2 000	合资	6	1932
大升	郭鏖华	52	河北通县	2 000	独资	6	1935.7
洪利和	王宝山	49	临清县	200	独资	7	1928.7
庆云	丁翰卿	72	北京	1 400	独资	7	1929.8
久美馨	许桂林	33	河北南皮	700	独资	8	1937.5
大林春	顾寿珊	55	河北南宫	3 000	独资	9	1935
庆兴永	郑丹庭	40	齐东	2 000	独资	6	1935.4
福祥合	甄圣书	47	齐河	8 000	合资	12	1931.2

商店牌号	营业主或经理人	年龄	籍贯	资本金额(元)	独资或合资	店员人数	设立年份
祥云	邓邦玉	29	历城县	1 000	独资	10	1935.4
尉生祥	张鸿庆	41	长清县	2 000	独资	4	1936.10
天成	单锡安	44	河北宝坻	10 000	独资	8	1935.6
树美华	朱增利	48	惠民县	2 000	独资	6	1931.7
有来成	谢吉乾	36	博平县	200	合资	5	1939.7
又来成	曲润齐	40	夏津	1 000	独资	8	1938.5
泰华鑫	王陛三	49	长清县	700	独资	5	1930.12
三利成	张钟生	35	章丘县	600	独资	4	1934.3
志成	孙佐臣	52	章丘县	600	独资	3	1928.7
华北	孟广学	42	河北	100	独资	2	1939.10
华美	李家福	37	邹平县	800	独资	5	1940.6
福祥馨	张海川	23	博兴县	500	独资	4	1940.4
凤鸣	腾凤山	36	历城县	400	独资	3	1937
步云	冯庆有	62	河北沧县	300	独资	5	1938
彩华鑫	张占奎	40	惠民县	800	独资	6	1937
同华鑫	吕学忠	33	聊城县	800	独资	4	1938
华成	王子文	45	河北冀县	2 000	合资	8	1938.4
振记	张玉振	47	堂邑县	2 500	独资	25	1938
福茂长	张锺财	32	章丘县	1 000	独资	7	1938.1
齐鲁	齐永海	43	长清县	2 000	独资	4	1936.9
登云	王振英	45	惠民县	400	独资	4	1939.6
志祥	李钗智	37	章丘县	500	独资	3	1938.3
源茂昌	李向茂	38	历城县	100	独资	4	1934.7
利兴鞋店	李恩元	63	天津	200	独资	3	1936
大隆	孙广鹏	31	长山县	500	合资	3	1938.10
永华利	吕岚亭	47	河北静海	1 000	独资	7	1940.4
广聚兴	刘茂林	43	平阴县	10 000	独资	8	1930.7
利田	沈锡昌	38	荣城县	10 000	合资	22	1940.7
德兴成	张秀亭	50	河北冀县	2 400	合资	10	1926
裕兴	翟玉杰	35	博平县	6 000	独资	16	1928.8
明星	翟玉成	32	博平县	9 000	独资	2	1936
健美	马振山	32	长清县	6 000	合资	19	1939.8

商店牌号	营业主或经理人	年龄	籍贯	资本金额（元）	独资或合资	店员人数	设立年份
东兴	李玉芝	43	天津	3 100	独资	6	1940.6
义利	周明伦	38	荣成	2 000	独资	12	1938.9
顺兴元	王子梅	50	天津	10 000	独资	18	1916.6
毓森	陈绍唐	53	河北昌平	800	独资	7	1925
瑞祥成	李瑞祥	51	胶县	1 000	独资	14	1922
瑞祥成东	武建铭	43	胶县	500	独资	5	1932
汇东	刘汇东	42	齐河	100	独资	4	1931.2
聚华鑫	李桂林	49	天津	300	独资	4	1933
义林	韩其严	32	广饶县	400	独资	4	1940.8
大仁	孙安海	38	泰安县	500	合资	3	1940.5
庆华鑫	胡庆瑜	34	长清县	500	合资	5	1940.1
育华	华立言	37	齐东县	1 000	独资	7	1934.2
金恒	刘玉山	29	枣强	300	独资	3	1940.9
嘉丽	王锐扶	41	文案	1 000	独资	7	1940.11
利达	卢传曾	26	长清县	250	合资	3	1940.8
仁昌	王寿卿	34	长清县	10 000	独资	12	1937.3
源记	朱仲泉	42	齐河	7 500	独资	9	1937.6
连记	李献廷	45	河南太康	2 000	独资	12	1929.12
华兴	宋少亭	38	章丘县	5 000	独资	9	1937.4
源兴	刘厚圃	49	章丘县	4 000	独资	6	1934.2
聚顺成	柏凤仪	51	济阳县	8 000	独资	6	1939.1
德盛东	魏善符	64	历城县	8 000	独资	10	1932.3
文林齐	李景陆	45	历城县	2 000	独资	9	1936
振华	杨体征	34	长清县	1 000	独资	3	1933.3
同聚	张宗震	58	章丘	2 000	独资	7	1929
天宝成	赵宝珍	56	历城	2 000	独资	6	1937.9
宏大帽庄	贾法武	31	博平县	5 000	合资	14	1937
同善成	杨芳明	37	邹平县	20 000	合资	15	1937.1
三友	相振良	34	河北衡水	2 000	合资	10	1941.9
天罗新	卢久耕	33	河北玉田	63 000	合资	32	1942.4
谦恒吉	李跻五	44	章丘县	9 000	合资	45	1937.1
福盛和	魏鸿川	41	历城县	4 500	合资	34	1916

商店牌号	营业主或经理人	年龄	籍贯	资本金额（元）	独资或合资	店员人数	设立年份
祥云寿	汪致和	54	安徽西县	20 000	合资	35	1916
宏大商店	赵昶卿	48	河北新县	40 000	合资	6	1937
永义和	韩俊菁	44	河北宝坻	3 000	合资	8	1926
天兴元	李善亭	43	德玉县	5 000	合资	13	1930
美华益	袁景恕	26	河北无棣	5 000	合资	2	1936
裕泰和	苏立仁	59	历城县	200	独资	5	1912.3
迎新	史德玉	34	济宁	60	独资	2	1941.2
恒升和	徐长庚	55	济阳	100	独资	3	1925.3
永顺昌	邹永顺	40	掖县	220	独资	4	1929.10
工艺	李振吉	50	历城县	200	独资	3	1940.10
一品斋	赵思承	32	章丘县	1 000	独资	5	1906.2
同裕	李传诰	37	章丘县	300	合资	6	1940.8
西记	马修谭	30	齐东	300	独资	8	1940.10
久恒	徐德泉	36	历城	500	独资	6	1932.6
远兴成	张凌霄	39	历城	400	独资	2	1937
立承祥	孙继先	27	肥城县	4 700	独资	5	1942.1
振丰	周绍金	25	章丘县	500	独资	4	1942.2
瑞记	平芝田	39	历城	200	独资	4	1939.7
德成鑫	于光云	36	章丘	100	独资	5	1939.3
日升	刘于堂	35	历城	150	独资	3	1943
协和	韩立堂	42	章丘	5 000	合资	8	1941.12
德生	王毓珍	33	历城	3 000	合资	6	1940.8
新民	柴宝德	30	河北吴桥	1 500	独资	16	1935.6
福东帽庄	柴晶轩	38	河北吴桥	1 000	合资	7	1931.3
诚记	王心诚	48	历城	500	独资	7	1942.1
大东	王子诚	40	天津	300	独资	1	1938.6
新华	刘文章	39	长清	300	独资	3	1941.2
元亨利	张肇元	45	章丘	1 000	独资	6	1940.3
永泰荣	昝文林	23	禹城	5 000	独资	10	1942.2
同鑫成	王宗陞	33	章丘	500	独资	3	1942
荣记	满开阳	25	德县	2 000	独资	8	1928
源昌	孙振声	49	章丘	2 000	独资	7	1938.2

商店牌号	营业主或经理人	年龄	籍贯	资本金额（元）	独资或合资	店员人数	设立年份
文升德	丁菊生	60	益都	400	独资	1	1939
中兴	马玉祥	40	益都	500	独资	4	1939
吉顺兴	杨忠臣	26	益都县	600	独资	4	1940
裕和永	马忠升	42	益都县	400	独资	4	1942.8
源聚泰	杨福春	36	益都县	500	独资	2	1940
兴盛	丁福生	11	益都县	300	独资	2	1938
利顺德	安承三	43	博兴县	800	独资	4	1942
永记	丁联科	54	益都县	500	独资	4	1940
三合永	闫科三	42	惠民县	300	独资	4	1940.8
荣盛	丁恩荣	41	益都县	300	合资	2	1942.8
元顺兴	丁得善	60	益都县	800	独资	3	1938
公记	王学礼	34	益都县	500	独资	4	1942
同心成	杨生	27	益都县	300	独资	4	1942.9
元盛和	丁忠科	36	益都县	500	独资	4	1938
利兴帽庄	马忠升	40	益都县	3 000	独资	4	1941
人和	丁枢庚	37	益都县	500	独资	1	1939
天益成	赵宝祥	43	历城	300	独资	5	1939.3
西成玉	孙西垣	49	黄县	1 000	独资	5	1935.8
聚珍祥	闫珍席	56	河北安丰	200	独资	3	1939.8
悦华	任立才	44	河北宝坻	1 000	独资	3	1942.9
福聚东	王相臣	37	历城县	6 000	独资	4	1942.1
大友	梁荣臣	47	惠民县	2 000	独资	5	1942.8
兄弟工厂	连新仓	26	河北南宫	500	独资	6	1940
三聚	李宝珠	44	河北宝坻	3 000	合资	6	1842.6
新光华	韩发庆	38	广饶县	1 000	独资	4	1942.7
正泰恒	张祥符	40	历城县	20 000	合资	10	1940.1
沙船	郭麟经	34	天津	1 500	合资	2	1942.5
松圃	曲松圃	26	掖县	600	合资	4	1942.3
华立顺	相鸿禧	49	济阳	500	独资	2	1928.9
方大	胡方珠	36	长清	300	独资	1	1936.1
德顺成	王德轩	34	肥城	300	独资	2	1935.4
西顺永	王德胜	29	肥城	300	独资	2	1939.5

商店牌号	营业主或经理人	年龄	籍贯	资本金额（元）	独资或合资	店员人数	设立年份
德记	王汝槐	29	历城	200	独资	2	1939.1
泉兴	孙东江	36	莱阳县	500	独资	5	1938.2
兴业	任桂芳	33	历城县	200	独资	1	1941.9
华孚	王登胥	25	河北冀县	200	独资	5	1941.10
美华	张玉元	47	天津	500	独资	5	1939.8
瑞祥	刘明山	26	章丘县	500	独资	3	1942.8
麟记	刘世宽	23	历城县	500	独资	2	1941.11
永华盛	张绍晟	36	章丘县	500	独资	7	1942.3
俊昌	杨德俊	46	淄川	50	独资	1	1939.5
俊记	张俊卿	40	章丘	100	独资	13	1938.2
长美馨	王长富	31	章丘	400	独资	7	1939.3
祯祥永	孙廷祯	32	历城	50	独资	1	1938.9
荣昌祥	徐荣衡	48	河北南宫	200	独资	4	1938
庆海	韩庆河	33	长清	500	独资	4	1939
振德	矫立德	29	青岛	1 000	独资	7	1940.5
鲁丰	锺子敬	30	平度县	1 000	独资	7	1941.11
德聚合	许瑞林	40	胶县	400	独资	9	1940.11
亚美	苏玉权	35	河北宝坻	500	独资	4	1941.2
云祥合	贾云喜	44	肥城	100	独资	3	1930.1
隆盛永	张积盛	40	济阳	100	独资	3	1939.11
盛记	甄? 有	30	齐河	60	独资	2	1938.6
万盛永	李万祯	38	齐河	300	独资	5	1939.3
裕庆永	闫兆云	32	章丘	100	独资	3	1939.6
鸿兴和	韩鸿秀	28	长清	100	独资	2	1931
义成	王学孟	27	齐河	200	独资	4	1938.7
中华兴	华茂堂	40	历城	200	独资	3	1929
华兴和	华振河	40	历城	200	独资	3	1937.3
德华泰	郑希贤	39	邹平	300	独资	4	1931.8
同庆合	贾云生	58	肥城	500	独资	5	1935.2
德华鑫	张锡三	47	历城	300	独资	6	1932.6
聚兴	周凤楼	43	历城	200	独资	3	1935.9
通远鑫	赵连海	42	历城	200	独资	1	1932.11

续表

商店牌号	营业主或经理人	年龄	籍贯	资本金额(元)	独资或合资	店员人数	设立年份
谦恒鑫	杨宜让	32	齐河	500	独资	4	1938.10
荣祥成	王金祥	15	利津	400	独资	4	1931.3
玉长泰	夏侯玉楼	30	长山	100	独资	2	1940.8
郭顺	郭怀生	43	济宁	500	独资	1	1932.5
老美华	郭贵章	43	历城	300	独资	3	1937.11
大新	毕于钊	31	章丘	300	独资	4	1936
祥成	张子成	48	益都	400	独资	4	1940.9
利顺福	安润甫	24	博兴	300	独资	4	1941
东聚福	刘畹九	34	牟平	40 000	合资	16	1935.9
玉琳	史玉琳	27	长清	800	独资	4	1942.8
振昌	张佑民	33	河北玉田	1 000	独资	7	1942.8
东聚祥	张传占	27	齐河	2 000	合资	6	1942.10
义合	马瑞五	55	河北宝坻	1 000	独资	2	1937.1
德源兴	丁大德	30	历城县	800	独资	4	1942.10
福兴厚	冯兴厚	33	济阳县	600	独资	1	1940.10
庆祥和	马庆祥	46	历城县	5 000	独资	7	1928.2
春记	张学兴	15	泰安县	800	独资	2	1941.10
元大	王子元	40	齐河	350	独资	5	1936
聚兴和	石毓秀	56	河北宝坻	3 000	合资	4	1942.10
永祥成	李广业	37	长清	400	独资	2	1940.7
永昌	李汝林	42	长清	400	独资	2	1940.7
大东帽庄	王监树	33	齐东	200	独资	3	1942.8
义发成	崔殿元	57	长山	300	独资	2	1941.9
振昌帽庄	董传家	21	长清	4 000	独资	8	1921.8
源兴和	李景和	35	章丘	150	独资	5	1942.1
湧树祥	褚圣懋	31	长清	300	独资	6	1938.3
泰记	王汝松	24	历城	100	独资	2	1936.2
清和永	边清水	20	长清	200	独资	2	1940

资料来源:济南市档案馆藏档案号:历临76—1—12。

济南市广货业商号名册

商店牌号	营业主或经理人	年龄	籍贯	资本金额(元)	独资或合资	店员人数	设立年份
瑞记号	叶瑞庭	43	宁波	30 000	独资	6	1938
永顺成	房子成	59	掖县	10 000	独资	8	1931
新丰号	辛季五	32	长山	20 000	合资	8	1942
义生楼	董张氏	42	长清	600	独资	2	1928
德聚东	张德新	55	历城	5 000	独资	5	1934
三盛永	张义三	47	历城	6 000	独资	5	1930
聚和号	李金铭	37	历城	2 000	独资	5	1939
德源成	高佩琮	27	章丘	1 000	独资	3	1938
瑞大	许宪章	31	招远	200 000	合资	50	1941
义生厚	莫笃臣	46	茌平	3 000	合资	6	1941
聚香楼	张宝山	28	长清	1 000	独资	6	1936
刘顺兴	刘玉堂	42	茌平	4 000	独资	8	1935
谦香楼	张绍华	39	长清	4 000	独资	7	1935
瑞祥和	张其焕	40	章丘	1 000	独资	6	1931
中孚号	徐既凤	30	章丘	3 000	合资	7	1941
福顺希	庞沅	89	历城	1 000	独资	4	1927
永丰泰	徐鸣久	32	历城	1 000	独资	8	1940
同善成东记	郭锡臣	49	邹平	5 000	独资	11	1939
大兴永西记	卢兰坡	52	章丘	50 000	合资	36	1931
东美商行	赵子岐	50	天津	20 000	合资	17	1914
蔚德泰	王儒泉	63	历城	2 500	独资	7	1935
华大	陈萱生	50	冀县	40 000	合资	32	1930
福兴和	郝焕章	58	齐河	1 500	独资	10	1929
合香楼	何继汉	30	济阳	1 500	合资	9	1941
先施公司	王奕民	52	广东	3 500	合资	11	1924
广聚成	刘香圃	51	长清	6 600	独资	6	1923
祥大号	邢效曾	44	临邑	20 000	独资	9	1939
恒义信	孙连文	67	章丘	4 000	独资	9	1928
昌记	崔振良	35	冀县	2 000	独资	5	1939
德合公	李鸿思	41	章丘	1 500	独资	6	1932
同聚成东记	李百川	45	邹平	45 000	独资	16	1931
同聚成西记	宋德斋	39	邹平	10 000	独资	8	1929

续表

商店牌号	营业主或经理人	年龄	籍贯	资本金额(元)	独资或合资	店员人数	设立年份
益昶号	党恒久	27	历城	4 000	独资	6	1941
云香楼	谯筵祥	55	长清	4 000	独资	6	1832
怡香楼东记	顾秀峰	32	章丘	27 000	独资	23	1912
祥云号	徐冠五	35	章丘	7 000	独资	5	1936
谦恒吉	李蹯五	43	章丘	9 000	合资	27	1927.10
振兴成	孙广泰	50	章丘	4 000	独资	25	1929.5
永和号	樊德卿	38	邹平	15 000	独资	29	1939.3
裕昌号	王永九	28	历城	4 000	独资	9	1929.1
广隆号	陈铁麟	27	宝坻	10 000	独资	7	1941.4
恒盛东	段绍唐	43	清县	15 000	独资	10	1941.3
生生合记	赵静波	32	新河	10 000	独资	7	1933
广源号	尹林清	42	长山	50 000	独资	12	1940
治香楼北记	孙际云	49	历城	25 000	独资	19	1897
福聚胜	陈际深	44	淄川	15 000	独资	9	1940.6
协大号	孙仲贤	33	掖县	20 000	独资	15	1920.11
恒聚昌	张竹泉	62	章丘	800	合资	5	1932.4
馥香楼	王心铎	31	历城	3 500	独资	12	1914
兴茂永	孟苛州	57	深县	3 500	独资	6	1932.5
双成合	舒郁亭	51	济阳	23 000	独资	17	1927.1
德泰永	高文田	49	章丘	3 000	合资	8	1929.1
福顺齐	庞清	59	济南	10 000	独资	3	1926
庆聚东	徐绍和	34	章丘	6 000	合资	6	1939.5
益记号	曹连仲	60	长清	6 000	独资	9	1931
豫泰隆	伊兴文	32	桓台	10 000	合资	12	1941.2
治香楼瑞记	李子元	45	长清	15 000	独资	19	1936.3
公兴号	程志远	33	泰安	7 000	合资	5	1941.2
福顺泰	张金堂	51	历城	5 000	独资	5	1939.8
吉祥永	李缙臣	50	邹平	2 000	独资	12	1915.5
东升泰	袁景尧	32	长山	32 000	合资	20	1930
协兴公	田义亭	35	淄川	8 000	独资	20	1939.6
同善成西	刘敬亭	42	章丘	30 000	独资	32	1922
府顺和西记	王乐泉	49	齐东	10 000	独资	7	1929.5

商店牌号	营业主或经理人	年龄	籍贯	资本金额(元)	独资或合资	店员人数	设立年份
福威和东记	魏鸿川	40	历城	4 500	独资	24	1915
永顺泰	吕子敬	35	桓台	50 000	合资	17	1922
广生行	吴子骞	45	广东	6 000	有限公司	10	1914
双盛和	汪镜如	56	泰安	5 000	合资	5	1931.3
万顺兴	李永义	41	历城	2 000	独资	6	1936.2
万顺和东记	李月三	47	齐河	32 000	独资	17	1924.1
五和号	高文止	42	德州	1 000	合资	14	1940.5
协合昌	李正甫	55	历城	15 000	合资	13	1931.2
大兴永东记	马传珩		邹平	11 000	合资	20	1937
华隆商店	孟德俊		乐亭	5 200	合资	13	1937
正大恒	徐尊五		历城	12 000	独资	15	1926
华兴成	王绪祖		章丘	1 000	独资	5	1935
兴云号	徐云昌		历城	4 000	合资	6	1937
德兴裕	王梅亭		长山	100 000	合资	14	1938.4
泉兴号	孙东江		莱阳	3 500	独资	5	1938.2
义香楼	董连义		长清	13 000	独资	13	1923
恒丰号	冯桂森	42	枣强	3 000	独资	5	1941.4
蚨源永	李文安	48	平阴	200	独资	4	1926.4
百货售品所	华壁庭	37	天津	100 000	合资	50	1935.10
百货收品所	牛健亭	43	南宫	100 000	合资	18	1934.9
裕兴厚	王恩三	49	邹平	35 000	独资	13	1937.3
利丰恒	毕巨川	35	桓台	50 000	独资	21	1940.6
振兴泰	徐重兴	50	博山	4 500	合资	7	1940.6
永丰昌	吴广杰	27	清河	5 000	独资	5	1936.11
宏庆昌	李良源	30	章丘	10 000	独资	10	1940
协聚成	于青如	36	长山	1 000	独资	8	1927
义顺楼	袁子明	46	长清	1 000	独资	6	1943
共香楼	张子正	49	堂邑	10 000	独资	14	1934
宏大商行	张佩臣	37	河北	40 000	合资	36	1937
大丰工厂	安雨村	61	长山	1 200	独资	9	1925
广聚号	王恩三	49	邹平	25 000	独资	15	1947
天源涌	谢瑞亭	39	宁津	2 000	独资	5	1939

商店牌号	营业主或经理人	年龄	籍贯	资本金额(元)	独资或合资	店员人数	设立年份
德华香	朱光明	36	沧县	2 000	合资	5	1941
德合成	高少华	47	章丘	600	独资	2	1931
瑞生祥	刘瑞卿	32	长清	10 000	独资	1	1942
元昌清记	王京镐	38	益都	25 000	独资	5	1942
义鑫和兴记	张世兴	19	章丘	500	独资	2	1941
源兴成	王兆发	47	章丘	100	独资	5	1930
恒兴成	杨次元	41	长山	350	独资	3	1948
义兴公	马景才	39	泰安	400	独资	4	1942
恒大号	左维斌	29	武邑	700	独资	1	1940
福聚成	张壁桐	37	章丘	500	独资	4	1950
魁武号	李夕东	44	平阴	700	独资	3	1948
源昌线点	陶乃东	32	无棣	5 000	合资	7	1942
华新号	李蔺坡	40	天津	20 000	合资	14	1942
祥云寿	汪致和	54	安徽	20 000	独资	42	1915
宝兴楼	高廼义	51	章丘	1 200	独资	4	1939
大成工厂	李文卿	50	章丘	3 000	独资	6	1939
治香楼友店	张润之	39	历城	2 000	独资	24	1942
华美东益记	张明珠	55	淄川	500	独资	2	1946
庆济东	卢广田	43	武清	400	独资	2	1942
德合成	石学善	33	济阳	600	独资	2	1941
忠信诚	聂启信	35	长山	100	独资	2	1940
祥盛永	潘锡凤	46	章丘	100	独资	6	1938
东和成	时振东	22	潍县	200	独资	2	1940
振祥永	王寿山	42	邹平	100	独资	3	1935
元兴泰	姚仲光	50	历城	500	独资	2	1938
茂顺兴	王富铭	24	历城	300	独资	3	1940
浙江商行	王毓堃	39	惠民	1 000	合资	5	1941
东兴永	刘玉珂	61	平原	250	独资	1	1938
玉兴成	聂玉栋	34	章丘	250	独资	2	1940
万盛昶	商德林	34	济南	2	独资	2	1930
永源兴	吕星三	33	邹平	300	独资	3	1942.5
美丽号	房兰亭	35	淄川	1 000	独资	7	1942.7

商店牌号	营业主或经理人	年龄	籍贯	资本金额(元)	独资或合资	店员人数	设立年份
裕大号	马君甫	30	历城	9 600	合资	12	1940.12
同达鑫	王春圃	48	惠民	20 000	独资	53	1921.9
永祥号	刘宝臣	53	通县	10 000	独资	12	1941.1
玉和成	魏蓝田	33	德平	200	独资	4	1935
义生厚	田忠明	32	宁津	3 000	独资	5	1931.9
复兴和	刘鸿儒	40	长清	6 500	独资	6	1934.3
义德成	王允德	30	长清	1 000	独资	12	1938.6
恒丰泰	程化南	42	长清	2 000	独资	7	1935.2
裕兴东	贾郁亭	42	邹平	500	独资	2	1936.7
增盛和	谢茂堂	42	历城	1 000	独资	5	1940.4
玉记号	金桂松	370	历城	250	独资	2	1938.2
恒福厚	李嘉福	43	章丘	250	独资	3	1938.3
于化成	于化成	26	章丘	250	独资	4	1935
华盛永	王华堂	55	章丘	1 000	独资	3	1937.3
同心利	苏庆	42	历城	1 000	独资	6	1942
福康号	朱光烈	29	诸城	300	独资	2	1941.11
华丽号	王学周	30	惠民	400	独资	2	1942.1
孚茂商店	花昆山	40	通县	300	独资	3	1940
广生祥	路广桂	44	历城	100	独资	3	1938.8
双合成	梁绍鑫	31	济阳	100	独资	3	1939
福顺东	孙振东	56	禹城	100	合资	4	1941.1
成康号	王培成	27	东阿	400	合资	2	1942.7
安兴号	刘殿臣	46	天津	600	独资	2	1939.4
聚和永	马玉迪	47	章丘	300	独资	5	1926.1
聚兴号	段恒齐	40	长山	6 000	独资	8	1944.10
德盛祥合记	韩京盛	31	历城	300	独资	4	1942.4
德源永	刘西园	52	邹平	500	独资	3	1941.4
采永茂	宋馨山	53	长山	1 000	独资	4	1933.11
金城号	叶秉泉	42	历城	500	独资	5	1937.3
华城号	黄汝芬	36	历城	300	独资	5	1950.3
万顺成	张锡芝	51	长清	100	独资	2	1935
鸿兴号	齐鸿焱	43	章丘	800	独资	4	1935.1

商店牌号	营业主或经理人	年龄	籍贯	资本金额（元）	独资或合资	店员人数	设立年份
玉聚成	怀积玉	37	齐河	250	独资	2	1940.5
德庆和	东朝选	35	博平	1 000	独资	3	1938.6
隆祥西记	张聘三	50	章丘	10 000	独资	3	1930.10
隆祥老号	林丹亭	58	章丘	10 000	独资	3	1944
隆兴号	牛宪廷	61	章丘	1 000	合资	4	1949.4
尉生祥	张子琛	36	长清	2 000	独资	5	1946.10
双盛福	刘振昆	30	章丘	500	独资	3	1949
李家村	李良凯	35	齐河	50	独资	3	1934.4
广兴号	李广兴	39	荏平	200	独资	2	1938
刘全有	刘全有	25	济南	250	独资	3	1942
惠锡恩	惠锡恩	34	济南	50	独资	1	1940.5
三兴号	吕杰三	40	章丘	200	独资	2	1942.7
东生昌	孙凤五	57	章丘	1 000	独资	7	1883
和兴号	李鹤亭	40	章丘	1 500	独资	5	1939
慎泰号	牛子玉	42	历城	300	独资	3	1939
兴顺号	郭耀祖	23	济南	200	独资	2	1940.5
义泰成	王家杰	63	博山	300	独资	3	1940.1
新生号	李子恒	44	桓台	5 000	独资	10	1938
成宝楼	谭湘亭	45	潍县	3 000	独资	5	1942.4
云祥合	贾芝轩	44	历城	500	独资	3	1941.5
裕记号	郗道贵	33	章丘	200	独资	3	1938.1
裕祯祥	郭兴昌	54	历城	300	独资	4	1930.10
丽生号	沈丽生	46	长山	100	独资	2	1938.10
昌记东	孙完白	45	历城	500	独资	3	1939.7
济南商店	尹守业	34	章丘	240	合资	？	1939.1
鸿盛祥	滕有田	44	邹平	500	合资	5	1940
鸿德祥	刁子臣	47	邹平	200	独资	3	1940.3
隆盛和	林金生	42	花平	200	独资	2	1944
裕盛祥	任盛堂	32	章丘	500	独资	3	1937.3
祥记号	宋有祥	37	章丘	500	独资	2	1937.9
德合祥	赵德懋	28	长清	400	独资	3	1941.10
瑞祥永	王子贵	36	利津	200	独资	3	1928.5

续表

商店牌号	营业主或经理人	年龄	籍贯	资本金额(元)	独资或合资	店员人数	设立年份
东盛永	聂兴泉	38	商河	200	独资	4	1938.1.16
广祥成	金锡恩	40	邹平	200	独资	3	1937.3
恒兴昌	张田氏	26	长山	200	独资	1	1929
恒兴永	苑玉昆	29	东阿	200	独资	2	1937.2
德顺成	仇德慎	38	历城	150	独资	3	19398
源茂兴	刘广林	37	章丘	200	合资	1	1939.5
大兴号	许敬亭	35	商河	150	独资	2	1940.3
蚨盛恒	刘继澄	32	章丘	100	独资	2	1941.2
福兴号	王道兴	36	济阳	200	独资	4	1938
祯祥成庆记	李庆春	44	章丘	200	独资	3	1938
庆祥永	陈兆祥	57	历城	200	独资	5	1939.4
公兴益	程?智	39	河南	600	独资	2	1937
茂盛永	利春茂	49	吴桥	100	独资	3	1943.1
永安号	李永州	32	历城	100	独资	4	1938
义记号	王茂堂	34	章丘	100	独资	3	1936
利源恒	李永增	62	利津	700	独资	2	1939
福聚厚	王书轩	46	宁津	1 600	合资	7	1938
同德成	纪怀玉	47	历城	1 300	独资	6	1938
聚德成	仇德俊	26	历城	300	独资	3	1938
双和成	刘玉田	27	德平	400	独资	4	1939
庆昌号	石含玉	38	聊城	200	独资	2	1937
鸿盛永	黄鸿训	31	平阴	50	独资	2	1940.1
张长玉	张长玉	51	东阿	100	独资	1	1941.1
恒丰义	王懋堂	30	长清	900	独资	7	1941.10
同心合	郝冠儒	35	桓台	2 000	独资	10	1941
恒义针织厂	王海亭	42	章丘	5 000	独资	14	1941.4
合记号	李旭川	42	武清	100	独资	2	1941.4
洪昶泰	张才臣	32	章丘	3 000	独资	8	1941.4
同记号	王泽厚	37	邹平	3 000	独资	5	1939.2
同聚和	崔子平	36	长山	5 000	独资	6	1941
瑞升成	程宝彝	32	武清	2 000	独资	4	1941.12
协祥号	王绩齐	42	淄川	10 000	独资	9	1941.12

317

续表

商店牌号	营业主或经理人	年龄	籍贯	资本金额（元）	独资或合资	店员人数	设立年份
福顺永	丁爱臣	31	历城	200	独资	3	1942.6
中和号	李干臣	50	淄川	5 000	独资	8	1937.5
天罗新	卢久耕	32	玉田	63 000	独资	38	1912
德盛和	杜景波	41	静海	10 000	独资	17	1942.5
连通远	石赞卿	34	长山	20 000	独资	212	1916.5
万和	徐海泉	42	历城	100	独资	5	1929.10
孚中	闫际和	29	济阳	100	独资	2	1939
清源和	朱清源	53	聊城	500	独资	2	1937.8
源茂兴	刘广和	44	平阴	100	合资	1	1939.10
庆和祥	安化和	31	邹平	100	独资	3	1938.6
庆和祥	安化和	31	邹平	200	独资	2	1937.1
三和兴	柏秀峰	46	章丘	500	独资	3	1934.2
同庆和	贾靖波	26	历城	600	独资	6	1941.8
草馨成	魏馨远	32	德平	200	独资	5	1938
福源昌	梁清廷	32	济南	200	独资	1	1937
福来成	孙绪有	37	长清	100	独资	3	1938.5
华美鑫	苗作芃	37	武清	500	独资	4	1940.1
恒丰厚	郭华亭	49	历城	1 500	合资	8	1934.2
魁盛	米双魁	34	历城	250	独资	2	1938.3
恒祥昌	吴少滨	29	历城	100	独资	3	1940.6
桐祥	于文桐	25	长清	200	独资	3	1939
恒祥	吴文祥	34	历城	300	独资	3	1941
成记	郑世芝	33	章丘	100	独资	2	1940.10
德祥	张芳兰	33	历城	500	独资	3	1940.2
振泰祥	张吉甫	59	济阳	3 000	独资	5	1941
鸿益成	黄景韩	33	禹城	6 000	独资	6	1942.3
恒生	张云富	42	历城	300	独资	4	1941.1
吉星楼	陈家谟	42	历城	600	独资	5	1938.10
鸿康	苑鸿动	31	武清	1 200	独资	5	1941.8
祥瑞	刘福泉	41	武清	800	独资	4	1940.1
大昌	冯乐轩	38	保坻	800	独资	5	1937.11
大成	曹子英	42	济南	2 000	独资	4	1925.1

商店牌号	营业主或经理人	年龄	籍贯	资本金额（元）	独资或合资	店员人数	设立年份
德源昌	王美齐	54	济阳	500	独资	4	1925.1
福顺兴	张海宁	45	历城	500	独资	2	1941.9
昌记	孙完白	44	历城	600	独资	4	1931.3
恒吉昌	路骏庭	37	历城	500	独资	3	1938.2
庆祥和	王庆贵	28	齐河	200	独资	3	1938.3
星星钮扣店	谢振武	29	浙江	6 000	合资	5	1940.11
恩记	刘子恩	49	荣成	400	独资	1	1950.11
鸿丰和	高珊臣	33	章丘	7 000	合资	6	1942.8.1
忠记	玉凤斌	30	长清	500	独资	1	1942.7
义兴成	张毓秀	38	章丘	600	独资	2	1942.11
林茂恒	管佐森	31	邹平	100	独资	2	1942
福昌	李东木	37	章丘	500	独资	2	1942.4
宋书田	宋书田	53	河北	300	独资	2	1941.6
德顺成	彭子美	38	齐河	500	独资	4	1928
仁昌帽庄	王寿乡	34	长清	4 000	独资	15	1937.3
义鑫和	张世增	39	章丘	300	独资	2	1930.3
振泰号	韩宪泉	30	章丘	200	独资	2	1936.9
义顺祥	刘德义	34	邹平	800	独资	1	1940.10
裕泰和	孙景明	40	长山	300	独资	3	1937.4
义鑫和西记	张世盛	38	章丘	400	独资	2	1930.1
裕泰祥	赵福臣	44	长山	700	独资	3	1942.1
泉兴号	孙东江	35	莱阳	1 000	独资	4	1943.2
忠信成	焦元琯	42	章丘	1 200	独资	4	1942.4
广顺成	任慕韩	44	历城	500	独资	1	1941.11
协和商店	汪克壮	39	江苏	3 000	独资	3	1942.5
大华商店	宋延杰	21	邹平	600	独资	5	1942.7
茂业	李德亭	47	长山	500	独资	4	1933
鸿聚祥	孙湘云	36	潍县	500	独资	4	1928
广成德	郝励齐	38	章丘	500	独资	3	1942
洪福来	曹廉泉	56	章丘	500	独资	5	1928.10
同义恒	赵尔鑫	29	章丘	500	独资	2	1941.9
同义恒	赵尔鑫	29	章丘	700	独资	2	1941.11

商店牌号	营业主或经理人	年龄	籍贯	资本金额(元)	独资或合资	店员人数	设立年份
利和	宁益水	39	章丘	500	独资	3	1941.1
福顺和	倪福海	32	历城	300	独资	2	1941.8
云记	曲庭华	35	历城	500	独资	2	1929.8
三盛东	吕子正	35	历城	800	独资	3	1929.8
鸿兴号	靳逢瀛	31	河北	300	独资	5	1942.3
恒聚号	贺家善	33	肥城	500	独资	3	1942.11.1
大东百货店	管增仁	36	邹平	500	独资	4	1940.9
忠信诚和记	聂启信	35	长山	500	独资	2	1942.8
三兴成	周连甫	31	长山	300	独资	5	1939.8
瑞甫商店	刘瑞甫	36	济南	150	独资	1	1938.6
德盛成	韩嘉盛	30	历城	150	独资	3	1938.10
顺兴号	刘玉贵	39	北平	500	独资	2	1937.7
长丰隆	孙长举	37	历城	50	独资	2	1940.9
魁之昶	赵仲魁	32	长清	100	独资	2	1939.6
德盛永	张东昌	47	德平	200	独资	2	1940
福顺祥	聂立亭	30	商河	200	独资	2	1942.10
三合永	刘敬轩	37	德平	200	独资	3	1940.5
兴顺合记	杨景春	30	济南	1 000	独资	5	1941.2
魁记	王学魁	31	临清	500	独资	2	1941.7
德庆永	金俊德	36	济阳	800	合资	3	1941.6
和祥号	乔俊卿	29	临邑	500	独资	2	1941.10
德顺和	于清德	49	汶上	2 000	独资	4	1929.8
九顺成	刘进魁	34	历城	800	独资	6	1947.3
东祥号	吴若参	29	历城	500	独资	5	1949
源利号	梁监三	38	淄川	1 000	独资	6	1942.8.30
广泰号	王忠云	43	章丘	1 500	独资	5	1942.4
同祥义	刘长来	41	章丘	600	合资	2	1942.8
福集成	商子厚	53	历城	200	独资	3	1949.6
仁合号	李租仁	27	历城	500	合资	2	1942.4
元顺号	孙汝贵	51	历城	200	独资	1	1940.11
庆记号	叶庆第	29	长清	300	独资	2	1942.2
振记号	陈振海	33	武邑	1 000	独资	4	1940

商店牌号	营业主或经理人	年龄	籍贯	资本金额(元)	独资或合资	店员人数	设立年份
吉祥泰	叶庆第	29	长清	500	独资	2	1942.6
恒康号	陈振海	33	武邑	1 000	独资	4	1942.2
鲁达号	刘翔亭	31	东阿	1 500	独资	3	1942.1
康盛和	王子均	48	长清	5 000	合资	17	1922.1
协聚兴	张志和	43	济南	300	独资	2	1939.1
凤山号	金凤山	35	济南	1 000	独资	3	1937.1
大美商店	刘继增	41	武清	1 200	独资	6	1941.1
庆云号	徐云昌	28	历城	1 500	独资	5	1940
源茂昌	李向茂	38	历城	1 000	独资	4	1940.10
华盛号	张建林	26	泰安	500	独资	3	1940.7
祥顺福	张心祥	52	历城	300	独资	2	1940.9
永华号	程玉荣	51	河北	500	独资	3	1941.10
瑞祥永	韩照森	34	章丘	300	独资	4	1898.3
新昌商店	张振东	33	掖县	800	独资	2	1941.10

资料来源:济南市档案馆藏档案号:历临76—1—12。

参考文献

一、档案资料

（一）济南市档案

1.济南市档案馆藏:济南市商会各行业同业公会档案(全宗号:历临76)

济南市政府、市党部、社会局、历城整委会关于商令法、公会法(施行细则)、棉业、木业成立、改选公会的呈函、指令、训令、章则,档号历临76—1—8。

山东省公署、济南市公署关于禁止酿酒、酒业联合交易处章则、商业歇业等事项的训令、指令、布告、公函、呈文,档号历临76—1—15。

济南市公署、机器铁业公会、机器铁工业公会、机器缝纫业公会关于公会组织成立、选举的呈函、指令、名单、章则,档号历临76—1—22。

济南市政府、戏曲电影公会关于批准演出剧目影片、改选公会、增涨票价的呈函、指令、名单,档号历临76—1—24。

济南市公署、色纸、南纸、洋纸公会关于经费收支、公会改选的呈函、指令、训令、名单、章程,档号历临76—1—28。

电料业公会贩卖价格利润计算表、职员改选、职员名册、收支清单及省市政府有关指令、训令,档号历临76—1—31。

生铁业公会章程、会员名册、财产目录、职员改选、拨发煤炭的呈文及省市公署有关训令、指令,档号历临76—1—32。

屠宰牛肉业公会职员、会员名册、章程、会员营业登记申请书及市政府有关指令、训令,档号历临76—1—33。

屠宰牛肉业公会职员、会员名册、章程、会员营业登记申请书及市政府有关指令、训令,档号历临76—1—34。

食物业公会关于改选、呈送章程、委员、会员、名册、零售自肃价格表、解散等事项的呈文及市政府、省政府有关训令、指令,档号历临76—1—37。

济南市钱业公会、银行业公会关于修正公会章程、汇票章程及成立情形、职、会员名册等事项的呈文及省市政府、农矿厅建设厅有关训令、指令,档号历临76—1—40。

济南市公署瓷器、陶器、颜料、洗染业公会关于公会成立选举、启用印信等事项的呈函、指令、章程、名单,档号历临76—1—48。

322

济南市政府、鱼业公会关于公会筹备成立、改选的呈函、指令、训令、名单、表单,档号历临76—1—56。

济南市政府、油酱业公会关于公会成立、改选、私定工价的指令、训令、章程、名单,档号历临76—1—77。

济南市政府、木业、黑白铁业、银行业公会关于成立、改选等事项的呈函、指令、训令、章程、名单,档号历临76—1—78。

济南市公署、制袜业公会关于公会改选、职员辞任、职员违章等事项的呈函、指令、训令、章程、名单,档号历临76—1—82。

济南市政府、钟表眼镜业公会关于公会改选的呈函、指令、训令、章程、名单,档号历临76—1—85。

济南市政府、砖瓦业公会关于1940年、1941年款项收支报告表,档号历临76—1—89。

济南市澡堂业公会章程、职会员名册、关于改选事项的呈文及省市政府、建设厅有关训令、指令,档号历临76—1—91。

济南市理发业公会、银行业、洋纸业、针织业等章程、表册、省市有关指令、训令,档号历临76—1—92。

济南市银牙业公会章程,档号历临76—1—95。

济南市蔬菜业公会、藕业公会等关于组织成立事宜的呈文及市公署指示、批文,档号历临76—1—98。

济南市新药业、棉业公会章程、职会员名册及改选、款项事宜的呈文、表册,济南市公署有关训令指令,档号历临76—1—115。

济南市公署、白灰业公会等关于白灰业公会原会长违法、公会改组、组织白灰共同贩卖所的行文、公会章程、新入公会会员名册,济南市档案馆藏历临76—14—18。

济南市政府、机器缝纫业同业公会关于公会组成、选举的呈函、指令、清单,济南市档案馆藏历临76—14—21。

济南市铁器工厂公会会员登记甲种申请表,济南市档案馆藏历临76—14—21。

济南市政府、戏曲业电影业公会关于批准演出剧目、影片、改选公会、增涨价目的呈函、指令、名册,济南市档案馆藏历临76—14—24。

济南市炭业商界纠纷(诉王宜卿舞弊)的材料,济南市档案馆藏历临76—14—43。

济南市公署、自行车业公会关于公会章程、资本清册、会员名单、款项收支报告等材料,济南市档案馆藏历临76—14—50。

济南市政府、面粉业公会、工会关于公会和工会成立、选举的呈函、指令、训令、章程、名册,济南市档案馆藏历临76—14—58。

济南市政府、油漆业公会、油业公会关于公会成立、改选等事项的呈函、指令、训令、章程、名册,济南市档案馆藏历临76—14—75。

济南市政府、油漆业公会关于公会成立、改选、私定工价的呈函、指令、训令、章程、名册,济南市档案馆藏历临76—14—77。

济南市公署、铜锡业同业公会关于修正章程、公会改选、职员辞任的呈函、指令、训令、章程,济南市档案馆藏历临76—1—80。

济南市公署、制鞋业公会关于公会成立、改选职员辞任、职员违章等事项的呈函、指令、训令、章程、名册,济南市档案馆藏历临 76—14—82。

济南市政府、制鞋业公会、皮革鞋料业公会关于公会成立、改选、指令、训令、章程、名册,济南市档案馆藏历临 76—14—84。

济南市蔬菜业公会、藕业公会等关于组织成立等事宜的呈文及市公署指令、批示,济南市档案馆藏历临 76—14—98。

济南市公署、茶馆业公会关于公会成立、改选、指令、训令、章程、名册,济南市档案馆藏历临 76—14—110。

济南市公署、卷烟业公会关于公会改选、纸烟价格、经费预算、烟商登记等事项的呈函、指令、训令、表单,济南市档案馆藏历临 76—1—132。

济南市政府、搬运业公会(工会)关于公会成立、选举、职员辞补、会址迁移的呈文、指令、训令、章程、名册,济南市档案馆藏历临 76—1—140。

济南市公署、刻字木板印刷业公会关于公会恢复、改选、请刊图记、会员私自落价的呈函、指令、训令、章程、名册、规则、价目表,济南市档案馆藏历临 76—1—154。

2.济南市档案馆藏:济南市商会档案(全宗号:历临 77)

济南地方审判厅、商埠商会关于商号债务纠纷的公函呈文之一,档号历临 77—11—7。

济南地方审判厅、商埠商会关于商号债务纠纷的公函呈文之二,档号历临 77—11—8。

济南地方审判厅、商埠商会关于商号债务纠纷的公函呈文之三,档号历临 77—11—9。

商埠商会关于债务纠纷事项的公函呈文,档号历临 77—11—10。

商埠商会关于各商号债务纠纷商事争议的公文呈文,档号历临 77—11—11。

济南地方法院、商埠商会关于各商号债务、业务纠纷事项的公函、呈文,档号历临 77—12—7。

济南地方法院、商埠商会关于各商号债务纠纷等事项的公函、呈文、请议书,档号历临 77—12—8。

济南商埠商会、钱业、棉业公会及各商号关于债务、业务、汇票纠纷的公函呈文请议书,档号历临 77—13—6。

山东高等法院、济南市商会、钱业公会等关于晋逢祥与朱克钜汇票案的公函判决书,档号历临 77—14—23。

山东省会公安局、市商会、曲阜县商会及各商号关于债务业务期票纠纷的公函呈文请议书,档号历临 77—14—24。

洋纸公会、炭业公会关于会务纠纷、组织查账、请辞职务、章程表册的呈文、会议记录、账单、会员名册,档号历临 77—29—19。

(二)全国各地档案

胡光明、蓝长云主编:《天津商会档案汇编(1903—1911)》,天津人民出版社 1989 年版。胡光明、蓝长云主编:《天津商会档案汇编(1912—1928)》,天津人民出版社 1992 年版。胡光明、蓝长云主编:《天津商会档案汇编(1928—1937)》,天津人民出版社 1996 年版。胡光明、蓝长云主编:《天津商会档案汇编(1937—1945)》,天津人民出版社 1997 年版。胡光明、蓝长云主编:《天津商会档案汇编(1945—1950)》,天津人民出版社 1997

年版。

天津市档案馆编:《天津商会档案:钱业卷》,天津古籍出版社2010年版。

马敏、肖芃主编:《苏州商会档案丛编》第一辑(1905—1911),华中师范大学出版社1991年版。

马敏、祖苏主编:《苏州商会档案丛编》第二辑(1912—1919),华中师范大学出版社2004年版。

马敏、肖芃主编:《苏州商会档案丛编》第三辑(1919—1927),华中师范大学出版社2009年版。

马敏、肖芃主编:《苏州商会档案丛编》第四辑(1928—1937),华中师范大学出版社2009年版。

马敏、肖芃主编:《苏州商会档案丛编》第五辑(1938—1945),华中师范大学出版社2011年版。

马敏、肖芃主编:《苏州商会档案丛编》第六辑(1945—1949),华中师范大学出版社2011年版。

章开沅、刘望龄、叶万忠、马敏、肖芃主编:《苏州商会档案丛编》(第一至第六辑)2012年第2版。

上海市工商联合会、复旦大学历史系合编:《上海总商会组织史料汇编(上下册)》,上海古籍出版社2004年版。

贵州省安顺市档案馆、西南民族大学民族研究院编:《民国安顺县商会档案史料汇编》,民族出版社2011年版。

姜锡东、许平洲、梁松涛主编:《保定商会档案》,河北大学出版社2012年版。

姜锡东、张冰水、梁松涛主编:《保定商会档案辑编》,北京燕山出版社2013年版。

编委会:《近代中国商会史料汇编》,全国图书馆缩微文献复制中心2013年版。

二、地方志、文集、文史资料汇编

商务印书馆编译所编:《大清光绪新法令》第1册,商务印书馆1909年版。

叶春墀著:《济南指南》,大东日报社1914年版。

周传铭著:《济南快览》,济南世界书局1927年版,2011年再版。

工商部工商访问局编:《商会法工商同业公会法诠释》,1930年。

罗腾宵著:《济南大观》,济南出版社1934年版。

经济部编:《经济法规汇编(第2集)》,商务印书馆1938年版。

济南市公署编印:《济南市工商业调查》,1939年。

伪济南市公署秘书处编辑:《济南观光指南》,1940年。

伪山东省文化教育委员会、伪济南市公署秘书处编辑:《济南名胜古迹辑略》,1941年。

伪济南市公署秘书处编辑:《济南山水古迹辑略》,1942年。

中国科学院历史研究所第三所近代史资料编辑组编:《五四爱国运动资料》,1959年。

济南市志编纂委员会编印:《济南市志资料(第1辑)》,1981年。

济南市志编纂委员会编印:《济南市志资料(第2辑)》,1981年。

济南市志编纂委员会编印:《济南市志资料(第3辑)》,1982年。

济南市志编纂委员会编印:《济南市志资料(第4辑)》,1983年。

济南市志编纂委员会编印:《济南市志资料(第5辑)》,1984年。

荣孟源:《中国国民党历次代表大会及中央全会资料(上册)》,光明日报出版社1985年版。

济南市志编纂委员会编印:《济南市志资料(第6辑)》,1986年。

济南市工商联合会、济南总商会编印:《济南工商文史资料(第2辑)》,1986年。

中国民主建国会济南市委员会、济南市工商联合会编印:《济南工商史料(第1辑)》,1987年。

中国民主建国会济南市委员会、济南市工商联合会编印:《济南工商史料(第2辑)》,1988年。

中国民主建国会济南市委员会、济南市工商联合会编印:《济南工商史料(第3辑)》,1988年。

山东省政协文史资料委员会编:《山东工商经济史料集萃》(第1—3辑),山东人民出版社1989年版。

济南金融志编委员会:《济南金融志1840—1985》,1989年。

山东省政协文史资料委员会、济南市政协文史资料委员会编:《济南老字号》,济南出版社1990年版。

山东省政协文史资料委员会、济南市政协文史资料委员会、章丘政协文史资料委员会编:《遐迩闻名的祥字号》,济南出版社1991年版。

蔡鸿源主编:《民国法规集成》,黄山书社1991年版。

济南市工商联合会、济南总商会编印:《济南工商文史资料(第1辑)》,1991年。

济南市工商联合会、济南总商会编印:《济南工商文史资料(第2辑)》,1992年。

中国民主建国会济南市委员会、济南市工商联合会编印:《济南工商史料(第4辑)》,1992年。

山东省地方史志编纂委员会编:《山东省志·民政志》,山东人民出版社1992年版。

山东省政协文史资料委员会编:《山东文史集粹(政治卷)》,山东人民出版社1993年版。

山东省政协文史资料委员会编:《山东文史集粹(文化卷)》,山东人民出版社1993年版。

山东省政协文史资料委员会编:《山东文史集粹(社会卷)》,山东人民出版社1994年版。

山东省地方史志编纂委员会编:《山东省志·粮食志》,山东人民出版社1994年版。

山东省政协文史资料委员会编:《山东文史集粹(工商经济卷)》,山东人民出版社1995年版。

中国第二历史档案馆编:《中国抗日战争大辞典》,武汉出版社1995年版。

彭泽益主编:《中国工商行会史料集(上下册)》,中华书局1995年版。

山东省地方史志编纂委员会编:《山东省志·金融志(上下)》,山东人民出版社 1996 年版。

山东省地方史志编纂委员会编:《山东省志·商业志》,山东人民出版社 1997 年版。

张玉法著:《民国山东通志》,山东文献杂志社 2002 年版。

济南市政协文史资料委员会编:《20 世纪济南文史资料文库(经济卷、社会卷)》,黄河出版社 2004 年版。

李平生著:《山东老字号》,山东文艺出版社 2004 年版。

王音、蒋海升:《济南开埠:区域现代化的典范之作》,载《山东档案》2004 年第 5 期。

李文海主编:《民国时期社会调查丛编——社会组织卷》,福建教育出版社 2005 年版。

汪耀华选编:《民国书业经营规章》,上海书店出版社 2006 年版。

庄维民编:《近代鲁商史料集》,山东人民出版社 2010 年版。

蔡鸿荣、徐友春编:《民国会社党派大辞典》,黄山书社 2012 年版。

三、专著研究

张玉法:《中国现代化的区域研究——山东省(1860—1916)》,台北中央研究院近代史研究所 1982 年版。

张传实、李伯齐主编:《济南诗文选》,齐鲁书社 1982 年版。

钱实甫:《北洋政府时期的政治制度》,中华书局 1984 年版。

李华著:《山东商帮》,万象出版社 1984 年版。

罗仑、景甦著:《清代山东经营地主经济研究》,齐鲁书社 1985 年版。

李伯齐主编:《济南历代诗歌选》和《济南历代游记选》,山东友谊出版社 1985 年版。

济南市社会科学研究所编:《济南简史》,齐鲁书社 1986 年版。

朱英著:《辛亥革命时期新式商人社团研究》,中国人民大学出版社 1991 年版。

钱小明著:《上海总商会史》,上海社会科学院出版社 1991 年版。

孙祚民著:《山东通史》,山东人民出版社 1992 年版。

马敏、朱英著:《传统和近代的二重变奏:晚清苏州商会个案研究》,巴蜀书社 1993 年版。

虞和平著:《商会与中国早期现代化》,上海人民出版社 1993 年版。

邓卫生、刘志满著:《东亚企业文化》,天津社会科学院出版社 1995 年版。

虞和平:《近代中国的商人》,广东人民出版社 1996 年版。

张桓忠著:《上海总商会研究》,台北知书房出版社 1996 年版。

潘文伟主编:《中国商帮》,改革出版社 1996 年版。

朱英著:《转型时期的社会与国家——以近代中国商会为主体的历史透视》,华中师范大学出版社 1997 年版。

庸凯麟、罗能生著:《契合与升华——传统儒商精神和现代中国市场理性的建构》,湖南人民出版社 1998 年版。

张继平著:《泉城忆旧》,济南出版社 1998 年版。

徐北文主编:《济南竹枝词》,天马图书有限公司 1999 年版。

庄维民著:《近代山东市场经济的变迁》,中华书局 2000 年版。

陶水木著:《浙江商帮与上海经济近代化研究》,上海三联书店 2000 年版。

马敏:著《商人精神的嬗变——近代中国商人观念研究》,华中师范大学出版社 2001年版。

阎广芬著:《经商与办学——近代商人教育活动研究》,河北教育出版社 2001 年版。

山曼主编:《济南城市民俗》,济南出版社 2001 年版。

王守中、郭大松著:《近代山东城市变迁史》,山东教育出版社 2001 年版。

杨念群:《中层理论——东西方思想会通下的中国史研究》,江西教育出版社 2001年版。

宋美云著:《近代天津商会》,天津社会科学院出版社 2002 年版。

朱英著:《近代中国商人与社会》,湖北教育出版社 2002 年版。

毛世屏、郭愕权编著:《齐鲁商雄:山东帮——中国商帮传奇》,广东经济出版社 2002年版。

唐力行著:《商人与中国近世社会》,商务印书馆 2003 年版。

彭南生著:《行会制度的命运》,人民出版社 2003 年版。

马敏著:《官商之间:社会剧变中的近代绅商》,华中师范大学出版社 2003 年版。

冯筱才:《在商言商:政治变局中的江浙商人》,上海社会科学院出版社 2004 年版。

安作璋、王志民主编:《山东文化通史》,中华书局 2004 年版。

徐华东主编:《济南开埠与地方经济》,黄河出版社 2004 年版。

党明德、林吉玲著:《济南百年城市发展史:开埠以来的济南》,齐鲁书社 2004 年版。

余英时著:《儒家伦理与商人精神》,广西师范大学出版社 2004 年版。

庞玉洁著:《开埠通商与近代天津商人》,天津古籍出版社 2004 年版。

罗群著:《近代云南商人与商人资本》,云南大学出版社 2004 年版。

朱英、马敏、彭南生、郑成林、魏文享等著:《中国近代同业公会与当代行业协会》,中国人民大学出版社 2004 年版。

朱英、郑成林:《商会与近代中国》,华中师范大学出版社 2005 年版。

孙丽娟著:《清代商业社会的规则与秩序》,中国社科科学出版社 2005 年版。

杨涌泉编著:《中国十大商帮探秘》,企业管理出版社,2005 年版。

应莉雅:《天津商会组织网络研究(1903—1928)》,厦门大学出版社 2006 年版。

李柏槐著:《现代性制度外衣下的传统组织——民国时期成都工商同业公会研究》,四川大学出版社 2006 年版。

全汉升著:《中国行会制度史》,百花文艺出版社 2007 年版。

范金民等:《明清商事纠纷与商业诉讼》,南京大学出版社 2007 年版。

乐承耀:《近代宁波商人与社会经济》,人民出版社 2007 年版。

魏文享著:《中间组织——近代工商同业公会研究(1918—1949)》,华中师范大学出版社 2007 年版。

聂家华著:《对外开放与城市社会变迁——以济南为例的研究(1904—1937)》,齐鲁书社 2007 年版。

薛毅著:《中国华洋义赈救灾总会研究》,武汉大学 2008 年版。

朱英主编:《近代中国商会、行会及商团新论》,中国人民大学出版社 2008 年版。

言夏主编:《国商:影响近代中国的十位商人》,当代中国出版社 2008 年版。

方洁著:《社团处罚研究》,法律出版社 2009 年版。

陶水木著:《浙商与中国近代工业化》,中国社会科学出版社 2009 年版。

冯剑辉著:《近代徽商研究》,合肥工业大学出版社 2009 年版。

邓可斌著:《粤商经营之道:多元化与专业化的抉择》,经济科学出版社 2009 年版。

尹铁著:《浙商与浙江近代社会变迁》,中国社会科学出版社 2010 年版。

徐畅著:《鲁商撷英》,山东人民出版社 2010 年版。

易江波著:《近代中国城市江湖社会纠纷解决模式——聚焦于汉口码头的考察》,中国政法大学出版社 2010 年版。

李鑫生著:《鲁商文化与中国商帮文化》,山东人民出版社 2010 年版。

姜生等著:《鲁商文化史》,山东人民出版社 2010 年版。

涂可国等著:《鲁商文化概论》,山东人民出版社 2010 年版。

徐北文著:《济南史话》,济南出版社 2010 年版。

张海鹏、王廷元主编:《徽商研究》,人民出版社 2010 年版。

张正明著:《晋商兴衰史》,山西经济出版社 2010 年版。

张学军著:《直隶商会与乡村社会经济》,人民出版社 2010 年版。

谈萧:《中国商会治理规则变迁研究》,中国政法大学出版社 2011 年版。

王红梅:《商会与中国法制近代化》,南京师范大学出版社 2011 年版。

朱英:《商民运动研究(1924—1930)》,北京大学出版社 2011 年版。

陈海忠著:《近代商会与地方金融——以汕头为中心的研究》,广东人民出版社 2011 年版。

安作璋主编:《山东通史:近代卷》,人民出版社 2011 年版。

周智生著:《商人与近代中国西南边疆社会——以滇西北为中心》,云南大学出版社 2011 年版。

马敏、朱英著:《辛亥革命时期苏州商会研究》,华中师范大学出版社 2011 年版。

邱捷著:《晚清民国初年的广东士绅和商人》,广西师范大学出版社 2012 年版。

王传峰著:《徽商经济伦理思想研究》,江西人民出版社 2013 年版。

彭南生著:《中国近代商人团体与经济社会变迁》,华中师范大学出版社 2013 年版。

薛勇民著:《走向晋商文化的深处:晋商伦理的当代阐释》,人民出版社 2013 年版。

何志毅著:《闽商史研究》,中国工商出版社 2013 年版。

陆和健著:《区域文化视阈下的近代苏州》,社会科学文献出版社 2013 年版。

吕建琐著:《浙商钱庄与晋商票号的信用制度比较研究》,中国社会科学出版社 2013 年版。

燕红忠著:《晋商与现代经济——探寻经济良序运行的制度条件与历史文化基础》,经济科学出版社 2014 年版。

徐晓望著:《闽商研究》,中国文史出版社 2014 年版。

曾小萍著:《自贡商人·近代早期中国的企业家》,江苏人民出版社 2014 年版。

陈加林著:《百年徽商与社会变迁:以苏州汪氏家族为例》,上海人民出版社 2014 年版。

清渠著:《徽商的儒道》,北京工业大学 2014 年版。

梁德阔著:《儒家伦理与徽商精神》,复旦大学出版社 2014 年版。

梁德阔著:《"韦伯式问题"的徽商经验研究》,安徽师范大学出版社 2014 年版。

王世华著:《徽商家风》,安徽师范大学出版社 2014 年版。

杨海滨著:《明清中国的商人组织与市场整合研究》,经济科学出版社 2014 年版。

陈亚平著:《寻求规则于秩序:18—19 世纪重庆商人组织的研究》,科学出版社 2014 年版。

张芳霖著:《市场环境与制度变迁:以清末至民国南昌商人与商会组织为视角》,人民出版社 2014 年版。

杨荣斌著:《民国时期上海回族商人群体研究》,社会科学文献出版社 2014 年版。

樊为国著:《民国上海同业公会与企业外部环境研究》,上海人民出版社 2014 年版。

马德坤著:《民国时期济南同业公会研究》,人民出版社 2014 年版。

张实龙著:《甬商、徽商、晋商文化比较研究》,浙江大学出版社 2015 年版。

马敏主编:《中国近代商会通史》,社会科学文献出版社 2015 年版。

四、研究论文

1. 期刊论文

傅衣凌:《明代经济史上的山东与河南》,载《社会科学战线》1984 年第 3 期。

庄维民:《近代山东的商人组织》,载《东岳论丛》1986 年第 2 期。

李善峰:《山东文化与现代化进程》,载《东岳论丛》1987 年第 3 期。

朱英:《清末新式商人社团的兴起及其影响》,载《中国经济史研究》1989 年第 4 期。

朱英:《清末苏州商会调解商事纠纷述论》,载《华中师范大学学报(人文社会科学版)》1993 年第 1 期。

艺李帕:《论清末济南、周村、潍县三地开埠》,载《文史哲》1995 年第 2 期。

任云兰:《论近代中国商会的商事仲裁功能》,载《中国经济史研究》1995 年第 4 期。

程美秀:《清代山东商人在东北经商述略》,载《北方论丛》1995 年第 6 期。

马敏:《商事裁判与商会——论晚清苏州商事纠纷的调处》,载《历史研究》1996 年第 1 期。

潘涛:《民国时期商会档案》,载《民国档案》,1996 年第 4 期。

陈东生:《明清山东运河地区经济作物种植发展述论——以棉花、烟叶、果木的经营为例》,载《东岳论丛》1998 年第 1 期。

蔡勤禹:《抗战时期国民政府对工商团体的管制》,载《河北师大大学学报》1998 年第

3 期。

杨珍:《历史上的山东回族经济》,载《回族研究》1998 年第 3 期。

王世勇、薛川:《山东文化与山东商人经营风格的形成》,载《河南商业高等专科学校学报》1999 年第 3 期。

欧人、王世勇:《儒家文化与山东商人的经营特性》,载《商业经济研究》2000 年第 1 期。

戴明荣:《浅谈商会参与仲裁组织的组建》,载《开放时代》2001 年第 2 期。

冯筱才:《中国商会史研究之回顾与反思》,载《历史研究》2001 年第 5 期。

张丽琴:《我国商会发展存在的问题及立法对策》,载《理论月刊》2001 年第 8 期。

樊卫国:《近代上海经济社会功能群体与社会控制》,载《上海经济研究》2001 年第 10 期。

马军:《1948 年上海舞潮案中的舞业同业公会》,载《近代史研究》2002 年第 2 期。

赵轶峰:《晚明北方下层民众价值观与商业社会的发展》,载《东北师范大学学报》(哲社版)2003 年第 1 期。

魏文享:《近代工商同业公会研究之现状与展望》,载《近代史研究》2003 年第 3 期。

应雅莉:《近十年来国内商会史研究的突破和反思》,载《中国社会经济史》2004 年第 3 期。

魏文享:《制约、授权与规范——试论南京国民政府时期对同业公会的管理》,载《华中师范大学学报(人文社会科学版)》2004 年第 4 期。

虞和平:《清末民初商会的商事仲裁制度建设》,载《学术月刊》2004 年第 4 期。

杨焕鹏:《国民政府时期对人民团体的管制》,载《东方论坛》2004 年第 5 期。

孟宪杰、翟伯成:《孟氏"祥"字号的经营管理思想及其史证分析》,载《山东社会科学》2004 年第 10 期。

付海晏、李国涛:《团体认同——民国商人组织与纠纷的解决》,载《城市史研究》2004 年第 22 辑。

张树枫:《近代青岛的三大会馆与青岛商会》,载《代中国的城市·乡村·民间文化——首届中国近代社会史国际学术研讨会论文集》2005 年。

李伟:《近代山东农商观、义利观的因循与变化》,载《管子学刊》2005 年第 1 期。

张华松:《济南开埠三章程平议》,载《济南职业学院学报》2005 年第 5 期。

庄维民、张静:《谁掌握着贸易主导权:清末山东对日贸易中的日商与旅日华商》,载《东岳论丛》2005 年第 6 期。

崔恒展、党明德:《济南商会的历史演进及其启示》,载《济南大学学报》2005 年第 6 期。

郭大松:《中国早期现代化之路反思——清末新政与济南自开商埠纵横谈》,载《山东师范大学学报(人文社会科学版)》2006 年第 2 期。

刘芳:《近二十年来中国商会研究综述》,载《历史教学问题》2006 年第 4 期。

赵宝爱、杨昊:《济南商会的慈善公益活动述论(1905—1937)》,载《济南职业学院学报》2006 年第 4 期。

冯筱才:《最近商会史研究之刍见》,载《华中师范大学学报(人文社会科学版)》2006年第5期。

李浩:《济南开埠与城市民俗的变迁》,载《理论学刊》2006年第9期。

王永进:《商会研究范式的回顾与反思》,载《兰州学刊》2006年第11期。

董建霞:《近代山东开埠与区位分析》,载《济南大学学报》2007年第6期。

李英铨、盛雷:《抗战胜利前后李先良与青岛市商会关系的演变》,载《东方论坛》2008年第3期。

盛雷、李英铨:《抗战胜利前后青岛市商会人事组织结构的嬗变》,载《中共青岛市委党校学报》2009年第3期。

樊卫国:《略论近代上海同业业规之变革》,载《史林》2009年第4期。

李烈、蔡勤禹:《试论近代青岛商会及其慈善活动》,载《中共青岛市委党校学报》2009年第12期。

易江波:《近代中国城市江湖社会纠纷解决模式》,载《北方法学》2010年第2期。

马敏、付海晏:《近20年来中国的商会史研究(1990—2009)》,载《近代史研究》2010年第2期。

刘明:《浅析济南开埠对历史街区的影响》,载《辽宁工业大学学报》(社会科学版)2010年第6期。

黄东海:《明清商牙纠纷类型及所见国家商业社会控制》,载《华东政法大学学报》2010年第6期。

魏文享:《商会发展百年历程及现代启示》,载《中国经济》2010年第8期。

王红梅:《论清朝多元化的商事纠纷处理机制及其弊端》,载《西北大学学报(哲学社会科学版)》2011年第2期。

孙明娟:《探索商事纠纷的司法调解制度》,载《理论观察》2011年第4期。

郑成林:《抗战时期国民党对商会的管理与控制》,载《华中师范大学学报(人文社科版)》2011年第6期。

马德坤:《民国时期济南同业公会研究的回顾与反思》,载《东岳论丛》2011年第8期。

赵秀芳:《济南开埠与民间商会的发展》,载《济南职业学院学报》2010年第11期。

梁民愫、黄志强:《自开商埠城市建设与市民观念变迁新探——以济南、潍县、周村三地为中心》,载《江西师范大学学报(哲学社会科学版)》2011年第2期。

郑成林:《抗战时期国民党对商会管理与控制》,载《华中师范大学学报》2011年第11期。

郑成林:《抗战前夕的政治参与》,《河南大学学报(社会科学版)》2012年第1期。

王静:《中国近代商会的演进与影响》,载《天津社会科学》2012年第5期。

张佳佳:《近代商会与天津慈善救济事业》,载《湖北经济学院学报(人文社会科学版)》2012年第6期。

葛宝森:《保定商会、同业公会与国民政府关系探析(1928—1937)》,载《河北工程大学学报》2012年第12期。

许冠亭:《五卅运动期间上海总商会的外交政策》,载《史林》2012年第12期。

张芳霖：《政府、商会、同业公会关系研究——以 1906—1937 年江西南昌为例》，载《江西社会科学》2013 年第 1 期。

张天政的《20 世纪 40 年代前期重庆银行公会对政府金融法规的因应》，载《中国经济史》2013 年第 1 期。

张天政：《西京银行公会与抗争时期国民政府的金融监管》，载《中国社会经济史研究》2013 年第 2 期。

朱英：《沦陷时期伪政府对保定商会体系再造及其控制》，载《江苏社会科学》2013 年第 2 期。

陈永忠：《民国时期商会的抗税斗争——以厦门商会为中心（1927—1937）》，载《社会科学家》2013 年第 3 期。

林幸司：《中日战争与重庆银行业》，载《抗日战争研究》2013 年第 4 期。

杜希英：《民国时期天津货栈业同业公会探析》，载《邯郸学院学报》2013 年第 6 期。

王春英：《服从与合作：抗战时期日占统治经济下的同业公会》，载《近代史研究》2013 年第 6 期。

蔡晓荣：《晚清时期的华洋订货纠纷及其裁决》，载《中国经济史研究》2014 年第 1 期。

李琳琪：《论徽商研究中的几个问题》，载《安徽史学》2014 年第 2 期。

王日根：《近代闽商地缘组织的发展演变》，载《福州大学学报（哲学社会科学版）》2014 年第 2 期。

马德坤：《论民国同业公会的组织制度与运作机制——以济南为考察中心》，载《兰州学刊》2014 年第 3 期。

刘本森：《近代殖民租借地商业组织的典型个案——以威海卫的商埠商会（1916—1930）为例》，载《江汉学术》2014 年第 3 期。

樊为国：《近代上海同业公会与总商会、市商会之关系》，载《上海经济研究》2014 年第 3 期。

胡兵：《杭州银行公会组织运营研究（1945—1949）》，载《中北大学学报（社会科学版）》2014 年 3 期。

曾桂林：《义与利之间：苏州商会与慈善公益事业（1905—1930）》，载《南京社会科学》2014 年第 6 期。

严跃平：《棉业统制与上海棉纺织业同业公会价格协调：以纺管会为中心的考察》，载《兰州学刊》2014 年第 7 期。

宫宝芝：《扶持与管制并行：晚清中国商会发展策略》，载《贵州社会科学》2014 年第 9 期。

张学军：《清末民初直隶商会的乡村赈灾活动述略（1903—1928）》，载《河北大学学报（哲学社会科学版）》2014 年第 6 期。

姚丽霞：《官商经济的政治心理研究——以晋商与徽商为例》，载《温州大学学报（社会科学版）》，2015 年第 1 期。

樊为国：《略论民国上海各业营业规约》，载《史学集刊》2015 年第 1 期。

朱英：《1934 年天津商会改选纠纷与地方政府应对之策》，载《武汉大学学报（人文科学版)》,2015年第1期。

2.硕博论文

程墨秀:《清代山东移民与东北的开发》,山东大学硕士学位论文,1990年。

邱澎生:《商人团体与社会变迁:清代苏州的会馆公所与商会》,台湾大学历史研究所博士学位论文,1995年。

付海晏:《明初商事公断处:商事裁判与调处——以苏州商事公断处为个案研究》,华中师范大学硕士学位论文,2001年。

王西波:《济南近代城市规划研究》,武汉理工大学硕士学位论文,2003年。

王音:《近代济南商会初探》,山东大学硕士学位论文,2003年。

杨宁:《汉口市商会研究(1931—1937)》,华中科技大学硕士学位论文,2004年。

孙爱明:《近代上海总商会研究》,上海师范大学硕士学位论文,2004年。

孙利霞:《成都市商会研究》,四川大学硕士学位论文,2004年。

季立刚:《民国商事立法研究(1912—1937)》,华东政法学院博士学位论文,2005年。

谷学峰:《近代济南市民文化研究(1904—1937)》,山东大学硕士学位论文,2005年。

朱云峰:《清末民初济南公共领域的近代转型(1904—1919)》,山东大学硕士学位论文,2006年。

李勇军:《南京国民政府后期商会市商会研究(1945—1949)》,华中师范大学博士学位论文,2007年。

李学兰:《明清以来江南地区商人团体习惯法的演化》,山东大学博士学位论文,2007年。

冯静:《中间团体在现代国家形成中的政治功能研究》,复旦大学博士学位论文,2007年。

桂晓亮:《济南商埠研究(1911—1928)——以商埠商会为例》,山东师范大学硕士学位论文,2007年。

陈立谨:《晚清以来济南金融业研究——晚清至1937年》,山东大学硕士学位论文,2007年。

石会辉:《民国时期山东商业历史考察(1912—1937)——以青岛、济南、烟台等城市为例》,南昌大学硕士学位论文,2008年。

邹明贵:《近代福州商会》,福建师范大学硕士学位论文,2008年。

白玉:《北京商会研究(1903—1919)》,北京师范大学硕士学位论文,2008年。

许世英:《清末商事立法研究》,山东大学硕士学位论文,2009年。

盛雷:《二衙门的最后时光:1945—1949年的青岛商会研究》,华中师范大学硕士学位论文,2009年。

王蔚为:《清末济南商埠区商事法律研究》,山东师范大学硕士学位论文,2010年。

熊双风:《近代山东黄县商人在东北地区的经商活动》,东北师范大学硕士学位论文,2010年。

张海峰:《清代山东商人北方贸易活动的历史地理研究》,中国海洋大学硕士学位论文,2010年。

李振芳:《近代济南休闲娱乐场所与市民生活》,山东大学硕士学位论文,2011 年。

聂良亭:《历史巨变下苏州商会的抉择(1945—1954)》,华中师范大学硕士学位论文,2011 年。

左海军:《沦陷时期保定商会研究》,河北大学硕士学位论文,2011 年。

孟玲洲:《传统与变迁:工业化背景下的近代济南城市手工业(1901—1937)》,华中师范大学硕士学位论文,2011 年。

黎秀芳:《南京国民政府时期上海商会与国货运动研究(1928—1937)》,华中师范大学学位硕士论文,2011 年。

陈相胜:《晚清商会制度论略》,河南大学硕士学位论文,2011 年。

迟慧:《民国前期天津商会与北京政府税收政策的抗争》,天津师范大学硕士学位论文,2011 年。

蒋虹:《理商号及其法律保护》,华东政法大学博士学位论文,2011 年。

丁健:《民初农商部研究(1912—1916)》,陕西师范大学博士学位论文,2011 年。

卜志勇:《近代中国社会团体法律制度研究》,中国政府大学博士学位论文,2011 年。

陈相胜:《晚清商会制度略论》,河南大学硕士学位论文,2011 年。

刘娇:《日据时期大连地区的商会研究》,辽宁师范大学硕士学位论文,2011 年。

邓晶:《近代汉口商会研究(1916—1931)》,华中师范大学硕士学位论文,2012 年。

高巧:《广州市商会在经济领域的举措研究》(1930—1937),南开大学硕士学位论文,2013 年。

李娇:《中国近代商会立法与商会治理》,华中师范大学硕士学位论文,2013 年。

赵婧:《杭州市商会研究(1945—1949)》,杭州师范大学硕士学位论文,2013 年。

李小东:《高阳商会与近代高阳织布业研究(1906—1937)》,华中师范大学硕士学位论文,2013 年。

李兴龙:《民国前期哈尔滨商会初探(1912—1931)》,哈尔滨师范大学硕士学位论文,2013 年。

彭亚琴:《协作与抗争—地方税捐事务中的绍兴县商会与政府(1945—1949)》,浙江大学硕士学位论文,2013 年。

金婷:《北洋政府时期的青岛商会研究(1922—1929)》,中国海洋大学硕士学位论文,2013 年。

黄孟婷:《抗战时期的北京银行同业公会研究》,宁夏大学硕士学位论文,2014 年。

范朝霞:《民国上海同业公会社会事业考察(1912—1937)——以棉纺业、银行业、棉布商业为例》,上海社会科学院硕士学位论文,2014 年。

张丹瑞:《民国时期河南同业公会研究》,河南师范大学硕士学位论文,2014 年。

雷蕾:《民国时期陕西同业公会研究(1927—1949)——以咸阳为中心的考察》,四川师范大学硕士学位论文,2014 年。

王瑞琪:《近代济南开埠与城市转型——以商埠区为中心》,南昌大学硕士学位论文,2014 年。

郝娇娇:《1945—1949 保定商会研究》,河北师范大学硕士学位论文,2014 年。

金亨洌:《近代济南经济社会研究——以济南济南商业发展为中心(1895—1937)》,南京大学博士学位论文,2006年。

胡广洲:《明清山东商贾精神研究》,山东大学博士学位论文,2007年。

宋志东:《近代山东商人的经营活动及其经营文化》,山东大学博士学位论文,2008年。

张启社:《民国时期的汉口商人与商人资本(1912—1936)》,华中师范大学博士学位论文,2009年。

曲春梅:《近代胶东商人与地方社会研究》,山东大学博士学位论文,2009年。

张漫兹:《1904年公司律研究》,河南大学硕士学位论文,2014年。

陈志波:《南京国民政府社团法制研究》,苏州大学博士学位论文,2014年。

五、外国著作

(美)郝延平著,陈潮、陈任译:《中国近代商业革命》,上海人民出版社1991年版。

(法)白吉尔著,张富强,许世芬译:《中国资产阶级的黄金时代(1911—1937)》,上海人民出版社1994年版。

(美)黄宗智著:《华北的小农经济与社会变迁》,中华书局2000年版。

(美)施坚雅主编,叶光庭等译:《中华帝国晚期的城市》,中华书局2000年版。

(美)彭慕兰著,马俊亚译:《腹地的构建:华北内地的国家、社会和经济(1853—1937)》,社会科学文献出版社2005年版。

(美)鲍德威著,张汉等译:《中国的城市变迁:1890—1949年山东济南的政治与发展》,北京大学出版社2010年版。

后　记

　　出版本书源于第一本《民国时期济南同业公会研究》专著,《民国时期济南同业公会研究》是我的博士论文选题,在查阅档案资料的过程中,搜集了大量的济南商人的材料。因博士论文的选题所限,在写作过程中,只能忍痛割爱,就民国时期反映商业发展、商人构成及商会组织的内容没有涉及。

　　党的十八届三中全会提出构建社会治理体制,提高社会治理水平的重大战略部署。如何激发社会组织活力,发挥社会组织在社会治理中的地位和作用既是当今社会面临的重大理论课题,也是必须加以解决的现实问题。对《民国时期济南的商人与商人组织研究》的目的,就是通过梳理民国时期商人的组织架构与运行机制,商人组织与政府的互动关系,商人纠纷及其解决的途径等,对当前国内社会组织参与社会治理工作起到启发、借鉴作用。这也是本著作的写作初衷所在。

　　本书也是我博士后研究工作的成果。感谢我的导师马永庆教授,多年来对我的学习、生活给予的关心和爱护。感谢合作导师陈卫星教授在我美国访学期间给予我的关心和帮助。感谢我的硕士导师张友臣教授、博士导师徐畅教授在我毕业后继续关心我的成长和进步。写作及在美国访学间,学院领导、同事、朋友等给予了关心和诸多的帮助,书稿顺利出版也得到了学院出版基金的资助,一并表示感谢。

　　感谢济南市档案馆提供查阅资料的诸多帮助,特别是在美国访学期间,因校对书稿多次通过邮件向高燕处长寻求帮助,高燕处长都给予了热情的回复和帮助。

　　本书从选题申报到编辑出版,得到了人民出版社编审马长虹博士的指导和帮助,感谢马先生为此书出版付出的辛勤劳动。

马德坤

于美国密西西比大学

责任编辑:马长虹
封面设计:徐 晖

图书在版编目(CIP)数据

民国时期济南的商人与商人组织研究/马德坤 著. —北京:人民出版社,
  2016.10
ISBN 978 - 7 - 01 - 016698 - 8

Ⅰ.①民… Ⅱ.①马… Ⅲ.①商业史-研究-济南-民国 Ⅳ.①F729

中国版本图书馆 CIP 数据核字(2016)第 219081 号

民国时期济南的商人与商人组织研究

MINGUO SHIQI JINAN DE SHANGREN YU SHANGREN ZUZHI YANJIU

马德坤 著

人民出版社 出版发行

(100706 北京市东城区隆福寺街 99 号)

北京汇林印务有限公司印刷 新华书店经销

2016 年 10 月第 1 版 2016 年 10 月北京第 1 次印刷
开本:710 毫米×1000 毫米 1/16 印张:21.5
字数:450 千字 印数:0,001-3,000 册

ISBN 978 - 7 - 01 - 016698 - 8 定价:58.00 元

邮购地址 100706 北京市东城区隆福寺街 99 号
人民东方图书销售中心 电话 (010)65250042 65289539